RENCONTRES
532

Série *Le Siècle classique*
dirigée par Alain Génetiot
16

Le Roman français au crépuscule de l'âge baroque (1643-1661)

Actes des deux journées d'étude « Le roman français au crépuscule de l'âge baroque » organisées les 4 juin 2018 et 4 juin 2019 à la maison de la recherche de l'université de Lille, publiés avec le soutien du laboratoire Analyses littéraires et histoire de la langue de l'université de Lille

Le Roman français au crépuscule de l'âge baroque

(1643-1661)

Sous la direction de Frank Greiner

PARIS
CLASSIQUES GARNIER
2021

Frank Greiner est professeur de langue et littérature françaises du XVIIe siècle à l'université de Lille. Il est notamment l'auteur d'une étude sur le roman sentimental, *Les Amours romanesques de la fin des guerres de Religion au temps de L'Astrée* et le coordinateur du *Répertoire analytique des fictions narratives en prose de l'âge baroque (1585-1643)*.

ISBN 978-2-406-12365-1 (livre broché)
ISBN 978-2-406-12366-8 (livre relié)
ISSN 2103-5636

PRÉFACE

Ce nouveau recueil forme la troisième partie d'une trilogie dont les deux premières ont déjà paru aux éditions Classiques Garnier sous les titres *Le Roman au temps d'Henri IV et de Marie de Médicis* (2016) et *Le Roman au temps de Louis XIII* (2019). Il est également le fruit, comme pour les deux premiers volets, d'une réflexion collective menée lors de journées d'étude moins conçues pour réinterpréter des auteurs connus (cette piste cependant n'a pas été négligée) que pour découvrir un domaine littéraire dont la richesse est encore aujourd'hui largement sous-estimée. On y trouvera, comme nous l'espérons, un bon reflet, de l'état d'esprit, à proprement parler « exploratoire », qui a accompagné ces journées conjuguant le plaisir de la découverte avec le goût de l'érudition. On y trouvera également des approches du roman presque aussi diverses que ce genre alors en pleine mutation. Aucune contrainte particulière n'a, en effet, été donnée aux participants et auteurs, sinon celles de respecter le cadre historique imposé, ou encore, plus simplement, de tenir compte de l'historicité des textes étudiés. Celle-ci a été envisagée de diverses manières, du point de vue de l'évolution des formes, des genres, de l'écriture du roman, de ses adaptations d'une culture à l'autre, de ses thèmes, de l'histoire des idées, de l'histoire du livre ou encore de l'histoire des mentalités.

Bien sûr, les études réunies ici ne sauraient équivaloir à une approche méthodique et exhaustive du roman au temps de la régence d'Anne d'Autriche et du ministère de Mazarin. Du moins, permettent-elle de renouveler notre regard sur cette période encore mal connue de notre histoire littéraire en nous offrant des clés pour sa meilleure compréhension ou en ouvrant de nouvelles pistes de recherche. Parmi les treize articles qui lui sont proposés le lecteur découvrira des mises au point ponctuelles centrées sur une œuvre particulière, mais aussi des approches transversales valorisant le jeu des rapprochements et des comparaisons, ou encore des enquêtes envisageant l'histoire du roman de manière plus globale. La diversité de ces contributions n'a pas été synonyme de dispersion et il nous a été facile de découvrir entre elles de nombreux liens d'affinités.

Afin de donner une idée générale de sa situation et de son évolution dans la France des années 1640 et 1650, il nous a paru utile d'esquisser au début du recueil une présentation panoramique de la littérature romanesque lors de cette période formant comme le dernier chapitre de l'âge baroque. Dans cette présentation synthétique le roman est envisagé de différents points de vue allant des auteurs et de leurs œuvres vers les pratiques de lecture en passant par l'édition des textes et leur diffusion. L'examen des différents maillons de cette chaîne du livre nous a permis de constater à quel point le terme de crise utilisé par Henri-Jean Martin[1] pour caractériser l'édition parisienne dans les années 1643-1665 pouvait s'appliquer de manière pertinente à l'évolution du roman à cette même époque. Crise liée, évidemment, à la situation économique et politique de la France au temps de la Fronde, mais qui revêt aussi, tout aussi manifestement, un aspect moral et retentit sur l'esthétique, l'imaginaire, l'idéologie, voire la philosophie également portés par les fictions des romanciers. Le mot est d'autant plus intéressant qu'il cumule deux significations. Comme le latin *crisis* dont il est dérivé, il désigne la « phase décisive d'une maladie[2] », son moment paroxystique, quand ses symptômes s'expriment brusquement avec une intensité accrue. Mais il se rapporte aussi au moment critique, celui où tout peut brusquement basculer vers le pire ou le meilleur et où s'annonce déjà, à travers la douleur, le temps d'un changement radical. Ces deux aspects de la crise nous semblent bien représenter l'état du roman dans les années charnières allant des décès de Richelieu et de Louis XIII vers l'avènement du futur Roi-Soleil. Le temps est alors à l'épuisement des vieux filons littéraires, à la répétition et au ressassement. Parfois, de manière plus heureuse, la reprise des formes et des thèmes romanesques trouve à se conjuguer avec le talent et l'inspiration comme dans *Ibrahim*, *Cléopâtre* ou *Artamène*. Mais l'on note aussi qu'une érosion rapide exerce son œuvre destructrice sur ces édifices anciens, aussi bien conçus soient-ils, et l'on observe dans leurs alentours le développement de floraisons nouvelles. Alors que les veines anciennes du roman pastoral, du roman religieux ou des histoires tragiques perdent leur fécondité et que les longs romans

1 H.-J. Martin, *Livre, pouvoirs et société à Paris au XVIIe siècle*, Genève, Droz, 1999, t. 2, p. 555.
2 *Le Robert, Dictionnaire historique de la langue française*, Paris, 1998.

commencent à s'essoufler à la fin des années 1650, on voit émerger des genres nouveaux : Scarron entraîne le lecteur sur des voies littéraires inédites en conjuguant romanesque et réalisme, Sorel invente le roman sociologique dans *Polyandre*, l'abbé de Pure, le suit sur le même chemin, en explorant l'univers féminin des salons et des Ruelles dans *La Prétieuse* et il invente le roman d'anticipation dans son *Épigone, histoire du siècle futur*. Dans un élan vigoureux Cyrano de Bergerac déjà nous entraîne vers un autre monde alors que La Calprenède, puis Scudéry, disparaissent avant d'avoir pu mettre un point final aux interminables aventures chevaleresques de *Pharamond* et d'*Almahide*. C'est en étant sensible à ces aspects contraires montrant le roman (en crise) encore attaché à la célébration d'un monde ancien ou tourné déjà vers de nouveaux horizons que nous avons défini le plan de cet ouvrage collectif articulé en trois volets.

Le premier (*Le dialogue de l'ancien et du nouveau*) regroupe quatre articles dont le dénominateur commun est de dévoiler un paysage littéraire marqué par la prégnance du passé, d'un passé non seulement reconduit comme le temps d'une culture toujours admirée, mais également réinterprété et renouvelé. Yann Beauvisage s'intéresse aux nombreuses rééditions des *Histoires mémorables et tragiques* de François de Rosset, initialement paru en 1613. Ce recueil, où l'on peut voir pourtant à bien des égards l'illustration de thèmes et de valeurs appartenant à un monde ancien continue d'intéresser un grand nombre de lecteurs et devient même un objet de convoitise pour plusieurs éditeurs. Ainsi les libraires et imprimeurs de Paris, Lyon et Rouen proposèrent plusieurs rééditions du recueil de Rosset, parfois en lui ajoutant des textes inédits, alors même que la veine des histoires tragiques dans les années 1640 est entrée dans son déclin (*Les Rencontres funestes* de Jean-Pierre Camus, le dernier recueil important appartenant à ce genre, est publié en 1644). L'étude d'Alain Tourneur, qui s'intéresse au rayonnement culturel persistant des auteurs d'outre-Pyrénée sur la littérature française, nous entraîne dans une direction similaire. Après avoir observé le net fléchissement de la production des romans en Espagne, il montre que leur fortune éditoriale dans la France des années de la régence a surtout pris la forme des rééditions de traductions anciennes. Il attire cependant notre attention sur la publication de quatre textes inédits : *El Siglo pitagórico* (1644) d'Antonio Enríquez Gómez, édité en langue espagnole et trois traductions : *Les Nouvelles de Montalvan*, (1644), les *Nouvelles amoureuses et exemplaires* de Maria de Zayas et *La Fouyne de Séville ou l'hameçon des bourses* de Castillo Solórzano. On sait que Scarron traduira, imitera et adaptera ces deux derniers auteurs dans ses *Nouvelles tragi-comiques* et dans plusieurs chapitres de son *Roman comique* en leur donnant, pour ainsi dire, une seconde vie sous de nouveaux vêtements. Le fait doit nous conduire à nuancer l'idée que les œuvres des romanciers les plus innovants tournent délibérément le dos à une tradition littéraire ancienne. La confrontation de la tradition et de l'actualité littéraire ne se joue pas seulement par l'opposition du conservatisme et de la modernité, ou par la répétition, l'oubli ou le rejet, mais aussi à travers le dialogue, les emprunts de thèmes et de motifs retravaillés et transformés.

L'analyse que donne Amandine Lembré d'une traduction française d'une œuvre fondatrice du roman picaresque publiée en 1653 sous le titre de *La Vie de Lazarille de Tormes, ses fortunes, et ses adversitez* forme un bon exemple de ce dialogue vivifiant de l'ancien et du nouveau. Son auteur, peut-être le sieur de Bourneuf, s'y inspire d'une traduction déjà donnée en 1615, mais en la versifiant. Son choix de l'octosyllabe, comme son goût marqué pour la trivialité et les détails grossiers très éloignés de l'original espagnol portent l'empreinte de l'esthétique pratiquée par Scarron dans son *Recueil de quelques vers burlesques* antérieur seulement de dix ans à cette nouvelle traduction. Lazarille ressort véritablement transformé de cette récriture et mis à la mode burlesque des années Régence.

Que les représentations nouvelles puissent se glisser dans des formes anciennes, c'est également ce que montre, mais par un autre biais, l'article consacré par Nina Muteba à un recueil d'histoires édité en 1643 sous le titre de *La Chasteté récompensée.* Son auteur, Benoît Gonon, appartenant à la communauté célestine de Lyon, y dépeint le parcours héroïque de sept jeunes filles et d'un homme qui ont su « s'oppos[er] à tous les efforts qu'on avait dressés pour ruiner leur chasteté, laquelle, est toujours demeurée victorieuse et triomphante ». L'ouvrage s'inscrit dans la longue tradition d'une littérature édifiante procédant du genre médiéval de l'*exemplum*, mais on ne saurait l'identifier simplement au véhicule d'une sagesse chrétienne multiséculaire. En un temps, les années 40, où l'on voit s'affirmer la figure idéale de la femme forte ou héroïque dans de nombreux textes, comme ceux du père Le Moyne ou des Scudéry, le père Gonon prête aux héroïnes vertueuses qu'il met en scène des qualités habituellement tenues pour masculines : l'intelligence, la science, la sagesse. Aussi plaide-t-il en faveur d'une reconsidération de la condition féminine et milite-t-il à sa manière pour un féminisme dont les audaces remettent en question et redéfinissent la figure exemplaire de la bonne chrétienne, trop souvent enfermée par l'Église dans un rôle passif et teinté de misogynie.

Mais en cette période de crise préludant à l'avènement de la monarchie absolue, le roman, même s'il s'inscrit dans le sillage d'une longue tradition littéraire, est également engagé dans un cycle de transformations. Les cinq études groupées dans la deuxième section de ce recueil (*Métamorphoses du roman*) envisagent différents aspects de cette évolution. Cem Algul s'interrogeant sur la représentation romanesque des Turcs montre qu'elle porte le reflet des troubles politiques agitant la France au temps de la régence. Mais les auteurs savent aussi s'émanciper de leurs repères culturels et quand ils nous conduisent vers l'empire ottoman, comme dans *Le Tolédan* de La Calprenède ou *Scanderberg* d'Urbain Chevreau, ils peuvent recourir à une documentation précise pour étayer leur invention. On note ainsi dans leurs romans une meilleure prise en compte des données historiques et ethnographiques, pleinement conforme aux vœux exprimés par les Scudéry dans la préface d'*Ibrahim*. Cette tendance à l'historicisation ira d'ailleurs en se renforçant à la fin du XVIIe siècle, au point de faire évoluer la matière turque vers un nouveau régime de représentation. Elle sera alors moins souvent considérée comme un ornement ou une digression exotique et deviendra un sujet à part entière dans des petits romans ou des nouvelles historiques comme l'*Histoire des grands vizirs* (1676) du sieur de Chassepol ou *Abra-Mulé, ou l'histoire du déthronement de Mahomet IV* (1696) d'Eustache Le Noble.

Delphine Amstutz, dans les analyses et réflexions quelle consacre à *Almahide* de Georges de Scudéry, découvre dans cette œuvre inachevée, la dernière de l'auteur, non pas simplement « un roman anachroniquement “conservateur” » mais aussi et surtout « un conservatoire romanesque » et un conservatoire d'un genre nouveau. En effet, l'histoire des amours contrariées de Ponce de Léon et d'Almahide, bien que saturée de topoï romanesques, « présente une composition originale, de prime abord “inconvenante”, et répond ainsi à une “poétique du bizarre”, qui désamorce ironiquement, par l'excès, les fonctions traditionnellement reconnues au roman héroïque. » Madeleine se montre, sinon plus sage, en tout cas moins “disconvenante” que son frère dans l'élaboration de *Clélie*. Son *histoire romaine* comporte toutefois ses audaces. L'une d'entre elles réside peut-être dans sa partie la plus connue : cette fameuse carte de Tendre où pour le plaisir de son entourage l'héroïne a fixé la géographie d'un pays imaginaire. De nombreux critiques ont vu dans son invention l'illustration d'un code de la civilité amoureuse à l'ère de la galanterie. Frédéric Briot s'interroge sur les lectures de cette carte telles qu'elles sont dépeintes dans le roman à travers les réactions des personnages. Ceux-ci lui apparaissent comme de « mauvais regardeurs » : « Ils y cherchent tous une vérité, une vérité d'ordre personnel et psychologique, c'est-à-dire quelque chose de fixe, de stable, et tous, aussi différents soient-ils, s'y trompent. » La carte, en effet, forme un espace ouvert à des interprétations vivantes, capables de délivrer le signe de toute désignation figée ; elle invite à reconsidérer l'art d'aimer comme un art du mouvement et de l'adaptation aussi mobile, fluide, complexe que les relations amicales ou amoureuses. Ainsi s'invente une relation autre aux signes, au sens comme aux sentiments.

Autre audace, qui fut sanctionnée autrefois par Boileau : la propension de la romancière à glisser dans ses œuvres de multiples allusions à ses contemporains, à transporter et cacher ses amis, voire tout son salon dans les lointains exotiques d'*Artamène* ou de *Clélie*. Myriam Dufour-Maître analysant le fonctionnement de ces textes comme romans à clé prend position contre les approches unilatérales qui les réduiraient soit à leur contenu référentiel soit à une pure fiction, d'une fictionnalité pleinement autonome. Les clés de ces longs romans, bien comprises et bien utilisées, inviteraient au contraire le lecteur à un plaisir mixte conjuguant la découverte des allusions biographiques et la reconnaissance des référents historiques avec le dépaysement littéraire.

Peut-être est-ce cette hybridité du roman baroque constitué de multiples strates de significations possibles qui lui permit dans les années 1650 et 1660 de réaliser sa mue en un roman somme ou un roman univers, particulièrement dans les longues œuvres de Madeleine de Scudéry.

Dans un dernier volet (*Points de vue critiques*) on trouvera regroupées plusieurs études dont le dénominateur commun est d'interroger la relation complexe du roman et de la conscience nouvelle qui, à travers les affres de la crise des années 1640 et 1650, se fait conscience critique.

De nombreux textes, en effet, bousculent alors, parfois de manière radicale, comme ceux de Cyrano de Bergerac, les repères traditionnels qui assuraient au monde ancien son sens et sa stabilité. L'émergence de cette conscience est interrogée dans ses liens avec la subjectivité et la remémoration dans la lecture que donne Claire Quaglia du *Page disgracié* de Tristan L'Hermite et de *L'Orphelin infortuné* de Préfontaine. Ces deux histoires comiques, comme le genre des mémoires, qui révèlent au même moment de semblables tendances inscrites dans l'évolution de la société française, évoquent les infortunes d'existences ordinaires déliées des vieux modèles héroïques. Elles expriment à travers les aventures du sujet écrivant, qui se raconte et se représente à la première personne, son « engagement [...] dans un monde contemporain instable », son « rapport tendu avec les réalités qui l'entourent, une attention exceptionnelle au réel. » Jean-Pierre Van Elslande s'intéresse aussi aux tribulations du *Page disgracié*, mais en s'attachant à les interpréter à la lumière de la représentation de l'enfance et des modèles pédagogiques. Ses analyses mettent ainsi en évidence l'idée que ce texte, où l'on a souvent vu un roman de formation, est aussi et surtout un roman de la crise de l'exemplarité. Il existe en effet entre les « leçons morales énoncées par la voix adulte du narrateur et la multiplicité des aventures plaisantes du personnage » un « écart jamais comblé », une béance qui remet en question le fonctionnement efficace « de pratiques sociétales instaurées depuis la Renaissance », pour éduquer, corriger, édifier, faire progresser.

Au plus loin de ces remises en question du monde comme il va se trouvent sans aucun doute les interrogations portant sur le monde animal, puisqu'elles ébranlent dans ses fondements mêmes la tyrannie de cette « chetive creature » humaine, qui selon les termes de Montaigne, se veut « maîtresse et emperiere de l'univers[3] ». En nous invitant à parcourir le *Supplément de l'Histoire véritable* de Lucien, par Jean-Jacobé Frémont d'Ablancourt, la *Relation de l'Isle imaginaire* de Anne-Marie-Louise d'Orléans, la Grande Mademoiselle et les deux parties de l'*Autre monde* de Savinien Cyrano de Bergerac, Nicolas Corréard nous introduit dans les diverses régions d'une utopie animale dont il souligne les aspects critiques, contestataires, ou libertins. Ici et là la zoologie incite à reconsidérer l'édifice des croyances et

3 Montaigne, « Apologie de Raymond Sebond », *Essais*, II, 12, éd. P. Villey, Paris, PUF, « Quadrige », 2004 [1965], p. 459.

des valeurs humaines à l'aune d'une altérité absolue. Ainsi dans le cas de Cyrano le passage dans l'autre monde prend l'aspect d'une révolution qui n'aboutit pas seulement à la conversion du cosmos ptoléméen en univers héliocentrique, mais aussi à un retournement de l'anthropocentrisme, à sa transformation en une philosophie ouverte à la relativité.

C'est de crise encore, mais d'une crise rieuse dont nous parle Pascal Debailly dans son approche du *Roman comique*. Le rire, cette petite épilepsie, telle qu'il nous la découvre dans le texte de Scarron, ne saurait se comprendre de manière trop réductrice, comme une brusque réaction de détente répondant à un moment de contrainte. « Né d'une friction entre la norme et une transgression, le rire crée une béance. Il joue un rôle critique et démystificateur. Il affirme un désir de liberté qui desserre l'étau des contraintes sociales, esthétiques et religieuses. » Les aventures de Destin et de L'Estoile et surtout les mésaventures de Ragotin font triompher sur les règles « la fantaisie, l'absurde, la transgression, l'imprévu, le bon mot… ». Ce n'est pas là simplement l'éternel victoire du principe de plaisir sur celui de la réalité, car l'œuvre de Scarron par son comique particulier peut être lue comme un témoignage intéressant l'histoire des mentalités. Le rire tel qu'il y est mis en scène prend une signification moderne : il ouvre un espace de liberté personnelle et forme la manifestation spectaculaire d'un processus d'individualisation. Rire, selon Scarron, reviendrait à s'émanciper des cadres trop rigides imposés par un monde social étouffant et, par opposition à celui-ci, à mieux être soi-même.

Nous avons placé l'article d'Isabelle Moreau Trivisani à la fin de ce recueil, parce que son étude sur *Les Voyageurs inconnus* (1655) de Louis Le Laboureur et *La Relation de l'isle imaginaire* (1659) de Mlle de Montpensier, se présente aussi comme une invitation au voyage : un voyage critique au-delà du grand roman romanesque où se devinent déjà les prémisses d'un nouveau monde littéraire : un autre monde où le fragment serait préféré à la totalité, où la logique de la rhapsodie supplanterait la recherche de la cohérence, où le plaisir de l'histoire bien intriguée cèderait le pas à une dérive rêveuse et capricieuse, où le lecteur serait souvent sollicité à penser et imaginer par des auteurs assumant leur rôle de conteur avec une désinvolture teintée d'ironie. Ainsi aller ailleurs consiste également à réinventer le roman.

À la suite de ces différents regards critiques posés sur le roman des années 40 et 50 il nous a paru judicieux de placer une bibliographie chronologique et analytique établie à partir du répertoire de Maurice Lever. Celle-ci nous a servi à étayer notre propre enquête par des sondages précis. Elle aura aussi le mérite, nous l'espérons, de découvrir aux curieux un paysage littéraire d'une grande diversité et d'éveiller le désir d'en savoir davantage en suscitant de nouvelles recherches.

Frank GREINER
Univ. de Lille Analyses Littéraires
et Histoire de la Langue
(ALITHILA) – EA 1061

LE ROMAN FRANÇAIS ENTRE DEUX RÈGNES

1643-1661

Le fait est souvent présenté comme une vérité indiscutable dans les histoires littéraires de Gustave Lanson[1] à aujourd'hui : le grand Siècle coïnciderait avec un temps de mutation, voire avec une « révolution de la condition humaine[2] » s'étalant sur deux époques contrastées qui s'articuleraient autour de l'axe des années 1660, assimilées à une cassure ou à un « tournant[3] » conduisant de l'âge baroque[4] ou du préclassicisme[5] (les étiquettes varient selon les auteurs) vers ce que d'aucuns n'hésitent pas à nommer le « miracle classique[6] ». Autant dire que nous ne partageons pas l'idée – construite *a posteriori* à partir des réflexions tendancieuses de Voltaire énoncées dans *Le Siècle de Louis XIV* – que la première moitié du XVIIe siècle aurait été seulement « une période de confusion et d'irrégularité[7] » et, au mieux, comme la préfiguration

1 G. Lanson, *Histoire de la littérature française*, Paris, Hachette, [1894] 1912. Sur la périodisation du XVIIe siècle, voir p. 473.

2 J. Rohou, *Le XVIIe siècle, une révolution de la condition humaine*, Paris, éd. du Seuil, 2002.

3 Sur cette notion appliquée à l'histoire du roman, voir Camille Esmein-Sarrazin : « L'avènement d'une poétique romanesque au XVIIe siècle. Discours théorique et constitution d'un genre littéraire (1641-1683) », *L'information littéraire*, vol. 57, no 1, 2005, p. 56-60.

4 Sur la notion de baroque littéraire, voir surtout les travaux de Jean Rousset, *La Littérature de l'âge baroque en France (Circé et le paon)*, Paris, éd. J. Corti, 1953 ; D. Souiller, *La Littérature baroque en Europe*, PUF, 1988 ; Cl. Gilbert Dubois, *Le Baroque en Europe et en France*, Paris, PUF, 1998.

5 René Bray favorisera la vision d'un premier dix-septième siècle préclassique dans son essai *La Formation de la Doctrine classique en France*, Paris, Hachette, 1927. À peu près à la même époque, D. Mornet évoque le début du XVIIe siècle comme « une préparation de la littérature régulière ou classique », in *Histoire générale de la littérature française*, Paris, Larousse, 1925, p. 60. Mentionnons enfin le livre de P. Sage qui entérine la notion de préclassicisme pour un volume entrant dans une *Histoire de la littérature française* publiée sous la direction de J. Calvet : *Le Préclassicisme*, Paris, éd. Del Duca, 1962.

6 Voir *Littérature française, des origines à la fin du XVIIIe siècle* (dir. A. Adam, G. Lerminier, É. Morot-Sir), Paris, Larousse, 1972, t. 1, p. 184.

7 G. Lanson, *op. cit.*, p. 473.

brouillonne de la moisson de chefs d'œuvres marquant le règne du roi Soleil. On ne saurait ignorer cependant que quelque chose, en effet, s'est passé à partir de l'avènement de Louis XIV dans l'exercice effectif du pouvoir. Peu à peu, sans nul doute la politique, mais aussi, plus largement, les mentalités et la culture sont alors entrées dans le processus d'une profonde transformation. Mais cette transformation fut également le résultat d'un moment historique particulier. Aussi peut-on la comprendre comme un phénomène d'émergence, au sens que lui prête Ian Hacking : « Une naissance est sans précurseur. Une émergence est une floraison soudaine[8] » succédant à un état antérieur portant en soi, parfois de façon discrète les premières semences d'une mutation.

L'état de la littérature française au temps de la régence d'Anne d'Autriche et du ministère de Mazarin offre sur le plan de l'histoire culturelle une image intéressante de ce processus d'émergence. Au cours de notre approche de cette époque charnière – ou terminale, si on la replace dans la longue période trouvant son *terminus a quo* au début du siècle ou à la fin des guerres de Religion – nous nous sommes, en effet, retrouvé constamment confronté à l'idée que le roman français était alors traversé par une crise esthétique, politique, morale et religieuse l'engageant déjà vers de nouveaux horizons. On pourra trouver là le fil directeur de ce tableau synthétique.

Au-delà, de toute volonté de démonstration trop appuyée, notre propos, le plus souvent constatif, a répondu aussi et surtout au dessein de cerner au mieux la singularité d'un paysage littéraire complexe en l'envisageant sous ses différents angles. Nous avons abordé ainsi les données statistiques intéressant la production des romans, puis tenté de cerner à grands traits le monde des éditeurs et des romanciers, avant d'évoquer leurs œuvres, leurs lecteurs et leurs lectures.

8 Ian Hacking, *L'Émergence de la probabilité* [1975], Paris, éd. du Seuil, 2002, p. 24.

CRISE DU LIVRE, CRISE DU ROMAN ?

Quelques mots d'abord sur nos instruments de travail et sur le corpus servant de socle à cette enquête. Pour établir celui-ci nous nous sommes appuyé principalement sur la bibliographie de Maurice Lever[9] qui, à ce jour, constitue pour notre domaine le meilleur ouvrage de référence, tout en restant cependant incomplet. S'il permet de cerner l'essentiel de la production romanesque durant le XVIIe siècle, il comporte en effet quelque lacunes comme nous avons pu le constater lors nos propres recherches bibliographiques sur les années 1600 à 1640, non seulement, et le fait est inévitable, parce que les bibliothèques et les collections privées n'ont pas encore fini de nous révéler tous leurs trésors, mais aussi et surtout, et il s'agit là, malheureusement d'un défaut récurrent dans les répertoires consacrés à la bibliographie d'un genre littéraire, parce qu'il néglige la grande masse des rééditions et se focalise sur les seuls textes inédits. Ces manques se reporteront inévitablement sur notre propre enquête, laquelle, faute d'informations suffisantes à cet égard, tiendra principalement compte des éditions originales.

On trouvera à la fin de cet ouvrage la liste des 145 fictions narratives en prose entrant dans notre corpus. Nous les avons classées par ordre chronologique, en indiquant, si possible, le nom de leurs auteurs, leurs titres, leurs lieux de publication avec mention de leurs éditeurs et en donnant des informations très sommaires sur leur contenu.

Nous nous sommes intéressé d'abord à la répartition des éditions dans le temps, et cela dans un cadre chronologique élargi, de manière à mieux cerner la spécificité de la période couvrant les années 1640 et 1650.

9 Maurice Lever, *La Fiction narrative en prose au XVIIe siècle*, Paris, éditions du CNRS, 1976.

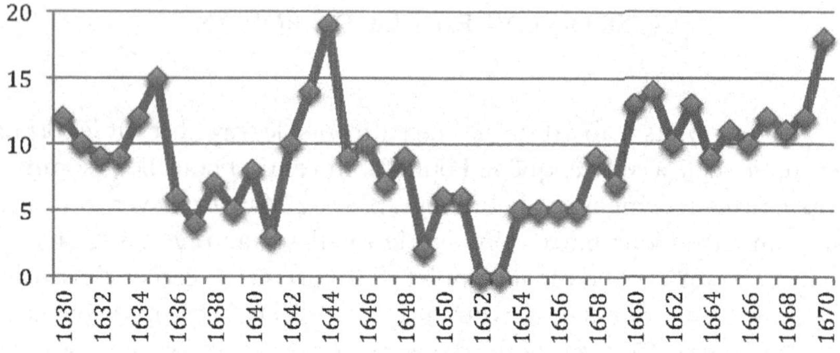

FIG. 1 – Les éditions originales de romans (1630-1670).

Les années 1640 sont relativement fastes et se tiennent au niveau de la décennie précédente, avec 90 éditions nouvelles. On observe cependant dans le déroulement chronologique de cette production un net fléchissement, lequel se confirme dans les années 1650 réduisant presque de moitié le nombre des publications passant à 48 titres. Cet effondrement spectaculaire de l'activité éditoriale touche particulièrement 1649, 1652 et 1653, ces deux dernières années coïncidant avec un temps d'arrêt complet de la production. Il y a, bien sûr, une explication historique à ce coup d'arrêt momentané dont souffre alors l'ensemble de l'édition française, comme le montrent les travaux d'Henri-Jean Martin. Celui-ci, plaçant l'édition parisienne des années 1643-1665 sous le signe d'« une crise générale[10] », insiste sur les causes structurelles liées au ralentissement de son activité en évoquant le durcissement du régime des privilèges, le renforcement des monopoles, la crise du papier, la concurrence étrangère, mais aussi des motifs politiques et religieux se traduisant par une multiplication de « libelles et [de] livres défendus[11] » et des épisodes de répression policière. Il néglige cependant l'approche conjoncturelle de l'économie éditoriale, frappée de plein fouet par les guerres de la Fronde. Il est significatif de voir coïncider ses années creuses avec la Fronde parlementaire (1648-1649) qui amena le blocus de Paris de janvier à mars 1649, puis avec la Fronde des Princes (1650-1653). On peut imaginer que ces deux épisodes guerriers pesèrent lourdement tant

10 H.-J. Martin, *Livre, pouvoirs et société à Paris au XVIIe siècle*, Genève, Droz, 1999, t. 2, p. 596.
11 *Ibid.*

sur les ateliers de production que sur la diffusion des livres et le pouvoir d'achat des lecteurs.

Si l'activité des éditeurs parisiens eut à souffrir grandement de cette crise, il est remarquable de constater que les deux décennies de cette difficile époque de transition voient se confirmer la centralisation de la production romanesque dans la capitale et la situation de quasi monopole de celle-ci. De 1643 à la fronde parlementaire de 1648 l'édition provinciale tend à s'effacer. Ce sont sept titres seulement qui sortent de ses ateliers alors que durant la même période on compte à Paris 58 parutions. Lyon et Rouen ne sont plus désormais de possibles villes rivales. La décennie des années 50 achève d'imposer cette dissymétrie manifeste, puisque désormais, alors que l'édition parisienne continue de produire bon an mal an une soixantaine d'ouvrages, l'activité provinciale reste nulle. Les publications étrangères ne viennent pas compenser cette écrasante prépondérance puisqu'elles apparaissent tout aussi rares. Il faut, bien sûr, nuancer un peu ce tableau très contrasté, puisque nos statistiques portent uniquement sur des éditions originales. Un travail sur les rééditions montrerait certainement que les éditeurs de romans, en province comme à l'étranger, n'étaient pas inactifs. Ce que montre, par exemple, dans ce recueil l'étude de Monsieur Yann Beauvisage sur les histoires tragiques de François de Rosset qui furent l'objet d'une concurrence féroce entre éditeurs Parisiens, Lyonnais et Rouennais. Il ressort en tout cas de nos analyses, aussi lacunaires soient elles, que la part de l'innovation revint bien alors aux imprimeurs et aux libraires de la capitale, presque seuls à exploiter les succès littéraires du temps et laissant aux autres le soin de publier à nouveau, à moindre frais, quelques livres désormais libres de droits mais toujours susceptibles de trouver un public.

LES ÉDITEURS

Pour préciser un peu cette approche large, il est intéressant de se demander quels furent les principaux bénéficiaires de ce mouvement de concentration. Le tableau que nous avons dressé permet de détacher nettement les noms des éditeurs qui furent les grands fournisseurs de la littérature romanesque durant la régence.

A. Courbé	17
A. de Sommaville	12
T. Quinet	12
C. de Sercy	8
C. Besogne	7
G. de Luynes	5
L. Billaine	5
N. de Sercy et Vve de Sercy	5
A. Robinot	3
J. Villery	3

Ce sont d'abord, si l'on suit l'ordre chronologique de leurs activités, Augustin Courbé, Toussaint Quinet et Antoine de Sommaville qui jouent le rôle le plus actif dans la fabrication et la vente des romans durant les années 1640 et jusque vers la fin des années 1650. Tous les trois sont imprimeurs libraires.

Augustin Courbé est l'imprimeur libraire de Monsieur, Gaston d'Orléans. Ses éditions reflètent les goûts de son protecteur et de son entourage mondain. Elles servent principalement le théâtre, mais le roman occupe une place non négligeable dans son catalogue aux côtés des pièces de Jean de Rotrou. Il est l'un des promoteurs du roman héroïque. Il œuvre ainsi à la mise en lumière, de *Cassandre* (1642-1645) et de *Cléopâtre* (1646-1658) de La Calprenède ; d'*Artamène* (1649-1653), de *Clélie* (1654-1660), puis d'*Almahide* (1660-1663) des Scudéry ; de *La Jeune Alcidiane* de Gomberville (1651).

Toussaint Quinet montre une même prédilection et pour les textes de théâtre et pour les romans. Il édite *Le Romant comique* (1651) de Paul Scarron et les *Contes aux heures perdues* du sieur d'Ouville (1644). On le voit aussi, comme A. Courbé, répondre au goût du public pour les longs romans héroïques. Il donne ainsi aux lecteurs de découvrir *Scanderberg* (1644) d'Urbain Chevreau, *Le Roman véritable* (1645), œuvre anonyme inspirée de Tirso de Molina, *Le Tolédan* (1647) de La Calprenède, *Mitridate* (1648-1651) de Le Vayer de Boutigny, *Bérénice* (1648) de Jean Regnault de Segrais, *Orasie* (1646), et sa *Suite et conclusion* (1648) attribuées Melle de Senecterre, *Ladice ou les victoires du grand Tamerlan* (1649) de Samuel Chappuzeau.

Antoine de Sommaville publie Rotrou mais aussi Corneille et Du Ryer. Il s'intéresse à la poésie et il ne manque pas d'accorder sa part au roman. Il s'associe ainsi à Antoine de Sommaville pour l'édition de la traduction de *La Crétidée* (1643) de l'Italien Manzini, et très éclectique dans ses choix, publie des nouvelles de Scarron, de Segrais, d'Ancelin, ou les longs cycles héroïques de Guérin de Bouscal (*L'Antiope* (1644)) et de La Calprenède (*Faramond* (1661-1670)). Ni La Calprenède ni Sommaville ne viendront d'ailleurs à bout de la publication des douze volumes de ce long roman, puisque l'un et l'autre décèdent successivement en 1663 et 1664. Il appartiendra ensuite à Ortigue de Vaumorière de poursuivre et d'achever cette œuvre monumentale et à la veuve de l'éditeur d'en assurer l'impression et la vente.

Il est intéressant de constater que les libraires-imprimeurs dont la contribution à la littérature romanesque est beaucoup plus modeste sacrifient aussi au goût des lecteurs pour les histoires à plusieurs volumes. Comme il s'agit d'une entreprise toujours très coûteuse, on les voit volontiers s'associer les uns aux autres ou avec Courbé, Quinet ou Sommaville eux-mêmes enclins à cultiver les collaborations entre grands ou avec les petits éditeurs. Courbé s'associa ainsi pour l'édition de *Cassandre* avec Antoine de Sommaville, Toussaint Quinet et Nicolas de Sercy ; Sommaville partagea l'édition de *Cléopâtre* avec Cardin Besogne, Guillaume de Luynes et Louis Billaine.

Si l'on s'interroge sur l'évolution du monde de l'édition durant la régence le fait principal réside sans doute dans la disparition d'une génération, déjà ancienne, surtout représentative de l'époque Louis XIII. Courbé, Sommaville, Besogne sont nés durant la dernière décennie du XVIe siècle ; les deux premiers décèdent dans les années 1660, le troisième en 1671. Toussaint Quinet, à peine un peu plus jeune, né sans doute au début du XVIIe siècle, disparaît en 1652. Un peu avant l'arrivée de Louis XIV au pouvoir, c'est Charles de Sercy (1623-1700 ?) qui s'impose comme l'étoile montante dans le monde de l'édition romanesque. Il a 38 ans en 1661. « Originaire de Soissons, frère puîné du libraire Nicolas de Sercy, il fait son apprentissage chez le libraire Nicolas Delaulne qu'il quitte en novembre 1639 » avant de devenir bientôt « libraire-étalant sur le Pont-Neuf[12] », puis de tenir boutique au Palais (dans l'actuelle île de la Cité) dans la galerie Dauphine, puis dans la salle Dauphine, parmi les libraires alors à la mode. Sans doute est-il sensible au changement de l'atmosphère culturelle marquant le Paris des années 1650. Ses publications se distinguent de celle de ses aînés par leur air de nouveauté. Il édite ainsi l'*Histoire comique des États et empire de la Lune* (1657) de Cyrano de Bergerac, mais aussi et surtout devient un grand pourvoyeur de ces nouvelles et petits récits en accord avec l'esprit galant de la fin de la régence : il offre aux lecteurs de découvrir l'*Histoire du temps, ou Relation du Royaume de Coqueterie* (1654) de l'abbé d'Aubignac, les *Nouvelles héroïques et amoureuses* (1657) de Boisrobert, un *Recueil de pièces en prose les plus agréables de ce temps* (1659) comportant cinq volumes, *Les Nouvelles ou les divertissemens de la princesse Alcidiane* (1661) de Madeleine de Lycée, dame de La Calprenède (1661) et un conte de Charles Perrault, *Le Miroir ou la métamorphose d'Orante* (1661).

LES AUTEURS

Si l'on dresse le portrait type du romancier des années de la régence, il apparaît qu'il a peu changé depuis les premières décennies du XVIIe siècle. Dans une enquête ancienne portant sur les années 1585-1627 nous avions observé qu'il intégrait à quelques exceptions près quatre caractéristiques saillantes : le romancier dans la plupart des cas était de sexe masculin, d'origine nobiliaire, de religion catholique et pratiquait le genre en amateur, n'ayant à son actif qu'une ou deux fictions narratives[13]. On peut affirmer qu'il s'agit là encore de données globalement valides, même s'il est difficile de les estimer précisément, du fait de l'importance de l'anonymat (plus d'une trentaine de textes paraissent sans nom d'auteur)

---

12 J.-D. Mellot, *Répertoire d'imprimeurs/libraires XVIe-XVIIIe siècle*, Paris, Bibliothèque nationale de France, 1995, p. 544.

13 *Les Amours romanesques de la fin des guerres de religion au temps de* L'Astrée, Paris, H. Champion, 2008 et Classiques Garnier 2017, p. 95-118.

ou de l'insuffisance des informations biographiques. Tout au plus, peut-on noter, pour nuancer un peu ce constat que, dans la liste des 77 auteurs ayant publié des romans durant ces deux décennies, la part des femmes[14], celle des protestants[15] et des roturiers[16] va en augmentant.

Les écrivains les plus publiés sont La Calprenède, Vaumorière, Georges et Madeleine de Scudéry, Paul Scarron, Charles Sorel, Jean-Pierre Camus, Marin Le Roy de Gomberville. Ceux-là dérogent à la règle de l'amateurisme et peuvent faire de leur activité une source de revenus, parfois non négligeables. Il est difficile cependant de parler sans nuances d'une professionnalisation du métier de romancier et cela pour de multiples raisons soulignées autrefois par Alain Viala dans un essai célèbre[17]. L'autonomie de l'écrivain reste encore toute relative : si l'essor des académies contribue à sa reconnaissance monnayée en avantages symboliques et matériels, il n'en reste pas moins dépendant de la triple tutelle du patron, du mécène ou de son imprimeur et ne saurait trouver encore dans son public l'arbitre de son succès.

Il ne s'en dessine pas moins une tendance lourde : le roman, genre en devenir, encore écrasé par le mépris de certains doctes comme Boileau, devient plus nettement pour certains écrivains un instrument de profits assurés, et le moyen d'atteindre à un certain prestige, comme le montrent les cas de Scarron, de La Calprenède et de Madeleine et de Georges de Scudéry dont la production romanesque s'attira l'estime de nombre de leurs contemporains. Les carrières des trois derniers sont particulièrement intéressantes parce qu'elles montrent une évolution très nette de la polygraphie ou du théâtre vers une pratique quasi exclusive du genre romanesque. La Calprenède après avoir écrit neuf pièces, représentées de 1636 à 1643, se reconvertit en romancier à partir de 1642, date de parution de la première partie de sa *Cassandre.* Dès lors et jusqu'à *Faramond* toute sa production d'écrivain relèvera du même genre. De façon moins nette,

14 Suzanne de Nervèze, Jacquette Guillaume, la baronne de Marcé, la duchesse de Montpensier, Melle de Senecterre, Catherine Desjardins et, peut-être, à titre posthume, la princesse de Conti, si on lui attribue l'*Histoire des amours du Grand Alcandre.*

15 Le sieur de Bouscal, Samuel Chappuzeau, Samuel Sorbière.

16 Parmi les auteurs alors les plus en vue, mentionnons Jean Baudouin, Cyrano de Bergerac (descendant de bourgeois parisiens, comme ne le laisse pas paraître son patronyme), Samuel Chappuzeau, Urbain Chevreau, Nicolas-Marc Desfontaines, Claude-Barthélémy Morisot (?), Charles Perrault, Charles Sorel.

17 *Naissance de l'écrivain. Sociologie de la littérature à l'âge classique.* Paris, éditions de Minuit, 1985.

Georges de Scudéry suit une même ligne d'évolution ; quant à sa sœur Madeleine, elle se distinguera principalement dans l'écriture de longs romans avant de pratiquer la nouvelle et les recueils de conversations.

Quand on réfléchit aux parcours de ces différents écrivains à la lumière de la théorie du tournant faisant basculer l'histoire de la littérature française sur son versant classique, on ne peut manquer de relever qu'ils appartiennent, pour les plus féconds et les plus célèbres d'entre eux, à une génération déjà ancienne, née à la fin du XVIe siècle ou au début du siècle suivant. Camus (1584-1652) et Sorel (1599-1602 ?-1674) sont les aînés ; viennent ensuite Gomberville (1600-1674), Georges (1601-1667) et Madeleine de Scudéry (1608-1701), La Calprenède (1609-1663), Scarron (1610-1660) et Vaumorière (1611-1693). La plupart ont déjà derrière eux, avant 1643, une carrière d'écrivain bien remplie. À l'exception de Vaumorière et de Madeleine de Scudéry, tous disparaîtront entre 1652 – date du décès de Camus – et 1674 qui voit s'éteindre Gomberville et Sorel. Cette donnée démographique converge avec notre premier constat concernant les éditeurs : les Courbé, Sommaville et Besogne, qui eux-mêmes décèdent à la même époque. Si tournant, il y a durant cette période Régence, le fait s'explique aussi, nous semble-t-il, par une rupture générationnelle, qui laisse la place à de nouveaux romanciers, encore en herbe comme Madame de Villedieu ou Charles Perrault.

LES ŒUVRES

Comme pour les périodes précédentes, c'est l'extrême diversité des formes et des genres qui semble caractériser le mieux la production romanesque des deux décennies de la régence. Notre corpus se compose ainsi de romans d'aventures, de nouvelles galantes, d'histoires tragiques, de récits édifiants, de facéties, de fictions polémiques et pamphlétaires, de portraits narrativisés, etc. On peut hésiter en l'occurrence à utiliser l'étiquette de roman à moins de donner à ce terme un sens très souple à l'instar d'Henri Coulet ou de Maurice Lever qui préférait, d'ailleurs, dans sa bibliographie, parler de fictions narratives en prose. Impossible, évidemment, de circonscrire tous les traits spécifiques de cette veine diverse et foisonnante dans le cadre restreint d'un article. L'entreprise, au reste, nous éloignerait de notre dessein, plus modeste, visant à tracer les lignes de force d'un panorama et à repérer les grandes tendances d'une évolution. De ce point de vue surplomblant, du critique observant de loin et de haut un paysage littéraire, il apparaît que la prose fictionnelle du temps d'Anne d'Autriche et de Mazarin, comme au temps d'Henri IV et de Louis XIII, continue de jouer principalement sur trois registres, mais de manière quelque peu distincte, avec des nuances nouvelles. On peut distinguer ainsi les textes romanesques conjuguant l'aventure et l'amour, les histoires d'inspiration comique, et les textes édifiants servant un message moral. Il est vrai qu'il existe entre ces trois ensembles de nombreux points d'intersection, il n'en demeure pas moins que leur distinction peut fonder une description relativement fidèle[18].

Le plus important de ces trois massifs, celui des romans et des nouvelles à thématique héroïque et (ou) amoureuse comprend 69 textes, soit environ 47 % des 145 titres de notre corpus. Ce chiffre peut varier quelque peu en fonction des critères retenus (il ne tient pas compte par exemple des histoires comiques à intrigue sentimentale comme *Le Roman comique* de Scarron) ; il n'en reflète pas moins une tendance lourde : un goût affirmé du public pour le dépaysement romanesque. Celui-ci se décline en divers genres dont certains brillent d'un nouvel éclat. Le roman pastoral, de moins en moins prisé, est sur le point de disparaître[19] ; les romans d'aventures, souvent écrits sur le modèle du roman grec, avec couples d'amants fidèles, rapts et pirates, bien que jouant toujours sur les mêmes stéréotypes, continuent à connaître une vogue persistante grâce à de vieux écrivains comme Du Bail et Du Verdier, mais aussi grâce à Madame de Villedieu qui publie *Alcidamie*, son premier roman, en 1661. Les nouveautés sont à découvrir ailleurs du côté des longs romans héroïques et galants dont la théorie a été énoncée par les Scudéry dans la préface d'*Ibrahim ou l'Illustre Bassa* (1641). Leurs auteurs, non seulement les Scudéry et La Calprenède, mais aussi les moins connus Guérin de Bouscal, Urbain Chevreau, Vaumorière ou Le Vayer de Boutigny, les conçoivent sur le modèle de l'épopée, tiennent compte des données historiques et

---

18 Signalons cependant que cette classification sommaire à trois entrées laisse de côté quelques curiosités littéraires comme *Les Aventures du philosophe inconnu*, roman alchimique de Jean-Albert Belin, la traduction de l'*Utopie* Thomas More…

19 Voir par exemple Lansire, *La Diane desguisée*, Paris, R. de Nain, 1647.

visent la vraisemblance, ils s'efforcent de ne pas malmener la bienséance et la morale et ambitionnent même, comme l'observe Pellisseri dans la préface de *Laodice*, de faire de leur fiction « une Escole vivante, où les esprits bien faits prennent insensiblement la teinture des vertus les plus sublimes[20] ». Enfin, ils trouvent généralement leur sujet dans l'histoire antique. Dans notre corpus on compte dix-neuf de ces romans « épiques », mais il faut leur accorder beaucoup plus d'importance que ne le reflètent ces chiffres si l'on considère et leur taille et leur immense succès qui, au reste, ne s'arrête pas brusquement à la fin des guerres de la Fronde et avec l'arrivée de Louis XIV au pouvoir. Comme nous l'avons déjà noté, les derniers volumes de *Faramond* sont publiés par Sommaville jusqu'en 1670. Cependant il s'agit là de la dernière œuvre importante appartenant à ce genre. Celui-ci continue de trouver un public, mais on raccourcit ses longueurs. Ainsi la *Cléopâtre* de La Calprenède connaît une réédition dans une version abrégée en trois volumes chez Thomas Jolly en 1667. Fait plus intéressant peut-être, et révélateur d'une sensibilité nouvelle : de même que Sorel se moquait de *L'Astrée* dans son *Berger extravagant*, (1627), Subligny parodie Scudéry dans sa *Fausse Clélie* éditée en 1670.

Durant le triomphe du grand roman, on compte peu de recueils de nouvelles d'inspiration romanesque. Il semble cependant que le genre, après une longue éclipse, connaît une vigueur nouvelle à la fin des années 1650. On voit paraître alors successivement *Les Nouvelles tragi-comiques* (1656) de Scarron, *Les Nouvelles françoises* (1657) de Segrais, ainsi qu'un recueil en six tomes traduit de l'espagnol : *Les Nouvelles amoureuses et exemplaires* (1655-1656) de Maria de Zayas. Au fur et à mesure que l'on avance vers la fin de la décennie, il semble que le public, peut-être lassé des aventures interminables, se passionne davantage pour les petits textes. En témoigne le succès du *Recueil des pièces en prose les plus agreables de ce temps* dont les cinq volumes réunissant des textes de nombreux auteurs comme Tristan L'Hermite, Sorel ou Bussy-Rabutin, furent publiés de 1658 à 1663 par Charles de Sercy.

La veine comique et réaliste forme un autre filon important : 41 textes, soit environ 28 % de notre corpus. Les facéties et les contes à rire[21] qui,

20 Préface non paginée, in *Laodice, dédiée à la Reyne, par Mr de Pellisseri*, Paris, Ch. de Sercy, et G. de Luyne, 1660-1661.

21 En dehors des *Contes* d'Ouville, on peut mentionner *La Gibeciere de Mome ou le thrésor du ridicule* (1644), le *Nouveau Recueil des pièces les plus agréables de ce temps* (1644) de Sorel,

comme *Les Contes aux heures perdues* (1644) du sieur d'Ouville, s'inscrivent dans le sillage d'une tradition ancienne remontant au *Décaméron* ou aux *Cent nouvelles nouvelles*, manifestent une vitalité persistante qui donne lieu à la publication de huit recueils auxquels il faudrait ajouter des traductions de l'italien et de l'espagnol, *Le Patron de l'honneste raillerie* (1650) d'Arlotto Mainordo et les *Œuvres de Dom Francisco de Quevedo Villegas* (1645). En dehors des recueils, on trouve des récits et des romans qui témoignent de l'influence persistante de la tradition des nouvelles italiennes (*Le Mariage de Belfégor* (1661) de N. Machiavel) et du roman picaresque espagnol (*La Fouine de Séville ou l'hameçon des bourses* (1661) de C. Solorzano).

Depuis le *Francion* de Sorel, qui fonde le genre des histoires comiques, plusieurs romanciers français frayent des voies nouvelles et jettent les fondements modernes du réalisme. Le rire gagne dans leurs œuvres une profondeur critique et s'associe à la satire, il se conjugue avec une attention nouvelle aux réalités morales et sociales de leur temps. On trouve ainsi, exprimé sur des modes divers dans *Le Barbon* (1648) de Guez de Balzac, *Polyandre* (1648) de Sorel ou *Le Romant comique* (1651) de Scarron, un même dessein ambitieux faisant de la fiction narrative un miroir où se reflèteraient les traits et les travers de leurs contemporains. Le même projet se découvre dans les romans de Cyrano de Bergerac, même si son propos se détourne du tableau de mœurs pour pactiser avec le libertinage érudit et la science. Le comique est bien selon lui un moyen, non simplement de faire rire, mais de conduire le lecteur à poser un nouveau regard sur le monde et l'humanité. Ainsi l'histoire comique ou le roman satirique contribuent à faire évoluer le genre du roman vers une position critique proche déjà de notre modernité. Porteurs de vérités explicites, et avant que Molière fasse de ses grandes comédies un objet d'admiration presque universelle, ils gagnent aussi une valeur nouvelle aux yeux des doctes comme du grand public.

La production des romans et des histoires édifiantes – c'est là un fait remarquable qui contraste avec les années précédentes – connaît un net ralentissement qu'on peut expliquer d'abord par le décès, en 1652, de leur principal fournisseur, Jean-Pierre Camus. Celui-ci publie encore

---

La Gallerie des curieux (1646), de G. Bontemps, *Le Courrier facétieux* (1647), *Les Agréables Divertissements françois* (1654), *Le Siècle d'or de Cupidon* ([vers] 1660), *Les Apophtegmes ou la récréation de la jeunesse* (1660) de P. Rayot.

trois recueils d'histoires en 1644 : *Les Rencontres funestes*, *Les Tapisseries historiques*, *Le Verger historique*, puis ne produit plus aucune fiction. Le père Gonon et François de Grenaille prennent la relève, modestement et sans la grande fécondité de leur prédécesseur. Mais cette brusque décrue ne doit pas seulement s'éclairer sur la base d'explications biographiques. Comme nous l'avons montré naguère dans deux études sur l'évolution du roman religieux au XVIIe siècle[22], celui-ci entre aussi dans son déclin pour des raisons idéologiques. Si, au temps de François de Sales et de son ami Honoré d'Urfé, l'humanisme dévot avait créé un climat favorable à la rencontre de la religion et du roman, y compris du roman romanesque, on observe à partir des années 1640, sans doute sous l'influence d'une théologie marquée par l'augustinisme, un décalage grandissant entre leurs deux univers de pensée. Sans doute le temps est-il moins favorable à la conciliation des cultures profane et sacrée. Aussi voit-on la satire et le pamphlet se conjuguer plus souvent qu'auparavant dans le champ des fictions servant une cause religieuse. Au printemps 1657 sont publiées les célèbres *Lettres écrites par Louis de Montalte à un provincial* dénigrant le laxisme jésuite. Suivront les satires de Zacharie de Lisieux : *Gyges Gallus* (1658) et *Somnia Sapientis* (1658), bientôt traduits en français[23], puis sa *Relation du pays de Jansénie* (1660).

Ce tableau forcément sommaire enregistre du moins un certain nombre de traits caractéristiques qui ne correspondent pas seulement à des changements ponctuels affectant seulement l'évolution de tel ou tel sous-genre. Si nous concevons largement la prose fictionnelle comme un champ prenant d'ailleurs sa place et son sens dans l'ensemble plus vaste de la production littéraire d'une époque, les changements chacun pour sa part contribuent à redéfinir l'économie générale de la totalité où ils s'insèrent. On voit ainsi paraître dans cette période intermédiaire que sont les années de la régence de nouvelles convergences, de nouvelles

---

22 « Le roman converti : fictions narratives et religion dans la littérature française du XVIIe siècle », in *Métamorphoses du roman français. Avatars d'un genre dévorateur* (acte du congrés de l'Université de Complutense (Madrid) des 21-23 avril 2008, éd. José Manuel Losada Goya). Louvain, Paris, Walpole, MA : Ed. Peeters, 2010, p. 63-76. *Roman et religion de J.-P. Camus à Fénelon* (dir. F. Greiner), *Littératures classiques*, n°79, 2012. Voir la Préface, p. 9-25.

23 Texte latin : *Le Gyges gallus, Petro Firmiano authore. Accessere somnia sapientis*, Paris, Veuve et D. Thierry, 1658. Traductions françaises : Le « Gyges gallus », Paris, Vve Thierry, 1663 et *Les Songes du Sage*, Paris, Vve Thierry, 1664.

lignes de partage, de nouveaux équilibres par lesquels s'esquisse peut-être déjà un système à venir. La veine du roman d'amour et d'aventures se fait nettement moins féconde après la Fronde au moment même où les tragi-comédies commencent à être passées de mode. Le grand roman épique engage la prose fictionnelle dans la voie d'une meilleure prise en compte de la vérité historique, mais celle-ci offre du monde une vision idéalisée en accord avec son exaltation des vertus héroïques et sa représentation raffinée du sentiment amoureux. Les histoires comiques se situent aux antipodes de leur univers aristocratique : si la vérité s'y découvre, c'est en prenant le visage d'un réalisme trivial. Les manières précieuses s'y trouvent bousculées par la satire ou la parodie. Leur charge critique interdit par ailleurs de les assimiler simplement à des œuvres destinées à faire rire ou sourire et complexifie le lien du comique et du sérieux. Il est intéressant d'observer aussi que *Le Roman comique* de Scarron brouille les frontières séparant le romanesque et le comique. La religion trouve moins souvent à glisser son message doctrinal dans le roman et en conséquence celui-ci tend à s'émanciper de son emprise. La forme des livres est également impliquée par ces remaniements. Bientôt viendra le temps où les très longs romans seront passés de mode et où sur les étals des libraires triompheront les nouvelles et les petits textes, jusque là minoritaires.

LECTEURS ET LECTURES

L'étude de la réception avance sur un terrain glissant tant il est vrai que le lecteur coïncide toujours avec une notion floue, du fait de sa définition essentiellement subjective, du fait aussi, dans le cas de notre étude, de son éloignement historique. Du moins peut-on cerner, à partir des données fournies par la bibliographie matérielle, la diffusion des livres, leurs rééditions, leur commerce, un ensemble de données intéressantes permettant de se faire une idée générale sur les pratiques de lecture, voire sur les goûts littéraires. Le fait le plus important au XVIIe siècle réside évidemment dans le coût élevé du livre qui reste un bien de consommation élitiste. Ce coût durant les années de la régence est lié à la hausse du prix du papier dont la production était soumise à une imposition si lourde que « les libraires parisiens furent contraints d'augmenter de façon spectaculaire le prix de leurs livres, incités à utiliser des formats plus petits et peu à peu amenés à préférer mettre sous presse des textes courts[24]. » Dans le cas particulier du roman cette hausse était encore accentuée par le fait que ce genre d'ouvrages très prisés des lecteurs était un objet de spéculation de la part des éditeurs. Comme nous l'apprennent H.-J. Martin et M. Lecocq dans une étude portant sur les registres de Nicolas, libraire grenoblois, « les clients qui se précipitaient chez lui à l'arrivée d'un nouveau volume de la *Cléopâtre*, de *Cassandre* ou de la *Clélie* » devaient s'acquitter d'une somme « de deux à huit livres selon la grosseur de l'ouvrage et le nombre de tomes qu'il contient[25]. » C'était là un prix élevé quand on sait qu'à Paris « un bon ouvrier non spécialisé, suffisamment assidu » gagnait « entre 160 et 190 livres tournois par an » dans les années 1644-1645[26]. On continue cependant à lire ces livres trop coûteux, parfois sans les acquérir, par la fréquentation de salons de lecture, ou grâce à des systèmes d'abonnement comme celui que mit en place le libraire Nicolas pour ses clients[27]. La mode est alors aux longs romans. *L'Artamène ou le Grand Cyrus* de Madeleine de Scudéry « a été tellement estimé – écrit Charles Sorel dans sa *Bibliotheque françoise*, que ses dix Tomes ayant esté donnez les uns apres les autres, ils ont causé beaucoup d'impatience, jusques à ce qu'on en ait veu la Conclusion[28]. » On sait de fait que « ses premiers tomes ont été épuisés avant que les derniers aient été mis au jour[29]. » Les romans de La Calprenède rencontrent le même engouement : « le dépouillement des exemplaires de la Bibliothèque nationale nous fournit huit éditions différentes du tome I de la *Cassandre* et sept du tome II entre 1642 et 1662 – ou encore sept et six éditions des deux premiers tomes de la *Cléopâtre*[30]. »

24 H.-J. Martin, *Livre, pouvoirs et société*, p. 585.

25 H.-J. Martin et M. Lecocq, avec la collaboration de H. Carrier, et A. Sauvy, *Les registres du libraire Nicolas (1645-1668)*, Genève, Droz, 1977, p. 74.

26 Baulant Micheline, « Le salaire des ouvriers du bâtiment à Paris, de 1400 à 1726. » In *Annales. Économies, Sociétés, Civilisations*. 26e année, N. 2, 1971. p. 474.

27 H.-J. Martin et M. Lecocq, avec la collaboration de H. Carrier, et A. Sauvy, *Les registres du libraire Nicolas*, p. 75.

28 *La Bibliotheque françoise*, Paris, Compagnie des libraires du Palais, 1667, p. 185.

29 H.-J. Martin, *Livre, pouvoirs et société*, p. 636.

30 *Ibid.*, p. 636.

Sorel traçant le portrait type du lecteur de roman à son époque écrit que « ce sont les Femmes et les Filles, et les Hommes de la Cour et du Monde[31] ». L'idéologie qui domine l'imaginaire romanesque montre bien, au reste, qu'il est essentiellement aristocratique. Les lectures à clés qui accompagnent le développement du roman de *L'Astrée* au *Grand Cyrus* nous rappellent cette vérité : que le roman fonctionne aussi à la manière d'un miroir où la noblesse trouverait une illustration idéalisée de ses propres valeurs. Ceci étant, on voit se développer un nouveau public, peut-être à partir des années 1620-1630[32], grâce au développement d'une bourgeoisie aisée (marchands, financiers, magistrats, etc.) calquant ses habitudes culturelles sur le modèle de l'élite au pouvoir. Lire des romans pour cette nouvelle population de lecteurs, c'est sans doute, comme le remarquait Maurice Lever, apprendre « à s'exprimer avec grâce, à composer des vers ou des billets galants, à penser noblement, à sentir, agir, aimer comme ses héros et héroïnes[33]. » Mais il faudrait s'empresser d'ajouter que ce processus d'acculturation ne s'accomplit pas sans résistance ; parce que le miroir romanesque, en l'occurrence, ne fonctionne pas à plein et peut souvent renvoyer le désir mimétique du roturier à sa frustration. Les histoires comiques sont les meilleurs témoins de ce décalage grandissant entre les réalités sociales et un modèle culturel en voie d'obsolescence. Il n'est pas indifférent à cet égard de constater que, en parallèle des grands romans de La Calprenède et des Scudéry, *Le Roman comique* connaît un beau succès. Comme le montre le répertoire bibliographique de Lever, sa première partie parue d'abord chez Thomas Quinet en 1651, connaîtra six rééditions entre 1652 et 1657, chez Antoine de Sommaville, G. de Luynes ou encore J. Sambix [Daniel Elzevier], à Leyde. On peut, bien sûr, expliquer par ses qualités d'écriture l'intérêt suscité par ce texte de Scarron, mais l'éclairage social n'est pas à négliger si l'on veut bien comprendre les enjeux attachés à sa diffusion. Son auteur, en effet, y explorait une voie littéraire nouvelle, qui ne relevait pas simplement des histoires comiques lancées par Charles Sorel, ni du burlesque surtout représenté dans son œuvre par *Le Virgile travesti*, ni du roman pourtant annoncé par le titre, mais associait ces

31 Ch. Sorel, *De La Connoissance des bons livres*, [Paris, 1671], éd. L. Moretti Cenerini, Rome, Bulzoni Editore, 1974, p. 133.

32 M. Lever, *Romanciers du Grand Siècle*, Paris, Fayard, 1996, p. 19.

33 *Ibid.*, p. 19.

divers genres et registres dans une combinaison inédite. Ainsi tout en se gaussant des invraisemblances et des ridicules des fictions héroïques et galantes de son temps, il sut préserver le charme romanesque des aventures de L'Étoile et du Destin : deux héros dignes de figurer dans un roman, mais descendus de leur piédestal et placés dans un univers sans doute assez proche de celui que pouvait expérimenter un lecteur moyen.

Ajoutons à cela que l'évolution du roman a pu impliquer aussi sa transformation matérielle. Les interminables aventures des longs romans n'étaient pas, on vient de le voir, à la portée de toutes les bourses. Elles convenaient à un public assez aisé pour pouvoir acquérir des volumes par dizaines et assez libre de son temps pour s'adonner à de longues lectures. Deux critères dissuasifs pour de nombreux lecteurs appelant de leurs vœux un nouveau type de livre. La physionomie de ce livre nouveau se dessine en lignes nettes dans la préface d'un petit recueil de nouvelles, *Le Siècle d'or de Cupidon*, paru sous l'enseigne fictive de Pierre Marteau, aux alentours de 1660. L'auteur après avoir justifié le contenu assez leste de ses histoires, érotiques – mais pas au point, nous dit-il, de choquer la morale –, et sur leur style « aisé » et « familier[34] », justifie ainsi leur brièveté :

> Les Histoires estant courtes, je me flatte qu'elles auront le secret de plaire et non le desavantage d'ennuyer. J'espere qu'elles seront du goût de ces gens qui n'ont pas la commodité de devorer des grands volumes ; parce que quoique ce Livre pris dans son tout soit de la lecture de plusieurs heures, il n'est dans ses parties detachées les unes des autres que de l'occupation de quelques momens. Son but est de desennuyer et de divertir. C'est dans cet esprit que je l'ay composé et pour cet effet que je le donne au Publiq[35].

Il s'agit donc de « desennuyer » et de « divertir », mais avec des moyens nouveaux convenant à un lecteur qui n'aurait pas « la commodité de devorer des grands volumes ». Un lecteur que l'on devine engagé dans une vie trop active pour s'absorber des heures durant dans un livre, un lecteur qui, loin des lectures collectives, voit peut-être dans le livre l'occasion d'un loisir personnel, un lecteur qui lit par petits bouts ou « parties detachées », en fonction de ses disponibilités, et qui porte

34 [Anonyme], *Le Siècle d'or de Cupidon ou les heureuses aventures d'Amour*, P. Marteau, Cologne, s. d. [vers 1660], « Préface » non paginée.

35 *Ibid.*

peut-être son livre avec lui, loin de sa bibliothèque, s'il en a une (*Le Siècle d'or de Cupidon* est un texte de petit format de 340 pages). Autres temps, autres lecteurs, autres lectures !

C'est peut-être en définitive, du fait de sa richesse sémantique, le terme de crise qui semble le mieux adapté pour traduire l'esprit de cette période troublée que furent les années 1640 et 1650. Comme le soulignait autrefois Edgar Morin le concept de crise ne porte pas seulement en lui « perturbations, désordres, déviances, antagonismes », il enveloppe dans un même ensemble « les forces de vie et les forces de mort, qui deviennent, ici encore, plus encore qu'ailleurs les deux faces d'un même phénomène. Dans la crise sont simultanément stimulés les processus quasi "névrotiques" (magiques, rituels, mythologiques), et les processus inventifs et créateurs. Tout cela s'enchevêtre, s'entrecroise, s'entrecombat, s'entre-combine[36] » dans le processus d'une transformation.

Le roman ne forme qu'une petite partie du grand changement à l'œuvre à travers cette crise, mais une partie non négligeable, parce qu'elle témoigne explicitement des bouleversements opérés sur les plans de l'idéologie, des valeurs et des représentations collectives. Un des traits les plus typiques de la crise des années 40 et surtout des années 50 se trouve à cet égard dans l'exacerbation des contradictions et des tensions opposant une littérature héroïque et galante et la mode du comique et du burlesque, ou encore séparant le long roman et le goût naissant pour les petits textes, les célébrations d'un ordre encore solidement implanté et les textes d'inspiration utopique, dystopique voire uchronique[37]. D'une part, comme pour exorciser la peur de voir finir un monde ancien, des écrivains de noble ascendance (La Calprenède, Vaumorière, les Scudéry...) construisent de grands cycles romanesques s'achevant après de multiples tribulations par la restauration triomphale d'un ordre pérenne. De l'autre, par le rire et le sourire, la critique, l'érotisme et le libertinage, la curiosité scientifique ou encore le scepticisme, on effectue un travail de sape minant les fondations de ces grandes entreprises chevaleresques, ces grandes liturgies romanesques de moins en moins

36 E. Morin, « Pour une crisologie ». In *Communications*, 25, 1976, p. 160.

37 S. Sorbière publie sa traduction de *L'Utopie* de Thomas More à Amsterdam en 1643 ; Cyrano de Bergerac son *Histoire comique des états et empires de la Lune*, à Paris, chez Ch. de Sercy, en 1657 et l'abbé de Pure la première partie d'*Épigone, histoire du siècle futur*, à Paris, chez P. Lamy, en 1659.

crédibles. Mais le temps n'est pas encore venu où, comme l'écrira Du Plaisir dans une formule célèbre, « les petites Histoires ont entièrement détruit les grands Romans[38]. » La crise, qui tardera à trouver son issue, réunit dans une même ère chronologique et culturelle à la fois des œuvres comptant parmi les plus beaux fleurons du roman baroque et des textes portant déjà en eux les premiers germes de leur altération, mais aussi des conceptions nouvelles de la prose narrative. La richesse et la complexité de la période résident dans ce vivant paradoxe. Viendra ensuite le fameux tournant des années 1660 ou, pour reprendre des catégories historico-esthétiques, le passage de l'époque baroque au classicisme qui, bien sûr, ne s'est pas développé *ex nihilo*, mais dans le prolongement de ce fructueux paroxysme.

Frank GREINER
Univ. de Lille Analyses Littéraires
et Histoire de la Langue
(ALITHILA) – EA 1061

38 *Sentimens sur l'Histoire* (1683). Nous citons l'édition de C. Esmein, in *Poétiques du roman*, Paris, H. Champion, 2004, p. 761.

PREMIÈRE PARTIE

LE DIALOGUE DE L'ANCIEN ET DU NOUVEAU

L'ÉVOLUTION DU RECUEIL D'HISTOIRES TRAGIQUES DE FRANÇOIS DE ROSSET DE 1639 À 1654

Le recueil d'histoires tragiques de François de Rosset est célèbre pour son exceptionnelle fortune éditoriale : l'état actuel de la recension totalise quarante et une éditions entre 1613 et 1757[1]. Ce succès est d'autant plus intéressant qu'il est soutenu par l'appropriation de la collection d'histoires par les éditeurs qui, pour satisfaire aux attentes de leurs publics, ajoutent ou suppriment progressivement des titres, faisant ainsi coexister pendant près de cent cinquante ans de nombreux états différents d'un même recueil attribué à François de Rosset. L'étude de cet objet riche de perspectives pour l'étude des pratiques de lecture durant l'Ancien Régime a récemment pris un nouvel élan grâce aux catalogues et aux numérisations des bibliothèques virtuelles. De nouvelles éditions, parmi lesquelles la *princeps*[2], viennent compléter et éclairer un corpus désormais suffisamment pertinent pour dégager une chronologie éditoriale cohérente. Après une première publication en 1613 désavouée par l'auteur, une « *seconde édition reveuë, corrigee et augmentee par l'Autheur* » paraît en 1614. Cette version du recueil voulue par Rosset est celle qui sera réimprimée sans modifications, sauf coquilles de plus

1 Une liste de base de trente éditions a été établie par G. Hainsworth, « François de Rosset and his *Histoires tragiques* », *The french quarterly*, XII, p. 124-141 [Hains]. Elle est à compléter avec G. Hainsworth, « Additional notes on François de Rosset », *Modern langage notes*, XXXIII, 1938, p. 15-21 [Hains2] (une édition), S. Poli, « Su alcune edizioni dimenticate delle "Histoires tragiques" di François de Rosset », *Studi francesi*, 69, 1979, p. 488-495 [Poli] (quatre éditions) et M. Campanini, « Les premières éditions des *Histoires tragiques* de Rosset : un bilan bibliographique », in *Les Histoires tragiques de François de Rosset*, Bologna, I libri di Emil, 2014, p. 281-313 (deux éditions). Nous signalerons deux nouvelles éditions dans cette étude.

2 Sur les apports de cette première édition, voir M. Campanini, « Actualité et fabrication du tragique chez François de Rosset. Les variantes des deux premières éditions des *Histoires tragiques* », *Réforme, Humanisme*, Renaissance, 73, 2011, p. 143-161.

en plus nombreuses au fil des ans, par tous les éditeurs[3]. Elle connaît un grand succès avec neuf éditions qui paraissent jusqu'en 1623. Puis, à l'exception de trois rééditions en 1631 et 1632, succède un silence éditorial de seize années. À partir de 1639 s'ouvre une nouvelle période de quinze années de publication régulière jusque 1654. Suivent huit années de silence avant une nouvelle résurgence de 1662 à 1669. Il faut attendre 1679 pour que réapparaisse le recueil qui sera ensuite réédité en 1685, 1688 et 1700. On ne trouve au XVIIIe siècle que trois éditions en 1721, 1742 et 1757. Ce découpage de la chronologie en périodes de publication offre à l'étude de la fortune éditoriale du recueil de Rosset une piste d'exploration méthodique. La période 1639-1654 est intéressante à double titre : prolifique avec neuf éditions publiées en quinze ans, et novatrice avec de nouvelles histoires écrites par des anonymes qui enrichissent la collection. Afin de dégager des éléments de compréhension du regain de succès qu'a connu le recueil de Rosset à partir de 1639, cette étude, comme préalable à une recherche plus approfondie, propose de dresser un inventaire critique des différents matériaux d'analyse disponibles sur la période. Nous nous intéresserons successivement aux éditions connues, à la collection d'histoires et aux témoignages portant sur la réception du recueil des *Histoires tragiques de nostre temps*.

UNE HISTOIRE ÉDITORIALE DU RECUEIL ENTRE 1639 ET 1654

Excepté le cas particulier de la troisième édition revue par Rosset uniquement publiée en 1619, le classement chronologique des éditions du recueil montre une logique simple de réimpression. Les modifications apportées au recueil le sont toujours à partir de l'édition précédente. Il est ainsi aisé de reconstituer un arbre généalogique de la fortune éditoriale

3 Il n'y a pas eu de réimpression de la troisième édition considérablement revue par Rosset en 1619 que reproduit l'édition de A. de Vaucher-Gravili (François de Rosset, *Histoires tragiques*, Paris, Livre de Poche, 1994). – Le texte de l'édition de 1614 s'impose comme référence pour l'étude de la fortune éditoriale du recueil. Il est accessible sur Gallica dans la réimpression de François Huby publiée en 1623.

du recueil fonctionnant sur le principe élémentaire de la filiation et d'en extraire une période donnée. Celle qui nous intéresse a vu paraître une liste de neuf éditions : Paris, Collet, 1639 (29 histoires) [Hains. p. 136] ; Lyon, Gay, 1639 (22 histoires)[4] ; Lyon, Bordes, 1643 (23 histoires) [Poli p. 492] ; Lyon, Carteron, 1643 (23 histoires)[5] ; Lyon, Gay, 1643 (23 histoires) [Poli p. 492] ; Rouen, Behourt, 1648 (29 histoires) [Hains. p. 136] ; Lyon, La Rivière, 1649 (23 histoires) [Hains2 p. 21] ; Lyon, La Bottière, 1653 (27 histoires) [Hains. p. 136] ; Rouen, Herault, 1654 (29 histoires) [Hains. p. 137][6].

En 1623, au terme de la première période de succès du recueil, deux états de la collection avaient été publiés simultanément. Le privilège, proche de l'expiration, détenu depuis 1613 par le parisien François Huby, avait été cédé en 1619 au libraire lyonnais Jean Charvet. Une permission avait ensuite été accordée à Simon Arroulet en 1623 pour la republication à Lyon du recueil, augmenté de deux histoires apocryphes consacrées à des faits divers contemporains, sous le titre[7] : *Les Histoires tragiques de nostre temps. Où sont contenües les morts funestes et lamentables de plusieurs personnes, arrivées par leurs ambitions, amours dereglées, sortileges, vols, rapines, et par autres accidents divers et memorables. Composées par François de Rosset, et dediées à Feu Monseigneur le chevalier de Guise*[8].

La même année à Paris, sous couvert du privilège accordé pour la *Seconde partie des Histoires tragiques* composée par Rosset[9], François

4 *Les Histoires tragiques de nostre temps. Où sont contenües les morts funestes et lamentables de plusieurs personnes, arrivées par leurs ambitions, amours desreiglées, sortileges, vols, rapines, et par autres accidents divers et memorables. Composées par François de Rosset, et dediées à Feu Monseigneur le chevalier de Guise.* Derniere Edition reveuë, corrigée et augmentée de plusieurs Histoires dignes de remarque. A Lyon, chez Nicolas Gay, demeurant en la ruë Merciere, MDC XXXIX. [Lausanne, Bibliothèque cantonale et universitaire, 1J2].

5 *Les Histoires tragiques de nostre temps. Où sont contenües les morts funestes et lamentables de plusieurs personnes, arrivées par leurs ambitions, amours desreiglées, sortileges, vols, rapines, et par autres accidents divers et memorables. Composées par François de Rosset, et dediées à Feu Monseigneur le chevalier de Guise.* Derniere Edition, reveuë, corrigée et augmentée de plusieurs Histoires dignes de remarque. A Lyon, chez Jacques Carteron, aux trois Eglans, proche de Confort. MDCXLIII. [Rome, Biblioteca nazionale centrale, 6. 6. F. 18].

6 Les abréviations renvoient aux articles cités dans la note 1.

7 *Trahison contre un marchand nommé Beliard* et *Des grandes voleries et subtilitez de Guillery.*

8 Ce titre figure sur toutes les éditions lyonnaises jusque 1669. Les textes apocryphes publiés à Lyon sont accessibles sur Google Livres dans l'édition de Claude Larivière publiée en 1666.

9 *Seconde partie des Histoires tragiques et estranges de nostre temps, où sont contenues les morts funestes et lamentables de plusieurs personnes arrivées par leurs ambitions, amours desreiglées, sortileges,*

Huby avait constitué un recueil de vingt-neuf histoires comprenant les dix-neuf du recueil original et les six de sa suite augmentés de quatre histoires apocryphes d'inspiration politique[10]. Il a été publié sous le titre : *Histoires tragiques de nostre temps, où sont descrites les morts funestes, déplorables et desastreuses de plusieurs personnes, arrivees par leur ambition, amours desreglés, sortileges, vols, rapines, abus de faveurs et amitiez des Princes, et autres divers et memorables accidents. Composees par François de Rosset. Augmentées en cette derniere edition des morts tragiques arrivees à aucuns personnages de France, Espagne et autres lieux de l'Europe, depuis l'an 1620. jusques à present. Dediees à monseigneur le Prince*[11].

L'histoire posthume du recueil de Rosset commence sur un phénomène particulier. Tandis que le recueil composé par l'auteur en 1619 (sa troisième édition et la deuxième partie forment un ensemble de vingt-neuf histoires homogène sur les plans idéologiques et esthétiques) ne fait pas l'objet d'une nouvelle impression, le public se voit proposer deux versions commerciales différentes.

Une lacune de huit ans dans la liste des éditions recensées indique que cette tentative de relance du recueil n'a pas porté ses fruits. L'arrivée au pouvoir de Richelieu a probablement été l'un des facteurs de la disparition de ces textes associés à la politique de la régence de Marie de Médicis. Sa résurgence à Rouen doit sans doute à l'intérêt croissant pour les nouvelles d'information et les mémoires historiques reflété par le succès des recueils annuels du *Mercure françois* et celui, à partir de 1631, de *La Gazette* et de ses suppléments. Certainement recherché pour la présence dans la collection de Rosset de faits divers marquants du temps des guerres civiles et des deux premières décennies du siècle, la collection sous la forme d'« édition complète » des histoires de Rosset est réimprimée trois fois à Rouen en 1631 et 1632, par Jean-Baptiste Behourt, Jacques Caillouë et Corneille Pitresson. En 1639, Claude

---

et par autres accidents estranges et mémorables. Composées par François de Rosset et dédiées à monseigneur le prince de Condé. Paris, Huby, 1620.

10 *Exemple memorable de l'ingratitude de la patrie pour un homme de bien* ; *Histoire notable du seigneur Philique, aymé du premier favory du prince de Mauritanie* ; *D'un prince qui s'est acquis la disgrace et la hayne de son peuple* ; *De la perfidie des subjects rebelles, massacrant les officiers des princes qui les veulent attirer à la paix.*

11 Ce titre figure sur toutes les éditions rouennaises jusque 1665. La seconde partie des histoires tragiques et les quatre apocryphes de Huby sont accessibles sur Gallica dans l'édition de François Huby publiée en 1623.

Collet, qui propose en sa boutique parisienne les *Histoires tragiques de nostre temps* de Claude Malingre depuis 1635, publie à nouveau ce même recueil constitué par Huby[12]. Ces deux parutions à sept ans d'intervalle suggèrent la présence constante d'un public au cours des années 1630 et une demande conséquente à la fin de la décennie[13].

Le potentiel du marché constitué durant la période précédente donne alors l'idée à l'éditeur lyonnais Nicolas Gay de publier une édition concurrente proposant une collection d'histoires différente. Il s'agit du volume constitué par Arroulet en 1623, dix-huit histoires de 1614 augmentées de deux apocryphes, auquel quatre modifications sont apportées. On note tout d'abord la suppression d'une des plus violentes histoires du recueil : *Des Barbaries estranges et inouyes d'une Mere denaturée.* On constate ensuite la réintégration dans la collection de l'histoire *D'un homme qui apres avoir demeuré vingt ans aux Galleres est recogneu par son Fils* qui avait disparu du recueil de 1623. Le recueil n'est cependant pas recomposé et le texte est placé à la suite des deux apocryphes de 1623. Puis deux nouvelles histoires apocryphes sont ajoutées. Une affaire célèbre est rapportée dans *Du Baron de Guemadeuc, Gouverneur pour le Roy de la Ville et Chasteau de Fougeres en Bretagne*, lequel fut, suite à ses exactions, condamné à mort en 1617 pour crime de lèse-majesté. Ce texte, qui se distingue par sa concision (3 pages), est en fait une copie de la cinquième des *Histoires tragiques de nostre temps* de Claude Malingre[14]. La seconde rapporte une autre célèbre exécution pour crime de lèse-majesté qui a eu lieu en 1632 et s'intitule *Relation veritable de tout ce qui s'est passé en la prison de Monseigneur le Duc de Montmorency, jusques à sa mort.* De forme similaire à la relation du *Mercure françois*[15], cette histoire tragique semble reproduire le mémoire d'un autre témoin des faits. Enfin, l'impulsion nouvelle donnée à la collection d'histoires tragiques de Rosset est signalée par l'ajout au titre du recueil de la mention « *Derniere Edition, reveuë, corrigée, et augmentée de plusieurs Histoires dignes de remarque* ». Le recueil de Nicolas Gay propose ainsi une alternative

12 C'est la dernière édition parisienne du recueil.

13 La possession de Loudun (1632-1637) a certainement fait rechercher les histoires de sorcellerie du recueil, particulièrement celle de Louis Gaufridy. Rappelons que Rosset professe la réalité du diable et des phénomènes surnaturels.

14 Rosset avait écrit et intégré à sa troisième édition de 1619 une histoire du baron de Guemadeuc sous le titre *Des Cruautés de Lystorac.* Ce texte n'a jamais été republié.

15 *Le Dix-Huictiesme tome du Mercure françois*, Paris, Richer, 1633, p. 864-892.

aux lecteurs. Moins riche quantitativement avec seulement vingt-et-une histoires face aux vingt-neuf du recueil vendu par Collet, il offre à la place quatre textes affranchis de la rhétorique surannée de Rosset dont deux récits d'événements politiques retentissants.

Ce recueil séduit le public puisqu'il est republié deux fois en 1643 par les libraires lyonnais Philippe Bordes et Jacques Carteron qui profitent de l'actualité pour ajouter une autre histoire d'exécution politique intitulée *Particularitez remarquées en la mort de Messieurs de Cinq-Mars, et de Thou, à Lyon, le Vendredy 12. Septembre 1642.* Ce texte est la reproduction fautive d'un occasionnel non daté portant le même titre et réédité sous un titre différent en 1643[16]. Cette nouvelle collection de vingt-trois histoires est de nouveau publié par Nicolas Gay en 1646.

Le potentiel commercial du recueil est alors tel que la veuve du libraire rouennais Behourt décide de republier en 1648 l'autre version du recueil. Celle-ci n'avait plus été reprise depuis neuf ans. Afin de s'adapter à la concurrence et capter une partie de sa clientèle, des modifications sont apportées à la collection d'histoires de cette réédition rouennaise. Tout d'abord, les deux dernières histoires apocryphes ajoutées en 1623 sont retranchées. La première, qui relate la déposition du sultan Osman II par la noblesse turque, comme la seconde qui narre le lynchage d'un représentant du pouvoir par des émeutiers, ont pu sembler dangereuses dans le contexte du début de la Fronde. Elles sont remplacées par les deux histoires contenues dans les recueils lyonnais concernant l'exécution du duc de Montmorency et celle de Cinq-Mars[17]. La collection rouennaise conserve un total de vingt-neuf histoires, mais regagne en intérêt en proposant deux récits d'actualité apparemment recherchés du public. Cette concurrence n'arrête cependant pas la machine lyonnaise qui diffuse à nouveau sa collection en 1649 chez Claude La Rivière.

La fin de la Fronde en 1653 voit la republication du recueil lyonnais par François La Bottière qui le fait passer à vingt-sept histoires. Les deux apocryphes de la collection rouennaise qui avaient été conservés en 1648, l'histoire du politicien hollandais Oldenbarnevelt exécuté pour haute

16 L. André, *Sources de l'histoire de France au XVIIe siècle*, tome V, Paris, Picard, 1926, p. 213-214.

17 L'histoire de Guemadeuc par Malingre n'est pas reprise. Sans doute parce que la seconde édition du recueil d'histoires tragiques de celui-ci avait été publié à Rouen en 1641 avec un privilège. Il provenait du libraire parisien Claude Collet, lui-même éditeur en 1639 du recueil de Rosset, qui avait fait paraître le recueil de Malingre en 1635.

trahison en 1619 et celle du noble espagnol Rodrigo Calderon condamné en 1621, sont intégrés à la collection lyonnaise. Ils sont intercalés entre les deux apocryphes lyonnais de 1623 et les histoires d'exécution ajoutées depuis 1639. La collection lyonnaise contient alors toutes les histoires de la collection rouennaise à l'exception de celle de la mère infanticide et des six de la seconde partie de 1620. Le recueil est encore augmenté de deux autres histoires qui poursuivent la série des exécutions politiques. La première, intitulée *Recit veritable de tout ce qui s'est passé depuis que le Sieur de Saint Preüil fut arresté, jusques à sa Mort*, revient sur l'exécution en 1641 du gouverneur d'Arras sur ordre de Richelieu. Il s'agit de la reproduction d'un occasionnel portant le même titre publié en 1643 et qui a été souvent imprimé dans les recueils de mémoires de la seconde moitié du XVIIe siècle[18]. La seconde est consacrée au régicide récent et retentissant de Charles Ier d'Angleterre détrôné par Cromwell : *Relation veritable des derniers entretiens du Roy de la Grande Bretagne, avec la Princesse Elisabeth, et le Duc de Glocester, ses Enfans, le jour devant sa Mort. Ensemble les dernieres paroles, qu'il a proferé sur l'eschaffaut ou plutost le Theatre de sa Gloire eslevée par ses enfans joignant sa maison Royale de Vuitehall, le neufviesme de Fevrier 1649*[19]. Avec sept relations d'événements majeurs de la chronique judiciaire récente, les libraires lyonnais sont parvenus à redynamiser le recueil de Rosset. Alors que la collection rouennaise propose principalement des relations d'affaires du début du siècle, le lecteur trouve dans celle publiée à Lyon des faits d'actualités récents qui redonnent son sens au titre *Les Histoires tragiques de nostre temps*.

On peut se demander si la republication par Herault à Rouen en 1654 de la collection rouennaise révisée par la veuve Behourt correspond à une réelle demande du public pour les textes de la seconde partie de Rosset, qui seuls manquent aux éditions de Lyon, ou si le libraire n'a pas cherché à profiter de la confusion provoquée par la coexistence depuis quinze ans de cinq versions du recueil pour écouler son stock auprès d'acheteurs non avertis[20]. Le marché aura en tout cas été épuisé.

---

18 E. Bourgeois et L. André, *Sources de l'histoire de France au XVIIe siècle*, tome III, Paris, Picard, 1923, p. 346.

19 La première partie de cette histoire s'inspire de la traduction d'un livre anglais par Jonas Porrée, *Portrait du Roy de la Grande Bretagne devant sa solitude et ses souffrances*, Rouen, Berthelin, 1649.

20 Le volume de Herault est strictement identique à celui de la veuve Behourt ; il se peut, au vu de leurs pratiques éditoriales, que les Rouennais se soient contentés de modifier la

Après une période d'activité éditoriale intense, une republication tous les un an et demi en moyenne pendant quinze ans, le recueil n'est plus réédité pendant huit ans.

Une rivalité commerciale entre les libraires des villes de Lyon et Rouen semble bien s'être déroulée de 1639 à 1654 autour du recueil d'histoires tragiques de François de Rosset. Les stratégies commerciales des deux grands centres d'édition de province sont cependant différentes. Rouen est spécialisée dans le livre d'histoire et de morale, produisant à bas coût et possédant un important réseau de diffusion, notamment avec Paris qu'elle fournit en contrefaçons[21]. L'activité éditoriale de la ville, florissante dans les années 1630 quand les histoires tragiques de Rosset trouvent un regain d'intérêt à Paris, était adaptée pour satisfaire à la demande de ce public averti. Il ne semble pas que les libraires rouennais aient cru au potentiel commercial de leur édition puisque la bataille pour conquérir le marché créé par le succès de Lyon n'a pas eu lieu. La republication après seize ans d'absence de cette édition rouennaise paraît répondre à une demande des textes spécifiques à sa collection. Mais dès lors que les Lyonnais lui volent les principaux, elle perd de son intérêt. La dernière publication de la période paraît ainsi relever de l'opportunisme économique. Les libraires rouennais se sont contentés d'assurer la survie de *Histoires tragiques de nostre temps* en s'accrochant au succès généré par la collection lyonnaise.

En déclin depuis les années 1620, l'activité éditoriale de Lyon a commencé une lente reprise à partir des années 1640 pour retrouver un niveau de relative prospérité vers 1655[22]. *Les Histoires tragiques de nostre temps* s'inscrivent pleinement dans cette dynamique de reconquête. Ce succès réactivé et prolongé durant quinze ans, soit plus longtemps que lors de la première période de 1613 à 1623, est le résultat d'un véritable plan de bataille. L'ajout de nouvelles histoires permettant d'attirer de nouveaux lecteurs, voire d'en reconquérir d'anciens. L'augmentation

page de titre et d'exploiter un fort tirage constitué en 1632. La collection de Rouen sera imprimée une dernière fois en 1665 en réponse au succès de la republication du recueil lyonnais en 1662. Les éditions des histoires tragiques de Rosset publiées à Rouen après cette date copieront les éditions lyonnaises.

21 Voir J.-D. Mellot, L'Édition rouennaise et ses marchés (vers 1600-vers 1730), Paris, École des chartes, 1998.

22 H.-J. Martin, *Livre, pouvoirs et société à Paris au XVIIe siècle*, tome I, Genève, Droz, coll. « Titre courant », 1999 [1re éd. 1969] p. 324.

progressive du recueil avec des thèmes d'actualité est pensée dans le cadre d'une stratégie qui cherche à créer la demande en éveillant l'intérêt du client.

LES COLLECTIONS D'HISTOIRES DE 1639 À 1654

Le volume de la collection constituée par Huby et éditée à Rouen constitue un livre épais d'environ 700 pages. Les proportions entre histoires de Rosset et apocryphes n'évolue pas sur la période pour les éditions rouennaises. Sur les 700 pages, 650 sont occupées par les vingt-cinq histoires de Rosset. Les 50 pages d'apocryphes constituent 10 % du recueil. La modification des apocryphes par la veuve de Behourt fait passer le volume à 730 pages dont 80 d'apocryphes, soit 11 % du recueil. Le nombre de titre reste constant, les apocryphes occupant 15 % de la collection rouennaise.

Les chiffres pour Lyon illustrent plus significativement la transformation du recueil sur la période de quinze ans. Le volume est presque moitié moins épais que le concurrent : la première partie des histoires seule occupe 350 pages. La part des apocryphes en 1639 est de 30 pages, soit 8 % du recueil ; l'augmentation du recueil de 1643 la fait passer à 50 pages, soit 12 % du recueil ; celle de 1653 à 85 pages, soit 20 % du recueil. Sur le plan du volume de pages, le recueil lyonnais n'accorde pas beaucoup plus de place que le rouennais aux nouveaux textes. Leur ajout doit être rentable et le choix d'histoires courtes permet d'y parvenir. L'importance des apocryphes dans le recueil lyonnais se ressent plus nettement à l'examen du nombre de titres. En 1639, les quatre apocryphes représentent 18 % des titres, l'ajout de 1643 augmente la part à 21 % du recueil et celui de 1653 à 33 % du recueil. Les deux versions du recueil sont donc matériellement d'un aspect différent. C'est au niveau de la table des matières que Lyon affiche son offre importante en textes nouveaux.

Les histoires tragiques de Rosset sont imprimées sans modifications, ni retouches. Les pièces liminaires sont conservées. Il faudrait reprendre chaque récit pour évaluer l'importance et l'intérêt qu'ils conservaient dans les années 1640. Nous nous bornerons à noter qu'aucune clé permettant d'identifier les affaires et leurs protagonistes n'est ajoutée aux exemplaires. Le souvenir des faits racontés devait subsister dans les milieux nobles concernés ainsi que dans les milieux judiciaires. De nombreuses histoires de Rosset sont des rappels des turpitudes passées qui ont entaché l'honneur de grandes familles et de leurs clients ; en ces temps de division, ils ont pu raviver des rancœurs et nourrir des polémiques autour de la véracité des faits allégués par Rosset. L'intérêt historique est par contre moindre pour le lectorat qui ne sait pas identifier les événements dont on lui parle. Les pseudonymes romanesques invitent à lire les textes comme des fictions et à se laisser porter par l'art du conteur. Il serait donc intéressant de relire le recueil de Rosset dans le contexte de la Fronde à la fois comme recueil d'histoires véridiques et comme recueil de nouvelles.

Les textes apocryphes qui apparaissent à partir de 1639 sont des mémoires rédigés par des témoins des événements relatés. Les nouvelles histoires tragiques du recueil n'ont aucun souci de l'esthétique et se contentent de rapporter des faits. Ils sont à ranger parmi les ancêtres du reportage journalistique. Alors que Rosset réécrivait les récits d'actualités publiés sous forme d'occasionnels[23], les éditeurs lyonnais du recueil se contentent à partir de 1639 de reproduire ces occasionnels.

L'esprit des histoires tragiques est toujours présent. Les histoires de la période de la Fronde, qui racontent la chute de rebelles à l'autorité du pouvoir royal, font partie de la première catégorie annoncée par le titre du recueil, les destins funestes causés par l'ambition[24]. Les événements sont rapportés rétrospectivement dans le rapport des interrogatoires des condamnés et ne font pas l'objet d'un récit circonstancié. Aucun discours ne vient commenter les textes à la manière de Rosset, mais l'insistance sur les manifestations de repentir et de constance face à la mort des accusés, que traquent les mémorialistes, permet de situer leurs actes par rapport à la morale chrétienne. La dimension politique de ces exécutions est minorée pour faire place à la justice divine. L'art du

23 Voir les comparaisons établies par M. Lever, « De l'information à la nouvelle : les "canards" et les "histoires tragiques" de François de Rosset », *Revue d'histoire littéraire de la France*, 79, 1979, p. 577-593.

24 À l'exception de l'exécution de Charles Ier, mais à partir de 1662 le recueil proposera le récit de la suite des événements jusqu'à la condamnation de Cromwell.

conteur disparaît donc des apocryphes qui, tout en restant des histoires tragiques, n'ont plus qu'une valeur informative et documentaire. Le succès du recueil lyonnais prouve que le public n'était aucunement gêné par ce virage esthétique qui, par ailleurs, ne fait que refléter l'évolution du goût littéraire, qui n'est plus celui du temps de la régence de Marie de Médicis, et la lente constitution de l'histoire en tant que discipline autonome et distincte des belles-lettres[25].

LA RÉCEPTION DU RECUEIL DE 1639 À 1654

Il existe un témoignage exceptionnel de la réception du recueil lors de sa période de résurgence éditoriale. Un exemplaire de l'édition procurée par Claude Collet à Paris en 1639 contient des annotations d'un lecteur anonyme[26]. Cette « main du XVIIe siècle » est apparemment celle d'un « homme d'épée », sceptique et méprisant envers les gens de lettres[27].

La déception de cet anonyme est manifeste. Sous sa plume pleuvent les épithètes désobligeantes : « sot et fat historien » (p. 1), « flatteur à gages » (p. 3), « coquin, maraud » (p. 4), « pendart » (p. 5), « sot, fade, ridicule et inepte veau ! » (p. 111), « pedant et cuistre » (p. 680). Il semble bien, comme l'indique la première mention, que l'anonyme cherchait dans le recueil des narrations historiques, et qu'il n'a pas apprécié la rhétorique mondaine de Rosset.

Le lecteur anonyme a cependant été saisi de doute quant à la paternité du recueil. En effet, il note dès la seconde page : « C'est quelque Gueux de Libraire qui se servira du nom de Rosset par abbus » (p. 2). Une autre mention en fin de volume confirme sa perplexité : « C'est se servir du nom d'un bon autheur comme est de Rosset pour attraper les ignorans comme moy et beaucoup d'autres » (p. 669). Il paraît donc que le recueil de Rosset a retrouvé la faveur du public grâce à la réputation de son auteur. Celle-ci peut aussi bien provenir du succès de la première

25 Voir G. Bourdé, *Op. cit.*, p. 127-140.

26 Conservé à Paris, Bibliothèque Sainte-Geneviève, 8 Y 3910 INV 7162 RES.

27 Nous n'avons pu consulter cet exemplaire que nous citons d'après les notes de G. Hainsworth (*Op. cit.*, p. 136, n 1) qui relève les annotations les plus remarquables.

période d'exploitation du recueil entre 1613 et 1623 que des traductions de Rosset dont certaines ont été des références durant tout le siècle, voire au-delà[28]. La republication dans les années 1630 apparaît alors comme la redécouverte d'un recueil dont contenu et auteur n'étaient pas oubliés, mais largement méconnus des nouvelles générations de lecteurs. Ainsi, l'apparition de nouveaux textes apocryphes pouvait paraître légitime puisque l'ensemble des histoires de Rosset était quasiment devenu anonyme et le projet de l'auteur incompris.

L'annotateur de 1639 est très critique envers les croyances développées dans *L'horrible et espouvantable sorcelerie de Louis Gaufridy, prestre de Marseille*, histoire-phare du recueil. Il note : « Quels discours inventez et controuvez par de bons moines qui n'ont rien à faire » (p. 53) et « Croyez toutes ces sottises et vous serez sauvez ! » (p. 65). Après l'affaire de Loudun et la mise à mal de la démonologie par les médecins et les athées, la foi aveugle que Rosset accorde au surnaturel chrétien et son apologétique de la Contre-Réforme dérangent les lecteurs les plus avancés sur le plan de la rationalité scientifique. En revanche, la neutralité idéologique des histoires apocryphes, qui mettent l'accent sur les faits et les procédures judiciaires, semble plus satisfaisante au nouveau lectorat. Concernant l'histoire de Oldenbarnevelt, on trouve enfin une note positive : « le plus grand homme d'estat qui fut jamais » (p. 643). Ceci suggère que les histoires ajoutées au recueil de Lyon, qui sont de véritables mémoires historiques, sont plus à même de contenter un lectorat moins intéressé par l'esthétique et la morale que par l'histoire événementielle.

Un autre témoignage révélateur de la réception du recueil d'histoires tragiques de Rosset est celui de la *Bibliothèque françoise* de Charles Sorel[29] : pas un mot ne lui est consacré. Rapidement mentionné, Rosset n'est pour Sorel que l'éditeur d'un volume des *Délices de la poésie françoise* et le traducteur d'ouvrages espagnols et italiens. *Les Histoires tragiques de nostre temps* de Rosset n'a donc pas connu la faveur des beaux esprits. Néanmoins, quelques indices peuvent être glanés à propos des recueils d'histoires tragiques en général. On en trouve trois mentions sous la plume de Sorel. Dans le chapitre IX/4 consacré aux romans vraisemblables

---

28 La traduction par César Oudin et François de Rosset du *Don Quichotte* de Cervantès était encore publiée en 1988 dans la collection de poche Folio.

29 Charles Sorel, *La Bibliothèque française (1667)*, éd. De F. d'Angello et alii, Paris, Champion, 2015.

et aux nouvelles, il signale « les *Histoires tragiques de Bandel*, qu'on avoit traduite de l'Italien, qui estoient autant de Nouvelles » (p. 160). L'imposante collection de Belleforest, dans le sillage de laquelle s'inscrit implicitement Rosset, n'est que laconiquement mentionnée dans le chapitre XI sur les traductions : « *François de Belle-Forest* a traduit les *Histoires tragiques de Bandel.* » (p. 199). La réception des histoires tragiques au milieu du XVIIe siècle se distancie donc de l'horizon d'attente créé par les collections du XVIe siècle.

Sorel mentionne les recueils d'histoires tragiques du XVIIe siècle dans le chapitre VIII intitulé *Des narrations veritables, evenemens divers* et consacré aux narrations historiques.

> Celuy qui ne liroit que des Histoires generalles des peuples et des divers Gouvernemens, ne sçauroit gueres ce qui luy seroit necessaire pour sa conduite propre. [...] Nous avons en François un *Recueil d'Histoires memorables tirées de divers Autheurs par Simon Goulard Senlisien. Les Evenemens singuliers de M. l'Evesque de Belley* sont quelque chose de semblable, avec les *Occurences remarquables, les Decades historiques, les Leçons exemplaires, les Spectacles d'horreur, les Relations morales*, et autres livres de la façon de cet Autheur, qui y a depeint tout ce qui se peut rencontrer dans la vie, et pour joindre l'utile à l'agreable, il a entremeslé à ses Narrations plusieurs Remonstrances saintes et pieuses. Le nombre est assez grand des divers Autheurs qui ont composé de tels Livres, et cela se trouve aussi dans les livres meslez, en des Chapitres exprés ou par allegation. (p. 128)

C'est certainement auprès des lecteurs de Jean-Pierre Camus, qui se réclame explicitement de Rosset et publie ses propres histoires tragiques entre 1630 et 1644, qu'il faut chercher ceux des *Histoires tragiques de nostre temps*. La demande a pu être bien réelle pour le recueil de Rouen qui, avec sa large collection empreinte des préoccupations religieuses de son auteur, pouvait satisfaire un public conservateur en ces temps de mutations culturelles. La présence d'un public pour le recueil original de Rosset donne à croire que ce ne sont pas les apocryphes seuls qui ont permis un retour du succès durant la période 1639-1654, mais l'ensemble du volume, toujours valable, tant sur le plan historique qu'idéologique, trente ans après sa première publication.

CONCLUSION

L'examen des éditions publiées entre 1639 et 1654 révèle un souffle nouveau pour le recueil d'histoires tragiques de françois de Rosset. Tombé en désuétude depuis la fin de l'époque de la régence de Marie de Médicis qui l'avait vu naître, il connaît une résurgence spectaculaire avec la publication simultanée de deux collections concurrentes. Ce regain de vitalité, obtenu au moyen d'une amplification du recueil avec des textes attendus par les lecteurs contemporains, a permis la conquête d'un nouveau public et la survie de textes passés de mode. S'adressant autant aux catholiques attachés à l'idéologie de la Contre-Réforme qu'aux curieux d'événements historiques, *Les Histoires tragiques de nostre temps* de François de Rosset occupent une place non négligeable dans l'histoire des pratiques de lecture sous la régence d'Anne d'Autriche.

Yann BEAUVISAGE
Université de Lille

LA FORTUNE ÉDITORIALE DU ROMAN ESPAGNOL EN FRANCE SOUS LA RÉGENCE D'ANNE D'AUTRICHE

Lorsqu'Anne d'Autriche devient régente, la prose narrative espagnole jouit déjà en France d'une grande popularité. Les Français ont accès à cette littérature, grâce aux nombreuses traductions et aux éditions bilingues qui se sont développées, depuis le début du siècle et qui ont contribué à l'apprentissage de la langue espagnole en France[1]. Les éditeurs français de romans espagnols sont principalement établis à Paris, à Lyon, mais aussi à Rouen[2] où un groupement marrane écrit « un véritable chapitre de la littérature espagnole[3] ». La bonne réception des romans espagnols dans les décennies qui précèdent la régence est perceptible dans plusieurs textes. Frank Greiner a montré que Charles Sorel s'est « manifestement inspiré » du « modèle picaresque » offert par le *Guzmán de Alfarache*[4], « pour composer les aventures de Francion[5] »,

---

1 La traduction française du *Guzmán de Alfarache* par Gabriel Chappuys, vendue à Paris par Nicolas Bonfons, en 1600, avec une édition en langue espagnole, en est un exemple. Jean Chapelain traduisit le même roman picaresque de Mateo Alemán vingt ans plus tard, avec pour objet d'enseigner l'espagnol aux fils du grand Prévôt de France, dont le futur académicien fut le précepteur. Lire Alain Tourneur, « Las dos primeras traducciones francesas del *Guzmán de Alfarache* : enigmas y revelaciones de una investigación editorial », *Filología*, N°49 (2017), p. 9-29.

2 Yves Chevrel, Annie Cointre et Yen-Maï Tran-Gervat (éd.), *Histoire des traductions en langue française*, Lagrasse, Verdier, 2014, p. 1123-1124.

3 I. S. Révah, *Antonio Enríquez Gómez, un écrivain marrane (v. 1600-1663)*, éd. Carsten L. Wilke, Paris, Chandeigne, 2003, p. 303.

4 Mateo Alemán, *Guzmán de Alfarache*, Madrid, Várez de Castro, 1599 et *Segunda parte de la vida de Guzmán de Alfarache, atalaya de la vida humana*, Lisbone, Pedro Crasbeeck, 1604. La première partie fut traduite en Français par Gabriel Chappuys, dès 1600. Jean Chapelain publia anonymement sa traduction des deux parties du roman, en 1619-1620. Voir l'édition critique du *Guzmán de Alfarache* par Luis Gómez Canseco, Biblioteca clásica de la Real Academia Española, Madrid, 2012.

5 Frank Greiner, « Les voyages de Francion », in *Quaestiones Romanicae*, VII, 1 (Actes de la VIIe édition du colloque international Communication et culture dans la Romania

de 1623 à 1633[6]. En 1626, Jean-Pierre Camus expose, dans *Pétronille*[7], l'inventaire imaginaire d'une bibliothèque d'un château en Guyenne. Divers titres de romans espagnols y sont mentionnés : *Amadis de Gaule, Diana de Montemayor, Guzman de Alfarache, Don Quichotte, Lazarillo de Tormes*[8]. Le goût des français pour le roman espagnol apparaît également en 1643, dans *Le Libraire du Pont-neuf, ou les romans. Ballet*[9]. Les noms des personnages de ce ballet sont puisés dans des textes à la mode et en particulier dans des romans espagnols. Parmi eux, nous identifions « Amadis », « l'Algoüezil », « Dom Quichot », « Sancho Pança », « Diane de montemayor », « Buscon » et « Guzman ».

Un examen des travaux d'Alexandre Cioranescu sur les éditions de textes espagnols en France, fait état de trente romans, publiés entre 1643 et 1661 : vingt-six sont des rééditions de traductions et seulement quatre sont des publications de textes inédits, en espagnol, ou traduits en françai[10]. La rareté de ces derniers tient essentiellement à une récession de la créativité romanesque en Espagne, sur cette période. Après avoir connu un pic au cours des années 1620, la production de romans subit un net ralentissement au sud des Pyrénées, jusque dans les années 1650[11]. Ce phénomène trouve sa source dans divers domaines. D'une part, l'interdiction des comédies et des romans que les autorités monarchiques imposent en Castille, de 1625 à 1635, a contribué à infléchir l'enthousiasme éditorial, même si les auteurs ont aussitôt trouvé des subterfuges, en publiant leurs livres dans d'autres royaumes de l'Empire

---

européenne (CICCRE) : « Voyageurs et voyages. Incursions culturelles et linguistiques » (dir. Valy Ceia), Université de l'Ouest de Timişoara et Université de Szeged, Jate Press, 2019, p. 343-352. Lire aussi Frank Greiner et Véronique Sternberg, *L'*Histoire comique de Francion *de Charles Sorel*, Paris, SEDES, 2000.

6 Charles Sorel, *Histoire comique de Francion*, éd. Antoine Adam, in *Romanciers du XVIIe siècle*, Paris, Gallimard, 1958 (pour les livres I à VII correspondant à l'édition de 1623) et *Histoire comique de Francion*, éd. Fausta Garavini, Paris, Gallimard, 1996 (pour l'édition de 1633).

7 Jean-Pierre Camus, *Petronille. Accident pitoyable de nos jours, cause d'une vocation religieuse*, Paris, Fiacre, 1632 [1626].

8 Alexandre Cioranescu, *Le masque et le visage, du baroque espagnol au classicisme français*, Genève, Droz, 1983, p. 142.

9 *Le Libraire du Pont-Neuf, ou les romans. Ballet*, éditeur anonyme, 1643. Ce livre est conservé à la BNF, site de Tolbiac, sous la cote RES-YF-2250. Il est consultable en ligne, sur Gallica, NUMM-1520803.

10 Alexandre Cioranescu, *Bibliografía francoespañola (1600-1715)*, Madrid, *Anejos del Boletín de la Real Academia Española*, 1977, p. 294-407.

11 Anne Cayuela, *Le Paratexte au Siècle d'Or*, Genève, Droz, 1996, p. 332-383.

ou en introduisant des remarques moralisantes. Par exemple, en 1631, Alonso de Castillo Solórzano publie *Las Harpías en Madrid* à Barcelone et ponctue chaque chapitre par un bref paragraphe de moralités peu insistantes[12]. D'autre part, la majorité des écrivains ayant contribué à l'évolution de la fiction en prose narrative sont âgés ou décédés. Mateo Alemán meurt vers 1614, Miguel de Cervantes en 1616, Alonso de Salas Barbadillo en 1635, Juan Pérez de Montalbán en 1638, Francisco de Quevedo disparaît en 1645 et Alonso de Castillo Solórzano vers 1647. Enfin, les années 1640 sont marquées par des crises politiques majeures pour la monarchie hispanique, qui subit l'indépendance du Portugal et des Pays-Bas, la sécession de la Catalogne, la fin de la guerre de Trente Ans et les traités de paix nettement défavorables.

Malgré le fléchissement de la production romanesque en Espagne, la fiction espagnole en prose narrative poursuit sa diffusion en France. Les recherches de Christian Péligry ont mis en évidence le travail des traducteurs et des libraires parisiens dans l'importation de textes espagnols, principalement religieux[13]. À un degré bien plus modeste, nous sommes à notre tour amenés à nous interroger sur l'intervention de ces professionnels qui ont tenté de prolonger, au temps de la régence d'Anne d'Autriche, la fortune éditoriale de romans espagnols publiés dans les décennies antérieures. Il s'agira, dans un premier temps, de nous intéresser au phénomène majoritaire que constituent les rééditions de traductions puis, dans un deuxième temps, d'explorer le cas marginal de textes édités pour la première fois en France.

---

12 Alonso de Castillo Solórzano, *Las Harpías en Madrid*, Barcelona, Sebastián de Cormellas, 1631. Lire l'article de Mireia Aldomà, « Los engaños del medrar. A propósito de *Las Harpías en Madrid.* », *Criticón*, 136, Toulouse, Presse universitaires du Mirail, 2019, p. 105-120.

13 Lire Christian Péligry, « L'accueil réservé au livre espagnol par les traducteurs parisiens dans la première moitié du XVIIe s. (1598-1661) », *Mélanges de la Casa de Velázquez*, 11, 1975, p. 163-176.

DES TRADUCTIONS RÉÉDITÉES JUSQU'À L'ÉPUISEMENT

Parmi les traductions françaises de romans espagnols réédités entre 1643 et 1661, se trouve un texte dont le parcours éditorial est étonnant. Il s'agit de *Los engaños de este siglo*, de Francisco Loubayssin de La Marca[14]. Ce livre est publié à Paris, en 1615[15], en langue espagnole, car, selon son auteur, c'est la langue idéale pour narrer un récit se déroulant en Castille[16]. En fait, il est possible que l'auteur ait cherché à profiter de l'engouement hispanophile suscité par le mariage de Louis XIII avec Anne d'Autriche[17]. D'ailleurs, l'écrivain n'est pas espagnol, mais un gentilhomme gascon nommé François Loubayssin de La Marque, dont le nom a été hispanisé par opportunité éditoriale. En outre, le titre du roman est ironique : il laisse à supposer qu'il s'agit d'une œuvre de morale[18], mais, en réalité, sous prétexte de moraliser en exposant le mauvais exemple, le texte narre, en enchaînant les scènes scabreuses, les ruses d'un homme désireux de reconquérir son ancienne maîtresse, maintenant mariée à un autre homme.

Le roman n'est pas réédité en espagnol et c'est en langue française qu'il connaît une longue carrière éditoriale. François de Rosset le traduit une première fois en 1618 et un certain Deganes le retraduit en 1639. C'est cette dernière traduction qui est rééditée sous la régence d'Anne d'Autriche, en 1645 et en 1654[19]. La traduction du Sieur Deganes porte un titre proche de l'original : *Les Tromperies de ce siècle.* Le sous-titre, en revanche, est quelque peu interprété : « *historia sucedida en nuestros tiempos* » est rendu par « *histoire véritable arrivée de notre temps*[20] ». Le

14 Voir les paragraphes 243 et 244 que José Manuel Losada Goya consacre à François Loubayssin de La Marca, dans *Bibliographie critique de la littérature espagnole en France, au* XVIIe, Genève, Droz, 1999, p. 308-309.

15 Francisco Loubayssin de La Marca, *Engaños de este siglo e historia sucedida en nuestros tiempos dividida en seis partes*, Paris, J. Orry, 1615.

16 Francisco Loubayssin de La Marca, « Al discreto Lector », *op. cit.*

17 José Manuel Losada Goya, *op. cit.*, p. 309.

18 José Manuel Losada Goya, *op. cit.*, p. 309.

19 Francisco Loubayssin de La Marca, *Les Tromperies de ce siècle, histoire véritable arrivée de notre temps*, Sieur Deganes (trad.), Rouen, Guillaume de La haye, 1645, 1654.

20 Francisco Loubayssin de La Marca, *Les Tromperies de ce siècle, histoire véritable arrivée de notre temps*, Sieur Deganes (trad.), Paris, H. Hénault, 1639.

traducteur insiste sur la véracité du récit, ce qui constitue une fausse indication, dans la mesure où l'histoire narrée, même vraisemblante, est totalement fictive. Il s'agit sans aucun doute d'une stratégie commerciale ayant pour finalité d'attiser la curiosité du public. En outre, l'appareil titulaire de cette édition est complété par un long énoncé mettant en valeur la préoccupation morale du traducteur Deganes. Nous pouvons lire en effet :

> Traduite d'Espagnol en François, par le Sr Deganes, du Languedoc. Enrichie et augmentée par ledit Deganes de plusieurs singulières annotations, qui contiennent des moralités excellentes, dans lesquelles se voient la nature de l'amour et ses effets, le pouvoir de la beauté et les mœurs et inclinations des femmes[21].

Examinons comment ce projet moral ambitieux s'articule avec le récit scabreux. Le narrateur décrit avec force détails imagés les ébats amoureux d'un page avec sa maîtresse :

> Qui eust esté lors ce Bronze ou Jaspe insensible, qui se voyant prié par une si extraordinaire et ravissante beauté, n'eust imité nostre nouveau guerrier, lequel mettant la lance en l'arrest, auec une resolution courageuse, donna dans le bouclier de sa partie, & ne se monstra moins hardy dans le choc amoureux avec sa Maistresse, que son Maistre auec la niéce de l'Hoste. Ceste forte escarmouche dura long-temps, sans qu'il se peust remarquer aucun avantage de part ny d'autre, jusques à ce que se trouvans las les deux Champions, ils demeurerent humant le doux syrop, que la furie du conbat avoit attiré dans leurs humides bouches[22].

La métaphore guerrière, longement filée avec humour, contraste avec la brièveté de l'annotation supposément morale, proposée en marge par le traducteur. Celle-ci annonce « première tromperie du page ». Elle ne met en exergue que les faits et n'émet aucun jugement critique sur l'adultère que sont en train de commettre la maîtresse avec son page et le maître avec la nièce de l'hôte. Au lieu de proposer au lecteur l'une de ces « moralités excellentes » promises sur le frontispice de l'édition, cette annotation facilite le repérage d'un passage scabreux. L'appareil titulaire et les annotations mises en œuvre par le Sieur Deganes participent ainsi d'une stratégie éditoriale visant à promouvoir le livre pour

21 José Manuel Losada Goya, *op. cit.*, p. 308.

22 Francisco Loubayssin de La Marca, *Les Tromperies de ce siècle*, *op. cit.*, 1645, p. 29-30.

de prétendues qualités divertissantes et moralisantes. Ce subterfuge racoleur ne résiste pas à la lecture d'un texte qui s'avère effectivement très distrayant mais bien peu édifiant sur le plan de la moralité.

De cet érotisme faussement moralisé des *Tromperies de ce siècle*, se distingue la prose satirique de Francisco de Quevedo, faisant l'apologie d'un ordre moral aristocratique. *L'Aventurier Buscon* et surtout *Les Visions* traduits par le Sieur de La Geneste[23] font parties des plus grands succès éditoriaux de la prose narrative espagnole en France, au temps de la régence d'Anne d'Autriche. Les *Visions*, par exemple, sont rééditées 8 fois en 16 ans, de 1643 à 1659[24]. Il s'agit de la traduction des cinq *Sueños* écrits par le grand satiriste entre 1605 et 1622, publiés à Barcelone en 1627[25] et réédités 13 fois en Espagne, entre 1627 et 1641[26]. Ces textes satirisent les abus, les tromperies et les vices de nombreux types sociaux[27], avec un humour ironique et sarcastique essentiellement fondé sur la langue. Jean Chapelain considère d'ailleurs Quevedo comme l'un des meilleurs écrivains espagnols de son temps[28]. Gageons que La Geneste et le libraire parisien Pierre Billaine ont pris le parti d'éditer une version française des *Sueños*, dans l'espoir de prolonger en France la réussite commerciale du texte original. La Geneste présente à son dédicataire sa traduction des *Sueños*[29] comme de « récréatives visions », où « la moralité est mariée avec la délectation[30] ». Dans son avertissement sur la « Vision première » intitulée « L'Alguoazil demoniaque », le traducteur motive son choix d'avoir conservé le terme espagnol « algouazil ». Celui-ci correspond au français Sergent ou Archer. Or, La Geneste prétend avoir reçu des menaces d'un Sergent du Châtelet ayant pris connaissance du manuscrit.

---

23 Marie Roig Miranda (éd.), *Les* Visions *de Quevedo, traduites par le Sieur de La Geneste*, Paris, Honoré Champion, 2004, p. 13.

24 En 1643, 1645, 1647, 1649, 1653, 1655, 1656, 1659, selon Alexandre Cioranescu, *Bibliografía francoespañola (1600-1715)*, *op. cit.*, p. 294-407.

25 Marie Roig Miranda (éd.), *op. cit.*, p. 14.

26 A Saragosse, Barcelone, Valence, Lisbonne, Madrid et Séville. Voir Anne Cayuela, *op. cit.*, p. 367.

27 Approbation de 1627 rédigée par le Frère Thomas Roca, traduite par Marie Roig Miranda, *op. cit.*, p. 479.

28 Alexandre Cioranescu, *Le masque et le visage, du baroque espagnol au classicisme français*, *op. cit.*, p. 239.

29 *L'Algouazil Demoniaque, La Mort, Iugement Final, Foux Amoureux, Le Monde en son intérieur, L'Enfer, L'Enfer Reformé.*

30 Marie Roig Miranda reproduit la dédicace du Sieur de la Geneste « A Monsieur Morant », *op. cit.*, p. 473.

Dans le passage que nous allons citer, le narrateur est à la recherche d'un religieux, qu'il rencontre dans la sacristie d'une église madrilène, en compagnie d'un algouazil possédé. Le Démon raconte, par la bouche de l'algouazil, sa souffrance d'être dans le corps d'un sergent de justice. Ainsi pouvons-nous lire :

> *Y se ha de advertir que los diablos en los alguaciles estamos por fuerza y de mala gana ; por lo cual, si queréis acertar, debéis llamarme a mí demonio enaguacilado, y no a éste alguacil endemoniado*[31].

Ce que La Geneste rend ainsi dans sa traduction :

> Sçachez que nous autres Diables, ne sommes que par force & contre nostre gré dedans le corps des Algoüazils, & partant si vous me voulez nommer comme il faut, dites que ie suis un Demon enalgoüazilé, & non pas un Algoüazil endiablé[32].

Notons que La Geneste tente ici de recréer un humour satirique comparable à celui de Quevedo, en s'efforçant de reproduir les jeux de mots originaux. Il rend la binarité du chiasme « *demonio enaguacilado / alguacil endemoniado* » par « Demon enalgoüazilé / Algoüazil endiablé », il traduit le néologisme « *enaguacilado* » comme s'il s'agissait d'un participe passé existant dans la langue espagnole et, partant, il créé le néologisme français « enalgoüazilé ». De cette façon, le traducteur met doublement en valeur l'exotisme de sa version, en francisant le vocable espagnol « *alguazil* » et en créant le néologisme qui en découle « enalgoüazilé ». Il est possible que le jeu de mot quévédien ainsi rendu en français ait fait des émules. En effet, il a pu inspirer Mathurin Questier, pour le titre d'une mazarinade de 1651, *Le Mazarin artisané ou l'artisan mazariné*[33]. Par ailleurs, en 1657, le Sieur de Bourneuf a pu s'inspirer de la conservation en français du terme espagnol « alguacil », pour intituler *L'Algouasil burlesque, imité des Visions de Dom Francisco de Quevedo*. Mais, passé le titre, le texte produit par Bourneuf n'a que peu de rapport avec celui de La Geneste : il s'agit d'un poème qui ne rend

31 Francisco de Quevedo, *Los Sueños*, Ignacio Arellano (éd.), Madrid, Cátedra, [1991], 2017, p. 144.

32 Marie Roig Miranda (éd.), *op. cit.*

33 Alexandre Cioranescu, *Le masque et le visage, du baroque espagnol au classicisme français*, *op. cit.*, p. 239.

pas les jeux de mots ni les néologismes imaginés par Quevedo. Ainsi, le « démon enalgoüasilé » devient « vn Diable mal-traité / Au corps d'vn Sergent arresté[34] ».

DES TRADUCTIONS INÉDITES DE ROMANS ET DE NOUVELLES

Les rééditions de traductions constituent l'essentiel de la fiction romanesque espagnole éditée en France, entre 1643 et 1661. Quatre textes inédits sont néanmoins publiés au cours de la même période. Ce phénomène marginal concerne en premier lieu *El Siglo pitagórico, y vida de D. Gregorio Guadaña*. L'auteur de ce texte est un marrane fuyant l'Inquisition : Antonio Enríquez Gómez, d'abord réfugié à Bordeaux puis à Rouen[35]. Ce Texte poétique édité en langue espagnole dans la capitale normande, en 1644, est fondé sur la théorie de la métempsychose. L'une de ses originalités réside dans sa composition : chaque chapitre est une « transmigration », c'est-à-dire une réincarnation du poète en un type social. À travers ses « transmigrations », le poète se donne pour mission morale de détromper le lecteur et de l'aider à corriger ses mœurs. Au cinquième chapitre, l'âme du poète se réincarne en pícaro. L'écriture poétique se transforme alors en prose narrative et l'auteur adopte le style du roman picaresque. *El siglo pitagórico, y vida de D. Gregorio Guadaña* est destiné à un lectorat maîtrisant la langue espagnole, des aristocrates français, peut-être aussi des membres de la communauté judéo-converse réfugiée en France. Sa réédition à Rouen, en 1647, constitue un signe du succès de librairie qu'il a rencontré. Toutefois, il n'est pas traduit en français.

Outre ce texte inédit publié en espagnol, trois fictions en prose narrative publiées en Espagne, au cours des décennies précédentes, sont traduites et éditées pour la première fois en France, au cours de la

34 Bourneuf, Sieur de, *L'Algouasil burlesque, imité des Visions de Dom Francisco de Quevedo*, Paris, Antoine de Sommaville, 1657.

35 I. S. Révah, *Antonio Enríquez Gómez, un écrivain marrane (v. 1600-1663)*, Carsten L. Wilke (éd.), Paris, Chandeigne, 2003, p. 303.

régence. Il s'agit des *Nouvelles de Montalvan*, des *Nouvelles amoureuses et exemplaires* de Maria de Zayas et de *La Fouyne de Séville ou l'hameçon des bourses* de Castillo Solórzano. *Les Nouvelles de Montalvan*, traduites par le Sieur de Rampalle, sont éditées à Paris, en 1644. Elles sont la traduction française de huit nouvelles écrites par Juan Pérez de Montalbán et publiées à Madrid, en 1624, sous le titre de *Sucesos y prodigios de amor en ocho novelas ejemplares* (que nous pourrions traduire par « faits et prodiges de l'amour en huit nouvelles exemplaires »). Ces textes narrent les aventures amoureuses peu vraisemblables et les désordres affectifs de nobles, de princesses et de princes. Ces nouvelles fantaisistes ont joui d'une très bonne réception en Espagne, comme en témoignent leurs neuf rééditions en vingt ans. Le traducteur et l'éditeur français ont très certainement fait le pari de reproduire le succès commercial que ces derniers ont rencontré au-delà des Pyrénées. Ils ont peut-être aussi été encouragés par l'enthousiasme hispanophile que le début de la régence d'Anne d'Autriche a suscité en France[36]. Aucune indication ne nous permet de mesurer la fortune éditoriale rencontrée par la traduction française des *Nouvelles de Montalvan*. Toutefois, il est possible que cette traduction n'ait pas rencontré la fortune escomptée. En effet, elle est reproposée un an plus tard, en 1645, mais sous un titre très différent, comme pour en raviver l'intérêt commercial. Ainsi, *Les Nouvelles de Montalvan* deviennent *Les Succez prodigieux de l'amour, ou la Relation veritable de huict nouvelles arriuées à Madrid, cour du roy d'Espagne*[37]. Le nouveau titre est inspiré de l'original imaginé par Montalbán, *Sucesos y prodigios de amor*. Alors que « prodigieux » donne à penser à des récits extraordinaires, « relation véritable de huit nouvelles arrivées à Madrid » suggère, au contraire, des récits de faits survenus dans la réalité. La stratégie commerciale orchestrée par le traducteur et le libraire repose ici sur le goût des lecteurs pour la relation de faits marquants, exceptionnels mais réels. Par ailleurs, dans son « Avertissement » au lecteur, le Sieur de Rampalle expose son parti pris méthodologi-que d'acclimater

36 Voir Anne Dulong, *Anne d'Autriche*, Paris, Hachette, 1980, p. 240 : Selon l'avocat général Omer Talon dans son discours au Parlement, le 21 avril 1643, Anne d'Autriche est une nouvelle « Blanche de Castille ».

37 Juan Pérez de Montalbán, *Les Succez prodigieux de l'amour, ou la Relation veritable de huict nouuelles arrivées à Madrid, cour du roy d'Espagne*, Sieur de Rampalle (trad.), Paris, Pierre Rocolet, 1645.

le texte espagnol à la culture française, en privilégiant les critères de vraisemblance et de bienséance[38].

Dans la première nouvelle, intitulée originellement « *La hermosa Aurora* », Pérez de Montalbán narre les aventures et les amours courtoises d'une princesse malheureuse, fille d'un tyran de Sicile nommé Dionisio. Le Sieur de Rampalle traduit mot à mot le titre « La belle Aurore ». Il débute ensuite sa version française, en ajoutant un paragraphe introductif sur les peuples tyrannisés, à l'instar de celui de Sicile :

> De tous les Païs qui ont autrefois gemy sous la Tyrannie des Princes, qui ne connoissoient point d'autres Loix que leurs volontez ; celuy de Sicile semble auoir plus longuement ressenty la cruelle domination des Souverains qui l'ont gouvernée ; & cette Histoire servira de preuve, qu'elle avoit besoin d'une longue suitte de siecles pour eschapper de cette fatalité mal-heureuse, puis qu'à peine le temps a pû l'affranchir tout à fait d'une si maligne constellation[39].

À travers cet *incipit*, le traducteur a peut-être cherché à gagner le suffrage du lecteur français aristocratique de 1644, encore marqué par la tyrannie de Richelieu – la reine elle-même a longuement et douloureusement subi le joug du puissant ministre[40]. Après cet ajout substantiel, commence la traduction du texte original. Ainsi pouvons-nous lire en espagnol : « *Tuvo Dionisio, segundo tirano de Sicilia, una hija a quien por su celestial hermosura llamaron Aurora, tan bella como desgraciada*[41]. » Ce qui sous la plume du traducteur devient :

> Polycandre, dont la rigueur pouvait le faire passer pour vn nouveau Tyran de cette isle, eut vne fille non moins parfaite que mal-heureuse, qui fut nommée AURORE dés sa naissance, comme par vn presage auant-courier de la celeste beauté que l'on vid éclatter apres sur son visage[42].

Notons, en premier lieu, le changement de nom du tyran Dionisio, devenu Polycandre. Il est possible que Daniel de Rampalle ait préféré ce nom aux consonnances antiques et à la phonétique impressionnantes,

38 Sieur de Rampalle, « Avertissement », *Les Nouvelles de Montalvan*, Paris, Pierre Rocolet, 1644.

39 *Les Nouvelles de Montalvan*, *op. cit.*, p. 1-2.

40 Voir Anne Dulong, *op. cit.*

41 Juan Pérez de Montalbán, *Sucesos y prodigios de amor*, Luigi Giuliani (éd.), Barcelona, Montesinos, 1992, p. 15.

42 *Les Nouvelles de Montalvan. op. cit.*, p. 2.

pour suggérer une rigueur redoutable. En outre, le traducteur amplifie le texte original, comme s'il voulait insister sur la tyrannie. Ainsi, « *segundo tirano de Sicilia*[43] » devient « dont la rigueur pouuait le faire passer pour vn nouueau Tyran de cette isle ». Ensuite, nous constatons un ajout sur la beauté exceptionnelle de la princesse, qui sera la cause de ses malheurs. Le texte espagnol est ainsi de nouveau augmenté : « *una hija a quien por celestial hermosura llamaron Aurora tan bella como desgraciada*[44] » devient « une fille non moins parfaite que mal-heureuse, qui fut nommée AURORE dès sa naissance, comme par vn presage avant-courier de la celeste beauté que l'on vid éclatter apres sur son visage[45] ». Un autre choix de traduction remarquable concerne la seconde épouse du tyran, un personnage néfaste qui persécutera la princesse Aurore jusqu'à en obtenir l'exil. Non seulement le traducteur prend l'initiative d'insister sur l'illégitimité de la maîtresse du roi, mais en plus, il en change la nationalité : « *Arminda, dama francesa y principal*[46] » devient « Arminde, Dame napolitaine[47] ». Le fait de changer la marâtre française en napolitaine pourrait être perçu comme une revanche implicite du traducteur sur les Espagnols, Naples étant l'une des capitales prestigieuses de la Monarchie catholique. Néanmoins, le choix de ne pas avoir substitué la « *dama francesa* » par une « Dame espagnole » peut être interprété comme une précaution du traducteur vis-à-vis d'Anne d'Autriche, sœur du roi d'Espagne, reine et régente de France.

Outre les ajouts, les changements de noms et de nationalité, la traduction des *Nouvelles de Montalvan* par le Sieur de Rampalle présente aussi de nombreuses coupures. Ainsi, dans la seconde nouvelle intitulée « La fuerza del engaño », « La raison destrompée », le traducteur coupe un sonnet[48], qu'il n'a peut-être pas réussi à rendre dans un Français plaisant. Tout se passe comme si le Sieur de Rampalle réécrivait les paragraphes du texte original en les résumant. Par exemple, au début de la seconde nouvelle, Pérez de Montalbán construit un éloge dithyrambique

43 Juan Pérez de Montalbán, *Sucesos y prodigios de amor*, Luigi Giuliani (éd.), Barcelona, Montesinos, 1992, p. 15.
44 Juan Pérez de Montalbán, *Sucesos y prodigios de amor*, *op. cit.*, p. 15.
45 *Les Nouvelles de Montalvan. Op. cit.*, p. 2.
46 Juan Pérez de Montalbán, *Sucesos y prodigios de amor*, *op. cit.*, p. 15.
47 *Les Nouvelles de Montalvan. op. cit.*, p. 3.
48 Comparer Juan Pérez de Montalbán, *Sucesos y prodigios de amor*, *op. cit.*, p. 60 et *Les Nouvelles de Montalvan*, *op. cit.*, p. 114.

de la ville d'Alcalá de Henares et du protagoniste du récit, venu étudier à la prestigieuse université de cette ville proche de Madrid. Ainsi pouvons-nous lire :

> *Seis leguas de la Corte tiene su asiento la insigne villa de Alcalá, cuyo nombre quiere decir castillo (rico, por la abundancia de ingenios que la ilustran). Su nobleza es tan antigua que en tiempo de Leovegildo, rey de los godos, fue catedral, siendo su primero obispo Asturio, a quien sucedieron Novelo y Venerio, según afirma el doctísimo padre Juan de Mariana en el libro cuarto de su Historia. El temple del cielo es de los mejores de Europa, sus edificios muchos y buenos, y la grandeza de las Escuelas como sabe el mundo. obra, en fin, de aquel santo príncipe de la Iglesia fray Francisco Jiménez de Cisneros, que a imitación de la de París fundó en ella esta tan célebre Universidad. Riégala Henares, tan apacible y caudaloso como celebrado de los poetas, corriendo entre una fresca y hermosa alameda guarnecida de árboles y flores.*
>
> *Aquí vino a estudiar un caballero llamado Teodoro el Galán (on tanto estremo lo era). No quiso la Naturaleza deslucir su buen talle con algún defeto del alma; porque aunque muchas veces reparte en diversos sujetos las gracias y bienes de fortuna, haciendo al discreto, pobre; a la hermosa, necia; al ignorante, rico, y a la fea entendida, Teodoro tuvo alguna excepción en esta parte, gozando son una misma igualdad la riqueza, el valor, el ingenio y la cortesía*[49].

Ces deux paragraphes introductifs sont résumés en une seule phrase par le traducteur français, comme nous le lisons ci-dessous :

> L'Ancienne ville d'Alcala située dans une campagne agreable à six lieuës de la Cour d'Espagne, & arrousée du paisible fleuve d'Henares qui serpente ce beau seiour, au travers des ormeaux, & des alisiers qui le bordent ; est encore recommandable par la celebre Université que le Cardinal Ximenes y fonda sur le Patron de celle de Paris ; et c'est là où vient achever ses estudes, un ieune Gentil-homme qui pour sa grace, & sa bonne mine estoit communément appellé le gentil Theodore[50].

Ces lignes nous offrent un exemple de la représentation bienséante de l'Espagne proposée aux Français de 1644. Le long éloge de la cité d'Alcalá de Henares formulé par Pérez de Montalbán se voit réduit à une sorte de présentation mondaine et attrayante, digne d'un guide touristique. Observons que la brièveté du discours ainsi obtenu met d'autant plus en lumière le détail concernant le modèle parisien de l'université d'Alcalá, conservé par le Sieur de Rampalle. Il s'agit sans aucun doute

49 Juan Pérez de Montalbán, *Sucesos y prodigios de amor, op. cit.*, p. 57-58.
50 *Les Nouvelles de Montalvan. op. cit.*, p. 109-110.

de flatter l'orgueil du lecteur, à une époque de rivalité exacerbée entre la nation française et la nation espagnole[51].

Inutile, enfin de rappeler que les *Nouvelles amoureuses* de Maria de Zayas, publiées en Espagne en 1637, sont importées en France avec un certain engouement. En 1655, Paul Scarron imite et adapte plusieurs textes de l'écrivaine espagnole dans *Les Nouvelles tragi-comiques*[52]. Un an plus tard, Antoine Le Méthel d'Ouville propose une traduction intitulée *Les Nouvelles amoureuses et exemplaires*[53]. À la même époque, Scarron s'inspire étroitement de Castillo Solórzano pour écrire plusieurs chapitres de son *Roman comique*[54]. Le dernier roman espagnol traduit en français, au cours de la période qui nous occupe, est également un texte de Castillo Solórzano. Il s'agit de *La Garduña de Sevilla, y anzuelo de las bolsas*[55], initialement publié à Madrid, en 1642. Sa traduction, intitulée *La Fouyne de Séville ou l'hameçon des bourses*, édité à Paris en 1661, est l'œuvre de Le Méthel d'Ouville[56]. Passé le titre racoleur et satirique, le texte est une longue narration des intrigues d'une harpie et de sa fille séduisant les hommes, pour l'unique attrait de leurs biens matériels. L'enchaînement des scènes immorales est censé édifier le lecteur par l'exposition du contre-exemple, mais il est évident que le divertissement et le rire font le sel de cette prose dépourvue de substantielles digressions critiques, édifiantes.

---

51 Lire Jean-Frédéric Schaub, *La France espagnole, les racines hispaniques de l'absolutisme français*, Paris, Seuil, 2003.

52 Voir « El Prevenido engañado », « La Précaution inutile », « Al fin se paga todo », « L'Adultère innocent » et « El castigo de la miseria », « Le Châtiment de l'avarice ».

53 Maria de Zayas y Sotomayor, *Les Nouvelles amoureuses et exemplaires, composées en espagnol par cette merveille de son sexe, Dona Maria de Zayas y Sotomayor. Et traduites en nostre langue par Anthoine Le Méthel, Sieur Douville, ingénieur et géographe du roi*, Paris, Guillaume de Luyne, 1656.

54 José Manuel Losada Goya, *op. cit.*, p. 129-135, signale que dans la première partie du *Roman comique* (Paris, T. Quinet, 1651), le chapitre IX « Histoire de l'amante invisible » est inspiré de « *Los efectos que hace amor* » et le chapitre XXII « À Trompeur, trompeur et demi » s'inspire de « *A lo que obliga el honor* ». Dans la seconde partie du roman (Paris, G. de Luyne, 1657), le chapitre XIV « Le Juge de sa propre cause » est inspiré de « *El Juez de su propia causa* » et le chapitre XIX « Les Deux Frères rivaux » s'inspire de « *La Confusión de una noche.* »

55 Alonso de Castillo Solórzano, *La Garduña de Sevilla, y anzuelo de las bolsas*, Madrid, Imprenta del Reino, 1642.

56 Alonso de Castillo Solórzano, *La Fouyne de Seville ou l'hameçon des bourses. Traduit de l'espagnol de D. Alonso de Castillo Solórzano*, Antoine Le Méthel D'ouville (trad.), Paris, Augustin Courbé (Louis Billaine), 1661.

Ces quelques exemples mettent en lumière divers modes d'importation et de diffusion de la fiction espagnole en prose narrative, au temps de la régence d'Anne d'Autriche. Des prosateurs français ou immigrés espagnols, des traducteurs et des éditeurs ont contribué à pallier le fléchissement de la créativité romanesque outre-Pyrénées et à prolonger la fortune éditoriale de ces romans en France. Ils ont réédité des traductions jusqu'à l'épuisement, en usant parfois de subterfuges commerciaux racoleurs. Ils ont également tenté d'introduire de rares textes inédits, en espagnol et en français. Par leurs travaux de réécriture et d'acclimatation, d'intégration dans leur propre création romanesque, ces traducteurs et écrivains ont continué à offrir au lectorat français des textes divertissants, mais aussi incisifs et satiriques. En témoignent le format court des nouvelles, les tentatives de recréation de l'humour original, la narration d'histoires scabreuses faussement moralisées. Losada Goya souligne d'ailleurs que Scarron « appréciait beaucoup le réalisme et la vivacité de la littérature espagnole » et lui « emprunte ces récits à cause de leur véracité[57] ». Ce goût va-t-il perdurer au temps de Louis XIV ? Il serait intéressant d'étudier, par exemple, la fortune française d'une fiction telle que celle du prosateur madrilène Francisco Santos, qui a publié en Espagne, de 1663 à 1697, pas moins de treize romans divertissants, satiriques, à la morale catholique omniprésente. Que penser, par exemple, de l'acquisition de *Día y noche de Madrid*[58] par le collège jésuite de la Trinité de Lyon, en 1676[59] ?

Alain Tourneur
Université de Lille

57 Voir José Manuel Losada Goya, *op. cit.*, p. 526.

58 Francisco Santos, *Día y noche de Madrid*, Madrid, Pablo de Val, 1663. Voir l'édition critique de Enrique García Santo-Tomás, Madrid, Cátedra, 2017.

59 Ce volume est actuellement conservé à la bibliothèque municipale de Lyon, sous la cote 345788.

LA TRADUCTION FRANÇAISE DE 1653 DE *LA VIDA DE LAZARILLO DE TORMES, Y DE SUS FORTUNAS Y ADVERSIDADES*

La Vida de Lazarillo de Tormes, y de sus fortunas y adversidades, œuvre anonyme[1] publiée en 1554 en Espagne[2], est l'autobiographie fictive, livrée sous la forme d'une lettre, d'un crieur public du Siècle d'or espagnol, Lázaro de Tormes, à l'attention d'un ami de son maître. Le récit commence peu avant la naissance du narrateur-personnage par l'évocation de ses parents. Son père est condamné pour vol dans les greniers à blé où il travaille tandis que sa mère, devenue veuve, est accusée de complicité de vol avec son amant. Lázaro de Tormes est le jouet de la Fortune et la victime des comportements abusifs et caricaturaux de certains de ses neuf maîtres. Il est tenaillé par la faim, surtout aux côtés de ses trois premiers maîtres, un aveugle rusé et violent, un prêtre avare et un écuyer démuni qui ne fait rien pour améliorer sa condition mais qui demeure soucieux de son apparence et du jugement d'autrui. La fin du propos coïncide presque avec la période de rédaction que Lázaro de Tormes associe au « comble de toute bonne fortune[3] », bien qu'en réalité, il soit trompé par sa femme et son maître, l'Archiprêtre de San Salvador, et que la fonction qu'il occupe soit dévalorisante dans l'Espagne de l'époque. Le

1 L'œuvre a été attribuée au moine hiéronymite Fray Juan de Ortega, à l'homme d'État et poète Diego Hurtado de Mendoza, à l'humaniste Juan de Valdés, à Alfonso de Valdés, Hernan Núñez, Cristóbal de Villalón, Lope de Rueda, Sebastián de Horozco ou encore à Pedro de Rúa.Sur la question, voir l'Introduction aux romans picaresques espagnols de Maurice Molho dans la Pléiade (Lazarillo de Tormes, Molho Maurice, *Introduction aux romans picaresques espagnols*, Paris, Bibliothèque de la Pléiade, 1968) ou l'article de Hanno Ehrlicher (Ehrlicher Hanno, « El intento de desocultar al autor del Lazarillo y la productividad de su ocultamiento : Sobre los valores de un anonimato histórico », *El autor oculto en la literatura española : Siglos XIV a XVIII*, Madrid, Casa de Velázquez, 2014).

2 Quatre éditions ont été publiées en 1554 : à Burgos chez Juan de Junta à Alcalá de Henares chez Salzedo, à Anvers chez Martín Nucio et à Medina del Campo chez Mateo et Francisco del Canto. Cette dernière a été découverte en 1997.

3 Molho Maurice, *op. cit.*, p. 52.

Lazarillo a influencé Mateo Alemán[4] qui reprend et approfondit, dans son *Guzmán de Alfarache* (1599-1604), certaines caractéristiques du petit ouvrage, comme l'écriture autobiographique, l'ascendance dégradante du protagoniste, son départ rapide du foyer familial qui le voue aux déplacements, le service de maîtres, les aléas de la Fortune ou encore, la ruse. Le *Guzmán* est rapidement considéré comme l'œuvre fondatrice de la *novela picaresca*[5].

Le *Lazarillo* a aussi inspiré des continuations et des réécritures en Espagne. En 1555, une deuxième partie anonyme, publiée à Anvers chez Martín Nucio et Guillermo Simón[6], ne connaît pas un franc succès. L'introduction du merveilleux dans l'histoire de Lazarillo qui, après un naufrage, est transformé en thon et connaît de nombreuses péripéties avec ses nouveaux congénères, n'a sans doute pas fait l'unanimité alors que les lecteurs avaient en tête les préoccupations plus prosaïques du Lazarillo de 1554. Seul le premier chapitre de cette continuation, celui des *Tudescos*, est inséré à la fin de la première partie du *Lazarillo*[7]. Bien qu'il apparaisse, en 1559, dans la première édition de l'*Index librorum prohibitorum* aux côtés d'autres œuvres considérées comme des menaces pour l'Église[8], le *Lazarillo* circule illégalement grâce à des éditions pirates imprimées à l'étranger. En 1573, Juan López de Velasco, secrétaire et chroniqueur du roi Felipe II (1556-1598)[9], supprime du petit ouvrage, quelques extraits et certaines considérations secondaires reçus comme

4 *La vida de Guzmán de Alfarache* « a attiré de nouveau l'attention sur *La vida de Lazarillo de Tormes* écrit près d'un demi-siècle auparavant ». Cupers Jean-Louis, « Narration et interprétation : les traductions du roman picaresque espagnol », Gothot-Mersch, C., Célis, R., & Jongen, R. (eds.), *Narration et interprétation*, Presses de l'Université Saint-Louis, 1984, p. 75-86.

5 L'édition *princeps* du *Libro de entretenimiento de la pícara Justina* de Francisco López de Úbeda, publiée en 1605 à Medina del Campo, s'ouvre sur un frontispice de Juan Bautista Morales y Fe, *La Nave de la vida picaresca*, qui propose une théorisation de la *Vida picaresca*.

6 Losada Goya José Manuel, *Bibliographie critique de la littérature espagnole en France au XVIIe siècle*, Genève, Droz, 1999, p. 57.

7 « Ce chapitre fut souvent incorporé, en guise de conclusion, à la première partie du *Lazarillo*, lorsque la deuxième partie cessa d'être imprimée. », Losada Goya José Manuel, *op. cit.*, p. 57. La traduction française de 1653 intègre aussi cet épisode.

8 Les critiques contre l'Église, dans le *Lazarillo*, ne concernent cependant pas les dogmes mais s'élèvent contre les comportements des représentants de l'Église. L'article de Michel Boeglin revient sur cet aspect du *Lazarillo*. (Boeglin Michel, « Discours anticlérical et littérature au milieu du XVIe siècle. Le cas du *Lazarillo de Tormes* », *Sociocriticism*, vol. XXII 1-2, 2019).

9 López Velasco Juan, *Lazarillo de Tormes castigado*, Madrid, 1573.

des critiques contre l'Église. Les épisodes du moine de la Merci et du prédicateur de bulles de la Croisade sont ainsi retirés[10]. Le premier est un religieux aux mœurs légères et le second, un escroc qui conçoit des mises en scène spectaculaires pour tromper des villageois afin de leur faire acheter sa bulle. En 1620, Juan Cortés de Tolosa publie *El Lazarillo del Manzanares con otras cinco novelas*[11] à Madrid tandis que Juan de Luna propose sa *Vida de Lazarillo de Tormes. Corregida y enmendada*[12] qui comprend une réécriture de la première partie du *Lazarillo de Tormes* – qui a été reçue sans enthousiasme – et une nouvelle deuxième partie pour effacer celle de 1555, qui fut un succès[13].

L'œuvre est traduite pour la première fois en français en 1560, sous couvert d'anonymat[14], mais son succès n'est pas retentissant. En 1598, la seconde partie de 1555 est traduite par Jean van der Meeren sous le titre *Histoire plaisante, facétieuse, et récréative du Lazarille de Tormes... Augmentée de la seconde partie*[15]... La première traduction bilingue du *Lazarillo* est proposée en 1601. Cette version, améliorée en 1615, favorise l'apprentissage de l'espagnol en France par la mise en regard des deux textes. L'identité du traducteur reste incertaine : certains attribuent la traduction à Paul Baudouin[16], d'autres, comme José Manuel Losada Goya, à Pierre Bonfons[17], avec, toutefois, quelques réserves. En 1620, *La Vie de Lazarille de Tormes, et de ses fortunes et adversités* par Vital d'Audiguier[18] est publiée à Paris. Les traductions témoignent, bien

10 Molho Maurice, *op. cit.*, p. XXXIII.

11 Cortés de Tolosa Juan, *El Lazarillo del Manzanares con otras cinco novelas*, Madrid, Viuda de Alonso Martín, A costa de Alonso Pérez, 1620, 257 fs, in-12.

12 Anónimo, Lazarillo de Tormes et De Luna Juan, *Vida de Lazarillo de Tormes. Corregida y enmendada por J. de Luna, castellano, intérprete de la lengua española [..., suivie de] Segunda parte de la vida de Lazarillo de Tormes. Sacada de las crónicas antiguas de Toledo. Por Juan de Luna, castellano, interpréte de la lengua española*, Paris, R. Boutonné, 1620, 2 t. en 1 vol. in-12, vi f.-120 p.-vi f.-168 p. Privilège 9 janvier 1620.

13 Losada Goya José Manuel, *op. cit.*, p. 62-63.

14 Cette traduction est parfois attribuée à Saugrain.

15 *Histoire plaisante, facétieuse, et récréative du Lazarille de Tormes... Augmentée de la seconde partie...*, Anvers, Guislain Jansens, 1598, 126 p., in-16.

16 Cioranescu Alexandre, *Le masque et le visage, Du baroque espagnol au classicisme français*, Genève, Droz, 1983, p. 492.

17 Losada Goya José Manuel, *op. cit.*, p. 60.

18 Audiguier Vital (d'), *La Vie de Lazarille de Tormes, et de ses fortunes et adversités. Traduite nouvellement d'espagnol en français par M. P. B. P. [suivie de] Seconde partie de la Vie de Lazarille de Tormes, tirée des vieilles chroniques de Tolède. Traduite nouvellement d'espagnol en français, par L. S. D.*, Paris, R. Boutonné, 1620, 232 p.-vi f.-288 p.

souvent dès le titre[19], de la manière dont l'œuvre espagnole est lue et comprise par les traducteurs français[20].

La traduction française de 1653, souvent attribuée au Sieur de Bourneuf, est publiée à Paris sous le titre *La Vie de Lazarille de Tormes, ses fortunes, et ses adversitez. Traduite en vers francois par le Sieur de B****. Cette version versifiée serait, d'après Monique Lambert[21], une reprise de la traduction de 1615[22]. Son auteur se serait donc plutôt appliqué à transposer la prose en vers qu'à traduire l'original espagnol. Le choix du vers, qui ne concerne pas les traductions antérieures, s'explique sans doute par l'influence de la mode du burlesque, introduite en France par Scarron qui s'inspire lui-même de l'italien Francesco Berni. Avec l'octosyllabe, le traducteur s'inscrit dans la tradition des « petits vers », prisés par les burlesques. Scarron les adopte dans son *Recueil de quelques vers burlesques* (1643) qui n'est antérieur à cette traduction du *Lazarillo* que de dix ans. L'influence de l'esthétique burlesque est incontestable dans cette traduction qui se caractérise par un style grossier, très éloigné de l'original espagnol. Le monde est décrit dans sa trivialité la plus abjecte avec une abondance de références scatologiques[23]. Si ce thème

---

19 [Saugrain], *Les faits merveilleux, ensemble la vie du gentil Lazarille de Tormes, et les terribles avantures à luy avenues en divers lieux, livre fort plaisant et délectable, auquel sont décrits maints actes notables et propos facétieux, au plaisir et contentement de chacun, traduit nouvellement d'espagnol en français par Jean Gaspard de Lambert*, Lyon, 1560, in-8.). / *Histoire plaisante, facetieuse, et recreative ; du Lazarille de Tormes Espagnol En laquelle l'esprit melancolique se peut recreer & prendre plaisir : Augmentee de la seconde partie, nouvellement traduite de l'Espagnol en François*. A Anvers, Chez Guislain Iansens. 1598. / *La Vida de Lazarillo de Tormes. Y de sus fortunas y adversidades. La Vie de Lazarille de Tormes, Et de ses fortunes & aduersitez. Traduction nouvelle, Raportée & conferée avec l'espagnol*, Par P. B. Parisien. A Paris Par Nicolas & Pierre Bonfons, en leur boutique, au quatriesme pillier de la grand'Salle du Palais. 1601 Avec privilege du Roy.

20 Le deuxième tome des *Fictions narratives en prose de l'âge baroque (1611-1623)*, dirigé par Frank Greiner, propose, dans ses annexes, une synthèse sur les traductions françaises du *Lazarillo de Tormes* et du *Guzmán de Alfarache* entre 1611 et 1623. Greiner Frank (dir.), *Fictions narratives en prose de l'âge baroque. Répertoire analytique (1611-1623)*, Paris, Classiques Garnier, 2017, p. 1114-1119.

21 Lambert Monique, « Filiation des éditions françaises du *Lazarille de Tormès* (1560-1820) », *RSH*, 120, 1965, p. 587-603.

22 Nous nous référons à une autre édition datant de 1616 de cette traduction car nous n'avons pas eu accès à celle de 1615. Nous utilisons cette édition et non l'édition *princeps* espagnole car il est probable que le traducteur anonyme se soit référé au texte espagnol de l'édition bilingue. Par ailleurs, cette édition bilingue de 1616 conserve le texte de la *princeps*.

23 À propos de l'aveugle : « Qu'entre ses jambes de Chiart », trad. cit., chant I, p. 25. « Soûpirant parmy cette angoisse, / Pour tirer mon Cul de la presse, / Qui n'estoit plus du tout fluant, / Qui n'estoit plus guere puant, / Pour n'y passer nulle fumee, / La feste au Pain estant

est développé dans les *novelas* considérées comme les piliers de la *novela picaresca*, – bien que davantage dans le *Buscón* de Francisco de Quevedo (1626)[24] que dans le *Guzmán*, – il est absent du *Lazarillo*. Dans la traduction de 1653, la vulgarité est souvent associée au corps, que ce soit dans la narration de Lazare[25], dans les expressions employées par les personnages[26] ou dans leurs attitudes. Le texte français introduit des détails sur des usages corporels dégradants, absents du texte original. Ainsi, dans le premier chant, Lazarille énumère les tâches triviales qu'on lui confie auprès de son demi-frère :

> […] ce fut un petit Maure,
> Fort joly, qu'on me fit berser,
> Tenir, moucher, mener pisser […][27].

L'attitude de la « Vieille » qui réclame à l'écuyer, le troisième maître de Lazarille, le loyer de son lit, est tout aussi dégradante :

> La Vieille, qui des doigts se mouche,
> Demanda celuy [le loyer] de la Couche […][28].

chommee. », trad. cit., chant II, p. 55. « Aussi le fruit de mon délit, / Ne me fist pas chier au lit. », trad. cit., chant II, p. 61. À propos de l'écuyer : « Un matin qu'il alloit chier / En haut, n'ayant que sa chemise, / Ses chausses & pourpoint j'advise ; / J'y foüille & cherche vainement, / Trouvant la bourse simplement, / Sans argent, ny sans apparence / Qu'elle eut enclos nulle finance, / De nouveau, ny de longue main. », trad. cit., chant III, p. 107.

24 « […] mais mon cheval reçut un tel coup sur le front qu'il se voulut cabrer et tomba avec moi dans la – parlant par révérence – fiente d'un tas d'immondices privées : vous pouvez vous imaginer de quelle façon je fus accoutré. […] Pour en revenir aux sergents, ils me voulurent mener prisonnier : s'ils me laissèrent, c'est qu'ils ne savaient par où me prendre, tant j'étais plein d'ordure. », Francisco de Quevedo, *El Buscón*, trad. par J.-F. Reille, *Introduction aux Romans picaresques espagnols*, Paris, Bibliothèque de la Pléiade, 1968, p. 766-767.

25 « Puis se releve en un moment / Sur le Cu fait l'ame dolente […]. », trad. cit., chant V, p. 150.

26 L'écuyer explique à Lazarille les usages du salut et sa querelle avec un Comte : « Toutefois si, trouvant le Comte / Dans la ruë, il ne faisoit compte / Du salut, quand je l'aurois fait, / Je l'estimerois comme un pet. », trad. cit., chant III, p. 119. L'Archiprêtre à Lazare, à propos de sa femme et du jugement que certains portent sur leur situation : « Et bien que ta femme entre ou sorte, / Tousjours la verité plus forte / Te doit enfin persuader, / Que je ne veux rien demander, / Non plus qu'avant son mariage, / Chose qui soit à son dommage ; / Et partant songe à ton profit, / Ils en chieront tous de despit. », trad. cit., chant VII, p. 161.

27 Trad. cit., chant I, p. 9.

28 Trad. cit., chant III, p. 126.

On sent, dans ces allusions au corps qui relèvent de l'invention du traducteur, l'influence du *Virgile travesti* de Scarron, publié peu de temps avant cette traduction (1648-1653).

Les difficultés rencontrées par Lazarillo pour assouvir sa faim, principalement aux côtés de ses trois premiers maîtres, alimentent aussi, dans la traduction française, la trivialité du récit par le recours au registre familier et l'évocation du corps dans ce qu'il a de plus bas :

> Pour avoir les tripes guaries,
> J'usois de mille tromperies [...][29].

L'usage d'expressions ridicules ou grotesques renforce la trivialité du récit. Dans le deuxième chant, Lazarille explique son premier vol dans le coffre à pain du prêtre, en ces termes :

> Le lendemain en son absence,
> Garny de clef & de licence,
> Je me mis le ventre à gogo ;
> Car en moins de deux fois Credo,
> L'un des pains fut fait invisible [...][30].

L'expression familière « se mettre le ventre à gogo[31] » suggère l'intempérance et l'abondance. La mention du credo comme indicateur temporel[32] pour une activité triviale, relève d'une forme d'impertinence face aux choses sacrées.

Cette adaptation de l'œuvre espagnole cherche à divertir le lecteur. Le *Lazarillo* lui-même ne manque pas de touches d'humour. Les traducteurs

29 Trad. cit., chant I, p. 21.

30 Trad. cit., chant II, p. 58.

31 L'expression « à gogo » est définie en ces termes dans le Dictionnaire de Furetière : « A GOGO. adv. qui se dit en parlant des choses plaisantes & agreables qu'on a en abondance. Les gens riches vivent *à gogo*. il a de l'argent *à gogo*, tout son saoul. Ce mot est derivé de *gaudium*, d'où on a dit *godir*, ou *gaudir*. », *Dictionnaire universel, contenant généralement tous les mots françois tant vieux que modernes, et les termes de toutes les sciences et des arts...*, Tome premier, par feu Messire Antoine Furetière, La Haye, A et R. Leers, 1690, n. p. L'emploi de cette expression, qui signifie ici « manger abondamment », peut surprendre si on examine la suite du texte (« L'un des pains fut fait invisible »). Si cette prise semble maigre, elle représente beaucoup pour Lazarille, soumis quotidiennement à un régime strict à cause de l'avarice de son deuxième maître.

32 Le texte fait référence au temps nécessaire pour dire un credo (« Car en moins de deux fois Credo [...]. »).

français ont d'ailleurs décelé cet aspect de l'œuvre anonyme : en témoigne, dès le seuil de leurs ouvrages, le choix des qualificatifs dans les titres[33] qu'ils proposent. L'humour subtil de l'œuvre espagnole réside dans les facéties de Lazarillo, dans certaines de ses remarques ou réparties silencieuses, dans la caricature de ses maîtres ou encore dans ses déconvenues. On peut signaler, par exemple, l'épisode de la « *casa lóbrega*[34] » : Lazarillo est convaincu qu'on amène un défunt chez l'écuyer parce que la maison de ce dernier ressemble à la description métaphorique que la veuve éplorée a fait du tombeau de son mari. Pris de panique, Lazarillo se précipite chez son maître et lui explique la situation. L'écuyer tente de rassurer son valet tout en s'amusant de sa naïveté avec bienveillance. Dans la version française de 1653, le comique repose sur des expressions crues et grossières, sur une réalité prosaïque ramenée, le plus souvent, au corps, et sur des associations d'idées souvent surprenantes.

Le vers offre des possibilités exclues par la prose. La rime rend ainsi les associations grotesques ou satiriques plus percutantes et favorise la causticité qui nourrit cette traduction. Le texte de 1653 fait rimer « devot » avec « haut-le-gigot » dans le deuxième chant : le caractère satirique de ce passage qui souligne l'hypocrisie de Lazarille en matière de dévotion et le décalage entre la pratique religieuse et le résultat escompté, s'en trouve renforcé.

> Envers Dieu j'estois bien devot,
> Pour avoir un haut-le-gigot [...][35].

Le rapprochement inattendu d'images, favorisé par les jeux d'homophonie, accentue l'esprit caustique du texte. Lazare explique que le bulliste, son cinquième maître, rend visite à des prêtres de villages pour pouvoir vendre sa bulle :

> Et pour debiter sa denrée,
> Faisoit à ce Curé curée,

---

33 *Cf.* supra.

34 « la maison lugubre » – *Lazarillo de Tormes*, edición de Francisco Rico con un apéndice bibliográfico por Bienvenido C. Morros. Madrid, Cátedra, 1987, p. 95-98. – *La Vida del Lazarillo de Tormes, y de sus fortunas y adversidades. La Vie de Lazarille de Tormes : et de ses fortunes & adversitez. Nouvelle traduction, rapportee & conferée avec l'Espagnol*, Par M.P.B.P., p. 167-173.

35 Trad. cit., chant II, p. 53.

Pour mieux exciter sa chaleur,
D'un present de peu de valeur ;
Selon le temps, d'une Laittuë,
Et de mainte Rave pointue,
De deux Citrons, ou d'un Melon,
De deux Poires de Madelon,
D'une Pesche, & de quelque Orange,
Avec deux mots à sa Loüange,
Afin de l'avoir pour amy ; [...][36].

Le jeu de mots, qui porte sur le rapprochement phonétique des termes « curé » et « curée » et sur leur contiguïté dans le vers, réduit un représentant de l'Église à une attitude animale. Le curé prend métaphoriquement la place des chiens à qui l'on fait curée, ce que suggère l'énumération des denrées offertes par le bulliste. Le texte met ainsi en évidence le manque de scrupules de ce dernier.

Dans l'original espagnol, les différents types sociaux rencontrés par Lazarillo, au début de son existence, sont très souvent condamnables. Lazarillo pose donc un regard critique sur eux. Le texte français ne se contente pas de développer ces critiques : il prend la liberté d'en ajouter. Le sergent, septième maître de Lazarille, est ainsi victime d'un des nombreux traits d'esprit de Lazare-narrateur qui, dans un énoncé catégorique, qualifie les sergents de voleurs :

Ainsi mon Maistre en cette course
N'avoit pas besoin de sa bourse,
Mais bien plustost de prendre l'air,
Car un Sergent sçait bien voler[37].

Les critiques formulées dans le récit du *pícaro* espagnol s'étendent aussi, dans la traduction de 1653, à d'autres types sociaux. Par une comparaison habile, le texte français dresse, en peu de mots, un portrait sarcastique des veuves. La concision du vers renforce le sarcasme du propos.

Je prins ma Realle & mon pot,
J'estendis les nerfs du gigot,
Et hastant mes pieds, je chemine,
Pour faire mourir la famine ;

36 Trad. cit., chant V, p. 137.
37 Trad. cit., chant VII, p. 157.

J'avois l'œil & le corps penché
Devers la place du Marché,
N'ayant pas l'ame plus marrie
Qu'une Veusve qu'on remarie[38].

Le traducteur ne change pas seulement le ton du *Lazarillo* : la structure de l'original espagnol connaît aussi quelques altérations. Une « préface hagarde » de quatre-vingt vers remplace le « *Prologo* » du *Lazarillo* et rompt avec l'un des éléments fondamentaux du genre picaresque, le principe autobiographique. Une autre voix, celle d'un narrateur surplombant, intervient, commente le récit et livre un jugement sur le protagoniste. Elle oriente la lecture en offrant, dès le début, un portrait succinct de Lazarille.

Sus donc, Muse, en ta competence,
Dy moy quelle fut l'indigence,
Les gestes, & faits de coquin,
De ce malheureux Harlequin,
Qu'on entend nommer Lazarille,
Des bords de Tormes en Castille,
Ou d'autre domination
De l'Espagnolle Nation[39].

Ces interventions ne sont pas toutes de même facture. Au début du troisième chant, le narrateur à la première personne commente le récit dans une « Preface Chrestienne » absente de l'original espagnol. Il propose un énoncé à valeur de vérité générale pour en venir ensuite au cas particulier de Lazarille :

Quand la necessité nous presse,
Nous avons à Dieu nostre adresse ;
Et quand nous sommes exaucez,
Il nous donne du cœur assez,
Accompagné d'intelligence,
Pour soulager nostre indigence ;
Ce que Lazarille esprouva,
Quand le Prestre le reprouva[40].

38 Trad. cit., chant III, p. 112.
39 Trad. cit., chant I, p. 2.
40 Trad. cit., chant III, p. 80.

Au début du cinquième chant, ce narrateur interpelle familièrement le cinquième maître de Lazarille pour lui demander de se présenter[41]. C'est seulement le vingt-huitième vers de ce cinquième chant qui permet de comprendre que ce n'est pas Lazare qui s'exprime dans ce passage. Le narrateur expose ses intentions littéraires et double ainsi Lazarille :

> Je n'entends point joüer du Lut,
> Du Violon, ny de la Lire,
> Un vieux sabot pourra suffire :
> Je veux le monter de filet[42],
> D'un Coaspeau[43] faire un Chevalet,
> Et poursuivant ma vieille piste,
> Continuer par un Buliste[44].
>
> Voyons de ce Prescheur inique
> Comment Lazarille s'en explique[45].

Le traducteur reprend le motif littéraire du récit de vie. Lazare devient le transcripteur d'une partie de la vie de l'écuyer et intègre, dans son propos, le récit qu'il obtient. Il introduit l'aspect matériel de cette rédaction (« Alors prenant mon Escritoire, / Je me mis à la rediger »), la cause d'un tel acte (« Je me mis à la rediger / Afin de l'oster du danger / D'estre dans l'oubly submergée ») et le récit qu'il a obtenu (« Voicy comme elle est redigée. »).

41 « Puisque le quatriesme est peint, / Approchez-vous Maistre le quint, / Qu'on sçache un peu vostre malice [...]. », trad. cit., chant V, p. 135.

42 Nous n'avons trouvé, dans les textes de l'époque, aucune autre occurrence de cette expression, à rapprocher sans doute de l'expression « monter au filet ».

43 Le terme « coaspeau », qu'il faut prononcer « coipeau » pour respecter l'octosyllabe, renvoie aux anciennes formes du mot « copeau » : « coispel », « cospel », « coipel », « coipeau ». *L'article du Dictionnaire Historique de la langue française*, dirigé par Alain Rey, retrace l'évolution de ce terme : « COPEAU n. m. est attesté sous sa forme moderne seulement depuis 1680, après coispel, cospel (1170-1180) et coipel (1213), puis coipeau (1637 ; encore en usage dans le domaine normand). Cospel et coispel viennent probablement de formes diminutives en *-ellus* du latin *cuspis* "extrémité d'un objet pointu" pour le premier, et d'un collectif °*cuspia* pour le second. Cuspis, employé à propos de lances, d'épieux, est probablement un terme emprunté, comme beaucoup de noms d'armes. / En français, on est passé du sens initial de "garniture à l'extrémité de l'étui d'un couteau", sorti d'usage au XVe s., au sens moderne d'"éclat de bois" attesté simultanément (1170-1180) », Rey Alain (dir.), *Dictionnaire Historique de la langue française*, Paris, Le Robert, 2006, [1992]. Nous n'avons retrouvé cette orthographe dans aucun autre texte de l'époque. Dans ce contexte, on peut comprendre le vers « D'un Coaspeau faire un Chevalet », comme la volonté du narrateur de développer le matériau sur lequel il travaille.

44 Trad. cit., chant V, p. 135.

45 Trad. cit., chant V, p. 136.

Un jour que nous avions cuisine,
Et qu'assez raisonnablement
Nous estions garnis d'aliment,
Il me fist sçavoir son histoire ;
Alors prenant mon Escritoire,
Je me mis à la rediger,
Afin de l'oster du danger
D'estre dans l'oubly submergée.
Voicy comme elle est redigée[46].

La nécessité, exprimée par Lazarille, de fixer le récit oral en un écrit afin d'en conserver une trace, est une invention de la traduction française. Le récit de vie, commun aux *novelas picarescas*, semble être, dans cette traduction, l'objet d'une réflexion, qui n'est cependant pas prolongée. Lazare explique que son maître décide, un jour, de lui raconter une partie de son existence. Le texte français invente certains épisodes de la vie du maître. Il évoque ainsi l'éducation acquise par l'écuyer au cours de son adolescence, l'amitié qu'il a liée avec un de ses voisins, puis leur querelle à propos d'un salut que l'écuyer juge indigne de son statut social et qui fait écho, cette fois, à un épisode du *Lazarillo*. Le récit reprend, dans ce bref passage, certains thèmes de l'autobiographie de Lazare, identifiés dans les notes marginales (« Le lieu de sa naissance. » / « Son Education ») et qui rappellent certains motifs des *novelas picarescas*.

La traduction française de 1653 respecte la trame narrative du texte espagnol et conserve l'ensemble des maîtres de Lazarille ainsi que leurs statuts sociaux. Ce n'est pas le cas de la traduction de 1598 qui fait de l'avaricieux prêtre de Maqueda, un laboureur, et de l'archiprêtre de San Salvador, un vieil homme, sans doute pour éliminer les propos les plus critiques à l'égard de l'Église. Un aspect important du texte espagnol est, cependant, partiellement évacué dans la traduction de 1653 : l'adresse à un destinataire, l'ami de l'Archiprêtre de San Salvador, que Lázaro ne désigne que par l'expression « *Vuestra Merced* ». Dans la traduction, même si le narrateur fait allusion au destinataire du récit dans la « préface hagarde[47] », cette référence est vite oubliée et le destinataire n'est identifié qu'à la fin du texte :

46 Trad. cit., chant III, p. 116.

47 « Mais oyez, voicy sa fortune, / Qu'il raconte naïvement, / Ennemy du déguisement, / A celuy qui faisoit l'enqueste [...] », trad. cit., chant I, p. 4.

En ce temps le sieur Archiprestre
De saint Sauveur, mon dernier Maistre,
Qui se dit vostre Serviteur [...][48].

Cette allusion est mince par rapport à la construction, dans le texte original, de la figure du destinataire sur laquelle repose le prétexte du récit.

La traduction est porteuse d'autres petites infidélités qui, réunies, transforment le caractère du personnage principal. Ainsi, le texte de 1653 attribue à Lazarille les ruses de son premier maître, le vieil aveugle.

A celles qui n'avoient lignée,
J'impetrois nombreuse maignée,
Et les trois quarts de tout le mal
Que donne un petit Animal,
Lors qu'une Matrice feconde
S'en vuide pour le mettre au monde.
Pour les femmes dont les Maris
Estoient le plus souvent marris,
Je prononçois une priere,
Qui bailloit devant pour derriere,
Et faisoit que leur amitié
S'augmentoit de plus de moitiè.
Voyant quelques femmes enceintes,
Je pronostiquois mille feintes,
A les flatter fort diligent,
Afin d'attraper leur argent.
J'avois un remede propice
Pour maux de Dents & de Matrice,
Deffaillances, & pasmoisons.
On nous appeloit aux Maisons,
Où chacun nous contoit sa chance ;
Et tousjours moyennant finance,
De quelque mal qu'on fust chargé,
Châcun se trouvoit soulagé.
A l'un je disois un Proverbe,
A l'autre il faut avoir telle herbe ;
Prenez cette racine-la,
Dites cecy, faites cela ;
Et par ces divers artifices,
Nous avions l'argent des Novices ;
Notamment femmes abusions,

48 Trad. cit., chant VII, p. 159.

Qui prenoient tout ce que disions,
Pour la response d'un Oracle ;
Et ne trouvons aucun obstacle,
Nous gagnions plus en trente jours,
Que cent autres durant le cours
Des quatre saisons de l'année[49].

Dans ce passage, l'accent n'est plus mis sur la sagacité et la fourberie de l'aveugle, rapportées par un Lázaro soucieux d'apprendre au destinataire de sa lettre, la perfidie de son premier maître[50]. Dans cette traduction française, Lazarille surpasse son maître en se décrivant comme l'auteur de toutes ces fourberies motivées par l'appât du gain. Au début du septième chant, le texte français introduit les motifs du cabaret et de la dépense excessive qui n'apparaissent pas dans l'original espagnol mais qui sont propres à certaines *novelas picarescas*[51] et aux récits picaresques français de l'époque. Au contraire, Lazarillo a une autre relation à l'argent : porteur d'eau pour le compte du chapelain de Tolède, il épargne, pendant quatre ans, le fruit de son labeur[52]. Le cabaret est mentionné dès le deuxième chant de la traduction française : Lazarille, au service du prêtre avare, semble regretter de ne pas savoir comment se rendre dans un de ces lieux[53]. Dans la traduction française, la dilapi-

49 Trad. cit., chant I, p. 19-20.

50 « *Dezia saber oraciones para muchos y diversos effectos : Para mugeres que no parian : Para las que estavan de parto : Para las que eran mal casadas, que sus maridos las quisiessen bien. / Echava pronosticos a las preñadas, si trayan hijo o hija. Pues en caso de medicina, dezia que Galeno no supo la mitad que el ; para muelas, desmayos, males de madre. / Finalmente, nadie le dezia padecer alguna passion, que luego no le dezia : Hazed esto, hareys este otro, cojed tal yerva, tomad tal rays. Con esto, andavase todo el mundo tras el, especialmente mugeres ; que quanto les dezia creyan.* », p. 36-28. Il y a une erreur de pagination dans l'édition consultée. Il s'agit des pages 26-28.

51 Nous pensons, entre autres, au *Guzmán de Alfarache* de Mateo Alemán (1599-1604), à *La pícara Justina* de Francisco López de Úbeda (1605), ou encore, au *Buscón* de Francisco de Quevedo (1626).

52 « *Fueme tan bien en el oficio, que al cabo de quatro año que lo use, con poner en la ganancia buen recaudo, abhorre para me vestir muy honrradamente de la ropa vieja ; de la qual compre un jubon de fustan viejo, y un sayo raydo de manga trançada y puerta y una capa que avia sido frisada y una espada de las viejas primeras de Cuellar.* », *op. cit.*, p. 220. – « Ce métier était si bon qu'en quatre ans j'avais épargné assez de mon salaire pour m'accoutrer honnêtement en la friperie, où j'achetai un pourpoint de vieille futaine, une casaque pelée à manche froncée et avant-pièce, une cape jadis frisée et une vieille épée de Cuellar, des premières qui s'y firent. », Molho Maurice, trad. cit., p. 49.

53 « J'estois ignorant de la Route / Par où l'on trouve un Cabaret », trad. cit., chant II, p. 51.

dation de l'argent et la fréquentation de la taverne attribuent une plus grande part de responsabilité à Lazarille qui est tout aussi soumis à ses penchants qu'à une Fortune adverse.

> Voyez un peu quelle sottise ;
> Quand j'ay du bien, je le mesprise,
> Je trouvois le mestier vilain,
> De mener l'Asne au Chapelain,
> Croyant avoir trop bonne mine ;
> J'avois passé par l'estamine,
> Sans que l'esprit me fust venu,
> Je l'ay depuis bien reconnu ;
> Enfin je hantois la Taverne,
> Qui vit ainsi, mal se gouverne.
> Quand j'eus tout mangé mon argent,
> Je me mis Recors de Sergent [...][54].

Le Lazare-narrateur de cette traduction française a conscience de sa débauche (« Voyez un peu quelle sottise ; / Quand j'ay du bien, je le mesprise, [...] / Enfin je hantois la Taverne, / Qui vit ainsi, mal se gouverne. »). Il s'éloigne du Lazarillo espagnol, y compris jusque dans sa plume, et correspond davantage au *pícaro* des modèles français de l'époque, influencés par certaines *novelas picarescas* comme le *Guzmán de Alfarache*.

La traduction de 1653 du *Lazarillo de Tormes* relève davantage de l'adaptation : elle s'autorise de nombreuses libertés avec l'œuvre espagnole, à commencer par sa versification. Ce choix est influencé par l'esthétique burlesque qui se développe alors en France. Les expressions crues, les références triviales au corps, le sarcasme du texte sont aussi liés à ce contexte culturel français de l'époque et entraînent une forme d'humour qui s'éloigne de celui de l'original espagnol.

Certaines infidélités du traducteur modifient l'esprit du récit picaresque. L'ajout d'un niveau de narration, inexistant dans le *Lazarillo*, brise l'illusion autobiographique qui est pourtant l'une des caractéristiques récurrentes des récits picaresques. Le traducteur lit le *Lazarillo* à l'aune d'autres *novelas picarescas* et romans picaresques français puisqu'il

54 Trad. cit., chant VII, p. 156.

introduit des motifs qui leur sont propres. Il s'agit donc, au-delà d'une interprétation de l'œuvre espagnole de 1554, d'une adaptation de certains motifs picaresques.

Amandine LEMBRÉ
Univ. de Lille
Analyses Littéraires et Histoire de la Langue (ALITHILA) – EA 1061

LA CHASTETÉ RÉCOMPENSÉE DE BENOÎT GONON

La position subalterne qu'occupent les femmes dans la société du XVIIe siècle relève d'une norme sociale, culturelle et religieuse. Mais si les textes misogynes connaissent un franc succès et s'imposent comme un *topos* au sein de la littérature, on observe aussi dans les premières décennies du siècle une représentation du « beau sexe » qui se veut valorisante. D'aucuns ont manifesté une volonté d'élever la femme, de la glorifier, de prendre ainsi le contre-pied d'une parole dominante. Certains exemples s'imposent, comme le *Discours sur l'excellence des femmes, ou Discours docte et subtil*[1] *de Marguerite de Valois* : ce discours érigé plus tard comme réponse à l'*Alphabet de l'imperfection et de la malice des femmes*[2] sera réédité à plusieurs reprises. Mais c'est sous la régence d'Anne d'Autriche, entre les années 40 à 50 que les écrits sur la supériorité de la femme fleurissent et dépassent le seul espace intellectuel. Catherine Pascal note à ce sujet les enjeux politiques, culturels et religieux de tels discours[3]. C'est dans ce contexte que paraît, en 1643, l'ouvrage de Benoît Gonon intitulé *La Chasteté récompensée ou l'histoire de sept pucelles doctes et sçavantes*[4].

De cet « homme de prière et d'oraison[5] », nous savons peu de choses mais nous pouvons lire ces quelques lignes dans la *Bibliothèque générale des écrivains de l'Ordre de Saint Benoit*[6] où une entrée lui est consacrée :

---

1 Marguerite de Valois, *Discours sur l'excellence des femmes*, Paris, Pierre Passy, 1614.

2 Jacques Olivier, *Alphabet de l'imperfection et de la malice des femmes*, Paris, Jean Petit-pas 1617.

3 Catherine Pascal, « Les recueils de femmes illustres au XVIIe siècle », In *Connaître les femmes de l'Ancien Régime. La question des recueils et dictionnaires*, Paris, 2003.

4 Benoît Gonon, *La Chasteté récompensée ou l'histoire des sept pucelles doctes, et sçavantes*, Lyon, Bourg en Bresse, 1643 [désormais : *La Chasteté Récompensée*].

5 Depéry, *Biographie des hommes célèbres du département de l'Ain*, Bourg, P-F. Bottier librairie, 1835.

6 *Bibliothèque générale des écrivains de l'Ordre de Saint Benoît*, Bouillon, 1778, p. 403.

> Dans ce dernier siècle, la congrégation des Célestins de France n'a point eu de religieux qui ait autant écrit que le père Benoit Gonon[...] Amateur de la vie cachée, intérieure et recueillie, la retraite fit ses délices, et la prière avec la composition partagèrent uniquement les moments de sa vie.

Benoît Gonon appartenait à la communauté célestine de Lyon qui, au XVIIe siècle, était sous la protection du jésuite Bellarmin. Ce célestin érudit compte à son actif plusieurs ouvrages en langue latine et française, écrits entre 1625 et 1653. La plupart sont des biographies de saints ou des recueils de miracles. Citons en guise d'exemples les *Vitae et sententiae Patruum Occidentis*, publié en 1625, les *Histoire et miracles de Notre-Dame de Bonnes-Nouvelles des Célestins de Lyon*, dont le texte paraît en 1639 et sera réédité à la fin du XIXe siècle. Outre ses ouvrages érudits, ce religieux manifeste un certain goût pour les histoires insolites, comme en témoignent les intitulés de plusieurs de ses ouvrages : H*istoires admirables, où les étranges avantures, vertus, vices et misères de plusieurs empereurs, roys, princes, grands seigneurs et autres personnes considérables sont amplement représentées* [...] *recueillies de plusieurs célèbres autheurs* (Lyon, C. La Rivière, 1653) ; *Histoires veritables, et curieuses où sont representées les étranges avantures des personnes illustres*, et *La Chasteté récompensée, ou l'Histoire de sept pucelles doctes, et sçavantes* (Lyon, Jacques du Creux, 1644).

Ce dernier ouvrage se présente sous la forme d'un recueil de courtes nouvelles ayant chacune une unité narrative tout en partageant la même unité thématique. En effet, Benoît Gonon fait sortir de l'oubli le parcours exemplaire et héroïque de sept jeunes filles qui ont su « s'oppos[er] à tous les efforts qu'on avait dressés pour ruiner leur chasteté, laquelle, est toujours demeurée victorieuse et triomphante[7] ». Une dernière histoire se distingue des six autres, malgré la thématique commune, puisque le protagoniste est un homme. L'ouvrage de Gonon s'inspire du genre médiéval de l'*exemplum*, et dès l'avis au lecteur, l'auteur précise au sujet de ses jeunes pucelles que

> tous ces beaux exemples [lui] font espérer que ceux qui liront ce livre seront d'autant plus portés à chérir la chasteté ; les mariés, la conjugale ; les veufs, la viduelle[8] et les autres la virginale. Ils apprendront aussi à l'imitation de ces

7 *La Chastetée Récompensée*, *op. cit.*, avis au lecteur.

8 Synonyme de « viduité » renvoie à l'état de chasteté des veuves qui décident de ne pas contracter de seconde noce.

filles de recevoir les afflictions avec patience. Ce sont les fruits que je désire être cueillis par la lecture de ce mien livre[9].

Le titre permet d'emblée de comprendre la position de l'auteur puisque le doublet synonymique « doctes et sçavantes » qui caractérise les jeunes femmes place l'accent sur des qualités habituellement tenues pour masculines. L'auteur leur attribue ainsi un caractère exceptionnel et leur attire la sympathie du lecteur.

Après avoir situé l'ouvrage de Benoît Gonon dans le contexte culturel et social de son époque, nous nous attacherons à sa forme particulière de recueil, à son esthétique favorisant le métissage des genres et à sa mise en jeu et en question des codes littéraires de son époque. Enfin notre réflexion visera à dégager la portée éthique et sociale de l'œuvre en interrogeant la notion d'héroïsme féminin et en s'appuyant sur une analyse des représentations que l'auteur donne des deux sexes.

UN CONTEXTE FAVORABLE AU « BEAU SEXE »

« La philosophie n'a point de sexe[10] » peut-on lire sous la plume de Pierre le Moyne en 1647. Ce genre d'affirmation témoigne d'une réelle volonté de valoriser le « deuxième sexe ». Dans les années 40, on assiste en effet à une recrudescence de cette littérature apologétique à l'égard des femmes. Le thème de la femme forte, illustre ou héroïque est au goût du jour et investit à nouveau le champ littéraire, comme en témoignent ces quelques ouvrages : *Le Théâtre françois des seigneurs et des dames illustres* (1642) du père François Dinet, *Les Femmes Illustres ou les harangues héroïques* (1642-1644) de Madeleine et Georges de Scudéry, *La Femme héroïque* (1645) du père Jacques Du Bosc. Catherine Pascal rappelle que cette littérature encomiastique à l'égard de la gent féminine atteint son apogée durant les années 1640-1650[11]. Mais ce type de littérature précède largement le XVIIe siècle. Déjà, au Moyen Âge, le

9 *Ibid.*
10 Le père Le Moyne, *La Gallerie des femmes fortes*, Paris, Quinet, 1653 [1647], p. 40.
11 Catherine Pascal, « La tradition des Femmes Illustres aux XVIe et XVIIe siècles. » In *Bulletin d'étude sur l'Humanisme, la Réforme et la Renaissance*, n°54, 2002, p. 169-176.

De Claris mulieribus de Boccace avait donné une réelle impulsion à ces ouvrages apologétiques, parmi lesquels il faut compter comme un texte important *La Cité des dames* où Christine de Pizan, inspirée par l'auteur italien, présente une cité entièrement constituée de femmes vertueuses et donne à voir « une anthologie des beaux traits par lesquels des femmes de toute époque et de toute condition ont manifesté leurs talents ou leurs vertus[12] ». L'autrice cherchait alors à déconstruire les mécanismes de la discrimination misogyne et de la dichotomie qui opposait les femmes charnelles aux hommes rationnels.

Le discours sur la supériorité des femmes gagne aussi le milieu ecclésial, d'ordinaire partisan du discours misogyne. Ainsi, celle que l'on considérait comme l'agent privilégié de Satan, sorcière ou tentatrice, retrouve une certaine dignité. Pour assurer une harmonie au sein des foyers et au sein de la société, l'Eglise catholique avait tout intérêt à redorer l'image de la femme, non seulement pour véhiculer des valeurs proprement catholiques, notamment la chasteté ou la fidélité dans le mariage, mais aussi pour maintenir un certain contrôle. Les fidèles disciples de l'assemblée tridentine manifestent le désir de séduire un public mondain, c'est le cas des « humanistes dévots[13] ». François de Sales, figure tutélaire de ce courant, sublime l'image de la femme à travers son rôle d'épouse, notamment dans son *Introduction à la vie dévote* qui véhicule des vertus catholiques telles que la soumission, l'endurance dans la souffrance, la chasteté, la fidélité ou encore l'esprit de sacrifice. L'évêque de Genève entend établir un pont entre la piété et la vie mondaine et l'extraordinaire popularité de son livre ouvrira la voie d'une littérature religieuse érigeant en exemples les vertus héroïques et chrétiennes propres à la gent féminine. Ainsi sous la plume de nombreux clercs l'honneur et la piété ont pu être profondément liés. La vision salésienne d'une pratique religieuse plus adaptée au monde a favorisé le foisonnement d'une nouvelle forme de littérature : le « roman dévot », un « monstre littéraire », selon une expression de Nancy Oddo[14], issu de la volonté de plusieurs catholiques, hommes d'Église et laïcs, de

12 Alfred Jeanroy, « Boccace et Christine de Pisan : le *De claris mulieribus*, principale source du *Livre de la Cité des Dames* ». In : *Romania*, tome 48 n°189, 1922, p. 93-105.

13 Nous empruntons cette expression à Henri Brémond, *Histoire littéraire du sentiment religieux en France depuis les guerres de religions à nos jours*, Paris, Bloud et Gay, 1923.

14 N. Oddo, *Un chemin de velours vers Dieu. Fiction et dévotion au temps de la Réforme catholique*, thèse de doctorat, dir. M-M. Fragonard, Université de Paris III, 2000.

répandre une idéologie religieuse fidèle au catéchisme post-tridentin en l'associant à des fictions divertissantes. L'œuvre la plus significative à cet égard est de loin celle de Jean-Pierre Camus. Cet auteur prolixe théorise le genre notamment au sein des préfaces de ses ouvrages qu'il qualifie d'« anti-romans ». Selon lui, « le livre dévot est trop haut pour ceux qui traînent encore à la chair, il faut mettre les récits pieux à la portée des esprits moyens, par les artifices du roman profane[15] ». Dès les années 1630, le genre décline et les auteurs se tournent vers des genres plus brefs : la nouvelle, la biographie ou l'hagiographie se présenteront comme les nouveaux réceptacles de ces sujets pieux. Le père Gonon adhère pleinement à la poétique camusienne, comme en témoigne son propos dans l'avertissement de son A*pollinaire, autrement Dorothée*, où il affirme qu'il « fait parler les personnes, couche les lettres, et se comporte à la façon de son temps[16] ». À l'instar de l'évêque de Belley, il fait le choix du genre bref : *La Chasteté récompensée* se présente comme un recueil de micro-biographies voire d'hagiographies. Régimes factuels et fictionnels se côtoient tout au long du recueil : l'auteur trouve sa matière dans les annales ecclésiastiques ou historiques. Il s'astreint à une exigence quasi scientifique en prenant soin, non seulement d'indiquer les sources d'où procèdent ses histoires, mais en effectuant aussi un travail de comparaison entre elles. Toutefois, cette manière de procéder n'empêche pas ce polygraphe d'exhiber sa propre démarche d'auteur récrivant les textes dont il se sert.

UNE ESTHÉTIQUE DANS L'AIR DU TEMPS

On retrouve chez Benoît Gonon cette esthétique mêlée qui concilie régime de la factualité et régime fictionnel dans le traitement des sujets dévots ou profanes. L'indication systématique des sources, nous l'avons

---

15 M. Magendie, *Le Roman Français au* XVII*e. De l'Astrée au grand Cyrus*, Genève, Slatkine Reprint, 1932. p. 149. Sur la théorie littéraire de Jean-Pierre Camus, voir l'ouvrage magistral de S. Robic, *Le Salut par l'excès : Jean-Pierre Camus (1584-1652) : la poétique d'un évêque romancier*, Paris, Champion, 1999.

16 *Ibid.*, p. 149.

vu, confère au recueil sa véridicité et l'inscrit du côté de la factualité. Certaines histoires pourraient être considérées comme de véritables hagiographies. La pucelle Eufémie est présentée comme « Vierge et Martyre » sur le seuil du récit qui lui est consacré ; il nous est dit d'une autre héroïne du recueil, Hildegonde, qu'elle est honorée « en l'ordre de Citeaux, en qualité de Béate[17] ». Si la qualité de sainte n'est pas précisée pour certaines, cela n'enlève rien à la dimension factuelle de leur vie. L'histoire d'Hypatia, de la pucelle de Bourgogne ou de la pucelle de Jérusalem procèdent toutes d'annales écrites par des religieux ou de documents historiques. Le souci de respecter les sources est souligné à diverses reprises par l'auteur. Ainsi, à la fin de l'histoire de la pucelle de Bougogne, nous pouvons lire ceci :

> Voilà tout ce que j'ai trouvé de cette admirable Pucelle, dans le premier Tome des Annales des frères mineurs, escrite par le R Père Vadingue, lequel ne disant plus rien de sa vie, ny de sa mort ; Aussi il est raisonnable que je mette fin à cette histoire[18].

De même, lorsqu'il modifie les sources, l'auteur ne manque pas de le signaler : il précise à la fin de l'histoire des princesses de Lombardie que la plus grande partie de celle-ci a été « tirée de Paul Diacre, en son histoire de Lombardie, rapportée par le Cardinal Baronius au tome huitième de ses annales, en l'année de notre seigneur six-cent[19] » et il reconnaît avoir changé les prénoms qu'il jugeait trop rudes. Tout en gardant le caractère pieux de ces histoires, Benoît Gonon n'hésite pas à romancer ces *exempla* en soumettant les données hagiographiques ou historiques au travail d'une réécriture.

LA PRÉVALENCE DU RELIGIEUX

Le titre annonçait déjà la teneur religieuse de ces histoires puisque la chasteté au XVIIe siècle est une valeur essentielle du dogme catholique.

17 *La Chasteté récompensée*, *op. cit.*, p. 137.
18 *Ibid.*, p. 66.
19 *Ibid.*, p 120.

Cependant, elle n'est plus exclusivement associée à l'abstinence sexuelle et devient progressivement une simple vertu, l'idéal d'abstinence cède la place à la modération et à la continence au sein de l'union conjugale. Ainsi, dès l'avis au lecteur, Gonon distingue la chasteté conjugale, viduelle et virginale[20]. Cette vertu, nous l'avons vu, constitue le fil d'Ariane des histoires et l'unité thématique du recueil où son lien avec Dieu et la religion est plus ou moins explicite. Il est particulièrement patent pour les histoires d'Eufémie, d'Hildegonde, de la pucelle de Bourgogne et de celle de Jérusalem. Dans l'histoire de la pucelle de Bourgogne, Dieu participe activement au développement de l'intrigue : pour récompenser la jeune fille de sa fidélité envers lui, il soumet Satan à son autorité. Hildegonde, la pucelle de Jérusalem et de Bourgogne, côtoient des religieux et entrent dans les ordres. Enfin, Hypatia, Eufémie et la pucelle de Jérusalem amènent leur prétendant à la conversion. L'inspiration religieuse est également visible dans l'intertexte testamentaire du recueil : il est facile d'établir un lien entre le dilemme de la pucelle de Bourgogne qui doit choisir entre l'adoration des idoles ou le viol et celui d'un Daniel qui doit choisir entre la fosse aux lions et l'idolâtrie. De plus, Benoît Gonon n'hésite pas à solliciter une onomastique toute biblique : Joseph et Judith sont érigés en exemple pour vaincre les tentations de la chair et l'ancrage géographique de certaines histoires conduit le lecteur vers les hauts lieux du christianisme primitif. L'histoire d'Eufémie se déroule à Antioche, là où se sont formées les premières communautés chrétiennes comme le précise l'auteur dès le commencement de son récit :

> Au sujet de la ville : elle n'a pas été moins heureuse dans le christianisme, d'autant que Saint-Pierre Vicaire de notre Seigneur Jésus-Christ y a établi son premier siège, et plusieurs empereurs y ont fait résidence, joint qu'elle a produit une infinité de très-saints, et d'excellents Martyrs, de l'un et de l'autre sexe, de sorte qu'il serait quasi impossible d'en faire le dénombrement[21].

---

20 *Ibid.*, Avis au lecteur.
21 *Ibid.*, p. 148.

LES EMPRUNTS À L'ESTHÉTIQUE ROMANESQUE

Si le sujet pieux constitue le socle du recueil, Gonon s'octroie une marge de liberté pour inscrire son ouvrage dans l'air du temps. Les histoires de ses pucelles font l'objet d'une réécriture important dans la littérature dévote des *topoï* et des valeurs spécifiques de la littérature romanesque. L'histoire de la pucelle de Jérusalem témoigne de manière manifeste de ces remaniements. Comme l'indique son auteur, elle est extraite du *Pré spirituel* de Jean Moschos[22]. Un texte écrit dans un style plaisant, non dénué d'humour, et se présentant sous la forme d'un recueil d'anecdotes illustrant la vie des moines et de certains laïcs. Si le Père Gonon respecte les grandes lignes de l'histoire source, il effectue néanmoins sur elle des modifications signifiantes. Il change d'abord son titre : « la moniale qui convertit son amant » devient ainsi sous sa plume « La pucelle de Jérusalem ». Son héroïne, à la différence de celle de Moschos, native d'Alexandrie, est originaire de Jérusalem, lieu emblématique de l'histoire de l'Église et plus susceptible de capter l'attention de son lectorat. Le changement de titre n'est pas sans lien avec l'unité du recueil : la jeune femme est placée au centre de l'histoire comme les autres pucelles. Son existence est reliée à un cadre familial et social, alors que l'anecdote du *Pré spirituel* nous apprend que la moniale « menait une vie solitaire en s'occupant de son âme, en s'adonnant au jeûne, aux prières et aux veilles[23] ». Enfin, le texte de Gonon concilie les valeurs chrétiennes avec celles de l'aristocratie en dotant son personnage des attraits typiques d'une héroïne romanesque combinant, comme les autres filles du recueil, les qualités physiques, morales et intellectuelles. Sa pucelle est présentée ainsi comme

> une belle demoiselle incomparablement plus belle d'esprit que de corps, tant à cause de sa simplicité de vie : que de sa rare doctrine et Saintes Écritures, auxquelles elle avait été instruite dans son enfance auquel temps elle voua sa virginité à Dieu. Elle était fille unique de ses parents : aussi avaient-ils mis

---

22 Jean Moschos, *Le Pré spirituel*, Paris, Le Cerf, 1946.

23 *Ibid.*, p. 45.

> et reposé leur espérance en elle de sorte qu'étant nubile et recherchée par plusieurs gentilhomme et Chevaliers, ils la voulurent marier[24].

Les termes de ce portrait reflètent aussi, assez clairement, la volonté de l'auteur de donner une consistance psychologique et sociale à son héroïne. Les dialogues entre les protagonistes, notamment celui de la pucelle et de son prétendant, ont été largement amplifiés dans le texte de Gonon. Leur développement s'est conjugué avec l'emploi de figures et de motifs spécifiques de la littérature sentimentale comme l'amant éconduit ou la blessure d'amour.

D'autres exemples au sein du recueil peuvent illustrer cette esthétique mêlée et cette recherche de conciliation entre le religieux et le mondain. Hypatia appartient au monde du paganisme, mais véhicule des valeurs morales exemplaires, dignes d'être imitées par les chrétiens. En effet, l'auteur souligne « qu'il ne manquait rien à cette fille pour le comble de gloire, que d'être chrétienne[25] », et d'ajouter plus loin que « cela n'empêche pas pour autant que ces belles vertus ne puissent être proposées aux femmes à imiter, qui la plupart rougiront se voyant inférieures en vertus à une jeune fille païenne et idolâtre. » On peut, à travers l'élévation de cette figure féminine, discerner la volonté de l'auteur de mettre sur le même plan des vertus mondaines et chrétiennes. Enfin, l'histoire des princesses de Lombardie, celle où l'idéal de dévotion est le moins présent, exalte moins les valeurs de la piété et de la religion que de l'éducation ou de la nature. Elle s'inscrit dans un cadre tout aristocratique et les valeurs de la noblesse y sont magnifiées. L'inspiration romanesque y est flagrante : suivant la trame d'un scénario typique de la littérature sentimentale, leur auteur multiplie les péripéties qui amènent finalement une conclusion heureuse en forme de double mariage.

---

24 *Op. cit.*, p. 145.
25 *Ibid.*, p. 14.

L'HÉROÏSME FÉMININ SELON LE PÈRE GONON

Catherine Pascal dans son article rappelle

> qu'à l'approche du milieu du siècle, la tradition « encyclopédique » des « catalogues » ou « compilations » cède la place à un inventaire scrupuleusement choisi de Grecques ou de Romaines vertueuses, de saintes chrétiennes et de rares princesses modernes, d'Artémise à Marie Stuart, de Judith à Marie de Médicis, d'Andromaque à Armide, dont les mérites ont été consacrés par l'Histoire – sacrée ou profane – ou par la littérature[26].

Si l'ensemble des jeunes filles du recueil du Père Gonon se voient d'emblée accorder le qualificatif de « vertueuses » par une longue tradition, on peut se poser la question de savoir de quelle manière et suivant quels critères elles sont héroïsées et données comme dignes d'imitation dans *La Chasteté récompensée.*

Pour mieux cerner le dessein de l'auteur à cet égard, il convient d'abord de définir la notion d'héroïsme et de s'interroger sur ses liens avec la représentation de le femme et de la féminité. Le terme « héros », après avoir désigné un « demi-dieu » prend le sens figuré « d'homme de grande valeur » (1555, herôs, Ronsard[27]). Le mot « héroïne » désigne à la même époque une « femme qui s'est distinguée par une grand action » (Ronsard, 1578[28]). L'une et l'autre figures gagnent leur titre héroïque en accomplissant une action positive aux yeux de la société ou de leur communauté, cette action devant revêtir un caractère exceptionnel. Jean-Pierre Albert affine cette acception en affirmant que

> l'héroïsme naît du décalage entre le simple accomplissement de son devoir dans des conditions normales et une exceptionnalité liée à une définition plus exigeante de ce devoir lui-même et à des conditions qui rendent l'action particulièrement pénible ou dangereuse[29].

26 Catherine Pascal, art. cité.

27 *Le Robert, Dictionnaire historique de la langue française* (1998).

28 *Ibid.*

29 J.-P. Albert. *Du martyr à la star : Les métamorphoses des héros nationaux* : in *La fabrique des héros* [en ligne]. Paris : Éditions de la Maison des sciences de l'homme, 1999 (généré le 14 juillet 2020). Disponible sur Internet : <http://books.openedition.org/editionsmsh/4002>.

L'héroïsation des figures exemplaires proposées par le Père Gonon ne s'effectue pas par la sauvegarde de leur chasteté coïncidant avec un devoir ordinaire, mais grâce aux conditions exceptionnelles attachées à cette sauvegarde : Hypatya endosse un rôle d'enseignante habituellement réservé aux hommes, Eufémie est menacée et contrainte d'adorer des idoles, la pucelle de Bourgogne fait vœu de chasteté à l'âge de sept ans et va à l'encontre de son éducation parentale en refusant de se marier. Citons enfin les princesses de Lombardie qui voient leur parents mourir et se retrouvent entre les mains d'une armée de guerriers, ennemis du royaume dont elles sont issues. L'héroïsme féminin peut revêtir différentes formes ; aussi faut-il non seulement considérer la genrification de cette notion mais, comme le rappelle Sophie Cassagnes, tenir compte de son contexte historique et culturel. L'héroïne du XVIIe revêtira volontiers les vertus de chasteté, de force d'âme ou d'abnégation. Plusieurs archétypes de l'héroïsme féminin sont représentés dans les recueils de *Vitae.* On retrouve, par exemple, celui de la vierge guerrière, incarné par Jeanne d'Arc, ou celui des épouses qui relayent les hommes absents. Il existe aussi, en parallèle de ces figures bien connues se distinguant par le déploiement de vertus spectaculaires, un « héroïsme du mutisme et de la tenacité », évidemment beaucoup plus discret que les précédents :

> Grisildis, la paysanne de Saluces, comme Marie Durand, la protestante enfermée durant 38 ans dans la Tour de Constance car elle refuse d'abjurer sa foi, sont des héroïnes du mutisme et de la ténacité. Mais elles finissent par gagner : Grisildis est enfin reconnue par son époux, et Marie Durand est libérée, un jour, de sa prison. Il arrive même qu'elles l'emportent parfois, dans la mémoire collective, sur les hommes qui les ont côtoyées[30].

Les pucelles de Gonon, par leur statut de vierges pour certaines et de martyres pour d'autres, gagnent d'emblée le qualificatif d'« héroïnes ». Toutefois, leur héroïsme présente parfois une singularité qui nous permettrait de l'inscrire dans une autre version, celle d' « un héroïsme dont les actes et les valeurs se dégageraient clairement des modèles masculins[31] ». En effet, les moyens utilisés par les jeunes filles pour préserver

30 Sophie Cassagnes-Brouquet et Mathilde Dubesset, « La fabrique des héroïnes », *Clio. Histoire, femmes et sociétés* [En ligne], / 30 2009/2009, p. 7-18, mis en ligne le 15 décembre 2012, consulté le 01 mai 2019. URL : http://journals.openedition.org/clio/9353

31 *Ibid.*

leur chasteté et leur honneur sont loin d'être spectaculaires. La pucelle de Bourgogne a arraché sa liberté en se déguisant en moine et en laissant derrière elle tous les avantages dont une fille de son rang et de son milieu pouvait bénéficier. Eufémie « inventa une finesse » pour éviter le déshonneur, préférant perdre la vie plutôt que de rompre son alliance avec Dieu. Il est intéressant de voir que la jeune fille utilise à son avantage une représentation misogyne de la femme pour arriver à ses fins : en se faisant passer pour une sorcière, elle persuade le jeune homme qui veut la déshonorer qu'elle est en mesure de lui accorder l'immortalité en posant comme condition qu'il lui tranche la tête. Son acte n'est pas moins héroïque que le suicide de Lucrèce puisqu'elle place aussi son honneur au-dessus de sa propre vie et le fait que sa foi et sa fidélité envers Dieu motivent son attitude rend son acte d'autant plus héroïque. C'est donc souvent leur finesse et leur habileté à se tirer de situations inextricables qui permettent aux héroïnes de Gonon d'échapper à leurs oppresseurs. Ce triomphe de la ruse sur la force brutale conduit d'ailleurs l'auteur à ridiculiser les chasseurs de virginité comme on peut le constater dans cet extrait de l'histoire de Clarinde et Lucine, princesses de Lombardie.

> Quelques-uns des capitaines s'étant mis en devoir de cueillir les prémices de leur virginité furent contraints de se retirer promptement ne pouvant supporter la grande puanteur qui exhalait de leurs seins. Car vous devez savoir que quelques jours auparavant, elles avaient appliqué sur leurs seins de la chair crue [de poulet], laquelle s'étant corrompue, évaporait une odeur insupportable de sorte que personne ne les osait plus aborder. Qui fut cause que non seulement leur honneur, ainsi aussi celui de toutes les femmes et filles du pays fut conservé : les soldats croyant fermement que toutes les filles et femmes de Lombardie fussent ainsi naturellement infectes et puantes[32].

LA CONTESTATION DE L'ORDRE MASCULIN

Dans les romans dévots du début du siècle, la place du narrateur participait pleinement de l'orientation interprétative de l'histoire, ce dernier assurait un rôle pédagogique en distribuant explicitement les

32 *La Chasteté récompensée.*, *op. cit.*, p. 80.

bons ou les mauvais points dans ses commentaires. Dans le recueil de Benoît Gonon, la prise de position du narrateur est beaucoup plus discrète, lui-même se présente comme simple « secrétaire ». Cependant, sa subjectivité est tout de même perceptible : à travers ce texte apologétique, l'auteur interroge les failles d'un mécanisme social souvent inique à l'égard des femmes. Aussi peut-on voir s'opérer un renversement au sein des histoires dans la représentation du masculin et du féminin. Les femmes sont élevées au rang d'héroïnes, là où les hommes endossent le rôle du tentateur, rôle traditionnellement attribué à la femme, comme l'a amplement démontré Jean Delumeau dans son ouvrage *La peur en Occident*[33].

La caractérisation méliorative des jeunes filles annoncée dès le titre est assez significative. Qualifier ses héroïnes de « doctes et sçavantes » dans un contexte culturel où l'accès au savoir ou à l'instruction des femmes est encore interrogé témoigne d'une certaine audace. Ce discours apologétique est d'autant plus percutant que les hommes sont systématiquement représentés comme une menace et sont l'occasion de la chute des jeunes filles en mettant leur chasteté en péril.

L'autorité paternelle se présente comme le premier obstacle à l'alliance que la pucelle de Bourgogne a contracté avec Dieu. La jeune fille, contrariée dans ses aspirations, est contrainte de fuir le foyer familial en suscitant les remords de celui qui s'opposait injustement à sa vocation religieuse :

> Il [son père] s'écriait avec un transport extrême : Oui ma fille, le regret que j'aurai toute ma vie de ton absence me sera un supplice continuel. Le repentir et la douleur seront inséparables de mon esprit : et l'image d'une si malheureuse et chere fille m'accompagnera jusqu'au tombeau[34].

La figure masculine est aussi représentée par des gentilshommes, souvent qualifiés d'« impudents » : on le voit notamment dans l'histoire de la pucelle de Jérusalem importunée par un jeune homme présenté comme l'incarnation de l'amour impudique. Abandonné à sa folle passion ce soupirant harcèle l'héroïne en la suivant partout, jusque dans une église. La violence est une autre caractéristique de ces représentations masculines généralement très négative : elle s'exerce sur les plans et moral ou

33 Delumeau Jean, *La Peur en Occident*, Fayard, 1978.
34 *La Chastetée Récompensée*, *op. cit.*, p. 54.

physique. Le recours au viol reste une pratique privilégiée pour exercer un pouvoir sur la femme, comme le montrent les histoires d'Eufémie, de la pucelle de Bourgogne ou des princesses de Lombardie. L'amour des hommes pour les femmes apparaît dans ce contexte de violence comme une forme de chasse impitoyable, ainsi que le souligne en termes crus le discours de mise en garde de la mère d'Euphémie à sa fille :

> Ce n'est pas vous qu'ils aiment, c'est votre chair comme le chasseur aime la chair du sanglier, pour s'en repaître et le chevalier son cheval. Et ceux qui vous pourchassent, et vous font l'Amour, ils aiment leur plaisir, et le pourchassent en votre chair, et non pas vous ou votre profit en vous. Leur amour est une rage et non un vrai amour[35].

Si dans le recueil deux mariages heureux sont présentés comme des récompenses, comme on peut le voir dans l'histoire des princesses de Lombardie, le consentement amoureux est presque systématiquement absent. L'homme est ainsi placé du côté de la bestialité et du déréglement des passions, là où la femme brille par ses vertus héroïques, sa raison et son intelligence. Ainsi les images données des deux sexes, dans la mesure où elles renversent et inversent leur hiérarchisation traditionnelle dans une société dominée par les valeur patriarcales, obéissent à la logique de cette carnavalisation évoquée dans les travaux de Mikhaïl Bakhtine portant sur le comique rabelaisien.

On trouve cependant une exception à cette règle générale : la dernière des sept histoires que compte le recueil est consacrée à un certain Floris placé dans une situation identique à celle des héroïnes, puisqu'il doit, à la suite d'un vœu solennel, engager un combat incessant contre d'ardentes tentatrices pour défendre sa chasteté. Il est difficile de comprendre nettement tous les enjeux attachés à cette situation d'exception de l'homme chaste dans le texte du Père Gonon. Sans doute faut-il pour l'expliquer supposer que la vertu de chasteté était surtout prêtée aux femmes dans la société d'Ancien Régime beaucoup plus tolérante à l'égard des hommes en matière de sexualité. Floris témoigne cependant de la nécessité de faire exemple, également pour un public masculin, sans doute celui des religieux qui, comme le Père Gonon, devaient conjuguer la religion avec l'abstinence. Notons enfin à propos cette dernière histoire, qu'à la différence des précédentes, elles mobilise les nombreux stéréotypes de la

35 *Ibid.*, p. 153.

femme sensuelle, tentatrice et infidèle jusqu'au parjure. On a là, en fin de parcours, comme le rétablissement de la perspective traditionnelle bousculée par le féminisme de l'auteur dans les six premières histoires de son recueil. Peut-être lui fallait-il nuancer son propos et composer avec les préjugés misogynes de ses contemporain(e)s pour mieux faire passer son message.

LA VALORISATION D'UNE ÉTHIQUE MONDAINE
Le cas d'Hypatia

L'auteur a choisi de placer au seuil de son recueil la destinée d'une païenne et se situe explicitement hors du champ religieux. Il devance toutefois les critiques du lecteur en justifiant son choix : « J'ai intitulé fort à propos cet ouvrage, "*La Chasteté récompensée*" d'autant que les personnes ont reçu plusieurs grâces et faveurs tant de Dieu que des hommes[36] ». Aussi Hypatia est-elle valorisée pour ses qualités intellectuelles et pour sa renommée. Plus loin, toujours au sujet de ses héroïnes, il reprend une image donnée par les naturalistes – la fleur du Triolet résistant à toutes les tempêtes et dont les feuilles ont la couleur or – et lui ajoute ce commentaire :

> Ces belles propriétés conviennent très bien à ces filles (particulièrement aux chrétiennes) qui étaient chargées et couvertes de l'or de la sapience, charité et crainte de Dieu, et des autres vertus chrétiennes. Et je sais qu'Hypatia fut païenne et idolâtre, néanmoins les vertus morales dont elle était enrichie l'ont fait briller comme l'or[37].

Hypatia est donc rapprochée des héroïnes chrétiennes et accède au même statut honorifique. Le fait n'est pas sans incidence sur les valeurs qui lui sont associées : ses vertus de païenne sont placées sur un pied d'égalité avec celles qu'a promues le christianisme. Or Hypatia incarne la science au féminin. Sa dignification pose donc la question de l'instruction des femmes : celle-ci doit-elle se limiter à l'instruction religieuse ?

---

36 *Ibid.*, Avis au lecteur.
37 *Ibid.*

Il est frappant de constater sur ce point que ses éminentes qualités intellectuelles se retrouvent dans une moindre mesure, chez les jeunes chrétiennes du recueil. Les princesses de Lombardie

> furent suivant le mode des grands princes instruites aux bonnes mœurs, et arts libéraux, auxquels elles se rendirent admirables et furent jugées capables de tenir tête aux plus grands philosophes de leur temps. Et ce qui les rendait plus recommandables, c'était leurs rares vertus[38].

Hildegonde et sa sœur Agnès ont été bien instruites, tant aux bonnes mœurs, comme aux arts libéraux ; Eufémie a été élevée dans la crainte de Dieu, exhortée à embrasser la vertu et à s'adonner à d'honnêtes disciplines et sciences. Toutes ces jeunes filles bénéficient d'une éducation complète qui ne se limite pas à une instruction morale ou religieuse. Hypatia semble à cet égard se poser comme un modèle. Sans doute l'auteur a-t-il voulu, à travers son portrait exemplaire, plaider en faveur d'une éducation des femmes calquée sur celle des hommes. Il est certain en tout cas que *La Chasteté récompensée*, explicitement sous-titré *l'histoire des sept pucelles doctes et savantes* défend la cause d'un féminisme ouvert, qui ne se contente pas de cantonner la femme dans les rôles passifs de la mère ou de la martyre et propose discrètement à ses lecteurs, à travers ses péripéties morales et ses figures exemplaires, de reconsidérer la représentation sociale du « deuxième sexe ». Mais ce féminisme, il est vrai, était dans l'air du temps, comme le montrent, entre autres parutions, au cours des années 1640, *Les Femmes illustres* (1642) des Scudéry, *Les Tableaux ou les amours heroyques des dames illustres* (1646), ou encore *La Gallerie de femmes fortes* (1647) du Père Le Moyne.

Nina MUTEBA
Université de Lille

38 *Ibid.*, p. 68.

DEUXIÈME PARTIE

MÉTAMORPHOSES DU ROMAN

LE SUJET TURC AU CRÉPUSCULE DU ROMAN BAROQUE

Depuis la prise de Constantinople en 1453, la dynastie ottomane est une source d'intérêt et de fascination pour les royaumes chrétiens du vieux continent. La menace d'une invasion favorise l'apparition croissante des Turcs dans les littératures occidentales des XVIe et XVIIe siècles, d'abord dans des livres d'histoire et des récits de voyages[1] puis dans des fictions qui s'inspirent de ces informations historiques. La France ne fait pas exception et cet intérêt est confirmé par l'impression, entre 1480 et 1609, de deux fois plus de livres en français sur les Turcs et la Turquie que sur les deux Amériques[2]. Concentrée sur les années 1640 et 1650, notre étude se propose d'analyser cette période de transition du roman à travers l'influence du sujet turc, dont nous essayerons d'identifier les spécificités. Nous commencerons par examiner la vogue de ce thème au XVIIe siècle, nous constaterons ensuite sa concordance avec la poétique du roman baroque avant de nous concentrer sur l'usage caractéristique de la matière historique turque.

---

1 Pour une bibliographie des écrits relatifs aux Turcs, consulter le travail de Cl. D. Rouillard : *The Turk in french history, thought and literature (1520-1660)*, Paris, Boivin, 1938. Voir également notre article concernant les récits de voyage en France : Cem Algul, « L'altérité ottomane dans la littérature française de voyage du XVIe siècle » *in Qvaestionaes Romanicae VII : Communication and Culture in Romance Europe (Seventh Edition)*, Szeged, Jate Press, 2019, p. 310-323.

2 Jean Delumeau, *La Peur en Occident (XIVe-XVIIIe siècles). Une cité assiégée*, Paris, Fayard, 1978, p. 262.

LA VOGUE DU SUJET TURC

Troublés par des luttes religieuses intestines et des guerres de succession, les royaumes chrétiens utilisent le Turc comme un miroir. L'attention qui lui est alors prêtée ne connaît pas de frontières, les cultures chrétiennes condamnant unanimement leurs ennemis musulmans, à tout le moins dans le discours, puisque la France ou Venise continuent de commercer activement avec la Sublime Porte. Nous pouvons parler d'une ébauche de conscience européenne qui prend forme sur une base religieuse, politique et culturelle instable où chaque puissance cherche aussi son propre intérêt, mais de façon antagonique face au péril ottoman[3]. Le prophète Mahomet est souvent dépeint à tort comme une divinité pour le culte musulman, il est dépeint comme un être fourbe, un antéchrist à partir duquel les deux religions monothéistes sont comparées[4], l'ombre de l'Infidèle permettant à la lumière du Christ de mieux éclairer les esprits perturbés par le schisme de la Renaissance. Catholiques et protestants utilisent également cette figure pour s'accuser mutuellement d'être corrompus par l'islam et de s'éloigner de l'idéal de la foi des premiers siècles en Orient. Politiquement, les réflexions sur la légitimité et l'exercice du pouvoir se servent du despotisme oriental pour traiter librement de ce sujet épineux et la cruauté légendaire du sultan est plus ou moins atténuée par les écrivains afin de critiquer leurs propres souverains sans pour autant porter préjudice à l'idéal monarchique[5]. La France, soucieuse d'affaiblir les Habsbourg et de préserver son statut commercial privilégié, entretient des relations particulières avec le Levant depuis la « scandaleuse alliance » entre François Ier et Soliman Ier.

Au XVIIe siècle, cette orientation politique est entretenue par Richelieu[6] dont l'influence sur le monde des lettres est bien connue. Le thème

3 *La conscience européenne au XVe et au XVIe siècle. Actes du colloque international organisé à l'École Normale Supérieure de Jeunes Filles (30 septembre – 3 octobre 1980)*, Paris, E.N.S.J.F., 1982.

4 D. Carnoy, *Représentations de l'Islam dans la France du XVIIe siècle*, Paris, L'Harmattan, 1998.

5 Fr. Lestringant, « La monarchie française au miroir ottoman : le portrait de Soliman le Magnifique, de Charles IX à Henri III » *in Soliman le Magnifique et son temps : Actes du colloque de Paris, Galeries Nationales du Grand Palais*, 7-10 mars 1990, publié par G. Veinstein, Paris, La Documentation Française, 1992, p. 51.

6 Armand-Jean du Plessis Richelieu, *Testament politique*, Amsterdam, Henry Desbordes, 1688, 2e partie, chapitre IX, section 6.

turc s'épanouit d'abord majoritairement sur scène à partir du début du Grand Siècle même s'il convient de rappeler l'existence de *La Soltane*[7] de Gabriel Bounin au XVIe siècle et des *Histoires tragiques* de Boaistuau et Belleforest, traductions de Matteo Bandello qui comprennent trois histoires se rapportant à des sultans et dont le succès se poursuit tout au long de la période étudiée[8]. Dans la première moitié du XVIIe siècle, de nombreuses pièces s'inspirent de l'histoire ottomane et témoignent de l'intérêt du public pour cet Autre envahissant[9]. Le Grand Turc le plus sollicité est Soliman Ier, dit le Magnifique, qui a attiré l'attention grâce à ses conquêtes, sa rivalité avec Charles Quint mais aussi à cause de l'assassinat de son propre fils et prince héritier Moustapha ainsi que celui d'Ibrahim, son illustre vizir aux origines grecques et donc chrétiennes. Les deux hommes ont été les victimes des craintes de révolte de l'empereur et de l'ambition de son épouse, la sultane Roxelane qui désirait permettre à ses propres fils d'accéder au trône. Si sur ces épisodes, Michel Baudier, dans son *Inventaire*[10], recueille, à partir de l'ouvrage historique de Chalcondyle[11], une matière historique conséquente ; c'est bien le récit des événements par Nicolas de Moffan[12], ancien captif des Infidèles, selon son avis au lecteur, qui constitue la source principale de ce que nous appelons les « solimaneries ». Pour Todorov, « la préférence exotique se double presque toujours d'une attirance pour certains contenus au détriment d'autres[13] ». Effectivement, les auteurs de fiction négligent souvent les possibilités offertes par la richesse des sources et cette mode turque se développe dans une intertextualité close. Les lieux communs que sont les querelles dynastiques, les libidineuses intrigues de sérail et les attaques de corsaires sont similaires et se répètent au moyen de paraphrases qui tendent parfois au simple plagiat de la source, pratique qui servait de caution au texte et ne revêtait pas l'aspect négatif qu'elle a

---

7 Gabriel Bounin, *La Soltane*, Paris, Guillaume Morel, 1561.

8 Pour une étude approfondie des histoires tragiques : N. Cremona, *Poétique des histoires tragiques (1559-1644). « Pleines de chair et de sang »*, Paris, Classiques Garnier, 2019.

9 Pour un relevé de ces pièces, voir Rouillard, *op. cit.*, p. 698.

10 Michel Baudier, *Inventaire de l'histoire generale des Turcs*, Paris, S. Chappelet, 1617.

11 *Histoire de la décadence de l'Empire grec et establissement de celuy des Turcs, de la traduction de Blaise de Vigenère*, Paris, N. Chesneau, 1577.

12 Nicolas de Moffan, *Le meurtre exécrable et inhumain, commis par Sultan Solyman, grand Seigneur des Turcs, en la personne de son fils aisné Sultan Mustaphe*, Paris, Jean Caveiller, 1556.

13 Tzvetan Todorov, *Nous et les autres. La réflexion française sur la diversité humaine*, Paris, Éditions du Seuil, 1989, p. 357.

de nos jours. Les noms des personnages sont de fait très peu variés tout comme les mots « turquesques » garants d'un effet de couleur orientale très apprécié mais limité par le peu de mots que relèvent les sources et que les auteurs emploient parfois à mauvais escient. Le lecteur se complaît dans un plaisir double : une reconnaissance d'informations connues ou remaniées et l'étonnement suscité par la découverte d'éléments nouveaux.

Concernant le roman dans cette première moitié de XVIIe siècle, nous relevons l'emploi du sujet turc dans le *Polexandre*[14] de Gomberville, *l'Histoire negre-pontique*[15] de Boissat et dans *Ibrahim ou l'Illustre Bassa*[16] de Madeleine de Scudéry, œuvre publiée sous le nom de son frère Georges qui s'en inspirera pour une pièce éponyme en 1643[17]. Beaucoup de romans baroques[18] évoquent des Turcs mais c'est presque exclusivement à propos de foudroyantes attaques de corsaires qui ne sont que des péripéties où l'attention ne se porte pas du tout sur ces personnages purement fonctionnels ; c'est la raison pour laquelle nous nous pencherons sur les intrigues qui s'émancipent de ces données romanesques. Pour la période qui nous intéresse et qui correspond à la régence d'Anne d'Autriche entre 1643 et 1661, nous excluons *Ibrahim*. L'ouvrage se démarque de notre corpus romanesque d'abord par son traitement de la matière turque, puisque Madeleine de Scudéry épargne son héros et marque ainsi une rupture très nette avec l'Histoire[19]. Nous supposons aussi que le décès de Richelieu, bien plus conciliant avec l'empire ottoman que son successeur Mazarin, a eu une influence sur le traitement réservé aux Turcs de fiction qui deviennent des figures bien plus négatives. Dans les quatre autres romans à sujet turc de cette époque, mis à part Gomberville qui réutilise l'histoire d'Ibrahim dans un épisode de *La Jeune Alcidiane*[20], un souffle nouveau est perceptible avec l'emploi d'individus historiques peu ou pas utilisés par les auteurs contemporains. Le *Scanderberg*[21] d'Urbain

---

14 Marin Le Roy de Gomberville, *Polexandre*, Paris, Toussaint du Bray, 1619-1637.

15 Pierre Boissat (publié sous le nom de son ami Jean Baudoin), *Histoire negre-pontique*, Paris, Toussaint du Bray, 1631.

16 Georges de Scudéry, *Ibrahim ou l'Illustre Bassa*, Paris, Sommaville, 1641.

17 Georges de Scudéry, *Ibrahim ou l'Illustre Bassa, tragi-comédie*, Paris, Nicolas de Sercy, 1643.

18 Pour une bibliographie de ces fictions consulter : Frank Greiner (dir.), *Fictions narratives en prose de l'âge baroque. Répertoire analytique. Première partie (1585-1610)*, Paris, Classiques Garnier, 2007, deuxième partie (1611-1623), 2014, la troisième partie est à paraître.

19 Malgré les intentions affichées dans la préface.

20 Marin Le Roy de Gomberville, *La Jeune Alcidiane*, Paris, Augustin Courbé, 1651.

21 Urbain Chevreau, *Scanderberg*, Paris, Toussainct Quinet, 1644.

Chevreau qui date de 1644 opte pour le personnage de Georges Castriot, nommé Iskender Bey par les Turcs (surnom dont dérive la graphie en français) en référence à Alexandre le Grand pour ses nombreuses victoires militaires. Même s'il est mentionné brièvement dans l'*Histoire negre-pontique*, c'est la première utilisation du personnage en tant que héros. Chevreau, en bon historien, futur auteur d'une célèbre *Histoire du monde*[22], suit scrupuleusement l'*Histoire de Georges Castriot* de Jacques de Lavardin[23]. Seigneur albanais de naissance, Georges Castriot fut pris en otage avec ses frères par Mehmet Ier pour s'assurer de la loyauté de leur père dont les territoires étaient soumis à l'Empire. Scanderberg fut élevé en terre levantine mais se retourna contre les Turcs à la mort de son père et devint une figure de la résistance chrétienne face aux Ottomans.

Publié comme la suite de l'anonyme *Roman Véritable*[24] *Le Tolédan*[25] de La Calprenède contient un épisode turc. Alexandre Cioranescu attribue le premier roman à Malleville et le second à Le Vert mais il admet un manque de preuves formelles[26]. Le personnage éponyme nommé le Tolédan est l'infant Don Juan d'Autriche, le héros du retentissant exploit de la Sainte Ligue à Lépante le 7 octobre 1571 contre les armées ottomanes. L'anecdote turque du récit est insérée dans l'« Histoire du Prince Corcut, et de Moustapha Bassa » et les deux personnages principaux sont les glorieux corsaires Khayr ad-Dîn dit Barberousse et son frère Arudj Reïs. Le récit est raconté sur fond de conflits dynastiques entre les fils de Bajazet II qui se concluent par le triomphe de Selim le Terrible sur ses frères Corcut et Ahmet. Mis en avant par Le Vayer de Boutigny dans sa pièce, *Le Grand Selim, ou le couronnement tragique*[27], Selim le Terrible n'est autre que le père de Soliman le Magnifique ; son

22 Urbain Chevreau, *Histoire du monde*, Paris, Chez la Veuve d'Edme Martin et Jean Boudot, 1686.

23 Jacques de Lavardin, *Histoire de Georges Castriot surnommé Scanderbeg, roy d'Albanie : contenant ses illustres faicts d'armes & memorables victoires à l'encontre des Turcs, pour la Foy de Jesus-Christ. Le tout en douze livres. Par Jacques Delavardin, seigneur du Plessis-Bourrot*, Paris, Guillaume Chaudiete, 1576 – réédition à Paris, Toussaint du Bray, 1621.

24 Anonyme, *Le Roman Véritable, où sont des noms et des pays empruntez, dans un enchaînement agréable, sont comprises les histoires et adventures de plusieurs personnes de condition, tant dedans que dehors le royaume*, Paris, Toussainct Quinet, 1645.

25 *Le Tolédan*, Paris, Gabriel de Luyne, 1647-1655.

26 A. Cioranescu, *Le Masque et le visage. Du baroque espagnol au classicisme français*, Genève, Droz, 1983, p. 402.

27 Roland Le Vayer de Boutigny, *Le grand Selim, ou Le couronnement tragique*, Paris, Nicolas de Sercy, 1645.

épithète homérique, opposée à celle de son fils, témoigne de la cruauté censée le caractériser. La tragédie est une intrigue de sérail qui attribue la mort de Bajazet II à une vengeance féminine tandis que le roman observe plus rigoureusement les faits relatés par *l'Histoire generale des Turcs* de Baudier[28], source principale des deux auteurs, qui rapporte les différentes manœuvres des héritiers potentiels pour prendre le pouvoir.

Le dernier ouvrage que nous évoquerons est celui attribué à Samuel Chappuzeau, *Ladice ou les victoires du grand Tamerlan*[29]. Là encore, l'auteur s'inspire d'une pièce de théâtre dont l'intrigue, centrée sur plusieurs histoires d'amour, n'a pour décor que la tente du conquérant : *Le Grand Tamerlan et Bajazet*[30] de Jean Magnon qui figurait au répertoire de l'Hôtel de Bourgogne en 1646-1647. Tamerlan, Timur Lang de son nom persan, fut un guerrier turco-mongol du XIVe siècle qui infligea une terrible défaite aux Ottomans en 1402 lors de la bataille d'Ankara au cours de laquelle Bajazet Ier fut capturé et emprisonné avec sa famille.

Alors qu'en France la tradition fictionnelle turque du début du siècle se concentrait sur le règne du renommé Soliman dont la tyrannie ne ternissait jamais totalement les nombreuses qualités, nous remarquons un net abaissement du prestige des Turcs touchant aux choix des personnages historiques. Certes, les relations commerciales avec le Levant sont en constante dégradation au profit des Anglais et des Hollandais, ce qui ternit fortement l'image des alliés d'autrefois. Cette situation est relayée de façon claire par l'ambassade à Constantinople de Philippe de Harlay[31]. Mais parler de l'Autre, c'est parler de soi et il semble évident que le discours se libère suite aux décès de Richelieu et de Louis XIII, le miroir turc reflètant alors plus nettement l'accentuation du mécontentement des Grands du royaume.

---

28 Michel Baudier, *op. cit.*, p. 168-179.

29 Samuel Chappuzeau, *Ladice ou les victoires du grand Tamerlan*, Paris, Toussainct Quinet, 1650.

30 Jean Magnon, *Le Grand Tamerlan et Bajazet*, Paris, Toussainct Quinet, 1648.

31 G. Tonga, *Les relations de la France avec l'Empire Ottoman durant la première moitié du XVIIe siècle et l'Ambassade à Constantinople de Philippe de Harlay, Comte de Césy (1619-1640)*, Toulouse, F. Boisseau, 1942, p. 152.

LE CROISSANT ET LE ROMAN BAROQUE

Au crépuscule de l'âge baroque, les romanciers ont su renouveler la représentation du Turc grâce à des récits de personnages originaux. Les connaissances relatives à ces figures historiques s'accordent avec les procédés narratifs baroques pour refléter efficacement une réalité singulière.

Il est difficile de ne pas lire notre corpus au regard de la confusion politique vécue par les nobles en France durant la régence d'Anne d'Autriche, épaulée par son ministre Mazarin. Les épisodes turcs des romans mettent en scène des gentilshommes qui évoluent au cœur d'une dynastie ottomane agitée, foisonnante de dirigeants illégitimes, de révoltes pour les déloger et d'actes de clémence envers des rebelles. *Scanderberg* pousse le parallèle et campe une héroïne aux allures d'Anne d'Autriche : la princesse Stratonique qui usurpe le trône d'un roi mineur, correspond avec l'ennemi, l'informe du mouvement des troupes alliées avec un mauvais conseiller la secondant dans ces méfaits. Nous relevons en outre de multiples considérations financières et même des gestes de libéralité des dirigeants soucieux de s'assurer la fidélité de leurs soldats. Nul doute que la pression fiscale qui contribue aux dépenses de la guerre de Trente Ans pèse aussi lourd sur les fortunes que sur les consciences. En miroir des troubles internes de succession, les fictions françaises évoquent la coutume ottomane autorisant l'héritier accédant au titre d'empereur à supprimer les potentiels rivaux issus de sa famille : souvent ses propres frères. Ces derniers, parfois très jeunes, sont mis à mort par étranglement, la coutume ne tolérant aucune effusion du sang impérial. L'évocation systématique de cet usage monstrueux témoigne de son succès auprès du public. L'énumération des nombreuses victoires remportées sur les chrétien soulignent aussi dans les romans[32] comme au théâtre la cruauté de leurs adversaires ottomans.

Au XVIIe siècle, le sujet turc est aux frontières du texte ; la place qui lui est attribuée dans la structure des romans prolonge cette impression. Dans *Le Tolédan*, le passage qui se rapporte aux guerres de succession des fils de Bajazet n'intervient que très tardivement, aux livres IV et V de la troisième

---

32 Anonyme, *Le Tolédan*, partie III, p. 394-395 ; Urbain Chevreau, *Scanderberg*, p. 223-224 ; Marin Le Roy de Gomberville, *La Jeune Alcidiane*, p. 561-562.

partie. Dans le livre de Chappuzeau, les Turcs n'apparaissent qu'à la toute fin du premier des deux tomes ce qui nourrit une entraînante frustration pour le lecteur. Dans *La Jeune Alcidiane*, l'« Histoire du Prince de Fez » apparaît comme une parenthèse, au milieu du texte, mais Gomberville enrichit son récit par l'intervention intratextuelle du personnage de Polexandre[33]. Son héros passe alors la frontière d'une fiction à sujet turc pour se rendre dans une autre tel un diplomate[34] venu lier les deux textes.

Cette situation aux frontières du texte s'accorde avec la valeur universelle des héros baroques. Dans les romans de notre corpus les personnages franchissent les barrières culturelles de leur monde de référence pour rejoindre ponctuellement les Turcs dans une sphère de rencontre bien délimitée. Ce passage d'un monde à l'autre se conjugue souvent avec le travestissement. Celui-ci peut intéresser d'abord l'onomastique : dans *Scanderberg*, dont le nom est, rappelons-le, directement issu du turc alors que le personnage est un chrétien, Eleazar est renommé Iussungbey. Dans *Le Tolédan*, Hygemon et Haradin (pour Khayr ad-Dîn) sont la même personne. Périandre, qui est inspiré d'Ibrahim dans *La Jeune Alcidiane*, se donne le nom d'Achomat. Les personnages d'origine européenne[35] n'ont aucun mal à s'adapter et à faire de brillantes carrières dans l'univers ottoman. Les Français, à cet égard, se démarquent des Espagnols, plus intraitables avec les renégats, nombreux, dans la première moitié du XVIIe siècle[36], à se convertir à l'Islam par intérêt. Le passé espagnol contre les Infidèles, la position géographique du royaume et son engagement sans concession contre les Turcs expliquent en partie cette singulière sensibilité vis-à-vis de ces « Turcs de profession » qui est manifeste dans la fiction[37]. Si le processus d'adaptation des occidentaux à la civilisation ottomane conduit à estomper les références religieuses réduites à de simples formules adressées au Ciel ou aux Dieux, il n'en demeure pas moins que, malgré les travestissements[38], l'altérité turque est toujours

33 Marin Le Roy de Gomberville, *La Jeune Alcidiane*, p. 569.

34 C'est lui qui annonce à son neveu Périandre que Soliman est devenu empereur.

35 Les frères corsaires Khayr ad-Dîn et Arudj aussi sont des personnages occidentaux (*Le Tolédan*).

36 L. et B. Bennassar, *Les chrétiens d'Allah*, Paris, Perrin, 2006, p. 446.

37 A. Mas, *Les Turcs dans la littérature espagnole du siècle d'or : recherches sur l'évolution d'un thème littéraire*, Paris, Centre de recherches hispaniques, 1967.

38 *Le Grand Tamerlan et Bajazet* de Jean Magnon, propose bien un travestissement de Bajazet en ambassadeur à l'acte II mais le personnage ne réussit pas à se contrôler et est

tenue à distance[39]. Les héros déguisés sont parés de toutes les qualités des héros galants et généreux et s'opposent ainsi continuellement – sur le mode de ces antithèses et de ces symétries caractéristiques du roman baroque selon G. Molinié[40] – aux Turcs libidineux ou avares. Il n'est pas anodin, au reste, de constater que le « costume turc » est utilisé ainsi pour les représentants de diverses nations chrétiennes, comme pour affirmer, sur un plan moral et fictif, leur unité, fragile ou inexistante dans la réalité historique.

Les relations entre l'Europe chrétienne et l'empire ottoman retentissent aussi sur la représentation de leurs échanges. Il convient de remarquer d'abord sur ce point que les lettres adressées par un Turc ou celles qui lui sont destinées sont presque toujours d'ordre diplomatique dans la fiction[41]. Ces lettres ont également pour caractéristique de refléter une certaine inquiétude touchant à leur communication[42]. Alors qu'elles contiennent des informations aux enjeux importants, elles peuvent mettre plusieurs semaines, voire plusieurs mois, avant d'arriver à bon port, et sont donc très attendues. Les échanges intéressent aussi les actions des diplomates. La présence commerciale et le rayonnement du royaume de France dépendent beaucoup du rôle prépondérant des ambassadeurs à Constantinople. Ces derniers font parfois l'objet d'un mauvais traitement de la part des autorités locales et ne parlementent jamais directement avec les sultans, toujours inapprochables. Dans la fiction, les auteurs remplacent cette outrageuse inaccessibilité par une disponibilité permanente de l'empereur mais conservent les offenses faites aux ambassadeurs.

Mentionnons enfin la toute-puissance des Empereurs ottomans qui élèvent et ruinent à leur guise ceux qui sont leurs sujets. Les revers de

---

rapidement reconnu. Cette scène est empruntée à Boyer selon Rouillard, *op. cit.*, p. 480.

39 Constatation qui entre, selon nous, dans le cadre des préoccupations des hommes de lettres du Grand Siècle que décrit Thomas Pavel dans *L'art de l'éloignement*, Paris, Gallimard, 1996.

40 G. Molinié, *Du roman grec au roman baroque*, Toulouse, Publications de l'Université du Mirail, 1995, p. 21, p. 89-203.

41 Urbain Chevreau, *op. cit.*, tome I, p. 273 ; Anonyme, *Le Tolédan*, partie III, p. 407 ; p. 413 ; p. 492-493 ; Samuel Chappuzeau, *op. cit.*, tome II, p. 277-278 (paroles rapportées par un émissaire).

42 M. Longino consacre un chapitre à la communication et aux détours dans *Bajazet* et *Mithridate* de Racine : elle aborde cette particularité des échanges diplomatiques mais dans un cadre plus restreint dans *Orientalism in French Classical Drama*, Cambridge, Cambridge University Press, 2002, p. 179-223.

fortune rythment en grand nombre la vie de l'empire, comme celui du réputé Ibrahim : né dans une pauvre famille orthodoxe de Parga, devenu Grand Vizir de Soliman, « par luy eslevé par dessus le ciel d'une bien grande fortune, & par luy-mesme abbattu à une miserable ruine » selon l'*Inventaire de l'histoire generale des Turcs*[43]. Cette instabilité se trouve, pour ainsi dire, en plein accord, non seulement avec le climat politique de la France au temps de la Fronde, mais avec le modèle idéologique et esthétique du roman grec, sur lequel est calqué le roman baroque qui joue sur une progression dramatique multipliant les péripéties. Les nombreux retournements de situation sont rendus plus vraisemblables quand les héros sont en terre levantine.

LE TRAITEMENT ROMANESQUE DE LA MATIÈRE HISTORIQUE TURQUE

Les quatre auteurs de notre corpus ne s'écartent que peu de leurs sources historiographiques, même s'ils en modifient certains éléments. Cette représentation relativement fidèle d'événements connus semble répondre au dessein de mettre en valeur leur matière turque et d'en faire un ornement de leurs récits ; elle illustre également le tournant alors pris par la fiction en prose vers une dimension plus historique.

Concernant la part de l'invention un constat s'impose : quand celle-ci prend le pas sur la documentation érudite, c'est presque exclusivement dans l'évocation des personnages chrétiens qui furent en lien avec les Ottomans. L'auteur du *Tolédan* contredit sa source et prétend à la fin de son roman que c'est un séjour de Barberousse et de son frère sur l'île de Lesbos qui fait croire « aux vulgaires & aux Estrangers[44] » qu'ils en sont originaires. La compilation de Baudier ne dispensant que très peu d'informations à ce propos[45], on peut imaginer qu'il s'est senti libre de compléter les données historiques imprécises sur ce point. De même,

43 Michel Baudier, *op. cit.*, p. 276.
44 Anonyme, *Le Tolédan*, partie III, p. 626.
45 Michel Baudier, *op. cit.*, p. 267. L'historien mentionne même des rumeurs sur l'origine française des deux hommes.

Gomberville, dans *La Jeune Alcidiane*, s'inspire de l'histoire d'Ibrahim pour inventer son personnage de Périandre et, comme les Scudéry avant lui, construit nombre de péripéties à partir d'un savoir lacunaire concernant le passé et l'ascension du natif de Perga. Le *Scanderberg* de Chevreau, très fidèle à l'histoire, déploie ses inventions romanesques quand le héros quitte les Turcs pour entrer en contact avec les Occidentaux. Tamerlan est d'ascendance turco-mongole et l'histoire de sa vie, plus largement renseignée, offre peu de marge de manœuvre à Chappuzeau qui se limite à une faible intrigue amoureuse centrée sur le fils du conquérant. Les romanciers tissent donc leurs inventions autour des personnages européens en se servant des zones d'ombre de l'histoire. Cette liberté laissée aux héros apparaît comme une délivrance fantasmée des chrétiens d'Orient alors que le sujet turc se retrouve cloisonné dans un savoir européen qui se transmet aussi à travers la fiction.

Si les pièces de théâtre situent leur action dans le mythique sérail pourtant si peu exploré de Constantinople, les romans s'affranchissent de cet enfermement. Les théâtres d'opération sont limités et suivent le fil historique des sources : seuls quelques villes et royaumes sont rapidement évoqués. Il n'y a qu'une seule description d'architecture orientale, *topos* romanesque pourtant cher au public contemporain, mais elle est en négatif : nous la trouvons dans *Le Tolédan*[46] à propos du sépulcre du prophète Mahomet annoncé comme trop connu pour être décrit. En revanche, une longue description de Mehmet II en cavalier permet à l'auteur de parler de la beauté et de l'opulence des richesses qui le parent[47], comme pour compenser ce rôle joué d'ordinaire par l'architecture. L'intérêt de nos romans pour le sujet turc s'épanouit moins dans l'espace concret occupé par les Ottomans que parmi leurs figures historiques. Même la longue et célèbre description du palais d'Ibrahim[48] dans le roman éponyme ne fait pas exception à notre propos puisqu'elle n'expose pas un style architectural oriental, mais s'apparente plus à la description d'une enclave d'inspiration occidentale. Ce constat est d'autant plus étonnant que les récits de voyage et les livres d'histoire regorgent de descriptions du territoire des Turcs, surtout de Constantinople. Il est difficile de comprendre les raisons d'un tel vide.

46 Anonyme, *Le Tolédan*, partie III, p. 585-586.

47 Urbain Chevreau, *op. cit.*, tome II, p. 563-564.

48 Georges et Madeleine de Scudéry, *Ibrahim ou l'Illustre Bassa*, 1641, tome I, p. 392-533.

S'explique-t-il par l'échec des quelques projets d'alliance chrétienne visant la reconquête des lieux saints ? La fiction exprimerait-elle ici le sentiment de renoncement européen à l'égard de l'esprit de croisade ?

L'appréhension de l'altérité se fait donc moins chez nos quatre auteurs à travers l'exploration d'un espace exotique, qu'au moyen d'une démarche ethnographique[49]. Ainsi leurs romans empruntent surtout aux sources relatives à l'exercice du pouvoir dans l'empire ottoman. Leurs intrigues cependant, le fait est notable, offrent de cette question politique une vision distincte de celle que l'on découvre dans les autres fictions à sujet turc. Peut-être parce qu'elles reflètent les troubles inhérents à la période de la régence, elle sont principalement centrées sur la représentation des désordres engendrés par les successions ottomanes. Par exemple, *Le Tolédan* détaille le rôle politique primordial que joue le corps des janissaires au Levant. La succession de Bajazet II l'atteste puisque leur soutien militaire est indispensable à tout héritier qui prétend au titre d'empereur. Ce sont ces soldats avides de richesses, dont le spectre plane sur tout l'épisode turc du récit, qui favorisent Selim et le portent au trône pour sa libéralité affichée. Les auteurs mentionnent la nécessité pour les héritiers potentiels de se rendre rapidement dans la capitale, Andrinople pour Mehmet II dans *Scanderberg*[50], Constantinople pour Selim dans *Le Tolédan*, « de peur que cette Ville capitale de l'Empire, estant sans Chef, n'ouvrist ses portes au premier qui se presenteroit[51] ». Enfin, les textes se font le relais sous-jacent d'une pratique d'ordre informationnel qui implique tous les royaumes : l'espionnage. Les récits précisent parfois que les dirigeants sont avertis à l'avance des mouvements de troupes et des manœuvres politiques de leurs ennemis. L'entremêlement des sphères publique et privée d'un pouvoir ottoman sous surveillance interne et externe laisse peu de place au secret. Le lecteur prend plaisir à évoluer dans l'intimité d'intrigues politiques historiques dévoilées par la complicité d'un auteur omniscient.

La tension entre la fictionnalité, cet « art du mensonge[52] » selon l'expression de Madeleine de Scudéry, et le souci de vraisemblance propre

49 Lire notamment l'article de Bernard Heyberger, « L'Orient et l'islam dans l'érudition européenne du XVIIe siècle » dans la revue *Dix-septième siècle*, Paris, PUF, 2015, n°268, p. 495-508.

50 Urbain Chevreau, *op. cit.*, tome I p. 298.

51 Anonyme, *Le Tolédan*, partie III, p. 416.

52 Madeleine de Scudéry, *Clélie, histoire romaine*, Paris, Augustin Courbé, 1656-1660, Quatrième partie, livre II, p. 1129.

au Grand Siècle est palpable dans les romans étudiés[53]. Comme le suggère le traitement des personnages, la tradition est encore héroïque mais elle tend vers un rapprochement avec la réalité à travers le traitement rigoureux de l'histoire des Turcs. Ce phénomène d'historicisation de la fiction est intentionnellement mis en valeur par le paratexte, comme dans la fameuse préface de Georges de Scudéry au roman *Ibrahim*[54]. Dans l'avis au lecteur de *Ladice ou les victoires du grand Tamerlan*, l'auteur annonce n'avoir suivi « ny l'Arabe Alhacen, ny Marco Polo, ny Calchondyle » comme source de son récit. C'est un Anglais « bien versé dans les langues » qui lui aurait lu une traduction d'un abrégé des conquêtes de Tamerlan originaire de la bibliothèque du Sophy. La matière turque est mise en avant par ce gage d'authenticité. Chappuzeau renforce d'ailleurs la valeur historique de son récit en négligeant une anecdote pourtant très connue de la vie d'un de ses personnages. La majorité des ouvrages occidentaux racontent en effet que Bajazet Ier, jusqu'alors invaincu et surnommé « La Foudre » pour la fulgurance de ses victoires, fut capturé et enfermé dans une cage en fer par Tamerlan et traîné ainsi jusqu'à sa mort[55]. Comme *Le Grand Tamerlan et Bajazet* (1648) de Magnon, deux pièces reprennent le fait[56] que les littératures arabe et persane ne mentionnent jamais. L'avertissement au lecteur de *Scanderberg* est formel quant à l'appréciation de l'aspect historique du texte :

> Il est certain que tu me blâmeras d'y [l'œuvre] avoir fait entrer l'Histoire des Turcs, & que tu auras peine à m'excuser de cette imprudence, puis qu'un entretien ordinaire n'avoit pas besoin de cet ornement, & que le sujet ne sembloit pas le demander : mais quoy mes amis ne m'ont jamais voulu permettre de l'en tirer, ils m'ont asseuré que cette pierre estoit curieuse encore qu'elle fut hors d'œuvre, ils m'ont fait croire que les choses superfluës ne laissoient pas d'estre agreables, & m'ont enfin soûtenu que c'estoit le plus beau defaut de mon Livre.

53 L'avis au lecteur de *Ladice ou les victoires du Grand Tamerlan* illustre parfaitement cette tension et laisse le choix de considérer son ouvrage comme « Histoire ou Fable, ou un assemblage de toutes les deux ».

54 Sur l'évolution de la réflexion théorique sur le roman, consulter l'édition établie et commentée par Camille Esmein : *Poétiques du roman. Scudéry, Huet, Du Plaisir et autres textes théoriques et critiques du XVIIe siècle sur le genre romanesque*, Paris, Honoré Champion, 2004.

55 Dans son *Essai sur les Mœurs* (*Œuvres*, Paris, Garnier 1878, vol. 12, P. 90-91), Voltaire considère la cage comme imaginaire : cité par Rouillard, *op. cit.*, p. 477.

56 Pierre Mainfray, *La Rhodienne, ou la cruauté de Solyman*, Rouen, D. Du Petit Val, 1621 et Joseph Desmares, *Roxelane*, Paris, Antoine de Sommaville et Augustin Courbé, 1643.

La notion d'ornement est significative de l'usage de la matière turque qui, paré de l'éclat de l'histoire, joue le rôle d'effet de réel[57]. La fictionnalité des récits est compensée par ces épisodes souvent indépendants aux allures de digression.

L'avènement du classicisme aux alentours de 1660 correspond aussi, selon les analyses de Camille Esmein-Sarrazin[58], au moment où le roman cesse de prendre l'épopée comme modèle pour se tourner plutôt du côté de l'Histoire. Le crépuscule de l'âge baroque est marqué par cette transition qui se manifeste particulièrement dans les romans à sujet turc. Celle-ci est d'abord illustrée par le renouvellement de ce motif en vogue à travers des choix historiques nouveaux qui permettent de mieux refléter une réalité contemporaine agitée. L'imposante figure de Soliman laisse place à des Grands Turcs moins idéalisés au contact desquels les héros de roman s'épanouissent, notamment grâce à la relative compatibilité de l'univers ottoman avec les conventions romanesques baroques. L'information historique des romans étudiés comme sa mise en valeur participent ainsi à l'évolution du genre au milieu du XVIIe siècle : les « longs romans » s'amenuisent et se transforment en petits romans ou en « nouvelles ». Comme le révèle la bibliographie de M. Lever, il apparaît alors dans plusieurs œuvres romanesques que le sujet turc, naguère souvent traité comme un simple ornement, opère sa mue en histoire principale[59].

Cem ALGUL
Sorbonne Université

57 Roland Barthes, « L'effet de réel » *in Communications*, 11, 1968, p. 84-89.

58 Camille Esmein-Sarrazin, *L'Essor du roman. Discours théoriques et. Constitution d'un genre littéraire au XVIIe siècle*, Paris, Honoré Champion, 2008.

59 Sur cette évolution, voir notre bibliographie placée en annexe.

ANNEXE
Romans et nouvelles à sujet turc à la fin du XVIIe siècle[60]

ALLARD, Guy, *Zizimi, prince ottoman, amoureux de Philippe-Hélène de Sassenage. Histoire dauphinoise*, Grenoble, J. Nicolas, 1673.

ANONYME [Le Sieur B...], *Histoire de deux turcs et d'un juif, avec un discours de l'entier banissement des juifs du royaume de Perse*, Paris, A. Robinot, 1673.

ANONYME, *Ibrahim, bacha de Bude, nouvelle galante*, Cologne, 1686.

ANONYME [D.S.R.], *Les Amours de Soliman Musta Feraga, Envoyé de la Porte près sa Majesté en 1669*, Grenoble, E. R. Dumo, 1675.

ANONYME, *Ravissement de l'Hélène d'Amsterdam, content des accidens etranges tant d'amour que de la fortune arrivez à une Demoiselle d'Amsterdam en plusieurs endroits du monde, et principalement en Turquie où elle a été esclave*, Amsterdam, T. ten Hoorn, 1683.

BRÉMOND, S., *Hattigé ou les amours du roy de Tamaran. Nouvelle, Cologne, S. l'Africain*, 1676. Rééd sous le titre : *La Belle Turc* [*sic*]. *Histoire nouvelle, amoureuse et galante*, 1680.

CHASSEPOL, Sieur de, *Histoire des grands vizirs Mahomet Coprogli pacha et Ahcmet Coprogli pacha. Celle des trois derniers grands seigneurs, de leurs sultanes et principales favorites, avec les plus secrettes intrigues du serrail. Et plusieurs autres particularitez des guerres de Dalmatie, Transilvanie, Hongrie, Candie et Pologne. Avec le plan de la bataille de Cotzchin*, Paris, E. Michallet, 1676.

DES BARRES, Antoine, *Irène, princesse de Constantinople. Histoire turque*, Paris, C. Barbin, 1678.

DES CHAMPS, *Mémoires du Sérail sous Amurat second. Première* [*-sixième*] *partie, par feu Monsieur Des-Champs*, Paris, C. Barbin, 1671-1679.

DU VIGNAU, Sieur des Joanots, *Le Secrétaire turc, contenant l'art d'exprimer ses pensées sans se voir, sans se parler et sans s'écrire avec les circonstances d'une avanture turque, et une relation très curieuse de plusieurs particularités du Serrail qui n'avoient point encore été sceues.* Paris, se vend à Lyon, Th. Amaulry, 1688 Contient une nouvelle : *Histoire de Youssuf-Bey et de Gul-Beyaz*, p. 37-147. Rééd. sous le titre : *Le Langage muet, ou l'art de faire l'amour sans parler, sans écrire et sans se voir, par le sieur D.L.C.*, Middlebourg, G. Hortemels, 1688.

JANT, Jacques de, *L'Histoire du révérend père Dominique ottoman de l'ordre des F.F. prescheurs, sous le nom du prince Osman, fils du sultan Ibrahime, empereur des*

60 Liste établie à partir de la bibliographie de Maurice Lever, in *La fiction narrative en prose au XVIIe siècle. Répertoire bibliographique du genre romanesque en France (1600-1700)*, Paris, C.N.R.S., 1976.

Turcs, Paris, J. Cusson, 1665. Rééd. sous le titre : *L'Histoire du prince Osman, fils du sultan Ibrahim… depuis nommé le P. Dominique othoman, de l'ordre des frères prescheurs… et l'Histoire du sultan Jacaya*, Paris, E. Loyson, 1670.

LA ROCHE-GUILHEN, Anne de, *Astérie ou Tamerlan*, Paris, C. Barbin, 1675.

LE NOBLE, Eustache, baron de Tennelière, *Abra-Mulé, ou l'histoire du déthronement de Mahomet IV. Troisième nouvelle historique par M. Le Noble*, Paris, Jouvenel, 1696.

PRÉCHAC, Jean de, *Cara Mustapha, grand vizir, histoire contenant son élévation, ses amours dans le serrail, ses divers emplois, le vray sujet qui lui a fait entreprendre le siège de Vienne, et les particularitez de sa mort*, Paris, C. Blageart, 1684.

PRECHAC, Jean de, *Le Prince esclave, nouvelle historique, où l'on voit les particularités de la dernière bataille que les chrétiens ont gagnée contre les Turcs, la déposition du Grand Seigneur, et la manière dont Sultan Solyman, qui règne aujourd'hui a esté élevé sur le thrône*, Paris, T. Guillain, 1688.

ROCOLES, Jean-Baptiste de, *La Vie du Sultan Gemes, frère unique de Bajazet II du nom, Empereur des Turcs. Par le Sr. J.B. de Rocoles, historiographe de France et de Brandeb.*, Leide, J. Moukee, 1683.

ARCHARD ROUSSEAU, Michel, sieur de La Valette, *Bajazet, prince othoman, nouvelle historique*, Cologne, Foppens, 1679. (Cette nouvelle est une transcription à peine remaniée et augmentée de Floridon, la sixième des *Nouvelles françoises* de Segrais. Voir R. Godenne, « Un plagiaire de Segrais au XVIIe siècle », dans XVIIe siècle, 1968, nº 79, p. 95-104).

TENTATIVE D'ÉPUISEMENT DES TOPIQUES ROMANESQUES

Almahide ou l'esclave reine de Georges de Scudéry (1660-1663)

Dernier « long roman » publié sous la plume de Georges de Scudéry, et laissé inachevé à sa mort, *Almahide ou l'esclave reine* a longtemps souffert d'une réputation peu favorable. Publiées entre 1660 et 1663, les trois premières parties du roman, réparties en huit forts volumes dans l'unique édition Courbé et ornées de superbes frontispices gravés par François Chauveau, furent traduites et complétées par des continuateurs anglais et allemand dès la fin du XVIIe siècle, mais ne connurent pas la même fortune en France. Les premières recherches consacrées à ce roman mal-aimé se préoccupèrent surtout de son attribution[1], et la synthèse opérée par René Godenne conclut, au terme d'une lecture à charge, à un verdict sans appel : « Il serait facile de déduire que le fait qu'*Almahide* reste inachevé consacre l'échec du romancier Georges de Scudéry ». Les récents travaux d'Anne-Élisabeth Spica et de Marie-Gabrielle Lallemand ont permis de réviser ce jugement hâtif, biaisé par le souci apologétique, et d'apprécier les qualités intrinsèques d'une entreprise romanesque singulièrement audacieuse, bien qu'avortée : comme *Le Page disgracié* dans le registre comique, *Almahide ou l'esclave reine* gagnerait à être lu comme une autofiction avant la lettre. Puisant aux ressources de l'*ars symbolica* pour assurer sa légitimité et sa dignité poétiques, l'œuvre inventerait un mode de narration original, *ut pictura narratio*, fondé sur l'énergie de descriptions picturales particulièrement abondantes et ostentatoires[2].

---

1 J.-W. Schweitzer, Georges de Scudery's *Almahide*, authorship, analysis, sources and structure, Baltimore, the Johns Hopkins press, 1939.

2 A-É. Spica, *Savoir peindre en littérature. La description dans le roman au XVIIe siècle : Georges et Madeleine de Scudéry*, Paris, H. Champion, 2002 et Lallemand, Marie-Gabrielle, *Les*

Almahide infléchit la réception de la « matière de Grenade » dans la tradition narrative française[3]. Filant la trame de l'*Histoire des guerres civiles de Grenade* de Pérez de Hita[4], le roman comble les lacunes de la chronique par une intrigue sentimentale qu'il compose selon un agencement original : Almahide, la reine de Grenade, a consenti à épouser Boaudilin pour apaiser les tensions intestines entre les factions des Abencérages et des Zégris qui menacent de ruiner la ville. Ce mariage « blanc », conclu par raison d'État, n'engage en rien les sentiments des époux : Almahide a promis sa foi à un gentilhomme espagnol, rencontré dans l'enfance, Dom Pedro de Léon, qui l'a suivie en terres andalouses comme esclave sous le nom de Léonce, tandis que Boaudilin éperdument épris d'une roturière, Miriam, attend l'apaisement des troubles civils pour rendre sa liberté à Almahide et épouser son amante. Miriam meurt brutalement, Boaudilin s'attache à son épouse et cherche à démasquer son secret rival. Après 6516 pages, le roman reste ainsi suspendu.

Laboratoire romanesque, *Almahide* défie les préjugés théoriques et les simplifications téléologiques. Composé à contretemps, cet ouvrage invite à reconsidérer les hypothèses couramment admises sur l'évolution du genre romanesque au XVIIe siècle (du « long » au « court », de « l'épopée » à la « gazette », de la « poétique » à la « rhétorique[5] ») et à envisager d'autres possibles, par un examen soustrait à tout jugement axiologique péremptoire et à toute évaluation rétrospective. Roman en réserve de l'histoire du genre, *Almahide* amplifie jusqu'à l'extravagance critique ses lieux communs, quand d'autres les exploitent complaisamment, non sans succès commercial. L'inachèvement de l'œuvre, qui connaît sans doute

longs romans du XVIIe siècle : Urfé, Desmarets, La Calprenède, Gomberville, Scudéry, Paris, Classiques Garnier, 2013.

3 Selon J. Schweitzer, la caractérisation originale de certains personnages scudériens aurait influencé *Les Galanteries grenadines* de Mme de Villedieu, et *Zayde* de Mme de Lafayette.

4 L'édition espagnole annotée de remarques lexicales par Fortan est publiée en France en 1606 puis rééditée en 1660. La première traduction date de 1608. Voir Simona Munari, « Grenade dans la littérature européenne : fondements et avatars d'un mythe littéraire », *Récits d'Orient dans les littératures d'Europe, XVIe-XVIIIe siècles*, Anne Duprat et Émilie Picherot (éd.), Paris, PUPS, 2008, p. 15-19.

5 Ch. Morlet-Chantalat, *La Clélie de Mademoiselle de Scudéry : de l'épopée à la gazette, un discours féminin de la gloire*, Paris, H. Champion, 1994 ; E. Bury, « À la recherche d'un genre perdu : le roman et les poéticiens du XVIIe siècle », G. Giorgi (éd.), *Perspectives de la recherche sur le genre narratif français du XVIIe siècle*, Pise-Genève, ETS/Slatkine, 2000, p. 9-31 ; N. Grande, « Du long au court : réduction de la longueur et invention des formes narratives, l'exemple de Madeleine de Scudéry », *XVIIe siècle*, n° 215, 2002, p. 263-271.

des explications conjoncturelles (la maladie dont Scudéry fait état dans l'avis au lecteur au début de la troisième partie par exemple), résulte également d'une nécessité interne, qui condamne et rachète la dernière aventure littéraire de G. de Scudéry[6]. Composition romanesque inédite, fondée sur une poétique et une esthétique du bizarre, *Almahide* implique une archéologie nouvelle de la galanterie au XVIIe siècle.

UN CARROUSEL ROMANESQUE

Almahide est peut-être moins un roman anachroniquement « conservateur[7] » qu'un conservatoire romanesque : si l'on a pu qualifier le *Polexandre* de Gomberville (1637) de « roman total[8] », sans doute cette enseigne introduit-elle plus adéquatement encore à la lecture du dernier texte de Scudéry. Comme l'ont montré les travaux pionniers de J. Schweitzer, *Almahide* garde en mémoire l'« archive galante » et son invention repose sur la sédimentation de divers écrits produits par Scudéry tout au long de sa carrière littéraire : poésies de circonstance, comme la « guirlande de Julie », pièces de théâtre (les intrigues d'*Axiane* et du *Prince déguisé* sont adaptées dans deux histoires enchâssées), traité politique (*Salomon instruisant le roi*), morceaux encomiastiques à la gloire de Mandar-Richelieu (*Le Grand exemple*), *ecphraseis*… Plus généralement, auréolé des prestiges de la Fable et de la tradition mythographique, il rend

6 Notre étude confirme ainsi *a contrario* une hypothèse forte de M.-G. Lallemand, « Tous les longs romans passés à la postérité sont des œuvres achevées par l'auteur ou par un continuateur. Les longs romans, en effet, sont construits de telle sorte que leur dénouement est nécessaire. Ce sont des œuvres d'une longueur hors du commun, mais qui obéissent à la loi d'une esthétique commune. Elles doivent être achevées. Nombre d'histoires insérées ne sont pas dénouées quand prend fin leur récit et toutes les histoires insérées prennent sens dans un récit-cadre qui doit être achevé, même si l'on sait d'avance que le mariage des héros est obligatoire. La morale du long roman est celle de son récit-cadre, dans lequel les effets de la Providence sont visibles : les vertueux sont récompensés », *Les longs romans…*, *op. cit.*, p. 34.

7 R. Romagnino évoque un roman « archaïsant et conservateur », *Décrire dans le roman de l'âge baroque (1585-1660) : formes et enjeux de l'ecphrasis*, Paris, Classiques Garnier, 2019, p. 19.

8 A. Zotos, « Gomberville, ou l'ambition du roman total », *Littératures classiques*, n° 15, octobre 199, p. 99-109.

hommage à l'ensemble de l'héritage romanesque, pastoral, comique ou héroïque, par un jeu de connivence avec le lecteur lettré. Les noms, rares, de certains personnages sont à dessein évocateurs[9], et la description du premier carrousel grenadin, au seuil du deuxième volume, constitue comme le portail de l'ensemble, auquel il confère, de façon proleptique, une intelligibilité. Ce premier divertissement, ordonné par Boaudilin pour apaiser la sédition, voit défiler différents chars dont les décors et les architectures éphémères forment, de façon indicielle, l'abrégé d'une bibliothèque romanesque idéale :

> Cette merveilleuse Conque paroissoit estre enchassée & suspenduë à des ornemens de vermeil doré ; ou dans diverses riches Cartouches, l'on voyoit toute l'Histoire de Theagene & de Cariclée, en bas relief[10].

La composition du roman paraît, de prime abord, entériner les principes exposés dans la préface d'*Ibrahim ou l'illustre bassa* en 1641. *Almahide* entretient d'ailleurs des relations évidentes avec ce drame du sérail, qui s'ouvre sur une scène de divertissement triomphale orchestré par un esclave chrétien devenu favori d'un souverain tyrannique. *Almahide* respecte la règle épique de l'*ordo artificialis* et les trois livres de la première partie élucident l'énigme posée par le début *in medias res*. Les entorses au « modèle baroque » sont cependant patentes, et R. Godenne a fustigé une « structure narrative élémentaire et maladroite », une « incapacité à organiser une matière anecdotique[11] ». *Almahide* concilie les exigences contraires de la concentration (l'intrigue amoureuse principale, qui conte les amours contrariées de Ponce de Léon et d'Almahide à Grenade, ne dure que quelques jours[12], et toutes les analepses sont racontées par

---

9 « Almahide » et « Ennoramita » proviennent ainsi certainement de *Polexandre*, « Cid Hamet » également, à moins qu'il ne soit échappé du *Quichotte*. « Abindarrays », figure auctoriale, passe pour le frère du fameux amant de Jarifa, et évoque l'univers de la pastorale, dont « Aminte » est également extraite.

10 , Georges de Scudéry, *Almahide, ou l'esclave reine*, Paris, A. Courbé, 1660-1663, vol. 2, p. 785. Plus loin, Scudéry souligne la manière dont les romans à succès informe la réalité sensible des lecteurs : « [...] l'on vit entrer dans la Place douze joüeurs de Haut-bois, avec des Vestes & des Brodequins de Satin Vert de Mer, *que l'on apelle presentement Celadon*, chamarré de Dentelle d'or, dont les manches ne venoient qu'à demy bras » (*ibid.*, p. 818, je souligne).

11 , R. Godenne, *Les romans de Mademoiselle de Scudéry*, Genève, Droz, 1983, p. 331 et 337.

12 La durée d'un carrousel varie d'un jour à une semaine. Scudéry adapte la durée de son roman à celle de ce divertissement. Dans la préface d'*Ibrahim*, c'est l'année qui, selon le

Fernand de Solis, le père nourricier d'Almahide, à Roderic de Narve, un prisonnier espagnol retenu par les Maures) et de la dispersion (les « histoires ajoutées[13] », à partir de la deuxième partie, relatent longuement et sans entretenir de liaison nécessaire avec l'intrigue principale les amours galantes de couples grenadins fameux[14]). Une certaine désinvolture énonciative, semblable à celle des histoires comiques, met parfois en péril la vraisemblance du récit. Exténuant la tension narrative au profit de stases descriptives, le récit semble conçu par Scudéry comme une gageure poétique, le développement surprenant d'un *concetto* initial, d'une « contradiction manifeste » : l'oracle prononcé par Cid Hamet à la naissance de la jeune Almahide :

> Les Astres m'assurent, que celle pour qui vous me consultez, sera fort sage & fort amoureuse ; qu'elle sera en mesme temps, fille & femme ; Vierge & mariée ; Esclave & Reine ; femme d'un Esclave & d'un Roy ; heureuse & malheureuse ; Mahométane & Chrestienne ; innocente & creuë coupable : & ce qui est encore plus estrange, exposée au danger d'estre bruslée toute vive[15].

Almahide semble ainsi battre en brèche les principes de régularité et de vraisemblance affirmés avec force dans l'art poétique de 1641 : l'ornement et l'épisode prennent le pas sur l'action principale dont l'importance est minorée[16]. Les carrousels, tournois et autres divertissement constituent les jalons nécessaires d'un roman centrifuge, se

patron épique, s'impose comme la mesure du roman héroïque.

13 *Ibid.*, p. 330.

14 Chaque partie est en effet centrée sur une manifestation galante (carrousel, joute, tournoi) qui permet aux chevaliers grenadins de montrer leur beauté et de prouver leur vaillance. Occasion est alors donnée à Fernand de Solis de développer, dans chaque livre, l'histoire de l'un des couples ainsi spectaculairement exposé : Abindarrays et Aldoradine (livre II), Abdalla et Fatime (II, 3), Abénamin et Lindarache (III, 1) et Zélébin et Galiane (III, 2). Cette composition laisse entrevoir quelle aurait été l'architecture complète du roman, qui aurait ainsi raconté, en chacune de ses galeries, l'histoire de douze couples : Alamin et Darache, Amat et Cadige, Zays et Saïde, Orthogule et Axa, Orcame et Alicola, Abenarax et Zelindor, Almoraby et Zombrine, Moussa et Zélime. Douze couples donc, comme les douze quadrilles que peut comporter au plus, selon Furetière et Ménéstrier, un carrousel.

15 *Almahide*, éd. citée, vol. I, p. 222-223.

16 Dans la préface d'*Ibrahim*, G. et M. de Scudéry plaidaient pour « que l'adresse de celuy qui les [les épisodes du poème épique ou les histoires du roman] employe, les fasse tenir en quelque façon à cette action principale, afin que par cet enchainement ingenieux toutes ces parties ne fassent qu'un corps ; & que l'on n'y puisse rien voir de detaché ny d'inutile », *Ibrahim ou l'illustre Bassa*, éd. critique de A. Arrigoni, Fasano, Schena, 2003, vol. 1, p. 76.

déployant en étoilement, alors qu'ils déroulaient un fil rouge ténu et anecdotique dans un roman comme *Polexandre*[17] ; les deux amants ne sont jamais longtemps séparés ni en danger de l'être vraiment, le motif de la quête amoureuse qui anime *L'Astrée* ou les différentes moutures de *Polexandre*, selon le modèle du roman grec, est ainsi abandonné. Pis : le couple amoureux est transformé en trio comique, Ponce de Léon se voyant contraint de constamment supporter à ses côtés la présence d'un rival enjoué et séduisant, Alvare-Ramire, duc de l'Infantade[18]. *Almahide* présente donc une organisation « dysfonctionnelle » et le roman, architecture mouvante, spectaculaire, factice et éphémère ressemble étrangement aux carrousels qu'il décrit.

Les frontispices gravés sur cuivre à l'eau-forte par François Chauveau figurent ce carrousel romanesque et en dévoilent la scénographie énonciative. Ils dramatisent les moments particulièrement intenses du récit, soulignent l'originalité de sa composition et rendent intelligible sa proposition idéologique. L'estampe qui ouvre la première partie du roman

---

17 Selon les calculs de G. Hautcœur, les récits de divertissements occupent presque un volume de texte sur les huit dont nous disposons : « Le roman héroïque français (*Almahide*, *Le Tolédan*, *Zaïde*) face à Grenade : entre histoire et fiction », *Récits d'Orient dans les littératures d'Europe*, *op. cit.*, p. 67-79.

18 Cette composition explique le ton singulier du roman, qui déjoue les clivages entre registres héroïque et comique, sérieux et parodique. G. de Scudéry, qui avait déjà mis en œuvre une certaine hybridation générique en introduisant le personnage enjoué du marquis français dans *Ibrahim*, amplifie le procédé dans *Almahide*. En effet, l'enfance commune vécue par Pedro de Léon et Almahide-Aminte en Espagne, dans le royaume de Fontaines, possède toutes les caractéristiques de l'idylle pastorale et l'on peut y lire à bon droit, comme y invite M.-G. Lallemand, un hommage rendu à la fois au Tasse et au maître et modèle de Scudéry, Honoré d'Urfé, homme d'armes et de plume. Cependant, le monde pastoral voisine avec l'univers urbain et les jeunes héros apparaissent, ainsi que dans *Le Berger Extravagant* de Sorel, comme des bergers travestis, jouant savamment avec les règles des fictions idylliques (*Almahide*, éd. citée, vol. I, p. 542 et 618-619 par exemple). Revenue à Grenade avec son amant déguisé en esclave, Almahide est également servie par un autre de ses prétendants, Alvare-Ramire, duc de l'Infantade. Les deux rivaux offrent une complémentarité de caractères topique – le mélancolique et l'enjoué ou l'« évaporé » – qui, passée la violence initiale de leur ressentiment, se mue en un contrepoint comique qui offre des démentis plaisants aux conversations galantes de la société grenadine ou des échappées burlesques hors de l'univers héroïque (quand Alvare manque de se noyer dans une fontaine par exemple, pour avoir tenté de sauver Almahide de l'attaque d'un lion). *Almahide* valide donc, à l'échelle d'un long roman, les hypothèses de N. Grande sur la galanterie comme « principe solvant qui [...] dissout le comique dans la narration après la "dissolution" des histoires comiques [à partir des années 1660] », *Le Rire galant. Usage du comique dans les fictions narratives de la seconde moitié du XVIIe siècle*, Paris, H. Champion, 2011, p. 13.

représente la place de Vivaramble dans l'Alhambra de Grenade. Quatre plans bien distincts scindent la scène et ordonnent sa lecture. Chauveau a concentré son attention sur l'événement inaugural du roman, le violent affrontement entre les Zégris et les Abencérages, au milieu de l'image. Au premier plan, comme un chœur antique, sept hommes âgés, de face, se lamentent et se concertent. Chauveau a soigneusement individualisé leur physionomie, leur gestuelle et les expressions de leur visage. Sans doute ces personnages doivent-ils être identifiés aux sept conseillers consultés par le roi au début du deuxième volume pour apaiser la sédition[19]. À l'avant-plan, dans le coin inférieur gauche, deux hommes semblent prêts à s'échapper du cadre pour échanger des confidences. Tout laisse à penser qu'il s'agit de Roderic de Narve et du narrateur principal, Fernand de Solis, *lectores in imagine*[20]. À l'arrière-plan, le lecteur entrevoit des escarmouches et, dans les bâtiments qui entourent la place, des spectateurs effrayés. Chauveau conçoit ainsi une vignette synoptique et synthétique, qui superpose et hiérarchise, dans un moment d'une grande puissance dramatique et pathétique, différents passages du roman. Il en organise le déchiffrement et en facilite la compréhension. En effet, cette première gravure reproduit presque exactement la disposition de celle qui ouvre le deuxième volume de la série. Les deux compositions appellent, implicitement, confrontation dans l'esprit du lecteur, puisque le carrousel représenté dans cette seconde image apparaît comme le remède aux guerres civiles illustrées par la première. Dans le coin inférieur gauche, un personnage de dos observe la place de Vivaramble traversée par un défilé de chars précisément détaillé dans le roman ; il guide l'œil du spectateur et introduit le lecteur dans l'univers de la fiction. Au premier plan, le public, de dos, rassemble hommes et femmes qui contemplent le spectacle avec animation. L'activité critique, la jouissance esthétique ont remplacé le conseil politique, figuré dans la première gravure à ce même endroit. Aux guerriers combattants sur une ligne horizontale succèdent désormais des cavaliers ordonnés verticalement selon un cortège de parade. Les hommes sont démesurément petits, comparés aux curiosités prodigieuses, aux merveilles sculptées ornant chacun des chars : le colosse de Memnon, les pyramides d'Égypte, le mausolée de

---

19 *Almahide*, éd. citée, vol. II, p. 708-730.

20 Le roman les situe à l'abri dans une tour : *ibid.*, vol. I, p. 45.

Cléopâtre, le phare d'Alexandrie, la statue du dieu Nil. À l'arrière-plan, les gradins et les échafauds sont garnis d'une foule dense de spectateurs absorbés dans la contemplation d'un même divertissement. Le dessin de Chauveau s'inspire visiblement des gravures produites au moment du carrousel de 1612, donné par Marie de Médicis à Paris, Place Royale, pour célébrer les « mariages espagnols ». La fortune graphique de cet événement a été considérable[21]. Le graveur répond ainsi à une sollicitation du récit, puisque Scudéry adresse le « cartel de défy » qui lance la course de bague aux « chevaliers qui aim[ent] la gloire », allusion probable au cartel du 13 mars 1612 que François de Rosset cite exactement dans son *Roman des Chevaliers de la gloire*. L'architecture imaginaire de la place de Vivaramble éveille le souvenir des constructions éphémères au centre de la lice en 1612, comme le « palais de la Félicité » qui paraît inspirer la forme de la tour hérissée de pointes et d'étendards, silhouettée à gauche du cadre. La surimpression des images, fidèle à la « poétique du temps perdu[22] » de Chauveau, possède une signification politique : les Maures sont bien, en matière de « galanterie », les « originaux[23] » des Français et des Espagnols, unis par les mariages royaux en 1612. Peut-être ce couple de gravures associées constitua-t-il en outre de la part de Chauveau une offre de service tacite ? Si la scène de bataille qui orne la première gravure peut rappeler une configuration similaire conçue pour illustrer le livre I de la troisième partie de *Clélie* en 1656, le carrousel annonce les gravures inventées par Chauveau, à partir de 1662, sur commande de Colbert, pour l'Académie royale de peinture et de sculpture, dont il devient membre en 1663, en particulier les courses de bagues et les divertissements donnés en 1662 pour fêter la naissance du Dauphin[24].

21 M. Baudière, « La fortune gravée et imprimée du carrousel de 1612 », *Chroniques de l'éphémère. Le livre de fête dans la collection Jacques Doucet* [en ligne], Paris, Publications de l'Institut national d'histoire de l'art, 2010.

22 J.-M. Chatelain, « La tradition iconographique comme imagination poétique : François Chauveau illustrateur des Fables de La Fontaine », *Le Fablier. Revue des Amis de Jean de La Fontaine*, n° 25, 2014, p. 11-22.

23 *Almahide*, éd. citée, vol. II, p. 936.

24 D. Larcena, *François Chauveau, peintre, dessinateur et graveur (1613-1676)*, Aurillac, Gerbert, 2009, p. 157-164. Chauveau a en particulier inventé et gravé le frontispice des Courses de Testes et de Bague faites par le Roy…en 1662, qui représente, comme le deuxième frontispice d'*Almahide*, une cavalcade arrivant dans une place. Voir également : S. Castelluccio Les Carrousels en France, du XVIe au XVIIIe siècle, Paris, Les Éditions de l'Amateur, 2002, voir en particulier p. 16-19 et p. 47 la gravure de Chastillon, reproduite dans *Le Vray*

Carrousel romanesque, *Almahide* présente une composition originale, de prime abord « inconvenante », et répond ainsi à une « poétique du bizarre[25] », qui désamorce ironiquement, par l'excès, les fonctions traditionnellement reconnues au roman héroïque.

UNE POÉTIQUE DU BIZARRE
Un anti-roman héroïque

Almahide noue des liens de parenté étonnants avec *Le Roman bourgeois* de Furetière. Les deux projets qui méritent, mieux que d'autres, le nom d'« anti-roman », outrent jusqu'à l'extravagance les topiques et les fonctions traditionnelles du roman, inventant ainsi une poétique de la liste curieuse, du catalogue surprenant, de l'inventaire « bizarre ». Manuel de civilité, la fiction narrative décrit habituellement les comportements sociaux, cartographie les sentiments et anatomise les cœurs humains. Scudéry parodie ironiquement cette ambition psychologique et sociale. La litanie des amours infinies de l'inconstant Abindarrays, dans la deuxième partie, ne repose sur aucun souci de vraisemblance psychologique, mais progresse par oxymores et *adynata* successifs, en réalisant littéralement métaphores et allégories, dans une quête asymptotique de la surprise et du *concetto* admirable :

> Après avoir veu aimer à l'illustre Abindarrays, une Personne grasse, une maigre ; une grande, une petite ; une blonde, une brune ; une gaye & coquette ; une triste & prude ; une Femme mariée, une Veufve ; une belle & jeune ; une laide & vieille ; une mediocre ; une douce, bonne, d'humeur esgale, &

Théâtre d'honneur et de chevalerie, ou le miroir héroïque de la noblesse, Paris, A. Courbé, vol. I, p. 360 de Marc de Vulson de La Colombière.

25 Nous opposons ainsi la « poétique du bizarre » de Scudéry, à la « poétique de l'irrégularité » de Gomberville : D. Denis, « Une poétique de l'irrégularité. La postface du *Polexandre* de Gomberville (1637) », *Poétique*, n° 180, 2016/2, p. 175-185. L. Picciola a émis l'hypothèse que la catégorie esthétique endogène du « bizarre » pourrait rendre compte plus adéquatement que la notion anachronique de « baroque » de certaines créations littéraires caractéristiques de la première modernité : *Baroque ou bizarre ? avatars de la bizarrerie aux* XVI*e et* XVIII*e siècles, France, Espagne, Italie*, L. Picciola (éd.), Nanterre, Presses universitaires de Paris Ouest, 2016.

> loüant tout ; une fière, bizarre, malicieuse, & medisante ; une spirituelle, une stupide ; une Noble & riche ; une Fille du Peuple & pauvre ; une beauté de ressemblance ; une Femme de Province ; une Femme de la Cour ; plusieurs Dames à la fois ; une Comedienne, & une Morte ; je m'imagine, dis-je, que vous vous imaginez, qu'il avoir alors aimé de toutes les façons dont il estoit possible d'aimer. Mais il en trouva pourtant encore une, qui vous surprendra, & que vous ne devineriez jamais : puis que ce fut d'aimer sans connoistre. Cependant une chose si peu vraysemblable est pourtant vraye : & après avoir aimé Donique, Meladine, Zelindaxe, Halime, Amesabeg, Emine, Zelinde, Zelebine, Leance, Sarrazine, Nasile, Utibée, Eris, Tamarate, Osmane, Saluze, Caramante, Morayma, Montezine, Boulbaste, Bergamante, Alimate, Zeyneb, Ahizane, Aniza, Jebar, & Zelurne ; on luy vit encore aimer Aldoradine, d'une manière si nouvelle & si surprenante ; & voicy comment la chose arriva. Un de ses amis qui se nomme Echenicherribassi, homme de beaucoup d'esprit, vint le remercier de ce qu'il luy avoit donné un Poëme Héroïque qu'il avoit fait de la Conqueste de Grenade par les Maures [...][26].

Le jeu poétique n'entend plus dispenser de leçon métaphysique sur les différentes figures de l'amour comme dans l'*Astrée*, ni présenter les portraits des caractères humains qui se polissent en société, comme dans *Clélie*. Le roman dévoile l'artificialité sophistique de la fiction : il ne révèle aucun pan du cœur humain, n'offre aucune plongée dans les abîmes de l'âme, mais reconduit le lecteur au roman dans une réflexion sur lui-même insoluble et insondable. Si Abindarrays s'éprend finalement d'Aldoradine, c'est grâce à la médiation artistique de lettres et de poèmes, comme l'amour d'Abinamin pour Lindarache est exposé par une peinture. Les conversations suivent le même cercle qui replie la littérature sur elle-même et sur son inconséquence ludique[27]. *Almahide* forge ainsi une poétique de l'inventaire ou du catalogue qui déborde la figure de l'ecphrasis comme embrayeur de la narration et atteint la vocation polygraphique du roman, « précepteur muet », selon la formule de Huet. La fonction encyclopédique, détournée de sa fin, trouve une rémunération symbolique dans le plaisir esthétique que procure son excès sensible[28]. Le catalogue érotique d'Abindarrays annonce la liste

26 *Almahide*, éd. citée, vol. V, p. 1560-1562. Quelques pages plus loin, Abindarrays s'étonne de sa « douce & bizarre manière d'aimer » (*ibid.*, p. 1588).

27 *Ibid.*, t. IV, p. 236.

28 D. Denis, « Le roman, genre polygraphique ? », *Littératures classiques*, n° 49, automne 2003, p. 339-366. Scudéry prend connaissance de l'*Histoire des guerres civiles de Grenade* par l'édition pédagogique procurée par Fortan en 1606 et rééditée en 1660. Le texte espagnol est accompagné de notes lexicales en marge, qui élucident tournures grammaticales et

des appareils fabuleux des tenants au carrousel, les savantes fatrasies du « docte insensé » Mustapha, l'inventaire des curiosités architecturales devant lesquelles Abinamin livre combat et défait ses rivaux. Le roman entend certes trouver une légitimité poétique nouvelle en se ressourçant au modèle analogique de la Fable, mais il s'offre également à lire comme une tentative d'épuisement ironique et réflexive du roman.

Scudéry dénonce, sur le mode de la *recusatio*, dans l'avis au lecteur de la troisième partie du roman, son ingéniosité romanesque ostentatoire et la qualifie de « bizarre ». L'adjectif revient avec insistance pour caractériser les discours, les sentiments, les pensées des personnages à tous les niveaux du récit. La disconvenance poétique produit un effet esthétique ambivalent dont témoigne la réception moderne d'*Almahide* : emphase ou enflure ? sublime ou mauvais goût ? Le bizarre interroge, par son ambivalence sémantique même, le critère du jugement esthétique, ses catégories subjectives, et les capacités cognitives du lecteur à s'y accommoder. Comme le suggère encore Chr. Noille, le bizarre, notion poétique endogène au XVIIe siècle, possède également des valeurs morales et politiques[29]. Il éprouve le jugement du lecteur comme instance critique. Françoise Poulet compare le personnage « bizarre », distinct de « l'extravagant », au morosophe renaissant, car il interroge la capacité de la norme sociale (honnête ou galante) à tolérer une singularité individuelle exacerbée[30].

---

mots rares. Scudéry reprend certains de ces termes, les acclimate en français, les souligne par l'italique et s'intéresse moins à leur définition sémantique qu'aux relations d'euphonie que leurs sonorités étranges entretiennent avec les termes voisins de l'énumération. Ainsi, Fortan glose « dulçaynas » par « clairons », et Scudéry transpose (*Almahide*, éd. citée, vol. III, p. 1766) : « Cent Joüeurs d'Instrumens à la Moresque marchoient les premiers magnifiquement habillez, avec des Banderolles, aux Armes de Grenade, d'une riche broderie, penduës à leurs Agnasiles, à leurs Dulcines, à leurs Timbes & Timbales, à leurs Attabales, à leurs Clarins, à leurs Nacaires, à leurs Hautbois, qu'ils apellent *Zurnalar* ; dont l'agreable Harmonie faisoit retentir bien haut, la Voute de la Mosquée ». *Almahide* convertit la polygraphie érudite en musique, et fait ainsi l'éloge de la voix humaine et des airs « champestre[s] et rustique[s], dont les tons simples, naifs & sans art, tenoient quelque chose de l'innocence des premiers Siecles, & de la galanterie naissante du Monde naissant » (*ibid.*, vol. IV, p. 425).

29 Chr. Noille, « "De tant d'objets divers le bizarre assemblage…". Rhétorique des dispositifs décousus », *Vices de style et défauts esthétiques (XVIe-XVIIIe siècle)*, C. Barbafieri et J.-Y. Vialleton (éd.), Paris, Classiques Garnier, 2017, p. 511-526. Le long roman peut donc appartenir aux « dispositifs décousus », tout autant que les genres brefs tels que le caprice poétique ou le récit de rêve étudiés dans l'article.

30 Narcisse est ainsi qualifié de « bizarre Amant de soy-mesme » dans le roman, et l'amateur de la fleur du même nom a « un goût bizarre » (*Almahide*, éd. citée, vol. I, p. 314 et 424).

La « bizarrerie » est ainsi le critère de la « théologie enjouée » de Ponce de Léon, qui convertit Almahide-Aminte à une religion plus civile, plus naturelle et plus vraisemblable que la foi musulmane, imposture iconoclaste aux « mystères [...] bizarres[31] ». L'invention bizarre culmine dans l'oxymore réversible porté au titre du roman (« l'esclave reine »), pointe admirable de la « bizarre prophétie » prononcée par l'astrologue Cid Hamet au début du récit, *concetto* ingénieux du romancier lui-même, qui actualise littéralement un cliché poétique précieux (le « cárcel de amor »). L'une des conversations mi-sérieuses, mi-enjouées entre Almahide et ses deux amants rivaux développe le paradoxe, sans nécessairement le résoudre. L'esclave-reine est-elle convaincue d'ambition ? L'ancienne prisonnière des corsaires accepte en effet un mariage de complaisance pour satisfaire son orgueil et sa passion du pouvoir. Ou l'« esclave reine » est-elle l'emblème contradictoire de la vanité imaginaire, mais puissante, de sa « Grandeur postiche[32] » ? La bizarrerie témoigne bien d'une inquiétude axiologique qui atteint au fondement de la sociabilité et de l'éthique galantes[33].

LA CHUTE DE GRENADE N'AURA PAS LIEU

La signification du roman tiendrait peut-être dès lors à son inachèvement, c'est-à-dire au refus d'écrire une épopée chrétienne, qui conduirait à la défaite des Maures et au sac de Grenade. En ce sens, la

Voir Fr. Poulet, « "Mais, encor, dites-moi, quelle bizarrerie..." : de l'humeur ridicule à la posture singulière et critique », *Baroque ou bizarre*, *op. cit.*, p. 121-136. Mustapha, le morosophe du roman, qui débite des textes rédigés par Scudéry lui-même par ailleurs, est en proie à une « bizarre passion » (vol. VIII, p. 486). Il est le double romanesque et bizarre de l'ermite d'*Alaric* (voir B. Beugnot, « L'ermitage parmi les livres : images de la bibliothèque classique », *Revue Française d'Histoire du Livre*, n° 24, juillet-août-septembre 1979, p. 687-707).

31 *Ibid.*, vol. I, p. 335 et 347.

32 *Ibid.*, vol. III, p. 1998.

33 Je remercie P. Dandrey de m'avoir communiqué le texte encore inédit d'une conférence prononcée à l'université Jean-Jaurès (Toulouse) le 17 octobre 2016, dans le cadre du séminaire de recherche ELH « Les premiers âges du bizarre (XVIe-XVIIIe s.) » proposé par P. Chiron, Ph. Chométy et Jean-Philippe Grosperrin : « Anthropologie médico-morale du bizarre : la bigarrure et l'extravagance, d'Aristote à Molière ».

comparaison entre le roman de Scudéry et ses traductions anglaise ou allemande est significative. La traduction-continuation anglaise due à John Philipps qui paraît en 1675-1676[34] suit fidèlement le texte original, en l'amputant cependant de la plupart de ses pièces poétiques insérées (en particulier les formes les plus contraignantes, comme le sonnet) et en restreignant le champ d'application des clefs anagrammatiques ou des allusions référentielles paratopiques (les libelles écrits en l'honneur de Richelieu-Mandar en particulier sont supprimés, tels *L'Ombre du grand Mandar*, *Le Grand Exemple*, et l'épitaphe, au volume V). La continuation du roman en revanche est expédiée par la composition *ad hoc* d'un dernier livre ajouté à la troisième partie. Une seule obligation : le respect global des circonstances historiques (la conquête de Grenade par les troupes espagnoles) et de l'heureux dénouement sentimental (Libérée de Boaudilin, Almahide épouse Ponce de Léon). Philipps ne s'embarrasse en revanche ni de la structure, ni du cahier des charges narratif imposé par l'oracle initial. Il ne tient compte ni de la cohérence historique (les Zégris s'allient avec les Espagnols et précipitent la chute de Grenade), ni de la vraisemblance ou de la constance des caractères héroïques : Ponce de Léon, au mépris de la loyauté, promet son soutien à tous les partis, y compris les Maures contre les Espagnols, pour parvenir à sa fin : sauver et épouser Almahide.

Plus intéressante par conséquent est la traduction allemande. Dans son avis au lecteur, Ferdinand Adam von Pernauer constate la désuétude des longues histoires sentimentales, à la manière des *Amadis* et de l'*Argenis* de Barclay, mais il vante le fondement historique d'*Almahide*, ce qui vaudra sans doute au roman d'être rebaptisé quelques années plus tard dans une édition plus courante : *Almahide ou l'histoire de la cour royale de Grenade*[35]. Il précise qu'il a attendu plus de vingt ans après la mort de Scudéry une suite française pourtant annoncée, avant

34 *Almahide, or the Captive Queen. An excellent new romance. Never before in English. The whole work. Written in French by the accurate pen of Monsieur de Scudery governor of Nostre Dame. Done into English by J. Philips Gent*, London, printed by J. M. for Thomas Dring at the Harrow at the Corner Shop at Chancery-Lane end in Fleetstreet, 1677.

35 *Almahide oder Leibeigne Königin*, par Ferdinand Adam von Pernauer, publié en trois volumes in-octavo agrémentés de gravures sur cuivre à Nuremberg chez Johann Hofmann entre 1682 et 1696 et réédité dans une collection moins onéreuse et dépouillée de ses illustrations, sous le titre *Almahide ou l'histoire de la cour royale de Grenade* (*Almahide oder Geschichte des königlichen Hofs zu Granada*) en 1723.

de se lancer lui-même dans l'entreprise. La traduction allemande est très fidèle au texte original, certains poèmes sont supprimés comme dans la traduction anglaise, et les gravures sont modifiées au profit de planches descriptives qui donnent corps aux ecphraseis les plus fameuses du roman (les résidences de Ponce de Léon ou d'Alvare en Espagne par exemple) ou avivent ses moments dramatiques (combat, enlèvement). Le continuateur se préoccupe de dénouer l'œuvre en suivant les pas de Scudéry : il décrit un combat de taureaux que remporte un vainqueur inconnu (Almadan, l'amoureux malchanceux de Sémahis la mère d'Almahide), – occasion de développer, plus succinctement que ne l'aurait fait Scudéry, les amours d'autres couples grenadins, Amat et Cadige, Alamin et Darache. Il s'appuie sur la chronique de Pérez de Hita pour accomplir l'oracle qui voue Almahide à un sort contradictoire (elle sera musulmane et chrétienne ; reine et promise à la peine infâmante du bûcher). Il ajoute, dans les histoires intercalées uniquement, des poèmes de sa propre invention. Cependant, le continuateur s'efforce de couler la matière romanesque dans le moule de l'épopée en prose : le rythme narratif s'emballe et les deux cents dernières pages couvrent sept mois d'événements historiques. Le couple comique des rivaux amoureux est séparé, Alvare retournant en Espagne. Un récit enchâssé débrouille en effet le passé d'une fidèle servante d'Almahide, Espérance de Hita (en réalité la Princesse Hitaspe), qui procure aisément une compagne de rechange à Alvare… Enfin et surtout, comme le souligne la préface anonyme rédigée par l'éditeur en 1723, le roman est métamorphosé en triomphe de la religion chrétienne : Almahide est menacée du bûcher, moins en raison de son adultère supposé (motif forgé par Pérez de Hita) que de sa confession. Sont en effet ligués à sa perte Mohavide, le chef du parti des Zégris, et le Muphti qui oppose la loi de Dieu à la loi des hommes. Finalement Boaudilin accepte de s'allier à Turcaran, Almadan, Alvare et Pedro de Léon, pour sauver Almahide du châtiment imposé par le Muphti : il consent ainsi à l'union de la reine avec Pedro de Léon, mais surtout à la chute de Grenade, dans laquelle périssent les principaux héros grenadins. Remis sur ses rails épiques, le roman délivre ainsi trois leçons : une leçon idéologique (la suprématie de la religion chrétienne sur toute autre foi), une leçon politique (la condamnation de toute usurpation politique, Boaudilin s'étant emparé illégalement du trône de son père Muley Hazen), une leçon morale (quoique condamné politiquement, « el rey chiquito » n'est pas le tyran sanguinaire portraituré par Pérez de Hita, mais un galant homme qui renonce au pouvoir par amour, comme le prouve le « combat de générosité » final).

La confrontation des textes ne conclut pas à quelque trahison allemande des intentions originelles de Scudéry. La traduction-continuation fournit au lecteur moderne un « texte possible » qui permet de mesurer à la fois l'audace et l'aporie de l'expérience romanesque tentée par Georges de Scudéry : un roman-carrousel, qui refuse le modèle de l'épopée chrétienne pour élever un monument poétique et politique à la galanterie comme puissance de civilisation moderne, remède profane, naturel et raisonnable aux guerres civiles et aux conflits religieux.

Delphine AMSTUTZ
Faculté des Lettres de Sorbonne
Université
CELLF 16-18 (UMR 8599)

LA ROUTE POUR TENDRE ? CIRCULEZ !

C'est en allant vers la mer que le fleuve
est fidèle à sa source[1].

Tout pourrait commencer ainsi :

> [...] il y eut une certaine *constellation* qui fit que quoiqu'on ne voulût montrer cette carte qu'à peu de personnes, elle fit pourtant un si grand bruit dans le monde, qu'on ne parlait que de la Carte de Tendre[2].

Des astres à la prémonition il n'y a jamais bien loin :

> [...] l'on ne voyait alors personne à qui l'on ne demandât s'il voulait aller à *Tendre*[3].

Nous sommes dans le roman Clélie, histoire romaine, de Madeleine de Scudéry, composé de dix volumes paraissant entre 1654 et 1660. Le sous-titre est important : le cadre historique, parfaitement informé, du roman est ce moment-charnière qui va faire passer Rome de la tyrannie de Tarquin le Superbe à l'établissement de la République[4]. Mais une autre *constellation*, ultérieure, a fait que de ce fort long roman un seul élément, pourtant plutôt

---

1 Jean Jaurès, *Discours et conférences*, choix de textes et introduction par Thomas Hirsch, collection Champs classiques, Paris, éditions Flammarion, 2011, p. 210.

2 Madeleine de Scudéry, *Clélie, histoire romaine*, édition de Delphine Denis, Paris, éditions Gallimard, collection Folio classique, 2006, p. 96. C'est nous qui soulignons. Sauf indication contraire, les références au roman renverront à cette édition.

3 *Ibid., loc. cit.*

4 Dans le cadre des connaissances du siècle, et des conceptions de l'Histoire qu'on y rencontre, la documentation du roman est irréprochable. Le sérieux du roman est renforcé par ce choix de l'histoire romaine, tenue pour compendium de l'Histoire universelle, et, au sein de celle-ci, d'un moment fondateur. Sur ces questions on pourra consulter avec profit Béatrice Guion, *Du bon usage de l'Histoire – Histoire, morale et politique à l'âge classique*, Paris, éditions Honoré Champion, collection Lumière classique, n° 79, 2008.

excentrique par rapport à ce fil général, a perduré jusqu'à nous, sous des formes parfois étonnantes et intrigantes : le Pays de Tendre, justement, et sa Carte, contenue dans le premier volume, qui paraît en 1654. Le dictionnaire Furetière définissant la *constellation* comme « amas de plusieurs étoiles qui représentent quelque figure ou signe », ce qui n'est certes pas le sens métaphorique ici à l'œuvre[5], on se demandera malgré tout quelle figure, ou quel signe, la Carte peut nous re-présenter. Or l'accent dans le roman est de fait mis clairement non sur l'interprétation qui serait à donner de la Carte mais sur la question de son usage. La question essentielle n'est pas du tout, comme on le croit parfois, de savoir déchiffrer la Carte, ce qui revient à une allégorisation aussi préalable que présomptueuse, mais de savoir la déplier. La Carte, soit, mais qu'en faire ?

Une première *constellation* peut alors se dessiner, celle de toutes les personnes qui l'utilisent mal, à tort et à travers. Si tout le monde veut voir cette Carte, tout le monde ne sait pas s'en servir. Écartons pour commencer, comme le fait justement le roman, tous ceux qui n'y comprennent rien, ces « gens grossiers, stupides, malicieux, ou mauvais plaisants[6] », ainsi qu'ils sont qualifiés :

> Il y eut un homme entre les autres qui après avoir vu cette carte qu'il avait demandé à voir avec une opiniâtreté étrange [...], demanda grossièrement à quoi cela servait, et de quelle utilité était cette carte. « Je ne sais pas, lui répliqua celui à qui il parlait, après l'avoir repliée fort diligemment, si elle servira à quelqu'un ; mais je sais bien qu'elle ne vous conduira jamais à *Tendre*[7].

Leur incompréhension a du moins le mérite de divertir la petite société qui se fédère autour de la Carte, et de contribuer à l'élaboration d'un *entre-soi* :

> [...] le destin de cette carte fut si heureux, que ceux mêmes qui furent assez stupides pour ne l'entendre point, servirent à nous divertir, en nous donnant sujet de nous moquer de leurs sottises[8].

L'incompréhension va être bien plus fâcheuse pour ceux qui y cherchent désespérément l'indication : *vous êtes ici*. Ils semblent croire que la Carte

5 Et que curieusement les dictionnaires comme ceux de Furetière ou de Littré ne semblent pas, à notre connaissance, avoir enregistrée.
6 *Clélie*, *op. cit.*, p. 97.
7 *Ibid.*, p. 97-98.
8 *Ibid.*, p. 98.

les représente, eux et eux-seuls[9]. Ceux-là, ils n'y sont vraiment pas, dans tous les sens du terme ! Le cas le plus flagrant est celui du personnage d'Herminius. Ce futur consul de la République à venir, jeune Romain opposé à Tarquin, qui aime et est aimée de Valérie[10], est dans le roman le destinataire de la Carte, et du billet qui l'accompagne. Plus exactement il est celui qui aura demandé avec une insistance toute particulière ladite Carte, dont l'idée naît lors d'une conversation à plusieurs concernant les différents degrés de l'amitié, et dont la réalisation incombera lors à Clélie, comme forcée par une insistance à la limite de l'impolitesse, avec l'envoi d'un billet intempestif :

> Lorsque Clélie reçut ce billet, j'ai su qu'elle avait oublié ce qu'elle avait promis à Herminius, et que n'ayant écouté toutes les prières que nous lui avions faites, que comme une chose qui nous divertissait alors, elle avait pensé qu'il ne nous en souviendrait plus le lendemain. De sorte que d'abord le billet d'Herminius la surprit […][11].

Herminius dans cet épisode fait preuve de trop d'esprit de sérieux et de trop de gravité pour que la réponse puisse jamais le satisfaire. Ce jeune homme, qui n'est nullement le soupirant de Clélie, ni à ce moment ni à aucune autre moment du roman, est surtout pris dans la logique de l'amour-propre : admis (par la seule volonté du père, Clélius) dans le cercle amical de Clélie, et, apprenant que cette dernière distingue sept sortes d'amitié, il exige d'être d'emblée admis dans la catégorie la plus raffinée, celle de l'*amitié tendre*. L'ingénieuse réponse de Clélie, avec l'envoi de la Carte et du billet qui en explicite certains itinéraires, est un *non*, exprimé de façon aussi polie que ferme. Car en recevant la Carte, il y peut voir qu'il en est toujours à Nouvelle-Amitié, donc au point de départ : tout reste à faire : il n'aura au fond de tout l'épisode avancé ni d'une lieue d'amitié (selon les indications en légende), ni d'un

9 « Les nouvelles vont vite » en conclut ainsi le personnage fétiche de Philippe Geluck face à une telle indication (voir par exemple la couverture de l'album intitulé *Le Meilleur du Chat*, Paris, Casterman, 1993). Le recueil de poèmes de John Freeman *Maps* (Washington, Copper Canyon Presse, Port Townsend, 2017) a ainsi été tout aussi significativement traduit par Pierre Ducrozet en *Vous êtes ici*, (Arles, éditions Actes Sud, 2019).

10 Ils s'épouseront à la fin du roman. On peut souligner que Valérie est la fille (romanesque) de Valérius Publius Publicola, premier consul de Rome avec le encore plus célèbre Lucius Junius Brutus, autre personnage central du roman de Scudéry.

11 *Clélie*, *op. cit.*, p. 91.

pouce. Son impétuosité, largement soulignée dans le roman, a pour conséquence directe son … immobilisme ! Pour lui, tout reste à faire.

Une impétuosité similaire, pour ne pas dire une violence verbale donc en acte, caractérise également le personnage d'Horace[12], qui est lui un soupirant – malheureux et peu délicat[13] – de Clélie, et donc un rival d'Aronce. Après la diffusion de la Carte, il s'entretient avec Clélie, et geint : « je ne vois point de route qui me puisse conduire où je veux aller[14] ». Après avoir détaillé les trois routes principales vers Tendre, soit par Reconnaissance, par Inclination ou par Estime, il ajoute, faussement perplexe : « je ne sais enfin quel chemin prendre[15] ». Car en fait ce sont juste les Terres Inconnues qui le préoccupent, et alors que personne ne lui a rien demandé[16], il fait le difficile : « joint qu'à dire les choses comme je les pense, je ne sais si je ne veux point aller où quelque autre plus heureux que moi est déjà arrivé […][17] ». Comme Herminius, mais dans le domaine de l'amour cette fois-ci, la demande d'Horace est brutale, elle veut *forcer* Clélie, ce qui est sans doute à entendre dans tous les sens du terme, elle ne se préoccupe pas du chemin mais seulement du point d'arrivée, et la forme qu'elle emprunte contredit son apparent contenu, comme le lui fait remarquer Clélie :

> Cependant ce n'est pas ce me semble, agir fort judicieusement que de faire voir qu'on est capable d'ingratitude, lorsqu'on veut obtenir des grâces de quelqu'un[18].

Pour Horace, donc, *game over*, pour résumer certes anachroniquement la réaction de Clélie ! Et l'on pourrait lui dire de surcroît qu'il n'a pas su voir sur la Carte que le chemin qu'il empruntait délibérément était celui qui conduisait tout droit et sans rémission aucune à la Mer d'Inimitié !

---

12 Il s'agit du héros romain Horatius Coclès.

13 *Clélie*, *op. cit.*, p. 98 : « il accablait Clélie de plaintes continuelles ». Fort logiquement pour le XVIIe siècle, la violence verbale est comme le prélude naturel et obligé de la violence physique. Aussi Horace recourra plusieurs fois cette violence brutale pour enlever (ce qui est une forme symbolique du viol) Clélie et la soustraire à son rival Aronce : chacun déclare ainsi ce qu'il pense être sa flamme par des procédés fort significatifs…

14 *Ibid.*, *loc. cit.*

15 *Ibid.*, *loc. cit.*

16 Pour être juste, il a un atout, comme Herminius à sa façon, la protection de Clélius, le père, ce qui empêche Clélie de l'exclure de son groupe.

17 *Ibid.*, *loc. cit.*

18 *Ibid.*, *loc. cit.*

Une première conclusion provisoire s'impose : si vous avez besoin de la Carte pour savoir où vous (en) êtes, c'est qu'il y a un grave problème, et que le mieux pour vous serait d'abandonner. Le Pays de Tendre ne pourra vous accueillir.

En prenant le raisonnement dans l'autre sens, on constate que le Carte ne va pas non plus servir à Aronce, celui qui aime et est aimé de Clélie, car avant même son élaboration il était déjà rendu à destination, comme le dit aussi clairement que simplement Clélie au même Horace :

> Mais afin que vous ne vous imaginiez pas que je vous déguise la vérité, je vous déclare qu'il est à *Tendre*, et qu'il y sera toujours, et par estime, et par reconnaissance [...][19].

À qui quête, ou veut imposer, l'amour ou l'amitié, la Carte rendra les plus mauvais services. D'une manière bien plus triste et bien plus touchante, le plus mauvais usage de la Carte concerne ceux qui vont croire la comprendre, bien à tort, la Carte, et s'en affliger pour rien. Nous avions déjà mentionné le personnage de Valérie, qu'un amour réciproque lie à Herminius. L'épisode de la Carte de Tendre se trouve dans le premier volume de *Clélie, histoire romaine*, paru en 1654, mais c'est en 1657, soit dans le tome V, qu'elle va trouver cette Carte dans les affaires d'Herminius, conduite par toute une série de soupçons plus injustifiés les uns que les autres, mais dont la *constellation* serait par trop longue à exposer ici. Pour la résumer, elle s'est auto-persuadée qu'une histoire d'amour heureuse, réciproque et partagée unissait Herminius et Clélie (et qui lit le roman sait bien que cette histoire-là n'existe pas). La Carte va dès lors pour elle prouver la réalité de ce fantôme, Valérie croit donc non point ce qu'elle voit, mais ce qu'elle croit voir :

> [...] elle déplia la Carte de Tendre. Mais lorsqu'elle jeta les yeux sur cet endroit, où au partir de Nouvelle Amitié, ceux qui prennent trop à droit s'égarent, et vont à Négligence, à Inégalité, à Tiédeur, à Légèreté, à Oubli, et au lac

19 *Ibid.*, p 99. Cette tranquille assurance de Clélie appelle trois remarques : il y a au pays de Tendre plus de chemins possibles que ceux indiqués dans le billet qui accompagne la Carte ; ce qui rend, à ce stade du roman, impossible l'embarquement pour les terres Inconnues, ce n'est point une idéologie (ou une marotte) amoureuse, celle de l'amour sans le corps, mais tout prosaïquement, et l'on retrouve encore cet encombrant personnage, les diktats de Clélius, en l'occurrence que son futur gendre soit nécessairement un Romain opposant à Tarquin, et Aronce est (toujours à ce stade du roman) d'origine inconnue, donc inépousable. Enfin le Pays de Tendre est le seul espace d'autonomie pour Clélie.

> d'Indifférence ; voilà tous les lieux où il a passé pour moi, s'escria-t-elle, et où je ne puis passer pour lui ; et plût aux Dieux que je pusse seulement être infidèle à sa mémoire, et n'être point constante pour un inconstant qui n'est plus. Ensuite regardant ce fleuve d'inclination par où l'on va si vite à Tendre, elle en détourna promptement les yeux, comme si cet objet lui eût reproché la violente inclination qu'elle avait eue pour Herminius. Joint que trouvant en effet quelque invention, et quelque esprit en cette Carte, malgré sa douleur et sa colère, elle en eut un dépit qui augmentant sa jalousie, augmenta son désespoir. Si bien que ne pouvant la considérer davantage, elle la rejeta brusquement sur la table où elle l'avait prise, et se tournant de l'autre côté, sembla ne vouloir plus regarder toutes ces prétendues marques de l'infidélité d'Herminius. Cependant lorsque Flavie voulut les reprendre, elle s'y opposa ; et sans savoir elle-même, si elle voulait encore les voir, ou si elle voulait qu'on les rendît, ou qu'on ne les rendît pas, ou si elle les voulait rompre, elle les reprit des mains de Flavie, et après les avoir regardées confusément, elle les rejeta tout d'un coup à son Amie, qui les serra pour les rendre à Emile, qui n'avait fait que les prêter[20].

On souffre d'autant plus ici avec le personnage que toute sa lecture de la Carte est fausse, ce qu'il lui faudra quelque temps pour comprendre.

Le roman dresse ainsi toute une collection de mauvais regardeurs. Ils y cherchent tous une vérité, une vérité d'ordre personnel et psychologique, c'est-à-dire quelque chose de fixe, de stable, et tous, aussi différents soient-ils, s'y trompent. Ce sont des regards immobiles face une carte qui serait elle-même immobile. C'est sans doute leur conception du signe qui pose problème : ce sont des sémiologues bien défectueux.... Ce sont de mauvais regardeurs, quelque peu fétichistes peut-être, en tout cas ils ne regardent pas où il faut, et ne regardent pas comme il faut, ne voyant dans la carte finalement pas du tout ce qu'elle représente, ce dont elle est le signe (un Pays), mais une bien chimérique géomancie sentimentale, comme Horace ou Valérie, l'image-miroir de leur amour-propre (Herminius) ou de leur ignorance (l'homme grossier), ou encore de leur malveillance (les malicieux et les mauvais plaisants), et l'on sait que cette dernière catégorie sera pléthore, de la parution du roman jusqu'à aujourd'hui. Mais tous ont un point commun : il figent le sens de la Carte dans un essentialisme, ils la nient comme Pays, ils la nient comme signe, ils la nient comme espace à parcourir.

---

20 Madeleine de Scudéry, *Clélie, histoire romaine*, Tome V, Paris, Augustin Courbé, 1657, p. 460-462.

Une seconde conclusion s'articule à ce premier constat : l'objet de la Carte n'est pas l'amour, mais bel et bien l'amitié. La Carte n'est en rien programmatique, ni d'une histoire d'amour potentielle, ni encore moins du roman alors à venir, puisque l'on en est au premier tome. Aronce est déjà à Tendre, comme nous l'avons vu, bien avant donc la Carte, et les obstacles dressés au mariage de Clélie et d'Aronce ne sont pas sur la Carte : ils se nomment tremblements de terre, enlèvements, et surtout guerre civile pour chasser Tarquin (et ses alliés étrusques) du trône. La géopolitique du roman n'a rien à voir avec la Carte, chacun de ces deux espaces est clairement le hors-champ de l'autre.

Certes la Doxa concernant la Carte maintient le contraire, mais force est de constater à quel point elle est textuellement bien désinvolte. Aveuglée comme le personnage de Valérie par ses convictions, elle ne voit ni le texte ni la Carte. Ainsi à l'exposition *Amour* du musée du Louvre-Lens, le cartel présentant le premier volume de *Clélie, histoire romaine* avec la Carte dépliée était rédigé ainsi :

> Conçue dans le récit pour indiquer au soupirant de Clélie quel chemin emprunter pour gagner son cœur, la Carte de Tendre place au centre de la relation amoureuse les étapes d'une progression pensée comme un voyage.

Tout y est factuellement faux, comme on l'a pu constater. Le catalogue de la même exposition – catalogue qui fait si grand cas de la Carte qu'il s'ouvre et se clôt en pleine double page sur elle – n'est guère plus sûr. On y apprend par exemple avec surprise que « Tendre-sur-Inclination incarne le flot de l'amour-passion et de ses dangers[21] », ou encore qu' « adopter la forme d'une carte atteste de l'utopie[22] ».

---

21 *Amour –Une histoire des manières d'aimer*, sous la direction de Zeev Gourarier Paris-Lens, Éditions Lienart / Musée du Louvre-Lens, 2018, p. 218. Le roman dit tout le contraire (*Clélie*, édition Folio, p. 93 : « comme elle a présupposé que la tendresse qui naît par inclination, n'a besoin de rien autre chose pour être ce qu'elle est, Clélie, comme vous le voyez, Madame, n'a mis nul village, le long des bords de cette rivière, qu'on n'a que faire de logement le long de ses rives, pour aller de *Nouvelle Amitié* à *Tendre* »), ce qui signifie bien qu'Amitié ou Amour il existe une voie immédiate, irréversible, et tranquille/paisible. Les autres routes usent donc de prothèses (les villages) S'il y a effectivement de « l'impétueuse passion », c'est dans la Mer d'Inimitié qu'on la trouvera (*op. cit.*, p 95). C'est ici toute la logique, au long cours historiquement parlant, qui oppose l'eau salée, dangereuse, et l'eau douce, paisible…

22 *Ibid.*, *loc. cit.* Ceux qui travaillent sur les cartes ne pensent pas de même, citons quelques parutions récentes qui le démentent bien explicitement : Julien Béziat,

À quoi peut bien alors servir la Carte dans ces conditions ? C'est qu'il est un tout autre usage, dans le roman, de la Carte, et l'on aura déjà pu noter dans les citations qui précèdent l'insistance mise sur la matérialité de l'objet, à travers le couple verbal déplier/replier. Le premier usage de la Carte, c'est donc d'y voir … une carte. C'est donc agir avec un bon sens tout post-cartésien :

> Quand on ne regarde un certain objet que comme en représentant un autre, l'idée qu'on en a est une idée de signe et ce premier objet s'appelle signe. C'est ainsi qu'on regarde d'ordinaire les cartes et les tableaux.

Et c'est ainsi, par cette citation de *La Logique ou l'art de penser* d'Antoine Arnauld et Pierre Nicole, dite *Logique de Port-Royal* (première édition sans nom d'auteur, 1662), que Louis Marin ouvrait sa réflexion intitulée « À propos du signe naturel : cartes et tableaux[23] ». Voir la Carte, c'est alors voir le Pays. La Carte de Tendre montre le Pays de Tendre, comme une de carte de France montre la France, ou un portrait du Roi montre le Roi.

Voir le Pays de Tendre, c'est, du moins pour certains, justement avoir envie de voir du pays : en y rêvant, ou, mieux ou moins bien selon les sensibilités, en y voyageant. Bien voir la Carte, ce serait partir pour Tendre, aller à Tendre. Et c'est exactement ce qui se passe, pour la majorité des regardeurs de la carte :

> Tout ce qu'il y avait de gens d'esprit à Capoue, écrivirent quelque chose à la louange de cette *Carte*, soit en vers, soit en prose ; car elle servit de sujet à un poème fort ingénieux, à d'autres vers fort galants, à de fort belles lettres, à de fort agréables billets, et à des conversations si divertissantes, que Clélie soutenait qu'elles valaient mille fois mieux que sa carte ; et l'on ne voyait alors personne à qui l'on ne demandât s'il voulait aller à *Tendre*. En effet cela fournit durant quelque temps d'un si agréable sujet de s'entretenir qu'il n'y eut jamais rien de plus divertissant[24].

La carte à l'œuvre. Cartographie, imaginaire, création, Pessac, Presses universitaires de Bordeaux, 2014, Jean-Marc Besse et Gilles A. Tiberghien (dir.), *Opérations cartographiques*, Arles, éditions Actes Sud, 2017, ou encore Frédérique Aït-Touati, Alexandra Arènes et Axelle Grégoire, *Terra forma – Manuel de cartographies potentielles*, Paris, éditions B 42, 2019.

23 Louis Marin, *Études sémiologiques – Écritures, peintures*, Paris, Éditions Klincksieck, 1971, p. 159-188.

24 *Clélie*, *op. cit.*, p. 96.

On voit le changement qui s'est opéré : il ne s'agit plus de chercher dans la Carte un secret sur soi (où en suis-je ? qui aime qui ? qui en est aimé ? à quoi ça sert d'aimer ? comment aimer ?), ou encore la frustration supposément platonique, la pruderie, voire la peur de la sexualité, révélée alors au grand jour, mais de façon plus audacieuse et plus libre d'aller s'y déplacer, d'y circuler, seul ou à plusieurs. La Carte n'est dogmatique ni dans sa signification, ni dans les chemins qu'elle trace. Du reste il n'y en pas, car si le billet par lequel Clélie accompagne la Carte envisage plusieurs chemins – au moins six si l'on compte bien, ce nombre n'épuise pas pour autant toutes les possibilités : ainsi Aronce serait passé par Estime *et* par Reconnaissance, qui, comme Méséglise et Guermantes ne sont finalement pas des points opposés. Il est est aisé de voir qu'ont donc eu singulièrement tort les critiques qui ont réduit la Carte aux itinéraires indiqués dans le billet, et qui ont voulu coûte que coûte les essentialiser et les opposer ces itinéraires. Le Pays de Tendre, à l'image de tous ces villages-étapes qu'un rien distingue, nécessite le sens des nuances, des raccourcis, et des voies buissonnières, ils invite à l'initiative, à l'aventure, à l'invention.

Tout ceci est d'autant plus aisé à affirmer que ces textes ainsi produits, antérieurs à la parution du roman, qui s'en fait la chronique déguisée, nous les connaissons : *Gazette de Tendre*[25], *Relation de ce s'est depuis passé à Tendre avec le discours que fit la souveraine de ce lieu aux habitants de l'ancienne ville*[26], *Le Décrotteur de Tendre*[27], ainsi que toute une série de poèmes. Ces relations de voyage ont été produites dans le salon de Madeleine de Scudéry et de son entourage, et on va continuer à en trouver, dans divers recueils, comme dans les cinq volumes du *Recueil de pièces en prose, les plus agréables de ce temps, composées par divers auteurs* (publiés à Paris chez Charles de Sercy en 1659 et 1663) pendant au moins une bonne dizaine d'années, y compris, bien entendu, des satiriques. Mais de notre point de vue (qui ne serait sans doute pas celui de l'autrice) peu importe : tous sont allés à Tendre, toutes et tous se sont déplacés, y ont circulé. Peu importe au fond l'appréciation qu'ils font de ce Pays,

25 Scudéry Madeleine de, Pellisson Paul, et leurs amis, *Chroniques du samedi suivies de pièces diverses* (1653-1654), édition établie et commentée par Delphine Denis, Myriam Maître et Alain Niderst, Paris, éditions Honoré Champion, 2002, p. 306-321.

26 *Ibid.*, p. 321-326.

27 *Ibid.*, p. 326-329.

positive ou négative, tranchée dans l'un des deux sens, ou nuancée : ils attestent tous de son existence. Le titre même du texte source, qui est la première version attestée de ce Pays, le programmait bien ainsi : *Discours géographique pour l'utilité de ceux qui veulent apprendre la Carte pour aller de Particulier à Tendre*[28]. Ici encore, on le voit, le maître-mot, c'est le verbe *aller*. Si l'on tient à tout prix à nommer la vérité de la Carte, on dira *mouvement*, on dira *déplacement*.

Le Pays de Tendre n'apparaît plus alors comme un pays *imaginaire*, mais plutôt comme un pays *imaginé*. Cette reformulation est tactique : à l'imaginaire sont attachées encore beaucoup trop, et bien malheureusement, de sens négatifs dans l'usage courant, alors que les mathématiques, ou des penseurs comme Sartre ou Lacan, et la littérature, lui ont donné bien d'autres valeurs ! Du reste il se publie, universitairement parlant, des études fort sérieuses sur des pays étonnants : le géographe Alain Musset, spécialiste des Amériques – notamment urbaines, peut consacrer tout un ouvrage savant à la planète-capitale de la République dans l'univers *Star Wars*, Coruscant[29], des linguistes se spécialiser dans les langues elfiques « imaginées » par Tolkien[30], et Jean-Claude Milner étudier les sciences morales et politiques du côté de Poudlard[31]. Mais Pays *imaginé* est aussi une qualification plus juste, dans la mesure où toutes ces relations mentionnées dans le roman *Clélie* de ceux qui sont allés à Tendre, de toutes ces voyageuses et ces voyageurs, *augmentent* la connaissance que nous en avons. Dans le premier usage, celui qui concernait Herminius et les autres, nous avions affaire à des spectateurs et des spectatrices de la Carte ; dans ce second usage, au sens étymologique du terme du mot (l'*auctor* est celui qui augmente, qui agrandit), nous

28 *Ibid.*, p. 285-289.

29 Alain Musset, *De New-York à Coruscant – Essai de géofiction*, Paris, PUF, 2008. (et depuis *Station Metropolis direction Coruscant Ville, science-fiction et sciences sociales*, Saint-Mamès (France), éditions Le Bélial', 2019.

30 Outre les nombreuses publications et activités d'un Damien Bador (qui anime de nombreuses conférences, mais aussi des ateliers d'écriture !) et celles d'un Edouard Kloczko (dont *Le haut-elfique pour débutants, contenant tout ce qui est nécessaire pour comprendre la langue quenya de J. R. R. Tolkien*, Paris, Éditions Jean-Louis Fetjaine, 2012, édition revue et augmentée par l'auteur en Pocket 2015), on compte de nombreux dictionnaires et des sites, y compris de traduction automatique. Ces langues, indéniablement, *existent* : on les étudie, on les pratique….

31 Jean-Claude Milner, *Harry Potter à l'école des sciences morales et politiques*, Paris, Presses Universitaires de France, 2014.

avons plutôt affaire à des autrices et des auteurs du Pays. La réalité du Pays de Tendre s'augmente de chacun de ces voyages, et il ne tient qu'à nous-mêmes – la Carte nous étant à nous aussi donnée, offerte – d'aller du côté de Tendre, et ainsi de participer à cette création collective, la Carte étant, pourrait-on dire dans le lexique d'aujourd'hui, participative. Tendre relèverait alors, vu selon cette perspective, de ce que David Lapoujade nomme des existences moindres[32]. Moindre, certes, existante tout de même. C'est un Pays qui s'invente ainsi au fur et à mesure de sa réception, comme il le fit tout au long de l'œuvre de Scudéry.

Ce que promet la Carte, c'est un espace de circulation, sans entraves, contrairement justement aux autres espaces du roman, plus contraints, plus clôturés, Tendre est un espace de liberté au sein d'espaces d'aliénations, Tendre est dans le monde, celui de la brutalité masculine et de la guerre civile, mais autrement[33]. Il est bien naturel dans ces conditions, et tout à fait logique, que Tendre ne soit pas une île, contrairement aux autres cartes auxquelles on veut souvent le comparer ou le confronter, comme le Royaume d'Amour de Tristan l'Hermite, ou le Royaume de Coquetterie d'Aubignac, et que partant il ne puisse être au sens strict du terme être tenu pour une utopie. Tendre est rattaché au continent, tout comme l'espace social, amical, qu'il décrit existe ou peut exister, réellement, dans la société, hétérotopiquement, si l'on veut : Tendre, c'est une forme de réalité augmentée. Il n'y a donc pas que l'objet Carte qui franchisse allègrement la frontière supposée exister entre fiction et réalité, en se retrouvant réellement devant nous, dans nos mains et sous nos yeux ; l'effet-métalepse, et métalepse réussie – pas une fiction dans la fiction, comme dans l'exemple maintenant devenu canonique de *La Rose pourpre du Caire* de Woody Allen – c'est peut-être le roman tout entier.

Revenons donc maintenant au roman lui-même. La Carte, nous l'avons dit, (contrairement à ce qu'on entend encore bien souvent, mais « glissez, mortels, n'appuyez pas[34] », et restons charitables en ne

32 David Lapoujade, *Les existences moindres*, collection Paradoxe, Paris, éditions de Minuit, 2017.

33 Que les pères et les maris soient dans le roman qualifiés de tyrans (au moins potentiels, mais souvent bien réels) fait de Tarquin le Superbe non point une exception mais l'exemple le plus accompli de ce monde tel qu'il va mal. Le point de bascule de l'Histoire, comme du roman, est le viol de Lucrèce par Sextus Tarquin : ce monde est brutal.

34 « Sur un mince cristal l'hiver conduit leurs pas : / Le précipice est sous la glace ; / Telle est de vos plaisirs la légère surface. / Glissez, mortels, n'appuyez pas », *Les Patineurs*,

donnant pas de nom) ne concerne en rien le fil du roman héroïque qui pourrait se résumer ainsi : Clélie et Aronce s'aiment et se marient – il faut bien dix volumes pour cet argument aussi palpitant... La Carte n'est donc pas une Carte d'Amour ! Elle concerne encore moins le cadre général du roman : ce n'est pas la Carte de Tendre qui va renverser la tyrannie de Tarquin, et encore moins établir les lois de la République romaine. C'est l'héroïsme de Lucrèce. Et là ni *Complaisance*, ni *Billets Doux*, ni *Jolis Vers*... La Carte n'est donc pas du tout essentielle aux intrigues du roman.

Mais elle est sans doute révélatrice d'un fonctionnement particulier des romans, et peut-être plus particulièrement des longs romans. C'est le dernier des longs romans de Madeleine de Scudéry, après elle passera à d'autres formes innovantes, *Célinte* en 1661, *Mathilde d'Aguilar* en 1667, *La Promenade de Versailles* en 1669[35] et c'est (plus ou moins) le dernier des longs romans du dix-septième siècle français tout court. Ce sont les dernières lueurs, effectivement, du crépuscule. L'heure où justement les constellations vont bientôt apparaître dans le ciel... Ce crépuscule, comme l'automne du Moyen-Âge de Huizinga, « cette saison où semblent s'exaspérer toutes les fécondités et toutes les contradictions de la nature », comme le dit Jacques Le Goff dans une préface à cet ouvrage, citant aussitôt Agrippa d'Aubigné (« Une rose d'automne est plus qu'une autre exquise »)[36]. Je voudrais terminer par un aspect de ces longs romans, ici jetant leurs derniers feux, leurs plus belles magnificences[37].

Le roman peut apparaître ici comme une sorte de grande garde-robe d'identités à endosser, on pourrait dire autrement que le lecteur de roman possède des identités multiples, dans une porosité

quatrain attribué à Pierre-Charles Roy (1683-1764). On sait qu'il s'agissait d'une des phrases favorites de la grand-mère de Sartre, à ce qu'il rapporte dans *Les mots*.

35 De ce point de vue ce n'est rendre justice ni à Scudéry ni à La Fayette de faire croire qu'enfin en 1678 La *Princesse de Clèves* et la première en France mit fin aux longs romans...

36 Johan Huizinga, *L'automne du Moyen-Âge*, Paris, éditions Payot, 1975, p. VII. Le vers en question se trouve dans la section « Les feux » des *Tragique*, vers 1233. Une telle sensibilité pourrait se rapprocher, dans un tout autre contexte culturel, à Ryoko Sekiguchi, *Nagori : la nostalgie de la saison qui vient de nous quitter*, Paris, éditions P.O.L., 2018.

37 Pour toutes les richesses esthétiques, morales et savantes du genre, on se reportera avec profit à l'ouvrage de Marie-Gabrielle Lallemand, *Les Longs romans du XVIIe siècle – Urfé, Desmarest, Gomberville, La Calprenède, Scudéry*, collection Lire le XVIIe siècle n° 21, Paris, éditions Classiques Garnier, 2013.

étonnante entre fiction et réalité. Dans *Clélie, histoire romaine* il y a des vrais morceaux de réalité (comme ces yaourts qui nous proposaient publicitairement d'avoir de vrais morceaux de fruits, ou ces films qui se targuent d'être fondés sur faits vrais), qui sont à la fois venus du passé lointain (l'Histoire romaine, ici, et l'on ne prendra pas en défaut Scudéry sur ce point) et d'un passé si récent qu'il est presque encore présent, tout ce qui ressort de la chronique mondaine, comme la Carte de Tendre, événement mondain de salon avant de passer dans le roman, ou pour rester dans la création spatiale, les maisons et les jardins. Qui s'est jamais rendu au château de la Bâtie d'Urfé n'aura pas manqué d'éprouver des sentiments bien étonnés, à se retrouver par exemple devant la Fontaine de la Vérité d'Amour. Réversiblement on va dans l'autre sens se retrouver dans la réalité avec de vrais morceaux de roman, des codes, des comportements, des modèles, mais aussi des conversations à poursuivre, et peut-être surtout des chemins à inventer, des chemins à s'inventer – et qu'est-ce qui pouvait réellement mieux le signifier que la Carte, puisque chaque lecteur la tient réellement, *pour de vrai* : elle peut donc circuler jusqu'à nous, iconographiquement, ou comme un syntagme, qui conserve encore aujourd'hui son aura, sa puissance circulante, sa puissance à produire de nouvelles formes de circulation. – sa puissance à modifier les espaces, comme la ville, comme le corps…

On terminera donc logiquement par une répercussion toute récente d'un tel mode de fonctionnement de ces œuvres vraiment ouvertes, comme aux quatre vents, avec Claire Richard. Elle a publié un court récit intitulé *Les chemins de désir* (terme utilisé pour désigner les chemins alternatifs que, mot horrible, les « usagers » inventent à la place de ceux que les urbanistes ont prévu pour eux, consacré disons à une autobiographie de ses fantasmes et de son propre rapport à la pornographie : « […] soyons honnêtes, on ne peut pas se fier aux rencontres entre carcasses pour explorer l'infini champ de ses fantasmes[38] » – le récit s'ouvre sur toute une série de questions, et comme magnétiquement arrive ce qui ne pouvait pas manquer de survenir :

38 Claire Richard, *Les chemins de désir*, collection Fiction & Cie, Paris, éditions du Seuil, 2019, p. 11.

> Et ces réponses, si on les relie comme un jeu pour enfant ou une constellation, dessinent une carte du Tendre du corps fantasmatique [...][39].

D'une constellation à l'autre, mais c'est toujours la même, la boucle est ainsi non point bouclée, mais infiniment dénouée...

Frédéric BRIOT
Univ. Lille, ULR 1061 – ALITHILA – Analyses Littéraires et Histoire de la Langue, F-59000 Lille, France

39 *Ibid.*, p. 12. C'est nous qui soulignons.

DANS QUEL SENS TOURNE LA CLEF DES ROMANS SCUDÉRIENS ?

Histoire et fiction dans *Cyrus* et *Clélie*

Je me permets d'évoquer pour commencer le souvenir, déjà lointain, du plaisir presque honteux que j'ai pu prendre à chercher les clefs de *La Précieuse* de Michel de Pure, en marge de l'édition que je faisais de ce roman. En marge, tant cette activité coupable me paraissait largement secondaire, voire superfétatoire dans le travail critique. La difficulté intrinsèque à démêler ces serrures soigneusement verrouillées par le romancier, le rendement herméneutique très incertain, ainsi qu'une réticence éthique aussi bien qu'esthétique à traquer ainsi le référent probable de cette satire amusée m'ont fait abandonner assez vite ce type de recherche. Mais il m'en est resté le sentiment très vif (et d'ailleurs délibérément orchestré par le malicieux abbé de Pure) de la curiosité frustrée, et la certitude qu'il s'agissait d'un « protocole interprétatif[1] » absolument essentiel pour ce roman, qui présente par ses mises en abyme une réflexion méta-poétique sur lui-même, mais aussi sur les romans de l'époque, et très probablement sur la *Clélie*.

Les travaux sur les clefs ont depuis assoupli la condamnation prononcée jadis par Riffaterre et Barthes[2]. L'interprétation des clefs n'est plus considérée comme un simple mouvement de « rabattage » de la fiction sur le réel, et ces études ouvrent sur d'autres manières de lire les rapports entre faits et littérature, celle-ci cessant aussi d'être assimilée

1 Anna Arzoumanov, *Pour lire les clefs de l'Ancien Régime*, Paris, Classiques Garnier, 2013.

2 Bernard Beugnot, « Œdipe et le Sphinx : essai de mise au point sur le problème des clefs au XVIIe siècle », [1982], repris sous le titre « Œdipe et le Sphinx des clés » dans *La Mémoire du texte*, Paris, H. Champion, 1994, p. 227-242 ; Delphine Denis, *Le Parnasse galant. Institution d'une catégorie littéraire au 17e siècle*, Paris, H. Champion, 2001 ; Marc Escola et Mathilde Bombart [dir.], *Lectures à clefs, Littératures classiques* n°54, printemps 2005 ; Anna Arzoumanov, *op. cit.* ; Françoise Lavocat, *Fait et fiction. Pour une frontière*, Paris, Seuil, 2016 ; Michel Murat, *Le Romanesque des lettres*, Paris, Corti, 2018, p. 131-186 et *passim.*

et réduite à la fiction narrative. Une approche discursive des clefs paraît notamment le moyen de mieux rendre compte d'un type de lecture, d'examiner ses usages dans le temps et de rendre ainsi moins rigide peut-être la partition entre philologie et actualisation.

Les romans de Madeleine de Scudéry comportent à cet égard des spécificités, qu'ils peuvent partager avec d'autres romans du temps, mais rassemblées ici de façon peut-être unique : un auteur à clef inscrit dans sa propre fiction, une double référentialité des personnages, qui appartiennent à la fois à l'Histoire et au monde contemporain, des clefs élogieuses qui circulent entre fiction et usages mondains. Pour ce dernier point, les études récentes soulignent toutes au contraire le lien, de loin le plus fréquent, entre clefs et satire : le voilement du nom et les divers procédés de déguisement de la personne dans le personnage procèdent d'une visée essentiellement maligne, le plaisir de la satire venant pimenter celui, plus éphémère et plus fragile, de l'énigme. On comprend dès lors la raison pour laquelle les clefs des romans scudériens n'ont pas intéressé les imprimeurs de l'époque, avides au contraire de publier les prétendues clefs de La Bruyère par exemple : les portraits de ses contemporains, que la romancière elle-même dit avoir insérés dans *Cyrus* et *Clélie*, sont en effet des éloges sous un voile très transparent, et n'offrent donc guère le plaisir d'arracher le masque et de mordre. A. Arzoumanov reconnaît cette spécificité, qui légitime qu'elle écarte les romans de Scudéry de son étude, dont la dernière partie explore les liens des clefs avec la satire[3].

La question de l'auteur ou des auteurs de ces romans (qu'ils soient affichés, dissimulés, plus ou moins avoués, ou qu'il s'agisse d'attributions par la critique à des périodes diverses) me semble encore en lien étroit avec le fonctionnement à clefs : la connivence créée par le déchiffrement contemporain ou la reconnaissance d'une intention dans la lecture philologique présupposent une figure et une fonction d'auteur, mais contribuent aussi à les construire. La redécouverte des *Chroniques du Samedi* et d'autres documents qui permettent d'attester l'auctorialité de la seule Madeleine pour les deux romans, ou du moins d'exclure largement (mais pas totalement) Georges de leur conception et de leur rédaction, éclaire de façon nouvelle peut-être le jeu de la fiction et de la référence dans ces textes, et je me pencherai à ce propos sur la célèbre

3 A. Arzoumanov, *op. cit.*

« Histoire de Sapho » qui clôt le *Cyrus*, clef et ébauche de métalepse qui suggère qu'un personnage de la fiction pourrait être l'auteur même de cette fiction.

Une autre spécificité encore, que *Cyrus* et *Clélie* partagent cependant avec au moins *L'Astrée* et bien d'autres romans du temps, consiste dans la double référence historique possible de certains noms : le personnage de Cyrus renvoie à la fois au héros antique et sans doute à Condé, celui de Sapho à la fois à la poétesse grecque contemporaine de Cyrus et à l'auteur même du roman où elle apparaît. Sans être radicalement incompatibles, comme en témoigne la lecture « tranquille » de la plupart des contemporains, ces doubles références mettent en tension la vraisemblance : elles fournissent à Boileau le cœur de sa condamnation des romans scudériens[4].

Il semble donc utile, à la lumière de travaux récents, de revenir sur cette question en dépassant l'opposition entre lecture poétique, littéraire et lecture littérale, référentielle, opposition qui n'est que partiellement résolue par la notion de « figuration galante » développée par Delphine Denis[5]. La fiction scudérienne est fondamentalement hybride, estime Marie-Gabrielle Lallemand, et installe une circulation complexe entre deux référents historiques, le cadre antique emprunté à l'historiographie et le monde de la romancière[6]. Il n'est pas certain que ce type de fiction permette de construire un monde habitable par ces entités perçues comme hétérogènes : seule la lecture à clefs permet alors de saisir le monde partiellement fictionnel mais véritablement *littéraire* que bâtit Madeleine de Scudéry, et d'y trouver le plaisir du « romanesque des lettres » qu'évoque Michel Murat, sans lequel le roman est peut-être tout simplement illisible[7].

Si l'on assigne à la lecture à clefs une dimension nécessairement satirique et que l'on fait de leur décodage un processus de référencement qui annule la fictionnalité et du même coup la littérarité, il est certain qu'on ne peut parler de clefs de *Cyrus* et de *Clélie*. Ce qui est certain en revanche est la mention, par la romancière et par les

4 Nicolas Boileau, *Les héros de romans. Dialogue à la manière de Lucien*, dans *Œuvres*, Sylvain Menant (éd.), Paris, GF, 1969, t. II, p. 189-219.

5 Delphine Denis, *op. cit.*

6 Marie-Gabrielle Lallemand, *Les longs romans du XVIIe siècle. Urfé, Desmarets, Gomberville, La Calprenède, Scudéry*, Paris, Classiques Garnier, 2013.

7 Michel Murat, *op. cit.*

lecteurs du temps, de ces correspondances et d'un désir de leur décodage, lorsque celui-ci pouvait s'avérer délicat. Lafayette, Huygens, le duc de Braunschweig-Lüneburg mais aussi La Calprenède, Sorel, Furetière, Tallemant, Mlle Lhéritier, Racine, Boileau attestent de ce désir de clefs, ou affirment leur existence. Madeleine de Scudéry, dans une lettre tardive à Taisand, offre une réponse ambiguë à sa demande de clefs, qu'elle refuse :

> [...] la raison de ce refus est que je n'ai jamais donné de clef ni de *Cyrus*, ni de *Clélie*, et que je n'en ai pas moi-même. J'ai fait les portraits de mes amis et de mes amies, selon l'occasion qui s'en est présentée, et la description de quelques-unes de leurs maisons, sans aucune liaison aux aventures qui ne sont fondées que sur la vraisemblance.
>
> Si Mlle Bossuet a de la curiosité pour quelques noms, je rappellerai ma mémoire pour la contenter. [...] M. de Condom, son frère, pourroit savoir de M. de Montausier que je dis vrai lorsque je vous assure que je n'ai point donné de clef de ces ouvrages-là[8].

La romancière ne nie nullement la correspondance entre personne et personnage, et ne se refuse pas à l'établir explicitement pour une personne particulière qui ne semble pas en mesure de lever l'énigme des noms par elle-même. Mais en dépit du caractère pourtant élogieux des portraits, elle n'a pas jugé utile ou opportun d'établir une clef au sens textuel, c'est-à-dire une liste, manuscrite ou imprimée. Si clefs il y a donc, comment les lisait-on, et comment les lire aujourd'hui ?

Alain Niderst propose une lecture historique qui identifie les « personnes réelles » sous les noms de convention et qui garantit ce décodage par la production d'une masse archivistique : la lecture savante ainsi proposée ne se trouve pas explicitement liée aux questions du plaisir esthétique et de l'utilité morale[9]. De façon diamétralement opposée, René Godenne défend une lecture qui, refusant toute clef et niant même leur existence, s'attache à la « fiction pure » et à la seule « leçon morale » déductible de portraits vraisemblables et « conformes au cœur

8 Rathery et Boutron, *Mademoiselle de Scudéry, sa vie et sa correspondance, avec un choix de ses poésies* [Paris, 1873], Genève, Slatkine Reprints, 1971, p. 296.

9 Alain Niderst, *Mademoiselle de Scudéry. Paul Pellisson et leur monde*, Paris, PUF / Publications de l'Université de Rouen, 1976 ; « Madeleine de Scudéry, construction et dépassement du portrait romanesque », dans *Le Portrait littéraire*, K. Kupisz, G.-A. Pérouse et J.-Y. Debreuille (éd.), Presses universitaires de Lyon, 1988, p. 107-119.

humain[10] ». La stérilité du débat tient en partie au fait que ses partis prenants partagent les mêmes prémisses, à savoir l'opposition entre le texte littéraire, largement assimilée au texte fictionnel, et le document, perçu comme strictement factuel, chacun de ces types de textes relevant de lectures radicalement distinctes. À cet égard, la position de Jean Mesnard sur les clefs de *Clélie* nous semble plus féconde, dans la mesure où le critique souligne la dimension « polyphonique » du roman, et propose donc au lecteur de tenir ensemble ses quatre grandes composantes que sont l'Histoire, la fiction, la morale et l'actualité, auquel s'ajoute le « jeu social[11] ». Et J. Mesnard conclut : « La société dépeinte par Mlle de Scudéry ne se situe pas seulement dans l'ordre de la réalité, mais dans celui du rêve[12]. »

Dans *Le Romanesque des lettres*, Michel Murat ouvre la voie peut-être à un dépassement. Ce qu'il appelle le « romanesque des lettres » est ce « tête-à-tête de la littérature et du réel – un réel qui est lui-même pénétré de littérature. À travers cette frontière poreuse se rencontrent une expérience littéraire et une idée de la vie[13] ». Murat propose donc de lire toute la vie des lettres (œuvres, interprétations, mémoire de la vie littéraire) « *comme un roman*, en nous souciant de l'intérêt qui nous attache et du plaisir qui nous rétribue[14] ». Cette proposition me semble d'autant plus pertinente pour le XVIIe siècle que c'est en effet largement de cette manière que Madeleine de Scudéry et ses amis envisagent les relations de la fiction avec la vie littéraire au sens plus large.

Delphine Denis avait utilisé la notion « d'archive » pour promouvoir une approche discursive d'un phénomène comme la galanterie, dans le souci de ne pas introduire de hiérarchisation ni de différenciation

---

10 René Godenne, *Les romans de Mademoiselle de Scudéry*, Genève, Droz, 1983, p. 197-207 ; « Pour une seconde remise en cause des clés supposées des romans de Mademoiselle de Scudéry », dans *Lectures à clefs*, *op. cit.*, p. 245-255.

11 Jean Mesnard, « Mademoiselle de Scudéry et la société du Marais », dans *Mélanges offerts à Georges Couton*, Paris, PUF, 1981, p. 169-188 ; « Pour une clef de *Clélie* », dans *Les Trois Scudéry*, Alain Niderst (éd.), Paris, Klinksieck, 1993, p. 371-408, citation p. 403.

12 *Ibid.*, p. 404. On trouve une réflexion semblable chez Muriel Bourgeois, à propos des romans de Madeleine de Scudéry : « Les grandes figures de l'histoire invitent le public mondain aux vertiges abandonnés de la rêverie. » (Muriel Bourgeois, « Histoire et fiction. Un débat théorique à l'âge classique », dans Alexandre Gefen et René Audet (dir.), *Frontières de la fiction*, Québec/Bordeaux, Éditions Nota Bene / Presses universitaires de Bordeaux, 2001, p. 225-243, citation p. 236).

13 Michel Murat, *op. cit.*, présentation.

14 M. Murat, *op. cit.*, p. 7.

artificielles et anachroniques entre les différents témoignages des activités littéraires et mondaines et les textes littéraires eux-mêmes, cette absence de distinction étant définitoire précisément de la galanterie[15]. Sans utiliser la notion « d'archive », en raison peut-être de ses connotations documentaires, Murat envisage aussi la globalité de l'activité littéraire, d'un point de vue discursif, mais en mettant en relief le désir et le plaisir du lecteur (du temps et de maintenant). Cette dimension du plaisir se trouve en effet au cœur d'un des principaux témoignages, et le plus détaillé, sur la lecture à clefs de *Clélie*, dans la correspondance de Lafayette. Au fil de la lecture des volumes et de plusieurs lettres à Ménage et à Saint-Pons, Lafayette évoque le plaisir, indissolublement littéraire et mondain, qu'elle éprouve alternativement à deviner les personnes sous les personnages, à ne pas les deviner, à confronter le livre à son savoir ou à combler son ignorance mondaine :

> À Ménage, ce 13ème mars [1657]
> Je suis fort offensée que vous ne m'ayéz point mandé que vous estiéz dans *Clélie*. Vous avéz voulu voir sans doute, si je vous recognoistrois. Hé bien, Monsieur, je vous ay recogneu au premier trait et je trouve vostre peinture fort ressemblante. J'ay recogneu aussi Mme du Plessis, Mr. de Maulévrier et le Port-Royal. Du reste, je n'y cognois quy que [ce] soit. La Princesse d'Erice n'est pas dépeinte tout à fait comme je voudrois. Mandéz-moy, je vous prie, quy est Mérigène. Asseurément, il n'y a rien de plus spirituel que ce livre-là : pour moy, je ne cesse de l'admirer[16].

De toute évidence, la lecture à clef n'est pas perçue comme antagonique de la délectation esthétique, mais en fait pleinement et légitimement partie. Mais la lecture de la fiction énigmatique donne aussi l'occasion de créer au cœur de la mondanité d'autres énigmes en écho à celle que propose le roman :

> À Ménage, ce 27ème février [1657]
> Je m'estonne que Mme de Sévigné y soit si peu cognoissable que vous ayéz eu peine à la cognoistre. Je gagerois toutes choses que je devine la raison quy vous la fait mécognoistre ; mais je ne vous la dirois pas pour quoy que ce soit[17].

---

15 Delphine Denis, *op. cit.*

16 Marie-Madeleine de Lafayette, *Correspondance*, éd. A. Beaunier, 2 vol., Paris, Gallimard, 1942, t. I, p. 96.

17 *Ibidem*, p. 94-95.

Lafayette en reconnaissant Mme de Sévigné en Clarinte ne « rabat » pas la fiction sur le réel en annulant le plaisir spécifique d'une fictionnalité supposée « pure » : elle alimente au contraire un plaisir de la connaissance mondaine qui est aussi un plaisir littéraire. Lire et décoder la vie mondaine et littéraire appelle les mêmes procédures que lire et décoder la fiction littéraire, et procure des plaisirs semblables. On ne saurait mieux suggérer l'infirmité d'une conception de la clef qui oppose la fiction au « réel » sur lequel on la rabattrait sèchement : c'est oublier que la fiction à clefs renvoyait non au « réel » documentaire mais à la vie, à la dimension existentielle de la coprésence de l'auteur-encodeur, de la personne-personnage et du lecteur-décodeur, ces instances pouvant d'ailleurs se superposer en une même personne. Et c'est oublier symétriquement que le réel social se trouvait profondément modelé par des fictions de soi qui combinaient diverses formes d'éloignement[18].

Le cadre théorique de la lecture à clefs pose une relation duelle entre la fiction et le réel contemporain que la fiction déguiserait. Or les romans scudériens sont aussi des romans historiques, appuyés sur la lecture d'Hérodote ou de Tite-Live aussi bien que de Coëffeteau ou de Mézeray. La conscience du caractère éphémère de la clef peut avoir dicté à Madeleine le souci d'adosser le portrait de ses contemporains à un personnage historique antique réel, dont il partage certains traits. Moyen de légitimation du genre romanesque[19], le cadre antique permet une maximisation de l'éloge, et en assure la pérennité par l'inscription rétroactive du présent dans un passé glorieux. Il ne s'agit pas seulement de reconnaître Condé dans le personnage du roman qui porte le nom de Cyrus, mais aussi le héros antique tel que l'historiographie antique et moderne le dépeint, et de saisir le lien vraisemblable, convenable, qui unit ces trois figures. Même pour les personnages dans lesquels on ne reconnaît aucune figure antique, et qui semblent donc renvoyer uniquement au présent de la romancière, il faut une teinture vraisemblable, si

18 Thomas Pavel, *L'art de l'éloignement. Essais sur l'imagination classique*, Paris, Gallimard, « Folio », 1996.

19 Analysant la Préface d'*Ibrahim*, Camille Esmein montre que l'esthétique des Scudéry sur ce point « renouvelle la relation qu'entretiennent à l'intérieur du roman fiction et histoire : mise au service de la fiction, la matière historique est non seulement l'objet de sélections et de transformations, mais se voit utilisée par le romancier comme une caution. » (Camille Esmein, *L'essor du roman. Discours théorique et constitution d'un genre littéraire au* XVII*e* *siècle*, Paris, H. Champion, 2018, p. 173).

légère soit-elle, d'antiquité, qui impose un univers de référence distinct de celui du monde de la romancière, et produit a priori une seconde forme d'éloignement qui se combine au déguisement onomastique.

Mais la clef contemporaine est peut-être aussi une modalité essentielle de la connaissance historique, en même temps qu'une garantie de l'efficacité de la leçon morale et une condition du plaisir esthétique[20]. Dans la célèbre préface d'*Ibrahim*, signée par Georges de Scudéry, on lit le passage suivant : « Certainement il n'est rien de plus important, dans cette espèce de composition, que d'imprimer fortement l'idée, ou pour mieux dire, l'image des Héros en l'esprit du Lecteur : mais en façon qu'ils soient *comme de sa connaissance* : *car c'est ce qui l'intéresse en leurs aventures*, et de là que vient son plaisir[21]. » La figure antique est certes un moyen topique de rendre compte de l'héroïsme de Condé. Mais celle de Condé n'en est pas moins une façon de rapprocher Cyrus et de permettre que ses aventures intéressent, plaisent et instruisent. Comme pour légitimer cet effet de miroir, le personnage de Cyrus reprend quasi textuellement les propos de la Préface d'*Ibrahim* :

> [...] il n'y a sans doute rien qui attache davantage l'esprit de ceux qui doivent escouter une Histoire, que de leur faire bien connoistre la Personne qui y a interest : et que de la leur representer si parfaitement, qu'ils puissent presques s'imaginer qu'ils la connoissent par eux mesmes[22].

D'une certaine façon, la clef tourne ainsi dans les deux sens, à la condition seulement de la convenance entre les deux référents historiques unis par la fiction vraisemblable qui à la fois idéalise le portrait contemporain (l'éloigne) et anime le héros antique (le rapproche). C'est pourquoi la condamnation de Boileau ou celle de La Calprenède ne portent pas sur le déguisement onomastique en lui-même, mais sur la disconvenance éthique et sociale qui superpose à Lucrèce une bourgeoise

---

20 Sur « l'annexion, sous diverses formes, de l'histoire par la fiction » au XVIIe siècle, voir F. Lavocat, *op. cit.*, p. 101-115, citation p. 109.

21 Georges et Madeleine de Scudéry, *Ibrahim ou l'illustre Bassa* [1641-1644], Préface (éd. de 1665), dans Camille Esmein (éd.), *Poétiques du roman. Scudéry, Huet, Du Plaisir et autres textes théoriques et critiques du XVIIe siècle sur le genre romanesque*, Paris, H. Champion, 2004, p. 137-149, citation p. 142-143.

22 Madeleine de Scudéry, *Artamène ou le Grand Cyrus*, 10 vol., Paris, A. Courbé, 1649-1653, t. X, livre II ; https://www.artamene.org/index.php?partie=10&livre=2 Cyrus. Consulté le 10 avril 2021.

du Marais, si vertueuse soit-elle, et sur une romancière malavisée qui va chercher « des héros dans la rüe Quincampoix[23] ».

La difficulté tient encore au fait que tous les personnages des romans scudériens n'ont pas le même statut : il convient de distinguer les personnages « purement » historiques, qui n'ont donc probablement aucune clef (les méchants en particulier, Tullie par exemple dans *Clélie*), les personnages « purement fictionnels » qui n'en ont pas davantage (notamment les narrateurs témoins), et entre les deux des personnages historiques et des personnages fictionnels à clefs. La romancière explique avoir inséré dans sa fiction les portraits de ses amis, sans égard aux aventures, ce que Tallemant confirme, produisant ainsi ce que la critique appelle un effet « *cameo* » : de brèves métalepses en « camées », des « apparitions fugaces, en arrière-plan, souvent muettes et sans lien direct avec l'intrigue principale », « petits événements, des éclats saillants de réalité, suffisamment circonscrits et autonomes pour ne pas fissurer le monde fictionnel et pour mettre en relief, faire goûter l'incongruité de présences venues d'un autre monde, le monde extérieur à la fiction », et qui contribuent à la « mise en évidence d'une hétérogénéité ontologique[24] ». Comme le dit Françoise Lavocat à propos des *Illustres bergers* de Frénicle (1634), où héros imaginaires et personnages à clefs fraient dans le même espace : « Pour les initiés, cela devait produire un peu le même effet que le mélange de personnages cinématographiques et personnages de bandes dessinées dans *Qui veut la peau de Roger Rabbit*[25] *?* ». Mais dans le roman scudérien, héros antiques, personnages fictionnels et personnes contemporaines fraient sous le déguisement dans un espace commun que d'aucuns jugent impossible.

La disconvenance que perçoit Boileau entre les référents motive son ire : les héros dégradés par l'amour ne peuvent être que de faux héros qui ont usurpé le nom des véritables et il faut *détruire* les romans qui prétendent le contraire. Et de façon significative, les héros véritables, qui demandent audience à la fin de la fiction allégorique, ne sont pas reçus : leur lieu est ailleurs. Boileau feint ainsi de ne pas voir que les héros scudériens ne sont pas exclusivement occupés d'aventures amoureuses

23 Tallemant des Réaux, *Historiettes*, 2 vol., éd. A. Adam, Paris, Gallimard, « La Pléiade », 1960-1961, t. II, p. 692.

24 Françoise Lavocat, *op. cit.*, p. 491.

25 *Ibid.*, p. 407.

et qu'ils conservent leur dimension héroïque : il ne dit mot de la lecture à clef, maintes fois attestée pourtant, de Condé dans Cyrus. La question est alors : pourquoi diable Madeleine de Scudéry, qui n'était pas sotte, ne s'est-elle pas avisée d'une telle disconvenance ? Ou bien, formulé autrement, qu'est-ce qui faisait qu'à ses yeux ce n'en était pas une, ou telle qu'elle fragilisât à ce point l'univers romanesque qu'elle construisait ?

Comme l'estimaient Balzac et Ménage, Scudéry ne juge pas les mœurs du monde antique si éloignées de celles son propre temps, notamment en ce qui concerne l'ornement principal de ses romans, l'amour. Comme Boileau, Lafayette pense au contraire que la « conversation des Romains », du moins de ceux des premiers temps, s'éloignait sensiblement de celle du XVIIe siècle :

> À Ménage, ce 2ème novembre [1655]
> Je suis bien aise que vous approuviéz ce que je vous ay mandé sur *Clélie* ; mais je suis fâchée que vous ne soyéz pas de mon sentiment. Je suis bien du vostre sur ce que vous dites du bel esprit des Romains. Mais songéz aussi que le bel esprit des Romains tournoit du côté d'une générosité extraordinaire et d'un amour infiny pour la patrie, et qu'il n'alloit pas à disputer des questions tendres et galantes comme elles sont dans *Clélie* ; et songéz encore que, du temps de Tarquin, l'éloquence et la politesse n'estoient pas cognues à Rome comme elles ont esté depuis. Rome ne faisoit que commencer et n'estait point encore dérouillée[26].

L'enjeu semble donc de creuser l'écart entre Rome et Paris, entre héroïsme et galanterie, entre épopée et roman, ou au contraire de l'atténuer, par addition et superposition de figures historiquement et ontologiquement hétérogènes[27].

L'autre différence tient à la conception de la fiction : pour reprendre la distinction classique explorée par Barbara Cassin[28], elle est *pseudos* (mensonge) pour Boileau, et *plasma* (figuration) pour Scudéry, et cette figuration, comme l'a bien montré Delphine Denis, permet l'embrayage du réel mondain sur la fiction, et inversement, au prix cependant d'un

26 M.-M. de Lafayette, *Correspondance*, éd. citée, t. I, p. 58.

27 F. Lavocat évoque ainsi au XVIIe siècle « un curieux chassé-croisé, par lequel la fiction vise le vrai et l'histoire le vraisemblable » : dans les deux cas en effet, il s'agit « d'entraîner la croyance, seule susceptible de déclencher l'émotion et de permettre l'édification » (*op. cit.*, p. 111).

28 Barbara Cassin, « Du faux ou du mensonge à la fiction [de *pseudos* à *plasma*] », dans *Le plaisir de parler. Études de sophistique comparée*, Paris, Minuit, 1986, p. 3-29.

traitement libre de la référence la moins marquée, ou estimée telle, en l'occurrence celle de l'Histoire[29]. Hybride, l'univers romanesque scudérien demeure donc « habitable », à ses yeux et à ceux de la plupart de ses lecteurs, l'allégorie permettant de construire « des ponts temporels » : « La distinction entre fait et fiction n'était pas non plus encore envisagée de telle façon que la rencontre de temporalités différentes soit comprise comme un voyage qui risque de faire s'écrouler le monde, le sujet, ou les deux[30]. » Cette rencontre ne constitue pas une menace et le paradoxe demeure relativement invisible : contrairement à ce qu'estime Boileau, la réécriture de l'Histoire ne paraît pas nettement contrefactuelle.

Un indice pourtant, majeur, marque la conscience qu'a la romancière de la difficile sinon impossible superposition des deux références historiques, et ce pour elle-même. Elle ne saurait être en effet la Sapho de l'histoire qui se suicide par amour : « à dire la verité les Gens un peu esclairez, n'ont pas creû une Histoire si esloignée de toute vray-semblance : car nous connoissons Sapho pour estre trop sage, pour faire une pareille chose[31] ». Il est donc nécessaire de réécrire l'Histoire, de façon contrefactuelle ou plus exactement ici contre-légendaire, afin de produire un personnage conforme à Madeleine de Scudéry, c'est-à-dire un personnage d'auteur susceptible d'écrire à la fois autrefois et aujourd'hui la vie de Cyrus, c'est-à-dire le roman même dont Sapho est un personnage. « Ce qui est arrivé à Sapho, n'est jamais arrivé à personne », précise le texte, et en effet : le personnage antique est conservé à titre d'une légende crue par le peuple, tandis que la romancière Sapho-Madeleine sauve le personnage de la mort et l'abstrait du monde pour pouvoir le devenir, l'incarner :

> Ainsi durant que Sapho jouïra de la bonne fortune qu'elle merite, on la croira morte par toute la Grece, et on l'y croira tousjours : car j'ay sçeu que le Vaisseau qui la porta, perit en s'en revenant : de sorte que durant que cette admirable Lesbienne escrit sans doute tous les jours des choses galantes et passionnées, tout ce qu'il y a d'hommes illustres en Grece font des Epitaphes à sa gloire[32].

---

29 Delphine Denis, *op. cit.*

30 F. Lavocat, *op. cit.*, p. 439.

31 https://www.artamene.org/index.php?partie=10&livre=2&sequence=page_CYRUS100210. Consulté le 10 avril 2021.

32 Madeleine de Scudéry, *Artamène ou le Grand Cyrus*, *op. cit.*, t. X, livre II ; https://www.artamene.org/index.php?partie=10&livre=2&sequence=page_CYRUS100210. Consulté le 10 avril 2021.

La métalepse cependant, et c'est là le point essentiel, n'est pas tout à fait réalisée, du moins pas dans le seul cadre de la fiction romanesque. S'il suffit en effet que le nom de l'auteur coïncide avec celui d'un des protagonistes pour qu'il y ait métalepse, encore faudrait-il que « Sapho » soit compris comme un nom propre, et un nom d'auteur, autrement dit un pseudonyme, ce à quoi la romancière se refuse et qui ne rend pas compte avec exactitude de la circulation entre fiction et références qu'organise le monde scudérien. La Sapho du *Cyrus* écrit non un roman mais des poèmes, et c'est un autre texte à clef, par une autre main, qui prend en charge le paradoxe. Dans le manuscrit des *Chroniques du Samedi*, dûment contrôlé par Madeleine, les « Nouvelles de l'Isle de Delphes » par Godeau montrent Sapho-Madeleine écrivant *Cyrus* sous la dictée d'Apollon et des muses[33]. La « chambre » dans laquelle l'autrice se tient pour travailler à la rédaction du roman présente cependant des points communs nombreux avec le pays des Sauromates : interdite aux amants, qui perdent la vue dès qu'ils s'en approchent, elle est ouverte aux amis, et la vie qu'y mène Sapho est « si douce qu'elle en oublia sa patrie où elle n'avait jamais eu que des sujets d'affliction[34] ».

La fiction scudérienne paraît ainsi fondamentalement hybride, les personnages donnant sans cesse le sentiment de forcer l'univers fictionnel antique pour s'établir ou pour se rétablir dans le réel contemporain, « *in real life* ». Fiction réelle, réalité fictionnalisée, l'univers global et hybride créé par les romans scudériens, « Samedis » compris, est aussi un jeu, qui relève donc de l'action et pas seulement de la référence ou de la pseudo-référence. Par la modélisation active de soi et des autres, par sa valeur performative, la fiction romanesque informe des conduites réelles, « sérieuses[35] ». Ainsi, le pays des Sauromates, où Sapho et Phaon trouvent refuge au dénouement de *Cyrus*, n'est pas une bergerie (quoique Sapho s'y fasse peindre en bergère, mais « sans aucun attribut »), mais un salon dans un univers curial, et c'est d'une certaine façon le roman qui permet de bâtir le monde réel, c'est-à-dire la chambre d'écriture, rue de Beauce, où se tiendront Madeleine et ses amis contributeurs au roman suivant, *Clélie*. Au lieu que la vie sociale décevante se reverse dans l'univers clos d'une fiction unifiée, c'est la fiction intrinsèquement

33 Madeleine de Scudéry, Paul Pellisson et leurs amis, *Chroniques du Samedi*, A. Niderst, D. Denis et M. Dufour-Maître (éd.), Paris, H. Champion, 2002, p. 81-85.

34 *Ibidem*, p. 84.

35 F. Lavocat, *op. cit.*, p. 344-345.

instable, presque non viable de façon autonome, qui fait naître une vie sociale plus satisfaisante. L'imaginaire, loin de fuir le réel, le précède pour lui donner une existence littéraire.

L'écriture et la lecture des clefs sont alors les moyens par lesquels la vie sociale produit des effets de plaisir d'ordre littéraire, de « romanesque vrai », telle que l'est la rencontre de Romène entre Pellisson et Madeleine :

> Acante à Sapho
> [...] je vous avoue qu'aujourd'hui c'est sans beaucoup de regret que je cesse de vous entretenir : car enfin c'est pour aller entretenir une personne qui vaut à peu près autant que vous. Si vous ne trouvez, Mademoiselle, ni raison, ni civilité en ce que je viens de vous dire, sachez que je suis au quartier des Enigmes, et que de tout cela il ne s'ensuit pas qu'il y ait rien au monde que je vous compare.

Une note marginale précise ce que Pellisson préfère, de façon apparemment si peu galante, à l'entretien direct avec « Sapho » : « C'était pour aller lire l'histoire de Sapho dans le 10e volume de *Cyrus* qui était alors tout nouveau et ne se vendait point encore[36]. » Si « rabattage » il y a par la lecture de la clef, c'est non de la fiction sur le réel, mais bien du réel sur la fiction, fiction qui fonde et qui autorise l'univers bien réel dans lequel Acante-Pellisson peut écrire à Sapho-Madeleine.

L'archive galante se lit bien alors comme un discours littéraire global, à la fois factuel et fictionnel, une sorte de *storytelling* qui joue à effacer la frontière entre fait et fiction dans un but d'autopromotion, et qui appelle donc, constitutivement, le déchiffrement de clefs qui tournent dans les deux sens, de la fiction vers le réel, mais aussi du réel vers une fiction de soi qui n'est pas vécue ni sentie comme moins « réelle » que l'identité sociale : « Quoy que j'aye l'avantage de connoistre cette admirable Fille, reprit Cyrus, je ne laisse pas d'estre persuadé, que je la connoistray encore mieux par Democede que par moy[37] ». Mais la connaissance littéraire, esthétique autant que morale, pour être supérieure à celle offerte par la sociabilité, n'invalide nullement cette dernière.

La question des clefs semble se poser de façon radicalement différente lorsque la distance temporelle et la mort empêchent cette circulation entre connaissance littéraire et connaissance sociale. Pourtant, affirme

---

36 *Chroniques du Samedi*, *op. cit.*, p. 66.

37 https://www.artamene.org/index.php?partie=10&livre=2&sequence=page_CYRUS100201. Consulté le 10 avril 2021.

Michel Murat, le plaisir littéraire offre une voie d'unification de ces deux types de lectures. Ainsi la lecture passionnée que Victor Cousin propose du *Cyrus* me semble parfaitement légitime, quel que soit le statut de la clef qu'il avance (trouvée ? forgée par ses soins ? probablement hybride, elle aussi). Il s'agit en effet d'une lecture explicitement actualisante (la défense, en 1858, de la monarchie constitutionnelle défunte[38]), qui prend en charge le plaisir de la curiosité historique, érudite, comme plaisir *littéraire*. Tout en réaffirmant régulièrement le but strictement historiographique de sa lecture à clefs, Cousin en marque la dimension esthétique et l'effet jubilatoire : des termes comme « tableau », « harmonieux ensemble » désignent à la fois le roman, la société du XVIIe siècle que ce roman dépeindrait au naturel et le mouvement même de la lecture, l'image qui se (re)compose comme magiquement dès qu'agit la clef-fée :

> Considérons, au livre III du tome IX, ce fameux Pisistrate, le premier tyran d'Athènes, qui parvint au pouvoir suprême à force d'adresse, de patience, de résolution, aimable d'ailleurs autant que fin politique, et adorateur passionné d'Homère. *Sur ce modèle*, Mlle de Scudéry nous donne son Pisistrate comme un homme de plaisir, qui fait la cour aux dames, cultive les lettres, la peinture, la musique, et, au milieu de ses divertissements, ne néglige pas l'ambition ; tantôt indolent et s'amusant de la moindre chose, tantôt remuant et intriguant, aspirant à réformer autant qu'à gouverner sa patrie. C'est assurément là *un Pisistrate imaginaire*, ou du moins fort arrangé, et où *beaucoup de fiction se mêle à quelque peu de vérité.* Cependant, au soin que prend Mlle de Scudéry de décrire en détail sa personne et son caractère, il est facile de se convaincre que *ce n'est point un personnage de fantaisie*, et qu'un original contemporain a posé pour ce portrait de Pisistrate. Mais quel est cet original ? Impossible faire ici une conjecture un peu fondée, et l'énigme, au moins pour nous, demeurait indéchiffrable. Mais notre clef touche Pisistrate de sa baguette magique : « Pisistrate, dit-elle, est le comte de Fiesque. » Ce trait de lumière éclaire tout, donne à tout une face inattendue ; mille choses qui nous étaient profondément obscures, nous deviennent tout à coup des allusions transparentes, et, *au milieu de fictions* tout à l'heure inintelligibles, nous nous trouvons clairement en pleine Fronde[39].

« Sur [l]e modèle » du personnage historique de Pisistrate, Mlle de Scudéry a donc créé un « personnage historique imaginaire », en inversant

38 Comme le montre Dinah Ribard, « Politique de la littérature : les romans à clef du XVIIe siècle selon Victor Cousin », *Lectures à clefs*, *op. cit.*, p. 257-268.

39 Victor Cousin, *La Société française au XVIIe siècle d'après* Le Grand Cyrus *de Mademoiselle de Scudéry*, Paris, Didier, 1858, p. 229-230. Je souligne et prie le lecteur d'excuser la longueur de la citation.

notamment la hiérarchie du public et du privé (de la politique et des lettres) dans l'activité du personnage. En tant que tel, ce personnage pouvait donc habiter le monde fictionnel construit par la romancière dans les blancs de l'historiographie classique, et qui invente la vie privée et amoureuse des Perses, des Grecs et des Romains. Mais dans ce portrait, l'accumulation de « détails herméneutiques » force le cadre du monde fictionnel, faisant impérieusement appel à un référent trop individualisé pour n'être pas personnellement connu de la romancière, sous ses yeux et ceux de ses lecteurs. L'équation entre ce double Pisistrate et le « comte de Fiesque » ne mène pas à la seule personne privée, mais entraîne avec elle la totalité, notamment politique, du « tableau » historique lumineux, qui surgit « au milieu des fictions » obscures. Cousin ne dit pas en effet « en place des fictions », dans la mesure où en effet la clef magique n'annule pas la fiction. Elle la légitime au contraire, la rend « vraie » : la fiction romanesque se conserve en tant que telle au cœur de l'élucidation historique qu'elle permet[40]. La lecture de Cousin rend ainsi parfaitement justice à l'hybridité fondamentale du roman, et en montre la fécondité pour l'imagination historique.

On comprend dès lors que la clef de Cousin, comme le remarque très justement Dinah Ribard, n'ait pas statut de source dans le travail de l'érudit et ne fasse pas l'objet de la critique élémentaire qu'appelle toute documentation historique[41]. On comprend que Cousin n'hésite pas à dire qu'il « corrige » la clef quand elle lui semble inexacte, qu'il en comble les lacunes. On comprend même qu'elle ait pu être partiellement ou entièrement forgée par Cousin : mieux que l'authenticité souvent douteuse d'une liste manuscrite ou imprimée, c'est le rendement herméneutique exceptionnel de la clef qui la qualifie, rendement qui est garanti par l'érudition du lecteur mais aussi par sa capacité faire resurgir, entre mémoire et imagination, le tableau historique vivant que constitue le roman.

Tallemant rapporte que « Furetière disoit qu'à la clef qu'on en a donnée [du *Cyrus*] il falloit adjouter : *M. de Scudéry, gouverneur, etc.* – Mademoiselle

40 La clef tourne bien dans les deux sens : le comte de Fiesque donne accès et corps au personnage historique de Pisistrate, autant que l'Athénien éclaire le contemporain de Madeleine de Scudéry. Sous le même nom, la romancière construit une identité littéraire hybride, diffractée entre personnage historique, personnage du roman et personne contemporaine. De cette hybridité, Boileau ne veut rien savoir, et la réduit à une usurpation.

41 D. Ribard, art. cité, p. 260.

sa sœur[42] ». La personne qu'est réellement « Sapho » dans l'univers littéraire à la fois fictionnel et factuel construit par Madeleine de Scudéry rend inutile et surtout inexacte cette identification malveillante : nul besoin n'est de lever le voile, il n'y a même aucune possibilité d'arracher le masque qui protège la romancière, puisque ce masque est aussi son visage *littéraire*, et lesté comme tel de tout le poids du vivant. Vivre noblement, d'une vie littéraire en l'occurrence, est la seule exigence, qui permet de dépasser « l'hétérogénéité ontologique[43] » et d'unifier l'existence. On comprend à cette aune l'acharnement des ennemis de Sapho soit à distinguer sa naissance du milieu littéraire supposément dégradé où elle évolue et qu'elle construit, soit plus radicalement à nier sa noblesse.

Il convient donc d'envisager la lecture à clefs dans sa variabilité historique, non seulement en raison de la disparition du partage existentiel avec les personnes masquées sous les personnages, mais aussi des transformations dans notre perception des rapports entre la fiction et le réel : « C'est dans l'impureté d'un rapport au monde fait de sujétions aux pouvoirs, de contraintes référentielles et de quête de légitimité que doit se penser la fictionnalité sur la longue durée, plutôt que dans la brève parenthèse ouverte par les théories de l'autonomie de l'art[44]. » Mais quand a disparu la communauté de vie, à la fois mondaine et littéraire, caractéristique de la sociabilité galante, l'imagination littéraire dont nous voyons un exemple dans la lecture par Victor Cousin semble offrir une voie, non pour reconstituer abstraitement ce savoir ni pour espérer revivre ce partage, mais pour en deviner le chatoiement sensible et pour restituer leur complexité et leur énigme aux visages disparus[45].

Myriam DUFOUR-MAÎTRE
CEREdI (EA3229),
université Rouen-Normandie

42 Tallemant des Réaux, *Historiettes*, éd. citée, t. II, p. 689.

43 F. Lavocat, *op. cit.*, p. 491.

44 F. Lavocat, *op. cit.*, p. 22.

45 Thomas Pavel suggère ainsi que l'« *imagination empathique* » ne caractérise pas strictement la fiction, mais relève d'un domaine beaucoup plus vaste des pratiques humaines (Thomas Pavel, « Comment définir la fiction ? », dans *Frontières de la fiction*, *op. cit.*, p. 3-11, citation p. 11. Italiques de l'auteur.)

TROISIÈME PARTIE

POINTS DE VUE CRITIQUES

MÉMOIRES ET FICTION DE SOI

La première personne dans *Le Page disgracié* (Tristan L'Hermite), et *L'Orphelin infortuné ou le portrait du bon frère* (Préfontaine)

La critique a longuement interrogé l'influence du roman picaresque sur les romans et les histoires comiques qui fleurissent en France au XVIIe siècle, concluant à un impact relativement limité de ce genre espagnol qui connut pourtant en France un succès retentissant. Jean Serroy[1], René Démoris[2] ou Francis Assaf[3] ont mis en évidence les lignes de fractures qui, à leurs yeux, séparent le *picaro* du héros comique français. En particulier, l'affirmation de la première personne dans le roman picaresque n'aurait eu, selon eux, que peu d'influence sur l'émergence des récits personnels que les Français connaissent au sein de leurs histoires et romans comiques[4]. La première personne qui apparaît dans certains textes à partir du début du XVIIe siècle, où le personnage rapporte sa propre histoire (c'est le cas dans les *Fragments* de Théophile de Viau, dans *Le Page disgracié* ou *l'Orphelin infortuné*, également dans les récits de voyage imaginaires comme celui de *L'Autre monde* de Cyrano) ou bien dans lesquels l'on trouve de longues parties enchâssées prises en charge par le personnage principal (je songe, par exemple, au *Francion* de Sorel comme à nombre de ses histoires comiques) ne seraient donc pas redevable du « je » du pauvre *picaro* avec lequel le lecteur est invité à partager heurs et malheurs.

Il est un autre modèle littéraire contemporain des récits comiques, celui des Mémoires, dont il semble possible d'interroger l'influence avec plus de pertinence : au regard de la confusion entretenue dans le genre

1 J. Serroy, *Roman et réalité, Les Histoires comiques au XVIIe siècle*, Paris, Minard, 1981.

2 R. Démoris, *Le Roman à la première personne*, Paris, Droz, 2002.

3 F. Assaf, « Le Picaresque dans *Le Page Disgracié* de Tristan L'Hermite », XVIIe Siècle No 125, Octobre-Décembre 1979, p. 339-347.

4 Voir en particulier, René Démoris, *op. cit.*, p. 129-140.

du récit fictionnel, notamment à partir de la régence, entre l'auteur et le héros du récit d'une part, entre l'auteur et le narrateur d'autre part, il est en effet légitime de se demander dans quelle mesure les récits comiques, notamment ceux écrits à la première personne, ont pu être inspirés par le genre des Mémoires. Les récits comiques auraient-ils trouvé, dans le genre des Mémoires où la vérité s'adosse au témoignage personnel, à la fois les moyens d'une solide identification du lecteur à un destin singulier et un rapport plus proche de la réalité du monde qu'ils cherchent à manifester ? Dans l'inédit dispositif énonciatif des Mémoires, auraient-ils puisé la force « réaliste » d'un récit aux allures de vérité ? Et avant le succès des faux-mémoires ou des romans-mémoires, peut-on parler, sous la régence, d'une empreinte du genre des Mémoires sur ces espèces d'autobiographies que sont *Le Page disgracié*[5] (1643) – et *L'Orphelin infortuné*[6] (1660) –, deux récits comiques sur lesquels je fonderai ici mes analyses[7] ?

Sans doute faut-il, sur cette question, demeurer également très prudents. En effet, il faut préciser aussitôt que le genre des Mémoires n'est en rien associé à la première personne et ce, jusqu'au milieu du XVIIe siècle. Les Mémoires connus au début de ce siècle, c'est-à-dire ceux qui auraient pu constituer pour le roman ou les histoires comiques un modèle à imiter, sont des Mémoires majoritairement écrits à la troisième personne, sur le modèle des *Commentaires* de César. Au milieu du siècle, un La Rochefoucauld éprouve encore le besoin d'écrire la première partie de ses *Mémoires* à la forme impersonnelle, montrant l'instabilité entre deux modes énonciatifs, quand c'est *in extremis* que Thomas Du Fossé, rédacteur des *Mémoires* de Pontis, renonce à l'emploi de la troisième personne pour faire parler son héros « directement ». Le « je » du *picaro* espagnol lui-même, s'était d'ailleurs construit, on le sait, contre l'emploi de la troisième personne, la seule possible pour un chevalier, du moins un gentilhomme qui doit bien se garder de parler en son propre nom[8].

5 Tristan L'Hermite, *Le Page disgracié*, Gallimard, Folio classique, Paris, 1994.

6 César-François Oudin de Préfontaine, *L'Orphelin infortuné ou le portrait du bon frère*, Société de littérature classique, Toulouse, 1991.

7 Les deux récits étudiés ici ont été délibérément choisis en fonction de leur date de publication : ils se situent aux bornes de ce que la journée d'études nomme le « crépuscule de l'âge baroque ».

8 Très souvent même, les mémorialistes ne prennent même pas la peine d'écrire leurs propres Mémoires ; ils sont rédigés par des secrétaires, des membres de la famille ou des

D'une manière générale et ce, jusqu'à la Fronde, les Mémoires n'ont donc rien de commun avec le genre avec lequel on les confond souvent, à savoir le genre autobiographique ; ils ont en revanche tout à voir avec le genre biographique et apologétique : il s'agit de soigner soi-même sa réputation dans l'Histoire avant sa mort, tout en fuyant l'expression directe du moi qu'induit le récit personnel ; le moi est encore haïssable pour cette aristocratie qui prend la plume, bien que l'on trouve quelques exceptions, et notamment les contre-exemples notables des *Mémoires* de Marguerite de Valois et des *Commentaires* de Monluc[9]. Il faudra attendre le milieu du XVIIe siècle et ce que l'on a l'habitude d'appeler « la génération Retz », celle qui est contemporaine des histoires comiques qui nous intéressent ici, pour que s'épanouisse le « je » au sein des Mémoires. Toutefois ces Mémoires ne seront publiés qu'au XVIIIe siècle, voire, pour certains, au XIXe siècle[10]. Comme le rappellera encore Saint-Simon au milieu du XVIIIe siècle, ce genre est attaché au secret. Les Mémoires doivent « mûrir sous la clef et les plus sûres serrures plus d'une génération ou deux [...] »-. Il est par conséquent impossible qu'ils aient contribué peu ou prou à l'infléchissement du récit de fiction vers la première personne observé dans le genre comique. Tristan L'Hermite, qui écrit en 1643, ne fait d'ailleurs aucune référence aux Mémoires ; il se réclame, au seuil de son roman pseudo-autobiographique, d'un autre patronage pour justifier son récit personnel : celui de Montaigne, parlant avec déférence, je cite, des « nobles et vigoureux essais de sa plume[11] ». Montaigne est assurément le grand modèle qui, à cette date, a autorisé les écrivains d'origine nobiliaire à manier le « je », à parler directement en leur nom.

---

amis. C'est notamment le cas de Sully, de Gramont, du duc de Rohan, de Jean Auguste de Thou, les maréchaux d'Estrées, de Du Plessis et j'en passe. Voir sur ce point l'article de Simone Bertière, « Le recul de quelques mémorialistes devant l'usage de la première personne : réalité de la rédaction et artifices de l'expression », p. 65-77 dans *Les Valeurs chez les mémorialistes français du XVIIe siècle avant la Fronde*, Éditions Klincksieck, Paris, 1979.

9 Jean de la Marche, Jean de Mergey, les frères Du Bellay et La Noue avaient également rédigé leurs Mémoires à la première personne. Jean de Tavannes, auteur de Mémoires à la troisième personne, dénonce d'ailleurs ces initiatives d'auteur, accusant de « malice » les détracteurs qui excusaient frères Du Bellay, Monluc et La Noue d'avoir « écrit d'eux-mêmes » (Jean de Tavannes, *Mémoires de Gaspard de Saulx*, coll. Petitot, 1re série, t. 23, p. 51.)

10 À titre d'exemple, les *Mémoires* du Cardinal de Retz ne seront publiés qu'en 1717, ceux de la Grande Mademoiselle en 1718, ceux de Madame de Motteville en 1723.

11 Tristan L'Hermite, *Le Page disgracié*, *op. cit.*, p. 27.

Si l'on ne peut conclure, de ce point de vue, à une influence entre le genre comique et le genre des Mémoires, l'un se développant dans l'ignorance de l'existence de l'autre[12] jusqu'à la fin de l'âge baroque, on peut sans doute parler, au sein du genre fictionnel et du genre non-fictionnel, d'une évolution parallèle, marquée par la place de plus en plus large accordée à l'emploi de la première personne, à des formes de récits autobiographiques. L'étude comparée de l'énonciation dans les deux récits comiques qui m'occupent à quelques Mémoires contemporains est à ce titre riche d'enseignement ; au regard des buts poursuivis par ces deux genres, de leur place et de leur affirmation dans le champ littéraire sous la régence, elle permet d'approcher les raisons de ces affinités poétiques.

En 1643, l'emploi de la première personne, y compris dans un récit de fiction, ne va pas encore de soi. Tristan, *dans Le Page disgracié*, éprouve le besoin de se justifier dans un « prélude » au roman, qu'il présente comme étant l'histoire de sa vie. « [...] que dira-t-on, écrit-il, de ma témérité d'avoir osé moi-même écrire l'histoire de ma vie avec un style qui a si peu de grâce et de vigueur [...][13] ? »-. Force est de constater qu'une même prévention anime le Cardinal de Retz et Hortense Mancini, écrivant à la première personne ; tous deux parlent de « répugnance[14] »- à donner l'histoire de leur vie. Écrit des années plus tard, en 1661, *L'Orphelin infortuné* relève d'un emploi beaucoup plus assumé de la première personne. Contrairement au *Page disgracié* qui se présente comme une autobiographie au point que les lecteurs, comme la critique, ont pu s'y laisser prendre[15], *L'Orphelin* joue avec subtilité de la confusion entre un récit biographique (l'orphelin serait un personnage que l'auteur-narrateur aurait connu) et autobiographique (l'orphelin serait l'auteur et rapporterait sa propre histoire) ; le texte offre en effet un dispositif énonciatif complexe : Préfontaine donne la parole à la première personne à un personnage dont le lecteur est alors en droit de supposer qu'il est un double de lui-même. Peut-être peut-on voir dans ce montage énonciatif, une manière, pour l'auteur, de contourner la difficulté. Quoi qu'il en soit, autobiographique ou non, l'emploi de la

12 Il faut toutefois ajouter ici que des lectures de Mémoires avaient lieu dans quelques salons autorisés. On songe notamment ici à ceux du Cardinal de Retz, de la Grande Mademoiselle qui ont probablement circulé, toutefois dans des cercles très privés.

13 *Op. cit.*, p. 27.

14 Voir les citations correspondant aux notes 18 et 19.

15 C'est surtout le cas à partir de l'édition à clé de 1667.

première personne, c'est-à-dire le régime de la confession, semble gêner les auteurs, y compris dans la fiction.

De plus, Préfontaine comme L'Hermite ont tous deux recours à un destinataire plus ou moins fictif pour justifier leur récit. L'un et l'autre feignent de répondre à leur commanditaire et protecteur : il s'agit d'un certain Thirinte qu'apostrophe Tristan dans un « prélude » à son histoire, personnage qui l'aurait sommé, d'écrire « tout le cours de sa vie[16] »-, et dans lequel la critique a vu le duc de Verneuil, dont François L'Hermitte fut en effet le page ; du chevalier commandeur de Congot pour Préfontaine à qui l'ouvrage est clairement adressé par la dédicace. Celui-ci l'aurait vivement incité à écrire l'histoire du bon frère, à coucher sur papier l'histoire de cet orphelin qui sans doute fut auparavant l'objet d'un ou de plusieurs récits oraux. Préfontaine s'adresse ainsi à son commanditaire : « Les témoignages que vous m'avez donnés d'avoir agréable un amas des parcelles dont je vous ai entretenu de vive voix me fait prendre la liberté de vous présenter cet Orphelin, [...][17] »-. L'auteur présente ainsi son récit comme la suite naturelle d'une conversation, comme la simple transcription orale d'un entretien. Le cardinal de Retz et Hortense Mancini usent du même artifice au seuil de leurs Mémoires :

> Madame, quelque répugnance que je puisse avoir à vous donner l'histoire de ma vie, qui a été agitée de tant d'aventures différentes, néanmoins, comme vous me l'avez commandé, je vous obéis, même aux dépens de ma réputation. Le caprice de la fortune m'a fait honneur de beaucoup de fautes ; et je doute qu'il soit judicieux de lever le voile qui en cache une partie[18].
>
> Puisque les obligations que je vous ai sont d'une nature à ne devoir rien ménager pour vous témoigner ma reconnoissance, je veux bien vous faire le récit de ma vie que vous demandez. Ce n'est pas que je ne sache la difficulté qu'il y a à parler sagement de soi-même, et vous n'ignorez pas non plus la répugnance naturelle que j'ai à m'expliquer sur les choses qui me regardent[19].

Les destinataires, plus ou moins factices, peut-être ici Madame de Sévigné pour le cardinal de Retz[20], le duc de Savoie pour les *Mémoires*

16 *Op. cit.*, p. 27.
17 Préfontaine, *L'Orphelin infortuné ou Le Portrait du bon frère*, *op. cit.* p. 3.
18 Le cardinal de Retz, *Mémoires*, Classiques Garnier, Paris, 1987, p. 219.
19 Hortense Mancini, *Mémoires*, Mercure de France, Paris, 1987, p. 31.
20 M. Fumaroli, « Apprends ma confidente, apprends à me connaître, *Les Mémoires* de Retz et le traité du sublime », *Versants* n°1 (automne 1981), p. 27-56.

d'Hortense, sont invoqués afin de justifier un récit en leur nom propre ; le prestige ou le rang des commanditaires exemptent les mémorialistes de toute dérive égotiste, et les prémunissent de l'accusation d'écrivain, métier jugé vil, encore ressenti à cette époque comme bourgeois, associé à la roture. Mais l'introduction d'un destinataire fictif recèle, pour les récits fictionnels, une fonction additionnelle : elle permet, imitant les précautions de castes des mémorialistes, d'accréditer les histoires rapportées : l'adresse feint de limiter le récit au champ privé de la confession et cultive par là l'illusion du témoignage véridique. Là où les Mémoires ne recherchent qu'une caution prestigieuse, les récits comiques visent l'effet de réel : dans *Le Page*, l'auteur joue ainsi de la confusion entre auteur et narrateur (les lecteurs sont invités à lire la propre histoire de Tristan), dans le cas de *L'Orphelin*, il atteste l'existence du personnage du bon frère à qui il va laisser la parole à la première personne. Que ce soit donc dans ces histoires comiques ou dans les Mémoires, on observe, dans le dispositif énonciatif, une même réticence de part et d'autre pour le récit de soi, réticence néanmoins de plus en plus convenues, disposées à l'attention d'un lecteur averti.

Si Tristan L'Hermite, comme Préfontaine, encore en 1661, feignent de partager avec les mémorialistes une certaine défiance vis-à-vis de l'emploi de la première personne, c'est qu'ils mettent en scène des héros qui partagent avec eux le statut social. La critique l'a suffisamment signalé pour que je ne m'y étende pas : les héros comiques, d'une manière générale, se distinguent nettement du *picaro* par leur origine nobiliaire. Le héros de Tristan appartient à la noblesse : il est page chez un fils de roi et bénéficie de la protection du monarque, tout comme l'était l'auteur. À la fin du roman, il sert dans les armées de Louis XIII qui combat les huguenots. C'est la ruine du père, mentionnée au début du roman, qui voue le héros à une errance picaresque, l'obligeant à voyager et à exercer jusqu'au métier de marchand : « [...] et de seigneur et de prince imaginaire que j'avais été, je me vis effectivement marchand, sans jamais avoir pensé l'être[21] »-. Le héros de Préfontaine présente un profil plus complexe. Il insiste sur ses origines respectables, peut-être même illustres. Son père était un homme de lettres et le héros en parle comme d'un homme noble :

21 *Le Page disgracié*, p. 190.

> Il avait été parrain de l'une des cloches, ce que je dis seulement pour faire voir l'estime en laquelle il vivait, ayant fait nourrir mes frères aînés pages chez des princes et grands seigneurs. Ma place étant aussi retenue chez un des plus considérés du royaume et mon habit fait quand Dieu disposa de la fin de la vie de mon père[22].

Le père du héros, déclassé, aurait donc fait quelques mésalliances. Quoi qu'il en soit, le héros de Préfontaine doit faire face aux mêmes difficultés que le page : non pas la ruine du père, mais sa mort et la rapacité de sa famille, qui ne lui laisse pour ainsi aucun subside. Hébergé un moment chez sa demi-sœur qui lui fait subir les pires traitements, il doit fuir, et connaît les mêmes errances que le héros de Tristan. Comme lui, il conserve, et ce malgré les mauvaises fréquentations et la faim, une certaine morgue aristocratique, renâclant à boire avec les gueux[23], ou à exercer le métier de marchand[24].

Les deux personnages manifestent également leur rang à travers leur culture. Le page est « un vivant répertoire des romans et des contes fabuleux[25] » et cultive l'art de la poésie[26] ; il passerait volontiers ses après-midis dans une bibliothèque[27]. Il lit son existence au prisme des personnages de *L'Astrée*[28] ou de *La Jérusalem délivrée*, se piquant à l'occasion de poésie[29]. L'orphelin, également poète à ses heures[30], émaille son témoignage de références littéraires[31]. Les deux histoires comiques portent tout naturellement l'empreinte de la conversion culturelle de la noblesse, qui, tout au long du XVIIe siècle, se polit dans les cours et qui abandonne peu à peu ses préventions contre les lettres, le raffinement et l'expression de soi. Enfin, les réflexions morales, la distance, le recul par rapport aux événements, parfois les valeurs qui animent les héros révèlent leur nature aristocratique[32] et les sépare radicalement du *picaro*,

---

22 *L'Orphelin infortuné*, p. 9.
23 *Ibid.*, p. 51.
24 Voir notamment *ibid.*, chap. XV.
25 *Le Page disgracié*, p. 37.
26 *Ibid.*, p. 58 et 227.
27 *Ibid.*, p. 215 et 290.
28 *Ibid.*, p. 161.
29 *Ibid.*, p. 311-313.
30 *L'Orphelin infortuné*, p. 78-79.
31 Pour *Le Page disgracié*, voir p. 37, 39, 58, 61, 103, 106, 177, 181, 190, 248, 290 et pour *L'Orphelin infortuné*, voir p. 52, 58, 73.
32 *Le Page disgracié*, p. 214 et 133 ; *L'Orphelin*, p. 71-72 et p. 89.

à l'occasion filou, voleur ou escroc. Le personnage de Tristan se montre sensible aux belles âmes et soigne ses amitiés. Malgré sa légèreté parfois (il n'hésite pas, par exemple, à trahir sa belle anglaise[33]), il se signale par sa sagesse et se distingue tout particulièrement par son honnêteté. De la même manière, l'orphelin de Préfontaine n'est pas dénué, ni de jugement, ni de morale. À la mort de son père, il décrie par exemple le comportement de sa demi-sœur, comportement dont il dit qu'il est plus digne des harengères de la halle Saint-Eustache que de la fille d'un homme si considéré[34]. Les miséreux auxquels il se mêle parfois sont toujours considérés avec distance : l'orphelin souligne bien souvent la rapacité et la méchanceté attachée à leur déplorable condition[35]. Objet régulier de leur vindicte, jamais il ne pourra s'habituer à la crasse, à la déchéance, ni à la violence qu'il subit et qu'il dénonce continûment.

Toutefois le déclassement semble être le trait le plus caractéristique chez les deux personnages principaux de ces récits. L'un comme l'autre « ont vu comme disparaître la prospérité de (leur) père en naissant[36] ». Si, *in fine*, le héros de Préfontaine parvient à retrouver une situation à peu près digne de sa naissance, ce n'est pas le cas de Tristan, dont la vie, au-delà du rire dont elle est par moment traversée, n'est qu'un tissu d'infortunes : « Je trace une histoire déplorable, écrit-il dans le prélude du roman, où je ne parais que comme un objet de pitié et comme un jouet des passions, des astres et de la fortune[37] ». Derrière l'hétérogénéité et le foisonnement de la matière romanesque souvent drolatique, puisant à de nombreuses sources[38], se dessine sans cesse la mélancolie[39] du héros, sorte de basse continue du récit. La déchéance sociale mine profondément le personnage qui trouve, dans la première personne, le moyen de faire entendre sa plainte :

> Je me vis réduit à de grandes extrémités par ce nouvel accablement, et faisant lors une longue réflexion sur toutes les aventures de ma vie, je faillis à mourir de déplaisir. Quand je me représentais la bonté de ma naissance, la curiosité

33 *Le Page disgracié*, p. 220.
34 Voir notamment *L'orphelin infortuné*, chapitre II.
35 *Ibid.*, chapitre IX.
36 *Le Page disgracié*, p. 29.
37 *Ibid.*, p. 28.
38 Roman baroque, roman sentimental, sentimental, conte, etc.
39 Le terme de « mélancolie » et ses polyptotes émaillent d'ailleurs le récit. Voir p. 33, 71, 110, 126, 147, 150-151, 202…

> de mon élévation, l'honneur que j'avais eu de servir un grand prince [...] cela me mettait presque au désespoir[40].

Préfontaine invoque quant à lui la bonne nature de son héros qui le prémunit de l'humeur noire. Voici ce qu'il écrit s'agissant des mésaventures parfois tragiques de l'orphelin :

> L'accablement des malheurs si souvent redoublés sur la personne de cet orphelin m'obligerait de donner à son histoire le titre de tragique, si je ne le trouvais de si belle humeur qu'il est seul capable de consoler tous ceux qui sont tombés en de pareilles afflictions[41].

Et il est vrai que le héros de Préfontaine ne manque pas d'humour ni de gaieté. Mais si, comme dans *Le Page*, le rire est omniprésent, il n'en reste pas moins que le goût de la vie est bien amer : dans ce texte, ce sens est d'ailleurs constamment sollicité. Le héros doit en effet absorber des nourritures infâmes pour survivre comme celles, destinée aux chiens et sur laquelle il se jette[42], ou bien comme ces confitures périmées dont on le régale malicieusement[43]. L'amertume de l'orphelin est donc à entendre au sens propre comme au sens figuré ; elle n'a d'équivalent, dans *Le Page*, que le poison auquel réchappe en effet à plusieurs reprises le personnage principal. Quoi qu'il en soit, les deux histoires comiques rapportent la déchéance sociale de leur héros, leur errance désastreuse, loin de la condition dans laquelle ils sont nés.

Symétriquement, les auteurs de Mémoires, à partir de la Fronde, comptent des hommes de petite noblesse, des femmes, le plus souvent des inconnus, des personnages qui n'ont eu un rapport à l'Histoire que biaisé, simples témoins de l'existence d'un grand personnage ou bien des événements de ces temps troublés. À côté de noms prestigieux osant finalement le « je », définitivement broyés par l'absolutisme[44], des anonymes se mettent à parler en leur propre nom, en employant la première personne. Un personnel nouveau émerge donc, sans doute favorisé par les premiers temps de régence, relativement florissants. Comme dans

40 *Le Page disgracié*, p. 223-224.
41 *L'Orphelin infortuné*, p. 4.
42 *Ibid.*, p. 21.
43 *Ibid.*, p. 56-57.
44 Nous pouvons songer au Cardinal de Retz, au duc de La Rochefoucauld (qui écrit la seconde partie de ses Mémoires à la première personne), à la Grande Mademoiselle.

le récit comique, et c'était déjà l'hypothèse de René Démoris[45]_, le développement du « je » mémoriel est profondément lié à la refonte de ce personnel écrivant, à cette forme d'anonymat de ceux qui vont raconter leur histoire lorsque le récit impersonnel était auparavant, pour le gentilhomme, la seule manière honnête de parler de soi. Cette frange de la société à laquelle appartiennent ces nouveaux auteurs, la petite noblesse, qu'ils soient gentilhomme de la chambre ou première femme de chambre[46], compagnon de route d'un Grand[47] ou simple observateur[48], n'éprouve nulle retenue à communiquer ses propres expériences à la première personne. À cet égard, il est symptomatique que dans les récits comiques que j'étudie, les héros soient aussi des anonymes, au sens propre cette fois : ils ne sont même pas nommés par l'auteur. Et c'est précisément parce qu'ils n'ont pas de nom, au sens propre comme au sens figuré, que, dans la fiction, comme dans les Mémoires, ces individus s'autorisent à parler *en leur nom*.

De plus, tout comme le page et l'orphelin, ces nouveaux écrivains de Mémoires se situent sociologiquement en deçà de la grande Histoire. Pas plus que le héros des histoires comiques, ils ne peuvent se réclamer d'une vie illustre, ce qui leur interdit, de fait, le registre héroïque : les préfaces de leurs Mémoires le soulignent régulièrement. Henri de Campion, par exemple, jugent bien des sujets « plus intéressants que celui de [sa] vie[49] ». Nicolas Goulas, gentilhomme de la chambre de Gaston d'Orléans et témoin des intrigues de palais pendant la Fronde commence ainsi ses *Mémoires* qu'il adresse à son neveu :

> Voicy qui vous va surprendre et peut-estre faire rire. Le volume que je vous présente est ma vie, tout ce qui m'est arrivé en mon enfance, ma jeunesse et durant tout le temps que j'ay esté à la Cour. Vous n'y trouverez rien d'illustre

45 René Démoris, *Le Roman à la première personne. Du Classicisme aux Lumières*, Genève, Droz, 2002, chap. 1.

46 Je fais allusion à Nicolas Goulas et Madame de Motteville.

47 Je songe notammentà Guy Joly, secrétaire du Cardinal de Retz, Gourville, secrétaire de La Rochefoucauld, Montrésor, qui joua un rôle pendant la Fronde auprès du Cardinal de Retz. Tous trois laissèrent des Mémoires.

48 C'est le cas par exemple, de Dubuisson-Aubenay, secrétaire d'Henri Duplessis Guénégaud, auteur d'un *Journal*, dans lequel il consigne, depuis Paris, tous les événements de la Fronde qui se déroulent sous ses yeux.

49 Henri de Campion, *Mémoires*, Mercure de France, coll. Le Temps retrouvé, Paris, 1990, p. 45.

> et de beau ; il n'y a ni grandes actions ni merveuilleux evenements, ce n'est que la conduitte et les pensées d'un particulier du commun, d'un homme né dans une condition mediocre et dont la fortune n'a esté que mediocre, d'un dédaigneux, d'un paresseux qui n'a rien voulu faire ou peu de chose pour s'eslever, bien qu'il n'ait pas manqué d'ambition[50].

Les Mémoires, comme les histoires comiques, mettent en scène la vie d'inconnus qui expriment, hors de toute catégorie héroïque, les infortunes d'existences ordinaires. Ces nouveaux écrivains n'appartiennent pas à la race des héros ; ils vivent dans un monde qu'ils ne maîtrisent pas, notamment au regard des mutations politiques et sociales importantes qui interviennent après la Fronde. Leurs Mémoires se font l'écho, comme dans les récits comiques que j'étudie, d'un assombrissement du monde. Ils décrivent un monde instable et dysphorique, dans lequel s'affirme l'absolutisme. Si les acteurs de la Fronde qui parlent désormais en leur nom ont la conviction qu'ils n'écriront plus l'Histoire[51], la nouvelle classe d'auteurs à s'emparer du genre vit dans un monde qui ne semble pas aller de soi, durablement troublé par les guerres civiles. De plus, nombre d'entre eux subissent par ricochet le déclassement de leur maître. De son côté, la fiction, à travers les mésaventures du page et de l'orphelin livrés tous deux à un destin aveugle, plonge à corps perdu dans le monde et ses vicissitudes. Et contrairement à ce qui se passe dans le roman picaresque, les infortunes des personnages ne sont pas là pour alimenter les péripéties romanesques, et distraire le lecteur ; elles représentent avant tout l'inscription douloureuse d'un être dans l'espace où il vit. De même, la dispersion, la fragmentation du héros dont s'accommodait le modèle picaresque est devenue un vrai sujet de souffrance ; le page comme l'orphelin cherchent à mettre un terme à leur errance. Le ressort de l'admiration, dans les Mémoires comme dans le roman baroque dans la première partie du XVIIe siècle, a ainsi tout naturellement laissé place, à partir de la seconde moitié du siècle, à la sympathie pour un personnel déclassé ou pour l'infortune des anonymes, en délicatesse avec le monde. Et c'est à la faveur de cette conversion émotive, de ce changement brutal de registre que se développe la première personne.

---

50 Nicolas Goulas, *Mémoires et autres inédits*, Honoré Champion, Paris, 1995, p. 35.

51 Ils sont pour la plupart exilés comme c'est le cas de la Grande Mademoiselle, La Rochefoucauld ou le cardinal de Retz.

Il ne faudrait toutefois pas conclure à une affirmation du « je » intime dans les deux genres ; ce « je » n'induit en aucun cas un « moi ». La psychologie, peu présente dans les Mémoires qui demeurent un genre tourné vers l'Histoire, n'est pas plus développée dans *Le Page disgracié*, ni dans L'*Orphelin infortuné*, récits entièrement occupés par les expériences malheureuses des leur héros. Si dans le premier, le héros s'abandonne davantage à des réflexions morales qu'à des considérations psychiques, c'est, dans le second, par le corps que l'orphelin appréhende le monde. L'estomac vide du héros de Préfontaine est le sujet principal d'un texte qui ne craint pas le grotesque ni même le scatologique. Dévasté par la faim, son corps est aussi régulièrement affecté par la maladie, tout comme d'ailleurs le corps du page, qui, parfois traité sur le mode burlesque[52], n'est pas non plus épargné par les affections[53]. Cette présence du corps, on la retrouve dans la langue de Préfontaine, rabelaisienne à certains égards. L'orphelin ressuscite en effet le langage truculent des bas-fonds, la parlure savoureuse et foisonnante des gueux, dont il finit par adopter les expressions, y compris les plus vulgaires, accouchant ainsi d'une langue disparate, hybride, qui rend son expérience vivante et réaliste[54]. Nous n'avons donc nullement affaire, dans ces récits, à l'ascension d'un « je » privé, mais à l'expression d'un « je » dans l'histoire de son temps ou dans sa société. Et de fait, l'orphelin comme le page traversent plusieurs champs sociaux. En outre, les personnages du page et de l'orphelin ne vivent pas tout à fait en dehors de l'Histoire qui se dresse en toile de fond des deux récits. À la fin du *Page disgracié*, le personnage fera même l'expérience traumatisante de la guerre, traitée sur un mode très réaliste[55]. L'emploi de la première personne, que ce soit dans les

---

52 Je songe notamment à la femme rencontrée par le page à Londres chez le marchand qui l'héberge. Elle entreprend le page mais trop avinée, elle ne peut se retenir de régurgiter sur lui. *Le Page disgracié*, p. 95.

53 Je renvoie le lecteur à la tout fin du récit, celui de la maladie du page contractée à la guerre.

54 Je ne donnerai ici que quelques exemples, tant ils abondent : « Ils me donnaient toujours quelque chose à friper » (p. 38) ; « Nous nous couchâmes pleins comme des oeufs » (p. 42) ; « Le lendemain de cette escopetteie, ou plutôt cisellerie et coutellerie [...] » (p. 52) ; « cul-brûlé, chien d'ivrogne » (p. 56) ; « cet écornifleur de gibet qui avait été mon parrain » (p. 59) ; « trop pressés de chiffler » (p. 68) « C'était une boulineuse ou une défardeuse [...] » (p. 94). S'agissant des scènes proprement scatologiques, je renvoie notamment le lecteur aux pages 62 et 70.

55 *Le Page disgracié*, p. 297-313. Pour *L'Orphelin infortuné*, p. 31 et chapitre XIV.

Mémoires ou dans la fiction, change alors radicalement le contenu des notations. Le récit de ces expériences vécues par les héros de Tristan et de Préfontaine passe par le « je », apte à exprimer sa condition dans le monde, l'aise et surtout le malaise. La première personne rapproche en effet le personnage du réel et restitue toute l'épaisseur du monde appréhendée par une subjectivité[56].

À ce titre, le pacte de vérité que semble poser Tristan dans le prélude au *Page disgracié* n'est en réalité qu'un indice de fiction : « La vérité s'y présentera si mal habillée qu'on pourra dire qu'elle est toute nue[57] », écrit-il. Tristan L'Hermite s'amuse à l'évidence avec son lecteur (et l'on peut, à ce titre, penser que le nom du destinataire, Thirinte, est en réalité l'anagramme de son propre nom, non pas la fiction d'un personnage réel). Préfontaine, quant à lui, qui fait à son commanditaire la déclaration inverse, mais en réalité tout à fait semblable (« J'ai habillé mon orphelin tellement à la romanesque et tellement déguisé qu'il n'y aura que vous seul de qui il puisse être reconnu »), dénonce lui aussi son récit comme fiction. De même, alors que le sous-titre de *L'Orphelin* est « Histoire comique et véritable de ce temps », et que la dédicace présente le bon frère que l'on est en droit de confondre avec la personne de l'auteur, l'auteur apporte ce démenti à la fin du récit :

> Vous seriez bien attrapé, écrit-il s'il n'y avait rien de vrai en ce livre et que ce fût seulement d'un esprit enjoué, lequel, sachant comme plusieurs gens qui vivent en ce monde s'y gouvernent, a voulu tout en raillant avertir la jeunesse folâtre d'éviter tant de périlleuses occasions[58].

En outre, la promesse, dans les deux histoires, d'une continuation de l'aventure pour Préfontaine, tandis que Tristan promet à son cher Thirinte, rien moins que « deux autres volumes[59] », fonctionne comme un autre marqueur de fiction. Peu importe donc que le lecteur ait le sentiment de lire une fiction ; la première personne, fictive ou véridique, constitue ce puissant levier pour évoquer le monde et l'émouvoir. Le recours à la première personne, dans les deux histoires comiques, ne

56 Sur le rapport du genre comique et du réel, voir le texte de Jean Serroy, *Roman et réalité, Les Histoires comiques au XVIIe siècle*, *op. cit.*

57 *Le Page disgracié*, p. 28.

58 *L'Orphelin infortuné*, p. 142.

59 *Le Page disgracié*, p. 313.

cherche pas à singer le témoignage véridique, mais à nouer un dialogue souvent douloureux et dont le rire n'est pas exclu, entre le monde et soi.

Ainsi, sous la régence, l'émergence concomitante de la première personne à l'intérieur de genres qui n'ont pas eu l'occasion de dialoguer, relève de la sociologie et de l'Histoire, bien plus que de problématiques littéraires : le rang social de l'auteur ou des personnages mis en scène, ainsi que leur place dans le monde ont joué un rôle majeur. L'affirmation de part et d'autre du récit personnel marque en effet l'engagement du sujet écrivant dans un monde contemporain instable, le rapport tendu avec les réalités qui l'entoure, une attention exceptionnelle au réel qui passe par la mise en scène de la subjectivité, très loin de ce « je » intime tout près de naître, de ce « je » mondain qui fleurira à partir des années soixante dans les récits comme dans les Mémoires.

Pour finir, je me permettrai d'émettre une hypothèse qui mériterait peut-être une étude à part entière : si, comme on l'a vu, les Mémoires n'ont pu influencer les romans et les histoires comiques, on serait en droit de se demander si, à l'inverse, les Mémoires n'ont pas, quant à eux, subi l'influence des histoires comiques. Je songe notamment aux *Mémoires* de Goulas dont le récit des jeunes années semblent directement inspiré du *Page disgracié*. On peut également évoquer *La Vie d'Henriette Sylvie de Molière*, écrit par Madame de Villedieu, qui semble avoir inspiré les *Mémoires* de Hortense Mancini qui s'en défend, dès le seuil de son témoignage[60] : s'il est clair que le roman héroïque a inspiré les mémorialistes (on peut songer ici à certaines pages du cardinal de Retz, notamment lors du récit du siège de Paris[61]), on a sans doute moins envisagé l'influence possible de la veine comique sur les Mémoires qui s'écrivent à partir du milieu du Grand Siècle.

Claire QUAGLIA
Université Paris-Diderot

60 « Si les choses que j'ai à vous raconter vous semblent tenir beaucoup du roman, accusez-en ma mauvaise destinée plutôt que mon inclination. » Hortense Mancini, *Mémoires*, *op. cit.*, p. 32.

61 Le cardinal de Retz, *Mémoires op. cit.*, voir notamment p. 309 et 315.

PLAIRE OU INSTRUIRE, IL FAUT CHOISIR

Apprentissage et civilité dans *Le Page disgracié* de Tristan L'Hermite

Au XVIIe siècle, les défenseurs du roman reprennent à leur compte une formule empruntée à *L'Art poétique* d'Horace, l'*utile dulci*[1]. L'association de ces deux termes font alors l'objet de développements qui paraphrasent et amplifient chacun d'eux selon des proportions variables, sans pour autant prétendre en offrir un commentaire savant. L'heure n'est plus à l'érudition humaniste, ni à son goût affiché pour les sources faisant autorité, mais à l'exploitation d'arguments vantant les mérites d'une production en plein essor dont il convient de montrer que le plaisir qu'elle dispense s'accompagne d'une réflexion sérieuse. Une telle entreprise semble paradoxale, tant elle associe deux objectifs apparemment contradictoires : procurer du plaisir au travers de récits purement fictionnels ou qui mêlent à une matière empruntée à l'Histoire des embellissements inventés de toutes pièces, et dispenser par leur biais une leçon morale et des valeurs exemplaires. La distance temporelle qui nous sépare de la conception classique des arts explique en partie les difficultés d'interprétation soulevées par l'*utile dulci*. L'appariement du plaisir et de l'instruction appelle de nos jours un geste herméneutique, alors qu'ils semblent avoir constitué autrefois un alliage suffisamment puissant pour éclairer la portée et les ambitions du roman, ou tout au moins pour lui servir de protection à l'encontre de ses ennemis déclarés. Pour nous qui dissocions les moments consacrés au divertissement et ceux consacrés à l'apprentissage, la formule d'Horace et ses nombreuses variantes relèvent d'une rhétorique convenue ou d'un habile calcul. Sa double finalité ne constitue qu'un prétexte permettant aux auteurs de

1 Sur l'importance prise par l'association des registres du plaisir et de l'instruction dans l'esthétique classique, voir C. Talon-Hugon, *Classicisme et Lumières. Une histoire personnelle et philosophique des arts*, Paris, PUF, 2015, p. 22 à 26.

développer des aventures héroïques et galantes dont l'objectif véritable est en réalité la dilection du lecteur, bien plus que son éducation morale. L'alliance des deux termes qui la composent serait en somme l'indice du double langage tenu par les romans qui s'en réclament. Exception faite des enfants que l'on s'efforce d'intéresser à ce qu'on leur enseigne en les amusant, il est aujourd'hui communément admis qu'on s'adonne au loisir ou au travail, exclusivement. Du coup, nous partageons, sans nous en rendre compte, le point de vue des ennemis du roman qui, au XVIIe siècle, lui reprochaient précisément sa futilité et son manque de maturité, même si nous ne voyons plus dans les développements qu'il propose à l'imagination un danger pour la morale. Les temps ont changé : les romans destinés à un jeune public sont devenus une affaire à prendre au sérieux, tandis que le roman destiné à un lectorat adulte relève du pur divertissement. Si l'*utile dulci* survit en tant qu'argument promotionnel dans la littérature pour la jeunesse et les jeux éducatifs, il n'a plus sa place ailleurs.

Au cours du XVIIe siècle déjà, l'usage qu'on en fait connaît d'importants changements. Après avoir servi d'argument de légitimation morale dans les nombreuses préfaces des romans baroques du début du siècle, sa présence se fait tout à la fois plus discrète et plus active dans les préfaces des romans héroïques publiés entre 1640 et 1660. Cette évolution s'explique. Elle va de pair avec un déplacement des enjeux théoriques mis en avant dans les paratextes, ainsi qu'avec un nouveau traitement de la fiction romanesque. D'une part, l'alliance du plaisir et de l'instruction se dissout dans des considérations générales sur la vraisemblance de l'action narrée et les principes qu'il convient de respecter pour que cette vraisemblance soit respectée. D'autre part, elle se résorbe dans la facture même d'une action qui tend de plus en plus à mêler à des séquences faisant la part belle à l'imagination des données historiques présentées comme moralement exemplaires. Cette évolution, loin de marquer un recul de l'*utile dulci*, témoigne au contraire de son progrès. Au lieu de se présenter sous une forme citationnelle manifestant ouvertement son rôle dans la composition des intrigues, l'*utile dulci* gagne en importance du fait de son assimilation aux recommandations générales formulées à propos de la poétique romanesque. Dans la Préface au roman *Ibrahim ou l'illustre Bassa* de Madeleine de Scudéry, la vraisemblance se voit ainsi présentée comme la condition *sine qua non* du plaisir éprouvé par les lecteurs. Comme l'affirme Georges de Scudéry, sans elle, « rien ne peut toucher ; sans elle rien ne saurait plaire [...] ; il ne faut jamais s'en éloigner et, pour ce faire, observer les mœurs, les coutumes, les lois, les religions, et les inclinations des peuples [...], bref fonder l'intrigue dans "l'Histoire véritable"[2] ». Quant à l'utilité morale, elle résulte précisément du choix d'une matière historique exemplaire, qui permet de faire en sorte que la vertu paraisse « toujours récompensée, et le vice toujours puni[3] ». Mais c'est surtout le développement d'actions entremêlant des situations imaginaires et des personnages aux mœurs irréprochables, emportés par des passions nobles, qui confère à l'*utile dulci* une portée et une efficacité renouvelées. De telles actions en offrent l'illustration immédiate. Elles en prolongent l'idéal tout au long du discours romanesque, si bien qu'au lieu de se trouver circonscrit au seul espace préfaciel ou à des développements théoriques indépendants des œuvres, il en vient à constituer la matière même dont celles-ci sont faites. Aussi bien les romans héroïques se donnent-ils à lire comme la mise en œuvre d'un univers de référence dans lequel l'agrément et la morale sont étroitement associés.

Ce faisant, ils infléchissent le vieil impératif de l'*utile dulci* dans un sens qui satisfait aux idéaux comportementaux diffusés dans toute l'Europe par le processus de civilisation des mœurs initié plus d'un siècle auparavant, dans le cadre des cours italiennes de la Renaissance[4]. Relayé par de nombreux traités détaillant les manières qu'il convient d'adopter pour faire figure dans le monde, ces idéaux esthétisent les anciennes valeurs guerrières de la noblesse d'épée, pour en faire un art de vivre mariant l'élégance du geste à celle du cœur. Les romans héroïques font de même : ils esthétisent la violence et mettent à l'honneur les manières policées. Leurs personnages exercent une force physique hors du commun mais toujours mesurée et témoignent en toutes circonstances d'une générosité d'âme exemplaire. À la brutalité, ils préfèrent la conquête qui suscite l'admiration et à l'expression incontrôlée des

2 Cité par C. Esmein-Sarrazin, *Poétiques du roman. Scudéry, Huet, Du Plaisir et autres textes théoriques et critiques du XVIIe siècle sur le genre romanesque*, Paris, Champion, 2004, p. 139.

3 *Ibid.*, p. 143.

4 À propos de ce processus, voir les ouvrages séminaux de Norbert Elias, notamment *La Civilisation des mœurs*, Paris, Calmann-Lévy, 1973 et *La Société de Cour*, Paris, Flammarion, 1985. Sur sa diffusion dans les Belles-Lettres, voir E. Bury, *Littérature et politesse. L'invention de l'honnête homme. 1580-1750*, Paris, PUF, 1996.

pulsions les plus violentes l'expression raffinée des passions les plus intenses. Le monde dans lequel ils évoluent offre ainsi le spectacle des avantages que procure une parfaite maîtrise de soi alliée à une volonté permettant un constant dépassement de soi. Et comme les récits qui rapportent leurs actions d'éclat répondent à des critères de composition mesurés, les idéaux qu'ils incarnent séduisent sans submerger celles et ceux qui s'attachent à suivre leurs aventures. Entre 1640 et 1660, les romans héroïques mettent en œuvre l'*utile dulci* horatien de manière à célébrer comme s'il allait de soi le progrès des mœurs dont se réclame un public qui prétend se reconnaître dans les valeurs qu'ils véhiculent. En eux, ce public trouve tout à la fois de quoi se délecter au spectacle des mérites dont il se réclame et en approfondir la signification. Si la gloire et l'amour font ses délices, ils lui sont également présentés comme les ressorts de l' « Histoire véritable », riche en leçons à méditer.

Les histoires comiques travaillent dans un sens opposé. Alors que les romans héroïques célèbrent le point d'aboutissement du processus de civilisation engagé depuis la Renaissance, elles s'attardent sur ce que ce processus cherche à dépasser. Leur ton, leurs personnages, les situations qu'elles développent privilégient les réalités les plus triviales, au nom d'un respect de la vérité précisément conçu comme l'envers de l' « Histoire véritable » et des tendances à l'idéalisation qu'elle implique. À la célébration de la maîtrise des instincts elles préfèrent la représentation de l'empire exercé par les corps sur les âmes, fussent-elles bien nées. Les cheminements qu'elles relatent suivent un cours heurté, dicté par les lois de la Fortune, plutôt qu'ils ne retracent les effets bénéfiques du dépassement de soi. Le sort qu'elles réservent à l'*utile dulci* diffère donc du destin qu'il connaît dans les romans héroïques et sentimentaux. *Le Page disgracié* de Tristan L'Hermite en offre un exemple d'autant plus intéressant que, publié en 1643, sa première réception coïncide avec une évolution des formes de civilité, ainsi qu'avec la mode naissante du genre héroïque. L'équilibre entre la part de l'instruction et celle du plaisir que le récit véhicule s'en trouve redéfini dans des termes originaux. Le roman commence en effet par s'excuser auprès de ses lecteurs à propos de son contenu. Le « Prélude du page disgracié » qui en constitue le premier chapitre adopte la forme d'une épître, pour prévenir son destinataire de ce qui l'attend : en matière de plaisir, un décalage marqué entre une série d'épisodes présentés comme aussi douloureux qu'insignifiants pour celui qui les a vécus et l'agrément qu'ils pourraient éventuellement apporter à celui qui en prendra connaissance. À Thirinte, le narrateur explique sa démarche dans des termes qui en soulignent le caractère paradoxal :

> Comment aurais-je la hardiesse de mettre au jour des aventures si peu considérables ? Et comment est-il possible que vous rencontriez de la douceur en des matières où j'ai trouvé tant d'amertume, et que ce qui me fut si difficile à supporter vous soit agréable à lire[5] ?

La *captatio benevolentiae* qui oblige l'auteur à faire montre d'humilité lui fournit ainsi l'occasion de faire éclater la solidarité de principe entre la leçon dont la matière romanesque est porteuse et la dilection qu'elle est supposée apporter à qui la découvre. En l'occurrence, le seul rapport qu'entretiennent ces deux dimensions tient à la « diversité » et à la grande variété des « accidents » rapportés, seuls susceptibles, à en croire le narrateur, de procurer du plaisir au lecteur. La forme modulaire du récit, impliquée par cette « diversité » et ces « accidents », est donc l'unique source de contentement que le roman puisse dispenser, ce que confirment les derniers mots de cette épître :

> J'ai divisé toute cette histoire en petits chapitres, de peur de vous être ennuyeux par un trop long discours, et pour vous faciliter le moyen de me laisser en tous les lieux où je pourrai vous être moins agréable[6].

Corollairement, la part de l'instruction délivrée par le récit se résume à l'évocation en termes généraux des divers malheurs rencontrés par le page au cours de ses tribulations. Aussi, l'épître ne s'étend-elle pas davantage sur la dimension morale du roman. Le plaisir constitue l'essentiel de son propos, en même temps qu'il justifie la fragmentation annoncée d'un récit dont chacune des petites unités offre une leçon à méditer le moment venu. Enfin, il faut souligner que ces propos liminaires constituent le premier chapitre du roman. Ils ne se présentent pas comme un commentaire dispensé par l'auteur sur le seuil de son œuvre, mais en font intégralement partie. Les déclarations de principe qu'ils énoncent se situent ainsi sur le même plan que l'action rapportée. À l'instar de ce qui se passe dans le roman héroïque, l'*utile dulci* se

5 Tristan L'Hermite, *Le Page disgracié*, éd. J. Prévot, Paris, Gallimard, « Folio classique », 1994, p. 23. Toutes nos références au roman de Tristan renvoient à cette édition.

6 *Ibid.*, p. 24.

trouve donc littéralement incorporé à la fiction romanesque, à ceci près que, dans *Le Page disgracié*, cette fiction s'étend à l'ensemble du texte imprimé et que la part de l'agrément et celle de l'instruction s'y présentent d'emblée sous une forme clivée. Par ailleurs, l'inclusion de cette épître dans l'espace même du récit produit un effet opposé à celui que recherchent les auteurs de romans héroïques. Ceux-ci fondent l'*utile dulci* dans la matière romanesque pour en rendre le principe d'autant plus efficace qu'il en devient imperceptible. Au contraire, quand il intègre ses considérations théoriques au corps même de la fiction, Tristan attire l'attention de son lecteur sur le traitement particulier qu'il réserve à la formule horatienne, dès le premier chapitre du *Page disgracié*, comme dans le reste de l'ouvrage.

De fait, le roman invite ses lecteurs à repenser les rapports entre les plaisirs de l'imagination procurés par le récit et l'enseignement qu'il dispense. Plusieurs aspects de la facture de l'œuvre en témoignent, à commencer par l'emploi de la première personne. La narration rétrospective creuse en effet un fossé entre le temps de l'expérience vécue et celui de la réflexion morale qu'elle suscite. Ce fossé est encore accusé par l'ellipse qui porte sur la période séparant les dix-neuf premières années du page, seule matière rapportée par le récit, et le moment de leur ressaisie par un narrateur adulte assagi. L'articulation entre le contenu réjouissant des épisodes les plus désinvoltes et les commentaires formulés après-coup pour en dégager une leçon fait ainsi irrémédiablement défaut. À la question de savoir comment l'on passe de l'insouciance à la réflexion utile, il n'est jamais répondu. Enfin, l'inachèvement même de l'histoire, ainsi que la promesse demeurée sans lendemain de lui donner une suite, rendent à jamais vaine toute forme de synthèse entre les pôles du divertissement et du commentaire moral. Le roman de Tristan juxtapose, sans jamais les ajuster, deux séries de notations dont l'une est consacrée aux mille et un tours que le page enfant joue à son entourage et à ses amours adolescentes, et l'autre aux commentaires critiques qu'il formule, devenu adulte, à propos de son enfance et de sa jeunesse.

Cette partition temporelle revêt une signification politique et historique. Elle coïncide avec le passage d'une époque à une autre. Les tribulations du page se déroulent en effet sous le règne d'Henri IV et s'achèvent sous celui de Louis XIII, lorsque le personnage revient à la Cour d'où il était parti et que son existence semble prendre une tournure plus stable. Son parcours personnel s'inscrit ainsi dans un contexte historique que le roman évoque explicitement. Ce n'est pas un hasard. Henri IV fait l'objet d'un puissant investissement imaginaire dès son accession au trône, investissement que son assassinat ne fait ensuite que renforcer. Lorsque le roman de Tristan paraît en 1643, sa légende n'est pas seulement constituée, elle exerce aussi une véritable fascination. Elle s'exprime au travers des nombreux hommages composés de son vivant, notamment par Malherbe, puis dans les ouvrages que publient les historiens de la monarchie française, tels Mézeray, de même que dans des fictions romanesques qui idéalisent les premières années du XVIIe siècle, à l'instar des *Aventures de la Cour de Perse*, roman anonyme publié en 1629, puis réédité dix-sept fois sous le titre de *L'Histoire des Amours du Grand Alcandre*, entre 1652 et 1675. Sous l'effet conjugué de ces écrits, la figure d'Henri IV en vient à cristalliser diverses facettes de l'héroïsme : le grand guerrier pacificateur, respectueux des parlements, de la noblesse et du peuple, et le séducteur conquérant, l'Hercule gaulois et le berger Alcandre, le roi tout à la fois libéral et populaire. Surtout, elle sert de référence commune à toutes celles et ceux qui regrettent la liberté qui régnait de son temps. Dès le début des années 1640 et plus particulièrement dans un contexte qui conduit à la Fronde, faire référence à Henri IV, c'est éprouver de la nostalgie envers un passé encore proche, à l'heure où l'absolutisme montant s'accompagne de contraintes toujours plus fortes sur la noblesse[7]. C'est se souvenir du temps heureux où la vie de Cour et le statut nobiliaire n'excluaient pas les manières directes et où la civilité allait de pair avec la légèreté et l'humour[8].

En superposant au clivage entre l'agrément et l'instruction un clivage opposant un passé réjouissant à un présent empreint de gravité, Tristan L'Hermite articule donc l'histoire personnelle du page à l'histoire collective des mœurs. Il confère à son personnage une dimension exemplaire : les tribulations dans lesquelles il l'engage et qu'il laisse commenter renvoient à des temps révolus aussi remarquables que les temps plus anciens privilégiés par les romans héroïques et l'Histoire des grandes

7 À propos de la dimension légendaire d'Henri IV, voir plus particulièrement C. Biet, *Henri IV*, Paris, Larousse, 2000, p. 238 à 244.

8 Sur ce premier « moment » de l'histoire de la civilité et son caractère encore peu contraignant, voir M. Magendie, *La Politesse mondaine et les théories de l'honnêteté en France au XVIIe siècle, de 1600 à 1660*, Genève, Slatkine Reprints, 1993, p. 16 à 22.

figures héritées de la tradition classique[9]. Au lieu d'idéaliser un passé lointain et d'en actualiser les valeurs, le page se remémore un passé proche sur un mode temporellement distancié. Que cette distanciation s'exprime à la faveur de remarques critiques n'exclut pas la nostalgie. Au contraire, la joie et la spontanéité qui caractérisent ses premières années contrastent avec le ton désabusé qu'il emprunte pour les évoquer. Comme le note Jean Serroy, le « Page ne naît pas mélancolique, il le devient[10] ». Si ses débuts dans la vie sont exemplaires, c'est parce qu'ils conservent la mémoire d'une civilité disparue à l'heure où il s'exprime. Plusieurs épisodes du roman le confirment.

Élevé jusqu'à l'âge de trois ans parmi les « arbres et la tranquillité de la campagne », le Page passe sans difficulté du monde campagnard au monde urbain, où les « divers ornements et le tumulte d'une des plus célèbres villes du monde » lui deviennent vite aussi familiers que le décor bucolique de ses premières années[11]. De même que la légende d'Henri IV montre le bon roi capable de se mêler spontanément aux gens simples, le roman de Tristan propose à l'imagination de ses lecteurs un personnage d'emblée à l'aise avec les gens de qualité. Une même fluidité au sein du corps social permet au monarque de se rapprocher de ses sujets et à l'enfant qui naît sous son règne de s'élever pour entamer une carrière dans le monde. Significativement, dans le roman de Tristan, c'est Henri IV qui recommande le Page à l'un des gentilshommes de sa Cour, lui permettant d'entrer au service d'un jeune seigneur de son âge et de se faire aussitôt apprécier de son entourage. Ce geste généreux, Henri IV l'accomplit en mémoire des services jadis rendus par le père du Page à celui que le narrateur dépeint encore, longtemps après, comme l' « un des plus grands et des plus illustres princes du monde pendant les guerres », héros dont la mémoire, qualifiée d' « immortelle », fait le lien entre un passé glorieux, antérieur aux aventures rapportées par le récit, et le présent de la narration[12]. De même que le vieux monarque

9 Sur le rôle structurant joué par l'*Historia magistra vitae* dans la façon qu'ont les époques pré-révolutionnaires de se positionner en fonction de son passé pour comprendre son présent et envisager l'avenir, voir F. Hartog, *Régimes d'historicité. Présentisme et expériences du temps*, Paris, Seuil, « Points Histoire », 2012, en particulier les pages 144 à 149.

10 « La Folie du Page », *Sur* Le Page disgracié, *Vingt-quatre études des* Cahiers Tristan L'Hermite, dir V. Adam et S. Berrégard, Paris, Classiques Garnier, 2013, p. 67.

11 *Le Page disgracié*, éd. citée, p. 26.

12 *Ibid.*, p. 28.

n'oublie pas ceux qui lui ont été fidèles et étend sa protection à leurs descendants, le Page devenu adulte se rappelle avec émotion le temps de ses débuts à la Cour, afin de rendre hommage aux mœurs qu'il y a connues, marquées par un subtil mélange de spontanéité et de respect des convenances. Apprécié de tous, le Page entretient en effet des liens d'affection respectueuse avec le jeune seigneur auprès duquel il a été placé. Les relations entre eux sont tout à la fois marquées par la proximité et la déférence :

> Nous étions presque d'un même âge et de même taille ; mais il était d'une beauté merveilleuse et d'une gentillesse d'esprit qui faisait dès lors prodigalement [pressentir] les promesses que ses grandes vertus ont depuis acquittées avec usure. À notre première rencontre, je fis en mon cœur une forte et fidèle impression de son mérite ; et comme il était d'un excellent naturel il eut beaucoup d'affection pour moi, soit que ce fût par une secrète reconnaissance de mon zèle, ou par une naturelle inclination Dès que je fus à son service, on pouvait dire que j'y étais vraiment attaché : les perfections du maître étaient de pressantes chaînes pour le serviteur[13].

L'aisance du Page dans ce nouveau milieu se manifeste de différentes manières. Ayant soutiré de l'argent à son jeune maître et l'ayant dépensé en cachette au jeu au lieu de l'employer à acheter une linotte merveilleuse supposée parler et siffler sur commande, il reconnaît bien volontiers que si cette linotte « ne dit mot, elle n'en pense pas moins[14] ». Les incartades sont aussitôt oubliées, à la faveur de traits d'esprit, plus appréciés du groupe que la stricte observation des principes moraux. Les liens unissant le Page à son jeune maître n'impliquent par ailleurs aucune sujétion : il est libre de fréquenter « tous les jeunes princes » dont les appartements, disposés « l'un près de l'autre », lui offrent un terrain de choix où faire valoir ses talents de conteur[15].

Pareille aisance fait écho à l'idéal comportemental hérité du *Courtisan* de Balthasar Castiglione, comme l'a bien vu Florence Orwatt[16]. La civilité n'a pas à faire l'objet d'un apprentissage : elle s'observe spontanément parmi les gens bien nés, comme si les pratiques culturelles les

---

13 *Ibid.*, p. 28-29.

14 *Ibid.*, p. 40.

15 *Ibid.*, p. 32.

16 « Galanterie et tentation mondaine dans Le Page disgracié », *Sur* Le Page disgracié, *Vingt-quatre études des* Cahiers Tristan L'Hermite, *op. cit.*, p. 178 à 189.

plus sophistiquées naissaient de dispositions naturelles. Passer sans effort de l'espace campagnard à celui de la Cour comme le fait le Page revêt donc une valeur emblématique : la mobilité du personnage renvoie à un principe qui fonde la qualité des êtres dans un ordre donné d'entrée de jeu. La veine comique du roman évite cependant que la trajectoire du personnage n'épouse une courbe trop parfaite. La France d'Henri IV n'est pas l'Italie des ducs d'Urbino. Si la conversation et la désinvolture y sont également de mise, elles s'accommodent de nombreux écarts de conduite et d'une critique ouverte des représentants du savoir. Le Page n'est pas seulement à l'aise partout où le conduisent ses premiers pas dans l'existence, il se livre avec bonheur à de nombreuses frasques, se battant, mentant, volant au besoin. Le respect et le dévouement qu'il témoigne à son jeune maître ne l'empêche ni de profiter de ses largesses, ni de le manipuler. Est-il malade ? Aussitôt, le Page s'arrange pour devenir « l'intendant » de ses « divertissements » et s'autoriser à « tout entreprendre insolemment[17] ». Croise-t-il le chemin d'un autre Page, « le plus malicieux et le plus fripon de la Cour[18] » ? Il tombe aussitôt sous son influence et prend la passion du jeu. D'une manière générale, la Cour qu'il fréquente allie à la « magnificence » et aux « beautés » un goût affiché pour les mœurs les plus libres[19]. Les jeunes seigneurs qu'il y rencontre sont tout à la fois généreux, mais aussi enclin aux « licences » et « libertins », si bien qu'il peut compter sur les plus influents d'entre eux, comme sur son jeune maître, pour lui épargner les punitions que lui valent ses nombreuses incartades[20]. Aussi, en dépit des « postiqueries » qui auraient dû lui valoir « d'être fouetté plus de douze fois », le précepteur chargé de faire son éducation ne parvient-il ni à corriger sa conduite, ni à le faire progresser dans la connaissance des choses de l'esprit[21]. Si encore ce précepteur était ridicule, comme l'est Hortensius dans *Histoire comique de Francion*, l'attitude du Page serait justifiée par l'incompétence et la bêtise traditionnellement associées à la figure du pédant de collège[22]. Mais il est au contraire décrit comme « un homme

17 *Le Page disgracié*, éd. citée, p. 36.
18 *Ibid.*, p. 30.
19 *Ibid.*, p. 28.
20 *Ibid.*, p. 29.
21 *Ibid.*, p. 32.
22 Sur le rôle joué dans la littérature du XVIIe siècle par le pédant, voir J. Royé, *La Figure du pédant de Montaigne à Molière*, Genève, Droz, 2008.

de lettres fort poli », un « grand homme » qui pratique « parfaitement l'art d'élever la jeunesse », un pédagogue ayant fait ses preuves auprès d'un des parents du Page, devenu depuis lors « un des plus éloquents et des plus habiles personnages de notre siècle[23] ». Surtout, il incarne de manière exemplaire l'idéal de l'*utile dulci*, associant étroitement le plaisir et l'instruction : au jeune maître auprès de qui le Page fait ses débuts, il fait soigneusement apprendre « les plus belles choses de l'Histoire et de la Morale en se jouant[24] ». Son rapport à la connaissance lettrée est donc celui d'un digne héritier de l'humanisme renaissant, conscient du rôle que l'*Historia magistra vitae* joue dans la formation de ceux qui auront un jour à s'illustrer dans la conduite des hommes.

Or, en dépit de telles qualités, il demeure bien isolé et sa méthode ne semble pas donner de résultats bien tangibles. Le Page, dans son aisance, est au contraire parfaitement en phase avec le monde qui l'entoure. Ce qui l'oppose au précepteur tient au rapport qu'il entretient avec la culture lettrée. De fait, pour lui, cette culture ne constitue pas un répertoire riche d'enseignements à transmettre sous une forme plaisante aux jeunes générations, pour mieux préparer l'avenir. Elle n'est qu'un moyen parmi d'autres de s'adapter aux circonstances présentes pour les infléchir dans un sens si possible favorable. Ni le passé ni l'avenir ne conditionnent l'usage qu'il en fait. Seules les contingences dictent la manière dont il s'y réfère. L'épisode au cours duquel il réinvente la fable du Loup et de l'Agneau afin que sa moralité n'affecte pas trop son jeune maître en offre l'illustration. Plutôt que de relater fidèlement cette fable, le Page en altère volontairement l'issue à la demande de son auditeur qui en a deviné la dureté avant même qu'elle ne soit énoncée. Le *movere*, troisième terme enrichissant l'association de l'*utile* et du *dulci* dans la théorie classique des arts, fournit ainsi à cette occasion un prétexte pour faire passer la sensibilité avant le souci de la formation morale et des moyens mis en œuvre pour assurer son efficacité. Plus précisément, c'est en vertu d'une morale empathique, conforme à la relation privilégiée qu'il entretient avec son jeune maître, que le Page s'autorise à corriger la fable dans un sens conforme à la civilité bon enfant qui règne autour de lui. Qu'il prenne une telle liberté avec un apologue n'est pas anodin : plus qu'aucun autre, l'apologue repose sur l'association étroite du plaisir

---

23 *Ibid.*, p. 29.

24 *Le Page disgracié*, éd. citée, p. 29.

dispensé par le récit et de la leçon qu'il véhicule, le plaisir n'étant qu'un moyen de faire passer cette leçon. Or le geste accompli par le Page redéfinit les modalités de cette association : il fait du *dulci* la mesure de l'*utile*, en substituant à une anthropologie fixiste, valable en tout temps et en tous lieux, une morale occasionnelle, fondée sur l'attention portée à autrui et à ses besoins particuliers. Ce geste renvoie à l'éthique que développe le récit tout entier. Si son narrateur souligne dès l'épître à Thirinte son souci de procurer du plaisir à son lecteur, il s'étonne que ce plaisir puisse naître d'une succession d'épisodes malheureux. Le paradoxe n'est qu'apparent, dès lors qu'on garde à l'esprit la manière dont le personnage refonde l'articulation de l'*utile* et du *dulci* dans le contexte de ses débuts dans le monde. De même que la fable du Loup et de l'Agneau peut être revisitée dans un sens qui l'adoucit et la rend aimable, la relation des misères endurées par le Page peut elle aussi se révéler plaisante. Parce qu'elle prend la forme de séquences courtes, elle ne risque pas de lasser. Bien plus, elle dispense autant de leçons qu'il y a de chapitres. Le caractère exemplaire du personnage principal tient dès lors à ses capacités d'adaptation, lesquelles prolongent son habileté à revisiter la tradition lettrée en fonction des exigences du moment.

Reste que le roman de Tristan oppose à la facilité qui caractérise les débuts de son personnage le formalisme qu'il observe lors de son retour à la Cour, au terme de dix-neuf années de tribulations. L'étiquette s'est substituée à l'insouciance et la bienveillance de Louis XIII, lointain écho de la générosité d'Henri IV, s'exprime dans un cadre désormais contraint. Pour voir le roi et lui présenter des vers composés à sa gloire, il faut en effet saisir l'occasion de l'un de ses déplacements en province, assister au petit coucher après avoir fait antichambre et s'être dûment fait annoncer par un « jeune seigneur, aussi accompli qu'il y en eût en France[25] ». L'audience est alors évoquée dans des termes empruntés aux panégyriques les plus solennels : Louis XIII est le « monarque le plus glorieux qui ait jamais porté couronne », un « jeune et glorieux héros » destiné par le Ciel à de « grandes choses », l'« un des plus grands princes de la terre[26] ». Quant à son entourage, il est formé de seigneurs qui traitent ceux qu'ils croisent avec une « grande grâce[27] ». Significativement,

25 *Ibid.*, p. 245.
26 *Id.*
27 *Id.*

celui qui, parmi eux, se charge d'annoncer le Page à son entrée dans le cabinet royal s'avère être un ami d'enfance. Mais la complicité de jadis n'est plus de mise. L'embarras a remplacé l'émotion partagée :

> À son abord, je m'étais tourné le dos contre les flambeaux qui étaient posés sur la table, afin que l'ombre que j'aurais sur le visage empêchât que je ne fusse reconnu de ce seigneur, avec qui j'avais passé les premières années de ma jeunesse et qui avait été l'un de mes plus particuliers amis ; mais comme il m'eut pris par la main, je ne pus faire si bien qu'il ne me reconnût facilement. Je ne pus soutenir ses regards sans baisser la vue et rougir, et ce jeune seigneur, s'apercevant de cette honnête honte, me tira en un lieu à l'écart, et me nommant par mon nom, me pria de m'assurer en son amitié, qui ne me manquerait pas en cette occasion, comme en toute autre. Là-dessus, il rentra dans le cabinet, pour m'y servir comme il fit avec grande grâce[28].

Le roman de Tristan L'Hermite est donc bien un roman de formation. Le parcours qu'il retrace se déploie entre deux moments dont le contraste permet de mesurer le changement intervenu dans les rapports que son protagoniste entretient avec le monde. Peut-on pour autant parler d'apprentissage et de progrès ? De leçon durement apprise au fil des aventures vécues et dispensée au lecteur sous une forme plaisante ? Rien n'est moins sûr. Il est vrai que dans la deuxième partie du roman, Tristan multiplie les développements témoignant de l'évolution survenue en peu de temps dans les pratiques de la civilité et des valeurs qui lui sont attachées. Les titres et les contenus de certains chapitres en témoignent, alors même qu'ils ne sont séparés que par quelques pages : l'« Ambassade du page vers un vieux cavalier crotesque, et quelle réception on lui fit » (chap. XXXVI) contraste ainsi avec la « gentillesse d'un cavalier, qui fit connaissance avec le Page » (chap. XLII), afin de mieux souligner tout ce qui distingue l'ancienne politesse de la nouvelle. De même, les sentiments amoureux éprouvés par le personnage se portent sur des figures de plus en plus conformes aux canons de la galanterie la plus raffinée. Par rapport aux « ignorantes, qui faisaient gloire, lorsqu'on leur parlait d'amour, de paraître aussitôt confuses ou de s'offenser de tout ce qu'elles n'entendaient pas bien, la demoiselle dont il fait la connaissance peu avant de devenir le secrétaire d'un grand Prince discourt de "toutes choses avec une extrême liberté", connaît les "beautés de l'éloquence", aime

28 *Id.*

fort la poésie et présente un physique des plus agréables, joignant “une belle taille” à un “fort agréable esprit”[29] ». Enfin, les derniers chapitres du roman mettent à l'honneur les postures et les situations héroïques occasionnées par l'épisode de la prise de La Rochelle. Le Page « suit un grand monarque à la guerre » (chap. XLIX), voit mourir à cette occasion un « illustre seigneur » de ses amis (chap. LII), bref accumule des péripéties dignes du roman héroïque. Pourtant, le cavalier dont le Page fait la connaissance et qui est présenté comme un modèle de « gentillesse » est aussi un personnage qui prend du tabac, qui ne laisse pas passer une semaine « sans faire trois ou quatre débauches d'importance » et qui est le premier gentilhomme à pousser le Page à boire le vin « un peu fort » et à se remettre à jouer[30]. Quant à la demoiselle dont la délicatesse tranche avec les mœurs des précédentes figures féminines croisées par le héros, elle ne fait que croiser sa route, sans que la fascination qu'elle exerce sur lui ne le pousse à lui faire la cour. Il lui préfère la compagnie d'une bande d'illustres écoliers, « aimant les belles-lettres » autant que la « volupté », les « plaisirs », les « jeux les plus divertissants » et la compagnie de « dames » de toute évidence moins rompues aux finesses de la galanterie[31]. Enfin, les chapitres consacrés à la guerre et aux actions généreuses sont entrecoupés de développements peu glorieux, comme celui montrant un gentilhomme blessé à mort être aussitôt dépouillé par des soldats, ou comme les notations évoquant la putréfaction des corps en décomposition ou les délires causés par l'abstinence et la fièvre[32].

Impossible donc de parler de progrès, s'agissant de l'évolution du Page. Contrairement au régime temporel qui sous-tend les traités de civilité et les romans héroïques, le récit ne suit pas un plan comportant des étapes à franchir ou des règles à observer en vue d'atteindre un objectif précis. En revanche, il fait la part belle à la plasticité que la médecine humorale reconnaît aux enfants et aux jeunes gens. L'écart jamais comblé entre la fermeté de leçon morale énoncée par la voix adulte du narrateur et la multiplicité des aventures plaisantes du personnage parle en faveur de la reconnaissance de ses qualités naturelles, non de la célébration de pratiques sociétales instaurées depuis la Renaissance pour mieux

29 *Le Page disgracié*, éd. citée, p. 226.
30 *Ibid.*, p. 236.
31 *Ibid.*, p. 227.
32 Voir en particulier les pages 250 et 255.

les réguler. Significativement, le roman de Tristan fait soigneusement l'économie des années séparant les derniers faits et gestes du Page du moment où celui-ci, devenu narrateur, raconte ses débuts dans la vie sur un mode distancié. Et pour cause : rapporter cette portion de vie conduirait le récit à faire coïncider l'*utile* et le *dulci* sur un mode que le roman tout entier s'est employé à éviter jusqu'alors. L'exemplarité du Page doit demeurer à tout jamais circonstancielle. Si le narrateur promet une suite à Thirinte au moment de prendre congé de lui, ce n'est donc pas pour donner au récit un tour plus homogène, mais au contraire pour accuser encore davantage son irrégularité. À l'en croire, cette suite sera faite d'un « assemblage de beaucoup de choses plus agréables » et d' « aventures plus honnêtes » que les « puérilités » jusqu'alors rapportées, mais aussi et paradoxalement « plus ridicules » que celles-ci[33]. Surtout, elle permettra de comprendre pourquoi le narrateur a en fin de compte développé une aversion déclarée envers « toutes les professions du monde », suite à l' « apprentissage » fait « en la connaissance des hommes » qu'il déclare ne plus « vouloir hanter que rarement[34] ». Publié en 1643, soit l'année même de la mort de Louis XIII, le titre donné par Tristan à son unique roman est donc riche de sens. Si le *Page* est effectivement *disgracié*, c'est parce qu'il est très tôt amené à quitter l'espace privilégié où se développent en son absence les valeurs de grâce et d'aisance que les récits héroïques commencent de promouvoir avec efficacité. Le parcours du personnage redouble ainsi dans la fiction le rapport que le roman entretient avec ses contemporains, plus soucieux de gloire : il s'en distancie respectueusement. L'avenir qu'il entrevoit pour lui-même et laisse ouvert lui donne raison : le temps viendra bientôt où le roman délaissera la grande Histoire et l'héroïsme pour privilégier les personnages aux destins singuliers, parfois amenés par les circonstances à s'écarter du métier des armes ou à renoncer définitivement à toute galanterie.

Jean-Pierre VAN ELSLANDE
Université de Neuchâtel

33 *Le Page disgracié*, éd. citée, p. 262.
34 *Id.*

L'UTOPIE ANIMALE DE LA DÉCENNIE 1650

Mise en question de la « souveraineté » humaine

Les études de référence sur le corpus des voyages imaginaires n'ont jamais accordé grande importance aux faunes utopiques[1]. Et pour cause : dans des récits conçus pour modéliser des sociétés alternatives, la présence d'animaux non-humains – pour employer une notion en vigueur dans les *animal studies* – semble logiquement réduite à la portion congrue. Élément accessoire lié à la description de l'espace, des modes de production ou des coutumes alimentaires, comme le laisse penser le programme établi par Thomas More, supposé avoir encodé tous les lieux communs du genre ? Les Utopiens s'interdisent toute complaisance envers la brutalité exercée sur les animaux, en écho à la Renaissance néo-plutarquéenne[2], mais dans ce miroir de l'authentique société chrétienne appelée de ses vœux par More, tout rapprochement excessif de l'humanité avec l'animalité serait intolérable[3]. Même un philosophe vitaliste comme Campanella, qui élargit l'animalité en principe cosmique, déroge à peine à ce modèle : les animaux s'exposent sur les murs de l'encyclopédie qui ceint la Cité du Soleil[4], les Solariens sachant que la divinité se manifeste en tout ; mais ils retrouvent une

---

1 On pense notamment aux études de Raymond Trousson (*Voyages aux pays de nulle part*, Bruxelles, Éditions de l'Université de Bruxelles, 1998) et de Jean-Michel Racault (*L'Utopie narrative en France et en Angleterre 1675-1761*, Oxford, Voltaire Foundation, 1991, et *Nulle part et ses environs. Voyages aux confins de l'utopie littéraire classique (1657-1802)*, Paris, PUPS, 2003).

2 Les citoyens d'Utopia délèguent l'abattage du bétail à des serviteurs, car ils estiment que cette pratique les déshumaniserait en leur ôtant *clementia* et *pietas* ; ils ne sacrifient pas non plus d'animaux dans leurs rites religieux (Thomas More, *L'Utopie*, éd. G. Navaud, trad. J. Le Blond et B. Aneau, Paris, Gallimard, « Folio classique », 2012, p. 126 et 208).

3 Utopus a proscrit les idées des athées assimilant l'âme des hommes à celles des bêtes, et l'on tolère comme une « erreur » vénielle l'opinion qui accorde aux animaux une âme immortelle de nature inférieure (*ibid.*, p. 196-197).

4 Tommaso Campanella, *La Cité du Soleil*, trad. L. Colet, Paris, Ressouvenances, 1998, p. 166-167.

place assez conventionnelle comme bêtes d'élevage[5], et le régime carnivore n'est pas même exclu[6]. Un siècle et demi après More, au seuil de l'âge d'or du genre, le chapitre dédié dans la *Terre Australe connue* (1676) de Foigny, parodiant le style descriptif des récits de voyage, semble au premier abord aussi étriqué et aussi clos sur lui-même que pourrait l'être une ménagerie. C'est qu'il faut cantonner l'animalité : exempte des insectes et de la vermine européenne, l'île fantastique de Foigny est polluée par la présence des monstrueux oiseaux Urgs, que les Australiens s'acharnent à détruire. Et si ces derniers pratiquent le végétarisme, ce n'est pas par amour des animaux, mais au contraire parce que « l'antipatie [...] entiere entre eux & la bête[7] » leur commande de ne pas consommer de chair. Comme la sexualité qui en est le stigmate chez l'être humain, l'animalité serait une souillure... La littérature utopique montrerait-elle que les humains ne peuvent faire société que par leur scission avec le monde animal ?

La thèse contraire peut être plaidée, ne serait-ce qu'au regard des nombreuses apparitions des singes et hybrides simiesques dans un contexte de diffusion des récits de voyages, des premières études naturalistes sur les primates, ou encore des premières hypothèses transformistes inspirées par la science nouvelle ; il en va de même des fréquentes variations utopiques sur cet animal parlant qu'est le perroquet[8]. Un historien américain a récemment décrété l'année 1668, marquée par la parution de la première édition des *Fables* de La Fontaine, « *year of the animal in France*[9] ». C'est plutôt la décennie 1650 qui a été la décennie de l'animal dans les voyages imaginaires : leur présence ne trahit pas seulement une sympathie des auteurs envers les bêtes, elle révèle une obsession.

5 *Ibid.*, p. 203-204.

6 *Ibid.*, p. 206-207.

7 Gabriel Foigny, *La Terre australe connue (1676)*, éd. P. Ronzeaud, Paris, STFM, 1990, « Chap. x. Des animaux de la terre Australe », p. 178. Voir Pierre Ronzeaud, *L'Utopie hermaphrodite*, Marseille, Publications du C.M.R. 17, 1982, p. 158 *sq.*

8 Nous nous permettons de renvoyer à deux précédentes études, que la présente complète : « Grandes découvertes, plaisanterie géographique et créativité fictionnelle : l'exemple de la *psittacorum regio* », dans Louise Dehondt, Anne Duprat, Irène Gayraud, Catherine Grall et Christian Michel (dir.), *Nouveaux mondes, nouveaux romans ?*, 2018, « Bibliothèque comparatiste », en ligne sur le site de la SFLGC, p. 40-56 ; « Yahoo ! L'homme-singe comme topique philosophico-satirique », dans Ph. Postel et I. Trivisiani (dir.), *Natura in Fabula. Topiques romanesques de l'environnement*, Leyde-Boston, Brill-Rodopi, 2018, p. 249-265.

9 Peter Sahlins, *1668. The Year of the Animal in France*, New York, Zone Books, 2017.

Mieux : une interrogation. Si les récits utopiques, pour paraphraser un célèbre philosophe[10], tentent de répondre à des questions telles que « Que puis-je savoir ? », « Que dois-je faire ? » ou « Que m'est-il permis d'espérer ? », ils abordent par-dessus tout la question anthropologique « Qu'est-ce que l'homme ? », en explorant une frontière plus mobile qu'on ne l'imagine entre l'humain et le non-humain. Et il s'agit de l'une des inflexions les plus marquantes de ce genre de fiction au milieu du siècle, à une époque où il jouissait d'une certaine indépendance par rapport au « roman » dans la conscience des écrivains et des lecteurs.

En témoigne la publication, en l'espace de quelques années, du *Supplément de l'Histoire véritable* de Lucien, par Jean-Jacobé Frémont d'Ablancourt, annexé à la fameuse traduction des œuvres complètes du satiriste grec par Nicolas Perrot d'Ablancourt, son oncle[11] ; de la *Relation de l'Isle imaginaire* de Anne-Marie-Louise d'Orléans, dite Mademoiselle de Montpensier, ou la Grande Mademoiselle[12] ; des deux parties de l'*Autre monde* de Savinien Cyrano de Bergerac, dont on rappellera plus loin l'histoire éditoriale complexe[13], sachant que la seconde partie, les *États et Empires du Soleil*, porte comme l'œuvre de la Grande Mademoiselle l'empreinte du *Supplément* de Frémont. Peu étudié jusqu'à maintenant[14], ce dernier est à bien des égards séminal, et ouvre la voie à une reconsidération de la présence animale dans une œuvre aussi commentée qu'a pu l'être le roman de Cyran[15]. Rapidement écrite et conçue comme une

10 Emmanuel Kant, *Logique*, trad. L. Guillermit, Paris, Vrin, 1970, p. 25.

11 Jean Jacobé Frémont d'Ablancourt, *Supplément de l'Histoire véritable*, dans *Lucien de la traduction de N. Perrot Sr d'Ablancourt*, Paris, A. Courbé, 1654, t. II, p. 623-678.

12 Mademoiselle de Montpensier, *La Relation de l'Isle imaginaire et l'Histoire de la princesse de Paphlagonie*, s. l. [Bordeaux], s. n., 1659.

13 Nous nous référons à l'édition scientifique de Savinien de Cyrano de Bergerac, *États et empires de la Lune et du Soleil*, éd. M. Alcover, Paris, Champion, 2004.

14 Outre l'analyse générale que nous avons récemment proposée dans « Le *Supplément de l'Histoire véritable* de Frémont d'Ablancourt : gratuité ludique ou sens allégorique ? », *Dix-septième siècle*, n°286, 2020/1, p. 101-119, voir Christiane Lauvergnat-Gagnière, « Un divertissement littéraire : la suite de l'*Histoire vraie* de Lucien », *in* Jean Jehasse, Claude Martin, Pierre Rétat et *alii*, *Mélanges offerts à Georges Couton*, Lyon, Presses Universitaires de Lyon, 1981, p. 35-41.

15 Les articles exclusivement consacrés à la question animale chez Cyrano sont pourtant peu nombreux. Citons Isabelle Moreau, « Cyrano de Bergerac : théories du vivant de la Lune au Soleil – ce monstre appelé homme », dans Anthony McKenna, Pierre-François Moreau, Frédéric Tinguely (dir.), *Les Libertins et la science. Libertinage et philosophie au XVIIe siècle*, n° 9, 2005, p. 85-103 ; Claudine Nédelec, « L'homme, ce drôle d'oiseau (et inversement) dans *L'Autre monde* de Cyrano de Bergerac », *L'Entre-deux*, 3, n°1, 2018 (en

expérimentation sans grande prétention, la pochade de Mademoiselle de Montpensier[16] pourrait souffrir la comparaison : sa légèreté ne dépareille pas tout à fait du petit ouvrage du neveu d'Ablancourt, mais elle l'éloigne pour le moins du roman savant et libertin de Cyrano. Œuvre révélatrice, elle confirme néanmoins la puissante attraction du thème animal auprès de cette génération de romanciers.

Dans les trois œuvres, les animaux sortent du décor du *locus amœnus* pour devenir les principaux protagonistes de la scène utopique : acteurs d'un monde politique et interlocuteurs du narrateur-voyageur, ils ne sont pas là pour servir de bétail ni d'ornement, mais pour obliger le lecteur à un effort de décentrement radical. Car ils suscitent le questionnement autant que l'admiration. Le spectacle animal s'accompagne-t-il, pour autant, d'une philosophie animale ? Indéniablement chez Cyrano plus discrètement mais néanmoins sensiblement chez Frémont, dans une moindre mesure chez la Grande Mademoiselle. Comme toujours dans les voyages imaginaires classiques, l'autre monde constitue certes l'envers satirique de notre monde, de sorte qu'on peut se demander si l'animalité ne joue pas un rôle de masque, de faire-valoir allégorique. Mais ces trois récits rédigés dans le contexte immédiatement postérieur à la Fronde convergent pour faire de la république des vivants un modèle, un véritable *eu-topos*, proposé en remède à une société humaine dénaturée par la guerre, par les rapports de pouvoir ou par les croyances. Car c'est bien l'*espèce humaine* qui est interpellée en tant que telle par la satire… Ouvrant la fameuse controverse sur « l'animal machine », la polémique entre le cartésien Pierre Chanet et Marin Cureau de la Chambre, en 1648, avait conduit le second à emprunter un vocabulaire politique pour demander sur quel « titre » l'homme a « estably la raison pour la difference essentielle de l'Homme, & en a fait le fondement de la preéminence & de la souveraineté qu'il a sur

ligne) ; Aude Volpilhac « "Le rossignol trouvera bon de parler lui-même de soi-même". Discours animal et subversion libertine dans les *États et Empire du Soleil* de Cyrano de Bergerac », *Itinéraires*, n°2, 2020 (en ligne).

16 Voir Jean Garapon, *Écriture et autoportrait dans l'œuvre de la Grande Mademoiselle (1627-1693)*, Paris, Champion, 2003 (p. 222-225). Deux articles du même auteur étayent ses analyses, « *La Relation de l'Île imaginaire* de Mademoiselle de Montpensier (1659) : jeu de culture, miroir d'une sensibilité », *Amadis*, n°1, 1997, p. 51-67 ; « La Grande Mademoiselle à Trévoux : souveraineté rêvée, rêve romanesque », *Dix-septième siècle*, n° 228, 2005/3, p. 489-497.

elles[17] ». Or, nos romanciers semblent prendre leur parti dans ce grand « procez[18] » : le lieu écarté de la fiction permet de penser un monde où la « souveraineté » de l'être humain ne va plus de soi.

FÉÉRIES ANIMALES

D'Ablancourt neveu, que la modestie de sa production littéraire semble avoir condamné à l'oubli, doit être crédité d'une innovation de poids dans l'histoire des voyages imaginaires : en faisant retour à Lucien, il mettait en valeur l'inspiration fantaisiste, comique et proprement littéraire qui était déjà celle de Thomas More, souvent masquée par l'inspiration plus sérieuse, politique et idéaliste du modèle platonicien ; en introduisant massivement un personnel animalier, il élargissait considérablement les états et empires de l'utopie littéraire. Faut-il y voir un pur effet de l'*imitatio* ? Mûri à l'ombre de la grande entreprise de traduction de Nicolas d'Ablancourt, à laquelle son neveu a sans doute collaboré, le *Supplément* n'est pas la production scolaire d'un simple tâcheron humaniste, mais une entreprise originale. Le déroulement des troisième et quatrième parties imaginées par le continuateur français, à la suite d'une fin laissée ouverte par Lucien, imite certains traits structurels des deux premières parties des *Histoires véritables*, mais elles n'en constituent pas moins de libres créations.

Dans la troisième partie, qui nous intéressera principalement, le narrateur passé aux Antipodes fait naufrage au « pays des animaux » vivant sans présence humaine, sous les lois du Législateur Ésope[19]. Le narrateur et ses co-expéditionnaires rendent visite au Gouverneur, un Phénix, mais la description du gouvernement de l'île est rapidement abrégée au profit de la mise en scène d'une parade brillante jouée par les animaux aériens, terrestres et marins. Une péripétie intervient :

17 Marin Cureau de la Chambre, *Traité de la connoissance des animaux, où tout ce qui a esté dict Pour, & Contre le Raisonnement des bêtes est examiné*, Paris, P. Rocolet, 1648, « Avant propos », p. 1.

18 *Ibid.*, épître « À Monsieur Séguier ».

19 Frémont d'Ablancourt, *op. cit.*, p. 625-626.

des hirondelles alertent sur la situation des animaux aux « antipodes » (c'est-à-dire dans notre monde), révoltés contre la servitude imposée par certains « Sauvages » ou « Barbares ». Accompagnant les forces envoyées de l'autre côté du monde pour soutenir les animaux en révolte, le narrateur assiste à une guerre héroï-comique qui voit les armées animales, d'abord en infériorité, remporter finalement la victoire. Le conflit se solde par une pacification due à son entremise. La quatrième partie emportera le lecteur dans une fiction en archipel apparemment moins charpentée que la troisième, où la description de peuples fantasques n'oublie pas tout à fait le thème animal, comme nous le verrons, quoiqu'elle porte sur des peuples anthropomorphes, selon un mode plus ostensiblement allégorico-satirique. Un premier constat s'impose par rapport à la source : il ne s'agit pas tout à fait, comme chez l'auteur grec, de naviguer sur une mer de balivernes. Lucien avait mis en scène quelques animaux ordinaires dans des situations qui ne le sont pas (la fameuse baleine avalant le narrateur dans le livre I et autres dauphins-montures que l'on retrouvera déplacés chez Frémont[20]), mais en guise d'équivalents parodiques des créatures exotiques d'Homère et d'Hérodote, il proposait surtout des chimères de son cru, grotesques assemblages de traits humains et animaux, d'espèces animales hétérogènes, ou encore d'animé et d'inanimé[21]. Chez Frémont, les animaux sont de simples animaux. En quoi seraient-ils intéressants ?

En premier instance ressort la dimension proprement littéraire d'une écriture déroulant les principes d'une fantaisie animalière bien réglée. L'évocation d'Ésope laisserait penser à tort à un mode fabuliste, alors qu'il n'y a guère de moralisation, mais on imagine en Frémont un lecteur passionné de la traduction de Jean Baudouin[22], et presque un parrain de La Fontaine. Fils d'un Maître des Eaux et Forêts, Frémont partage la sensibilité écologique du fabuliste, et semble comme lui

---

20 Frémont d'Ablancourt, *op. cit.*, p. 642.

21 Citons, dans l'épisode de la guerre au ciel entre les armées de la Lune et du Soleil (*Histoires véritables A*, 11-16), les Hyppogypes (vautours-chevaux), les Hyppomyrmèques (fourmis-chevaux), les Psyllotoxotes (ou archers montés sur des puces géantes), les Strouthobalanes, (glands de moineaux), les Hippogéranes (ou grues-chevaux), les Cynobalanes (ou à face de chiens montés sur des glands ailés). D'autres monstres, marins, sont rencontrés dans le ventre de la baleine (*Histoires véritables A*, 35-39) : les Karcinoquires (ou hommes aux mains de crabes), Thynnocéphales (hommes à tête de thon), les Pagourides (fils de crabe), les Psittopodes (pieds de plies)...

22 *Les Fables d'Esope Phrygien*, trad. J. Baudouin, Rouen, J. et D. Berthein, 1640.

inspiré par « Tant d'êtres empruntants la voix de la nature[23] ». La tonalité du récit de la guerre avec les « barbares » évoque le modèle héroï-comique de la *Batrachomyomachie* du pseudo-Homère, mise en valeur par de récentes éditions de l'épopée homérique[24], notamment quand le commandant en chef, un « vieux magot », dispose ses bataillons d'animaux terrestres en fonction d'aptitudes propres à chaque espèce (les porcs-épics servent de tirailleurs, les autruches rapides d'éclaireuses, etc.), en comptant sur l'appui d'une armée de l'air formé par des aigles et d'autres oiseaux, ainsi que d'une force amphibie composée de bœufs et de crocodiles[25]…

Ce jeu de figurines suscite une certaine euphorie de l'écriture, mais il faudrait parler de féérie concernant la section précédente : introduit par le discours de perroquet, le spectacle ordonné et cadencé proposé en l'honneur du roi Phénix se compose d'un ballet aérien, d'une parade d'animaux terrestres simulant des combats, suivie d'une naumachie. L'écriture ekphrastique rappelle l'importance des spectacles animaux dans la culture de l'époque : on pense à la fauconnerie ; au thème du concert des oiseaux[26] ; à la batellerie[27] ; et bien sûr aux entrées et fêtes royales, qui faisaient un usage profus des animaux en tant qu'accessoires spectaculaires. Tournois de hérissons, caracoles de licornes et de chevaux, mouvements opératiques des poissons sur les eaux, tortues et coquillages, baleines et dauphins, « qui sont singes de la mer[28] »… La fiction de Frémont amplifie la réalité d'une passion d'époque, magnifiant l'*eu-topos* de la nature érigée en art, d'un spectacle total qui serait animé par tous les vivants.

On pense surtout aux ballets, évoqués à plusieurs reprises de manière explicite[29]. Il faudrait ici compléter l'analyse de Christiane Lauvergnat-

23 La Fontaine, *Fables*, « Épilogue du Livre XI », v. 4.

24 Voir *Opuscules d'Homère*, éd. Salomon Certon, Paris, N. Hameau, 1615, où le pseudo-Homère figure en tête.

25 Frémont d'Ablancourt, *op. cit.*, p. 643-645.

26 *Ibid.*, p. 632 : « Aussi-tost les oiseaux de sa suite se perchérent deça & delà sur les arbres, tandis que ceux qui sçavoient chanter, célébrérent les louänges du Phénix, & remplirent l'air de leurs doux concerts, où le Cygne tenoit le Tact, & le Coucou batoit la mesure [etc.] ». Les tentatives bien réelles d'orchestration des chant aviaires avaient donné lieu à un thème célèbre de la peinture flamande, dont le maître est probablement Frans Snyders.

27 Les singes « contrefaisoient les Bateleurs », *ibid.*, p. 634.

28 *Ibid.*, p. 640.

29 *Ibid.*, p. 633 : « Cependant les paons dansoient un balet avec beaucoup d'art & de justesse ».

Gagnière[30], qui a repéré dans l'entreprise de Frémont un essai de transposition littéraire, en insistant sur sa composante animale : du *Ballet comique de la Reine* (1581) au *Ballet des fées de la forêt de Saint-Germain* (1625), en passant par le *Ballet d'Alcine* (1610), les fauves, les éléphants, les volatiles, les singes bien réels se taillaient la part belle sur la scène, outre les animaux et les chimères jouées en costumes[31]. Deux exemples fameux, plus proches de l'écriture du *Supplément*, méritent considération, car on imagine bien l'auteur en spectateur impressionné : la *Finta pazza* jouée en 1645, mobilisant des espèces qui sont parmi les plus représentées chez Frémont[32] ; le *Ballet de la nuit* donné en 1653 avec pour *guest star* le jeune Louis XIV dans le rôle du Soleil, où la Nuit fait son entrée accompagnée de hiboux et de chauve-souris, tandis qu'on voit danser divers animaux (joués) dans les entrées 7 et 10[33].

Ce que Frémont d'Ablancourt semble vouloir rendre manifeste à ses lecteurs, c'est la « beauté merveilleuse[34] » du monde animal. C'est sans doute ce qu'en a retenu Mademoiselle de Montpensier. Classée par Jean Garapon parmi les pièces légères de cette aristocrate plus connue pour ses mémoires[35], la *Relation de l'Île imaginaire* est publiée à Bordeaux en 1659, en compagnie d'un autre récit pseudo-utopique, *La Princesse de Paphlagonie.* Dans son exil de quatre ans (1653-1657) au château de Saint-Fargeau, consécutif à son engagement auprès de Condé et des princes frondeurs, l'autrice avait pu mûrir son goût pour la nature aussi bien que ses goûts littéraires, et c'est probablement la rencontre avec la traduction des *Histoires véritables* dans l'édition de d'Ablancourt qui a déclenché son intérêt pour le genre des voyages imaginaires. La *Relation* ne s'y réduit pas tout à fait, car l'indétermination est la principale caractéristique de cette œuvrette rédigée dans des circonstances expliquées dans l'épître à Madame de Pontac, à qui l'autrice dédie son « mensonge » : décidée à se moquer d'un parlementaire, le chevalier de

30 Art. cité.

31 Le fameux traité du Père Ménétrier, *Des Ballets anciens & modernes*, Paris, R. Guignard, 1682, mentionne un très grand nombre de cas.

32 Voir Philippe Beaussant, *Le Ballet des singes et des autruches*, Paris, Gallimard, coll. « Le Promeneur », 2010.

33 Notons que d'autres scènes du *Ballet de la Nuit*, consacrés aux démons, aux songes et aux maisons de feu, semblent avoir inspiré plusieurs épisodes de la quatrième partie du *Supplément.*

34 Frémont d'Ablancourt, *op. cit.*, p. 629.

35 Jean Garapon, *La Culture d'une princesse*, *op. cit.*, p. 222-225.

Messimieux, en le faisant passer pour un Sancho Pança, elle aurait prétendu vouloir acheter une île et le nommer gouverneur, avant de nourrir la supercherie par une « bagatelle » troussée « à la haste » pendant le trajet entre Lyon et Dombes[36].

Le récit se présente comme un chapelet d'épisodes hétérogènes relatant à la première personne les aventures d'un narrateur présenté comme un jeune picaro – quoique des traits autobiographiques et des allusions intimes s'y mêlent –, qui conduit sa vie à peu près comme l'autrice conduit sa plume, à savoir « à [s]a fantaisie[37] ». Transporté rapidement d'un lieu à un autre à travers la France, jusqu'à Marseille où il s'embarque, il fait naufrage, se retrouve captif dans une galère turque, rencontre la princesse de Madagascar à sa libération, laquelle à la mauvaise idée de mourir d'un coup de mousquet. Au terme de ces pérégrinations contées sur un mode aléatoire (« Nous allions dessus la mer errant deça delà, sans sçavoir où, & sans dessein[38] », donne bien le ton), il aboutit sur une île inhabitée, sans nom, décrite dans la seconde moitié du récit. L'articulation peut laisser perplexe, dans la mesure où la première partie pseudo-romanesque, tout en parodie de genres divers passés en revue à une vitesse déconcertante, donnait l'impression d'une autrice s'amusant à déplacer les attentes d'une page à l'autre, alors qu'elle s'arrête bel et bien sur une île où l'imagination est reine, une sorte d'incarnation de la puissance de la fiction.

Les premières pages du récit présentaient ce territoire inspiré par les îles magiques de l'*Amadis* et du *Polexandre*, mais aussi, manifestement, par l'île des Bienheureux visitée par le voyageur de Lucien (*Histoires véritables*, B, 5-13) : décrivant un espace composé de matières précieuses, Mademoiselle de Montpensier parodie le style précieux tout en pastichant Lucien et/ou Frémont[39]. La tentation de l'écriture pastorale s'exprimait déjà dans le récit fabriqué du narrateur à la princesse de Madagascar : prétendant être le fils du Roi de France, il s'inventait un épisode antérieur de galanterie à la bergerie dans lequel, déguisé, il se campait en Céladon. Les filtres déréalisant cette évasion imaginaire placent le retour à la nature innocente à bonne distance de la réalité.

36 Montpensier, *op. cit.*, « À Madame de Pontac ».
37 *Ibid.*, p. 8.
38 *Ibid.*, p. 33.
39 *Ibid.*, p. 1-5.

Débarqué avec deux esclaves sur l'île, le narrateur vit une robinsonnade confortable en lisant Épictète, satisfaisant sa tentation de la retraite. La description verse rapidement dans une zoologie fantastique : d'une « beauté extraordinaire[40] », l'île n'est pas seulement un conservatoire des essences florales les plus variées, croissant sous des climats normalement incompatibles, ce qui en fait un jardin absolu, véritable pays de Cocagne abondant de fleurs et de fruits… La faune aussi rassemble « tout ce que l'on se peut imaginer[41] » : les êtres marins les plus gros et les plus divers qui ont élu habitat dans les rivières et les plans d'eau (« chevaux-marins », baleines, dauphins, naïades, sirènes…) ; les oiseaux aux plumages colorés ; des cerfs bariolés, qu'aucun bestiaire n'a jamais décrit… Comme la romancière se pique au jeu fabulatoire de l'« histoire véritable », cette nature artialisée ne semble pas tant un objet de parodie que d'assouvissement imaginaire : les biches, faons, chevreuils et daims y sont « rose & isabelle », les lapins multicolores, les chevaux bleus, incarnats ou gris de lin… Et « les éléphants, les licornes, les dromadaires & les chameaux y sont communs ». L'utopie est aussi alimentaire : le gibier y a un goût merveilleux, amélioré. Idéal anthropocentrique, sans doute, mais reflétant une évolution des sensibilités : alors que le « sérail » animal de Vincennes, dont la construction lancée par Colbert en 1654 s'achèvera en 1660, était encore conçu pour scénariser des combats animaux, la ménagerie royale de Versailles mettra à disposition de l'œil humain une nature civilisée, purgée de son élément sauvage[42].

Comme chez Frémont, la nature se donne en spectacle, mais c'est le modèle musical qui domine : les animaux se rassemblent au soir et les flûtes des Sylvains se mêlent aux « mugissemens & hannissemens des bestes » pour faire le « concert le meilleur du monde[43] ». Cette arche de Noé littéraire, proche d'un autre thème apprécié par les peintres de l'époque[44], consacre « le plaisir qu'on a de voir tant de creatures irraisonnables donner

40 *Ibid.*, p. 36.

41 *Ibid.*, p. 39 et *sq.* pour la description qui suit.

42 Peter Sahlins relie le « processus de civilisation » au déclin des spectacles de combats animaux à la cour, reflétaient une culture thériophobe de plus en plus ressentie comme archaïque (*op. cit.*, p. 53-90).

43 Montpensier, *op. cit.*, p. 43-44.

44 On pense au thème de l'« entrée des animaux dans l'Arche de Noé » peint par Brueghel, Savery ou De Vos.

une telle satisfaction[45] ». Frémont dissolvait imaginairement la réalité de la lutte pour la survie dans le monde animal en imaginant des carnivores convertis à la nécrophagie[46]. Chez Mademoiselle de Montpensier, on entend une prophétie se réaliser en sourdine : « Le loup habitera avec l'agneau, le léopard se couchera près du chevreau, le veau et le lionceau seront nourris ensemble » (*Is.*, 11, 6). Le plaisir qu'on a de voir donner du plaisir, c'est celui d'une nature célébrant elle-même sa bonté profuse, sa puissance matricielle, sur le mode de la fête. Mais ces « creatures », et la Nature elle-même ont un « Autheur », à qui il convient de penser[47]. L'image du Grand Livre du monde n'est pas loin. Avant que le narrateur n'invite son destinataire à peupler l'île et à pourvoir aux besoins d'une future colonie, on apprend que cette pastorale fantastique inclut une utopie dans l'utopie sur laquelle on reviendra, puisqu'une espèce se singularise : celle des chiens, organisés politiquement en une monarchie bien ordonnée à laquelle contribue chaque race.

Chasse, fête, préciosité. C'est un tout autre programme qu'avait imaginé Cyrano de Bergerac, quelques années plus tôt, dans son traitement de l'animalité. Sans vouloir en rendre compte de manière exhaustive, on voudrait ici suggérer à quel point l'élément spectaculaire de la féérie animale a été repris pour être retourné dans un sens anti-anthropocentrique par l'auteur libertin, notamment dans l'épisode central de l'« Histoire des oiseaux » des *États et Empires du Soleil*, dont l'intertitre – il s'agit du seul épisode détaché de la sorte dans le pot-pourri rhapsodique des deux parties – signale peut-être une composition autonome, et une insertion *ex post.* Le thème est filé depuis les *États et Empires de la Lune*, mais le premier volet, publié, deux ans après la mort de l'auteur en 1657, chez Sercy, privilégiait surtout les figures liminaires visant à relativiser la distinction entre les règnes et à faire ressortir à la fois la banalité et la monstruosité de l'être humain au sein de la nature (le Démon de Socrate, les Sélénites quadrupèdes intelligents qualifiés d'abord d'« animaux » puis de « bêtes-hommes[48] », le narrateur pris pour un oiseau « à deux pieds[49] » ou pour la « femelle du petit animal de la reine[50] »...), là où

45 Montpensier, *op. cit.*, p. 44.
46 Frémont d'Ablancourt, *op. cit.*, p. 627-628.
47 Montpensier, *op. cit.*, p. 44.
48 Cyrano, *op. cit.*, p. 51.
49 *Ibid.*, p. 89-90.
50 *Ibid.*, p. 75.

les *États et Empires du Soleil*, connus seulement à partir de l'édition conjointe de 1662, se présentent comme une visite de l'ensemble du cosmos, une utopie du vivant. En témoigne la fusion déstabilisante du vocabulaire politique et du vocabulaire biologique lorsque le personnage de Campanella présente un monde « divisé en royaumes, en républiques, États et principauté, comme la Terre », mais qui correspondent à différents règnes zoologiques : les « quadrupèdes », les « volatiles », les « plantes », les « pierres[51] ». La formule éclaire l'allusion de Le Bret, dans la préface de l'édition de 1657 de la *Lune*, à une « *Histoire de l'Étincelle et de la République du Soleil* » de Cyrano, « où, en même style qu'il a prouvé la lune habitable, il prouvait le sentiment des pierres, l'instinct des plantes et le raisonnement des brutes[52] ». Si Madeleine Alcover penche pour une composition des deux blocs dans les années 1648-1649, on peut aussi faire l'hypothèse que le *Soleil*, qui se conclut sur une fin abrupte, là où le parallélisme constant avec la structure de la Lune laissait attendre un achèvement du parcours de Dyrcona, a été laissé inachevé par un auteur ayant travaillé jusqu'à sa mort à l'ouvrage. Cyrano n'a-t-il pas trouvé une impulsion décisive dans la lecture du *Supplément*[53], outre celle qu'il a tirée des *Histoires véritables* ?

Certains traits de la poétique néo-lucianesque de Frémont d'Ablancourt se retrouvent en effet dans le second volet de l'*Autre monde* : on pense tout particulièrement à l'émerveillement devant le mouvement des vivants, qui appelle à une première comparaison avec le « ballet[54] » du petit peuple issu des feuilles d'un arbre, dansant autour de leur monarque tout juste métamorphosé de la grenade avant de s'unir à lui pour former un homme, dans une danse cosmique qui résume à elle seule le processus du macrocosme ; mais aussi aux oiseaux volant et revolant autour du narrateur à son arrivée dans leur république, multipliant « voltiges » et « gambades[55] ». La bête,

51 *Ibid.*, p. 310.

52 « Préface » de 1657, *ibid.*, p. 487.

53 Un autre témoignage de cette influence, qui devrait conduire à repenser l'histoire du manuscrit et sa datation, est l'épisode de la lutte entre la salamandre et de la rémore, qui évoque de près l'allégorie des Pyromanciens et des Aparctiens chez Frémont, comme l'a relevé Alain Mothu dans « Un "duel ésotérique" ? La Pyrhydromachie des *Empires du Soleil* » dans *Le Doute philosophique : philosophie classique et littérature clandestine – La Lettre clandestine*, n° 10, 2001, p. 303-326 (p. 322-324).

54 Cyrano, *op. cit.*, p. 240.

55 *Ibid.*, p. 254.

toujours, « cabriole[56] » chez Cyrano. Le thème aviaire se prête à l'inspiration poétique, surtout dans un roman obsédé par le désir d'envol[57] : Dyrcona arrivant sur la macule du soleil a l'impression qu'il a « joué le personnage d'oiseau[58] ». Les *États et Empires du Soleil* sont constitués comme une grande volière traversée par le narrateur, du « riche spectacle » surplombé par un rossignol au beau plumage[59] à son arrivée dans le royaume d'« un million de toutes sortes d'espèces » d'oiseaux[60], jusqu'aux fantastiques condors géants qui le conduisent près de Descartes à la fin[61], équivalent cyranien des « gansas » de Francis Godwin, en passant par le « ramage » d'oiseaux concertant leur gazouillis sur les rives du fleuve Mémoire[62]. Le principal personnage de l'« Histoire des oiseaux », le fascinant phénix dont le corps admirable constitue à soi seul un « petit univers[63] », rappelle le roi de la république des animaux du *Supplément*, possible hypotexte contenant par ailleurs une scène de spectacle d'oiseaux rassemblés en « Amphitheatre[64] ».

Mais Cyrano, malgré son goût pour les descriptions de nature sensible dans le corpus des *Lettres*, ne se complaît ni dans le rôle d'artiste paysager, ni dans celui de metteur en scène de spectacle animal : il renverse la notion d'une nature conçue pour flatter l'œil de la créature reine, et de plusieurs manières. Tout d'abord, le spectacle des « merveilles » de la nature – notion clé puisqu'elle doit, dans la lignée de Cardan et de Vanini, évincer celle de « miracle » avec laquelle elle est constamment mise en concurrence, voire en position de synonymie ou de substitution encore plus suspecte[65] – est porté à la limite, au point où il devient irreprésentable. Tout état fixe, toute espèce y est une illusion dans un processus de métamorphose permanente : si un pourceau devient l'homme par lequel il est mangé[66], le cadavre humain deviendra « substance » des oiseaux et des mouches en les engraissant[67]. La thèse de la

56 *Ibid.*, p. 99.
57 Voir Claudine Nédelec, art. cité.
58 Cyrano, *op. cit.*, p. 217.
59 *Ibid.*, p. 236.
60 *Ibid.*, p. 254.
61 *Ibid.*, p. 334.
62 *Ibid.*, p. 323.
63 *Ibid.*, p. 250.
64 Frémont d'Ablancourt, *op. cit.*, p. 629.
65 Voir notamment les explications du pseudo-rossignol, Cyrano, *op. cit.*, p. 245.
66 *Ibid.* p. 146-147.
67 *Ibid.*, p. 271.

transmigration, qui attirait tant un auteur comme Giordano Bruno[68], prend une allure encore plus radicale dans les explications matérialistes du jeune fils de l'hôte. Dans le Soleil où la matière se subtilise et où l'imagination en feu crée des formes plastiques, chaque chose peut devenir son contraire, et tout être en devenir un autre, à l'instar de l'être solaire qui peut prendre l'apparence d'un rossignol comme d'un arbre[69]. L'abolition des limites va encore plus loin puisque le végétal pourrait penser et le minéral être animé, suivant la théorie du « grand animal » empruntée au panpsychisme de Campanella, exposée par les docteurs de la Lune et par le personnage de Campanella lui-même dans le Soleil[70]. L'u-topie, ici, consiste en l'impossibilité de la représentation littéraire de ce monde insaisissable, à savoir *notre* monde, que nous ne saurions réellement observer en raison de sens trop limités, en dehors d'une fiction visionnaire qui se plaît à « brouill[er] les espèces[71] » sous les yeux d'un lecteur forcément trop lent à comprendre. Si la métaphore spectaculaire et baroque du *theatrum mundi* permet de décrire le travail de la Nature, « excellente comédienne », qui « joue ici-bas toutes sortes de personnages, sous toutes sortes d'habits[72] », le fait est qu'elle ne cesse de se jouer du regard humain[73].

Cette transgression n'est pas la seule, et il faut en relever trois autres, liées, qui singularisent totalement le texte de Cyrano par rapport aux utopies comparables. Tout d'abord, les animaux ne cessent d'alimenter de leur parole ce roman dialogué. Le passage au discours direct rompt avec la beauté muette de l'animal-objet de contemplation, comme chez Montpensier, pour en faire le sujet d'une énonciation, statut auquel il n'accède pas tout à fait dans le *Supplément* de Frémont (le discours animal y est toujours rapporté). La prosopopée animale jouissait d'une grande faveur dans les dialogues de la Renaissance, et la *Circe* de Gelli (1549), plusieurs fois rééditée en France depuis sa première traduction en 1550,

68 Voir notamment la fiction de l'*Âne cyllénique* annexée à la *Cabale du cheval pégaséen* (Giordano Bruno, *Œuvres complètes VI. Cabale du cheval pégaséen*, trad. T. Dagron, Paris, Les Belles Lettres, 1994).

69 Cyrano, *op. cit.*, p. 241-242.

70 *Ibid.*, p. 116 et p. 311.

71 *Ibid.*, p. 273.

72 *Ibid.*, p. 78.

73 Voir Michèle Rosellini, « La poétique de la métamorphose chez Cyrano : jeux de l'illusion sensible ou fiction matérialiste ? », dans Hervé Bargy (dir.), *Cyrano de Bergerac, Cyrano de Sannois*, Turnhout, Brepols, 2005, p. 103-117.

imitée dans des genres aussi divers que le théâtre ou la poésie, attendait encore une mise en roman et pouvait constituer un modèle de choix pour Cyrano, dans la mesure où la *dignitas hominis* y est critiquée sur tous les plans par plusieurs voix animales. Seconde transgression : Dyrcona devient l'objet examiné, et au lieu d'une fête en son honneur, le visiteur subit des rituels humiliants d'animalisation. Nous reviendrons sur le contenu de ces passages, mais il faut noter le renversement de l'imaginaire spectaculaire : mimant l'examen du naturaliste, la querelle des savants de la Lune sur la « définition de [son] être[74] » donne lieu à un exercice de taxinomie burlesque ; mimant les spectacles de rue ou de l'animal de compagnie, Dyrcona recueilli par un bateleur[75], encagé avec son compagnon Espagnol en tant que « bêtes du roi[76] », devient aussi une bête de foire ; mimant les procès animaux dont la mémoire est encore présente au XVIIe siècle, même s'ils se font rares, les deux procès par les prêtres sélénites et par les oiseaux, épisodes centraux de chaque voyage, accablent la bête humaine... La féerie animale se transforme en cauchemar, et le renversement de l'attente esthétique par un coup de poing philosophique, qui peut faire violence au lecteur, participe d'un puissant dispositif relativiste.

Enfin, la transgression idéologique est totale, puisque l'animalisation complète de l'être humain s'avère incompatible avec le christianisme. En écho aux hypothèses d'un Vanini[77], cet *Ovide* non pas « moralisé », mais transformiste, suggère que la bipédie, *topos* tant éculé des apologies de la dignité humaine, n'est qu'une quadrupédie trafiquée, comme le narrateur lui-même s'en doute[78] ; qu'on peut facilement « tombe[r] » ou « monte[r] d'espèce[79] » ; et que tous les animaux, y compris les hommes dont certains naturalistes doutent qu'ils forment une espèce distincte du singe, ont une histoire qui remonte à celle de la formation de notre planète, esquissée par l'homme de la macule[80]. Le monde animal est un voisinage dangereux : il rend insoutenable la croyance en l'immortalité

74 Cyrano, *op. cit.* p. 97.
75 *Ibid.*, p. 52-53.
76 *Ibid.*, p. 88.
77 Voir Alain Mothu, « Éléments d'anthropologie sélénite », *La Lettre clandestine*, n°11, 2002, p. 229-250, et Isabelle Moreau, « Cyrano de Bergerac : théories du vivant de la Lune au Soleil », art. cité.
78 Cyrano, *op. cit.*, p. 52.
79 *Ibid.*, p. 256-257.
80 *Ibid.*, p. 223-224.

de l'âme, comme le suggèrent et le jeune fils de l'hôte[81], et le personnage de Campanella[82]. Autre motif d'écrire une œuvre utopique : il y avait là un indicible, un lieu infréquentable qu'on ne peut aborder que par un long détour imaginaire.

L'HUMANITÉ DYSTOPIQUE
Satire (politique) et satire (philosophique)

Nos trois romans prennent à contrepied les attendus du mythe politique propre au genre utopique depuis More. Ne s'agit-il pas d'œuvres anti-politiques, au sens où elles dissolvent tout intérêt pour la société humaine dans une communauté élargie du vivant, au sein de laquelle l'idée même de « loi » paraîtrait grossièrement métaphorique ? Présente dans nos trois textes, l'image de la « république » animale, qui trouve ses racines dans la philosophie politique autant que dans la zoologie ou la fable, mérite qu'on y regarde de plus près, la satire jouant sur deux plans : politique, elle peut mettre à profit l'allégorie animale pour s'insinuer ; philosophique, elle s'adresse plus généralement à l'espèce humaine. Or, l'un ne va jamais tout à fait sans l'autre : en double lieu, utopique au sens où on ne peut l'assigner à l'un ou l'autre, obligeant le lecteur à un déplacement permanent, l'animal joue un rôle conjointement figuré et littéral dans le voyage imaginaire. C'est que la dystopie d'une situation politique y est comprise comme l'effet d'une dénaturation humaine plus générale, à laquelle il faut tendre le miroir.

Le cas du *Supplément* de Frémont le montre bien. L'intention interroge : le continuateur de Lucien n'annonçait-il pas dans son préambule vouloir dépasser la gratuité manifeste des affabulations lucianesques pour joindre quelque « instruction », voire quelques « sens allégorique » au plaisir des « aventures étranges & inouïes[83] » ? On n'aurait pas tort de voir dans l'épisode de la république des animaux une parabole politique, selon le procédé zoomorphe commun dans les fables. L'irruption de la guerre

81 *Ibid.*, p. 144-145 et p. 150.

82 *Ibid.*, p. 326-327.

83 Frémont d'Ablancourt, *op. cit.*, p. 423.

dans l'atmosphère heureuse de la cour évoque les troubles de la régence, et plus particulièrement la Fronde à travers l'allégorie des « sauvages » présentés comme une troupe sans tête, matéen par l'armée du phénix (la monarchie appelée à renaître de ses cendres ?). Certaines allusions, dans l'épisode du ballet comme à la fin de l'épisode guerrier, iraient en ce sens. Cette « republique » animale semble faire la publicité de l'absolutisme, tant la hiérarchie des offices, distribuée selon un principe méritocratique, correspond à l'idéal colbertien[84]. Il fallait bien une Raison d'État pour empêcher des espèces aussi diverses de « s'entremange[85] ». Les allusions précises restent cependant peu nombreuses, et il serait encore plus difficile d'y voir une allégorie géopolitique (rien n'autoriserait, par exemple, à assimiler les « Barbares » aux Espagnols ou aux Impériaux). La véritable surprise de ce *Supplément* consiste en la *désallégorisation* du monde animal, actée par la chute du livre III : « J'etois d'avis qu'ils fissent la paix avec les hommes[86] », rassure ce narrateur ambigu, chargé d'une ambassade interspéciste. Les hommes ?

Le mot est lâché avec ironie par Frémont, qui suggère un sens tout à fait générique par l'article défini, alors que la description initiale des ennemis des animaux reposait uniquement sur les termes « sauvages » et « barbares », convoquant des stéréotypes laissant penser à des Africains ou à des Amérindiens à la peau noire, armés d'arcs et de massues, la peau tatouée ou peinte de figures animales, les lèvres et les joues percées… Parfois difficile à suivre, l'allégorie est pourtant bien composée : comme on se trouve aux antipodes, les antipodes de ces antipodes doivent se trouver dans l'hémisphère Nord. Les animaux s'y seraient révoltés contre les « sauvages » les tenant sous le joug, parce qu'ils auraient entendu dire, par la voix d'un perroquet emporté par le vent, que les bêtes vivent en paix et en toute liberté de l'autre côté de la Terre[87]. Image du tiers état, la Fronde ayant d'abord été populaire, du moins à Paris ?

En réalité, Frémont d'Ablancourt fait basculer son lecteur d'une allégorie politique qui se dérobe à une satire d'ordre philosophique : qu'est-ce qui est contesté, sinon l'ordinaire domination des hommes sur les autres espèces ? Autrement dit, la tyrannie d'une « chetive creature »

84 *Ibid.*, p. 627.
85 *Ibid.*, p. 648.
86 *Ibid.*, p. 649.
87 *Ibid.*, p. 642-643.

qui se veut « maîtresse et emperiere de l'univers[88] », pour reprendre les termes de Montaigne ? Non seulement les *Essais* ne sont pas loin, mais le jeu d'anamorphoses organisé par le continuateur de Lucien, qui redécrit en « barbares » belliqueux l'ensemble des membres de l'espèce humaine, n'est pas sans évoquer et le célèbre renversement de l'essai « Des Cannibales » et ses échos multiples dans l'« Apologie de Raimond Sebond », où Montaigne fait contraster l'éloge de l'intelligence inaperçue des animaux avec la démonstration impitoyable de la brutalité ordinaire des hommes, faisant du sauvage amérindien non plus l'exception, mais la norme à vrai dire enviable dont se sont éloignés les Européens[89].

La dynamique se prolonge dans la quatrième partie du *Supplément* où les peuples allégoriques sont tous décrits au moyen de comparaisons animales. Le fonctionnement est renversé, puisque cette fois-ci, l'animal joue le rôle de comparant et l'humain celui de référent comparé : les Aparctiens, contrefaçon de certains monstres d'Hérodote, ont la barbe qui leur pend au nez « en guise de trompe d'éléphant », et ils vénèrent l'effigie d'un ours blanc (une manchette précisant qu'*arctos* signifie d'ailleurs ours en grec)[90]. Les poètes sont l'objet d'une caricature zoomorphe, comme est décrit leur mode d'engendrement, par « grimaces » et « contorsions », ces singeries leur servant à accoucher des monstres de leur imagination[91]. Les pygmées, pris par le narrateur pour des « lapins » dont les enfants sont cachés dans des « rabouilléres » et dont la stature est celle d'une « connil debout », sont aussi comparés à des chiens sautant de joie autour du narrateur, rapprochés des grues avec lesquelles, selon tous les témoignages des poètes et des naturalistes antiques (d'Homère à Pline), ils se battent au corps à corps. Ils vivent parmi d'autres petits animaux avec lesquels ils jouent, se nourrissent ou se meublent[92]. Cette miniature charmante rappelle que le mythe des pygmées, à l'époque de la découverte des « hommes des bois » (orang-outangs) et d'interrogations sur les enfants sauvages, pouvait justifier des réflexions continuistes tentées de lever la barrière entre l'humanité et l'animalité[93]. La

88 Montaigne, « Apologie de Raymond Sebond », *Essais*, II, 12, éd. P. Villey, Paris, PUF, « Quadrige », 2004 [1965], p. 459.

89 *Ibid.*, p. 467 sur les « hommes amenez par mer de lointain pays » que Montaigne a vu de ses yeux, traités de « sauvages et brutes » faute d'avoir un langage commun.

90 Frémont d'Ablancourt, *op. cit.*, p. 616-617.

91 *Ibid.*, p. 663-664.

92 *Ibid.*, p. 666-670.

93 Voir Frank Tinland, *L'Homme sauvage.* Homo ferus *et* Homo sylvestris *de l'animal à l'homme*, Paris, Payot, 1968.

pastorale de Frémont laisse à penser que décréter l'un « animal » de l'autre, c'est avant tout une question de perspective. Les magiciens du dernier épisode se mêlent aux chats, au Bouc et autres bêtes du sabbat, achevant de suggérer que la diablerie est celle d'un être s'évertuant à nier sa nature animale…

Mademoiselle de Montpensier ne s'aventure pas si loin : dès lors que son utopie construit un sens, à travers la description d'une monarchie canine, c'est pour canaliser sa libre inspiration pastorale, et les questions qu'elle soulève sur le statut de l'animal dans la culture, vers une allégorie politique transparente et en quelque sorte rassurante. Le choix de cette espèce, associé à la culture aristocratique pour le meilleur ou pour le pire[94], est signifiant : évoquant les descriptions que les naturalistes donnent, depuis Aristote, des sociétés de fourmis et d'abeilles (les « mouches à miel »), le narrateur assure avoir observé une « Republique » formée par les membres d'une espèce plus intelligente, et qui « se rapporte plus à l'homme » : « mais asseurément les Chiens de cette Isle le font avec plus de reconnoissance & de Raison[95] ». S'agit-il à vrai dire de chiens réels ? À la confluence entre l'essor du chien de compagnie dans la culture mondaine et la culture nobiliaire de la chasse – on trouve dans sa correspondance et ses mémoires des témoignages d'une véritable passion cynégétique de Mademoiselle de Montpensier, qui chassait plusieurs fois par semaine dans sa retraite à Saint-Fargeau –, l'intérêt de cette autrice pouvait être entretenu par la littérature cynophile[96]. Du moins, il s'agit des chiens de *cette* île, dont on apprend qu'ils obéissent à un ordre monarchique ayant réglé les différends et les questions de préséance.

À l'inverse du *Supplément* de Frémont, la *Relation* de Mademoiselle de Montpensier conduit le lecteur d'un questionnement général, seulement effleuré, à une allégorie bien plus ciblée, qui représente la situation géopolitique au moment de l'écriture[97] : c'est la maison des « Levriers » qui règne

94 Plus haut dans le texte, alors que le narrateur mentait à la princesse de Madagascar en s'inventant des amours pastorales, il associait de manière négative sa « casaque de valet de chiens » à la vie courtisane : « Je luy dis que la vie de la Cour, & la sujetion de penser des chiens ne m'avoit pas pleu, que j'aymois beaucoup mieux garder les moutons comme elle » (Montpensier, *op. cit.*, p. 19)

95 *Ibid.*, p. 44.

96 Ainsi du grand traité de Jacques du Fouilloux, la *Vénerie* (1568, réédité en 1650), qui contient quantité d'informations sur les races de chiens, leur histoire, leur éducation et leur entretien. Sur l'impact de ce texte, voir Amy Warthesen, « The War against Animals. The Culture of the Hunt in Early Modern France », dans Matthew Senior (éd.), *A Cultural History of Animals in the Age of Enlightenment*, Oxford-New York, Berg, 2007, p. 47-72.

97 Montpensier, *op. cit.*, p. 44-47 pour l'ensemble du passage.

« maintenant », reconnue comme telle par « les chiens courants, les dogues, les turcs, les chiens d'Artois, les matins », alors que les « Espagneux », plus faibles et seulement soutenus par les « Bichons », ont ravalé leur prétentions après une « guerre ». La petite énigme s'explique tantôt par les qualités intrinsèquement attribuées aux races évoquées, tantôt par de simples jeux de mots. Prisés entre tous pour la chasse à courre, les « lévriers » doivent être les Bourbons, qui ressortent vainqueurs du long conflit franco-espagnol par le traité des Pyrénées signé l'année même de la rédaction de la *Relation* (1659), entérinant une prépondérance française reconnue par les « dogues » (les Doges vénitiens ?), les Turcs, les vassaux d'Artois annexés – nous jetterons notre « langue aux chiens », comme on disait alors, quant à l'identité des « chiens courants » (les princes allemands ?). Les épagneuls sont évidemment les Habsbourg – l'étymologie justifie ici l'allégorie, cette race canine étant universellement reconnue comme provenant d'Espagne –, soutenus par des « bichons », chiens de compagnie dont on se souvient qu'ils sont au XVIIe siècle « bolonais », c'est-à-dire italiens. Autres soutiens traditionnels des épagneuls, les « Barbets » se tiennent calme, indique le texte – sans doute les Barberini, famille du Pape Urbain VIII et de nombreux cardinaux, un temps exilée en France. L'allégorie est filée par des alliances interspécistes : alors que les lions font grand commerce avec les chiens et se confédèrent avec eux, servant avec zèle les lévriers – ce qui correspond à l'alliance anglo-française de circonstance, au temps du Commonwealth, contre les intérêts commerciaux de l'Empire espagnol –, les singes et les renards restent partisans des épagneuls (le symbolisme traditionnellement négatif de ces animaux suffit peut-être ici à expliquer le choix des espèces). L'autrice pousse le plaisir de l'énigme jusqu'à décrire les robes, sans doute par association avec les couleurs de l'héraldique[98], ou bien sur le mode du sous-entendu[99].

---

98 On apprend que la Reine est « noire avec du blanc, & du feu » (ce qui semble renvoyer aux armoiries d'Anne d'Autriche ou à celles de Marie-Thérèse d'Espagne), que le roi est blanc (couleur tendant à s'imposer comme couleur de la monarchie au XVIIe siècle, aux détriments du bleu azur), tandis que deux chiens « isabelles & blancs, d'une beauté singulière » sont destinés à être mariés ensemble (s'agit-il de Louis XIV et de Marie-Thérèse d'Espagne, promis au moment du traité des Pyrénées à un mariage qui se réalise l'année suivante ? Ou bien du « petit Monsieur », Philippe d'Orléans, frère cadet de Louis XIV, promis au mariage avec *Henriette d'Angleterre* ?).

99 Pourquoi les « princes du sang » sont-ils « gris & blancs », ou « noirs, blancs & noirs », ou « fort gris » ?

Cette micro-allégorie s'inscrit dans le dessein politique plus général des deux récits utopiques de la Grande Mademoiselle, la *Relation de l'Isle imaginaire* et l'*Histoire de la princesse de Paphlagonie*, interprétables comme des invitations à la colonisation de l'île Bourbon et de Madagascar : les richesses insulaires sont longuement vantées à la fin du récit[100]. Une idée bien connue est sous-jacente : l'expansion coloniale comme remède aux luttes intestines… De la part d'une Frondeuse repentie, partie prenante de la famille régnante puisque nièce de Louis XIV, l'allégorie équivaut à un hommage au monde bien pacifié du chef de la meute – un jeune monarque dont la passion personnelle pour les chiens était connue –, ce qui n'exclut pas une nuance de distance, voire d'ironie vis-à-vis des affaires d'État dans cette manière de représenter les Grands en chiens. Mais amusement serait sans doute un terme plus juste. Il faut peut-être y voir un hommage inattendu, via la fiction, à la réussite de la politique internationale de Mazarin, puisqu'il est dit que les lévriers ont l'intelligence de laisser les autres chasser à leur place, alors que les épagneuls, qui ne cessent de chasser pour les autres, soit par « politique », soit par « inclination », semblent paradoxalement les plus zélés pour le bien de l'État. Significatif d'une valorisation culturelle nouvelle du chien – la comparaison prêterait en d'autres lieux à l'insulte ou à la caricature –, le passage est en tout cas intéressant en ce que les allégorisations animales des relations géopolitiques sont une création moderne, et ne deviendront courantes qu'au XVIIIe siècle.

« Animal humain[101] ». L'interpellation, chez Cyrano, est autrement plus brutale, faisant sauter le préjugé en même temps que l'oxymore, au profit d'une franche définition qui ne s'avère paradoxale qu'aux yeux du sens commun, ou du sens rassis des pédants. Tout doit montrer à Dyrcona qu'il n'est qu'un vivant parmi les autres, dans une « société » conçue à l'échelle adéquate. Le thème revient comme un serpent de mer, souvent insidieusement, comme Dyrcona en fait l'expérience : chutant vers le Soleil, il ressent par exemple, « guidé […] par la Nature, qui ne sait pas raisonner », « cette naturelle appréhension de choir qu'ont tous

---

100 Voir Marie-Françoise Bosquet, « Un projet utopique féminin de peuplement : *La Relation de l'île imaginaire* de Mlle de Montpensier, (1659) » dans Norbert Dodille (dir.), *Idées et représentations coloniales dans l'océan Indien, Paris*, Paris, Presses Universitaires de la Sorbonne, 2009, p. 299-312.

101 Cyrano, *op. cit.*, p. 237, l'homme-grenade faisant écho au « ô mon petit animal » lancé par le jeune fils de l'hôte sur la Lune (*ibid.*, p. 124).

les animaux[102] ». Les faits du roman ne font que confirmer la « brutification[103] » de Dyrcona dans le discours des Sélénites et des Solariens. Chez les premiers, Dyrcona, « cet homme, ce singe, ou ce perroquet[104] », comme le résume le Démon de Socrate faisant office d'avocat, ne cesse d'être pris pour un singe[105], ou pour un oiseau, « perroquet plumé[106] » ou « espèce d'autruche » portant la tête droite[107]. Chez les seconds, il en est réduit à plaider pour se sauver qu'il n'est pas un homme, mais un singe inoffensif, quoique incapable de se comporter comme tel malgré les incitations prodiguées par des oiseaux imitant les singes[108]. Suggérée chez Frémont, la parenté de l'homme et des animaux cède place à une obsession de l'identité, martelée tout au long de l'*Autre monde*.

Certains points trop connus méritent à peine qu'on s'y arrête[109], comme le retournement des topiques de la *dignitas hominis*, qui ravale l'homme au rang de la « barbarie[110] » dans la nature, dans le sillage de Montaigne… et du *Supplément* de Frémont. De même, l'orchestration du grand thème de l'« Apologie de Raymond Sebond », qui par la dynamique paradoxale du roman utopique fait glisser la satire des accusations répétées contre l'orgueil anthropocentrique à leur incarnation symétrique par l'intolérance sélénocentrique ou ornithocentrique, dans les deux scènes de procès. La combinaison *romanesque* de sources littéraires, naturalistes et philosophiques dans la scène du procès par les oiseaux est en soi remarquable, l'écheveau n'ayant jamais été tout à fait débrouillé[111]. Plus que les *Oiseaux* d'Aristophane ou le

---

102 *Ibid.*, p. 230.

103 *Ibid.*, p. 76.

104 *Ibid.*, p. 99.

105 Voir particulièrement *ibid.* p. 75-76.

106 *Ibid.*, p. 89.

107 *Ibid.*, p. 92. Cyrano se souvient ici du traitement ironique du *topos* de la bipédie par Montaigne : « et l'encolure des *chameaux* et des *autruches*, je la trouve encore plus relevée et droite que la nôtre » (Montaigne, *op. cit.*, p. 184).

108 *Ibid.*, p. 257-258.

109 Sur le grand décentrement cyranien, voir Jean-Charles Darmon, « Cyrano de Bergerac et les images de la Nature », *Littératures classiques*, n° 17, 1992, p. 153-175. Renvoyons aussi aux pages séminales du même auteur, *Le Songe libertin. Cyrano de Bergerac d'un monde à l'autre*, Paris, Klincksieck, 2004, p. 139-141, et à Michèle Rosellini, *Cyrano de Bergerac, Les États et Empires de la Lune et du Soleil*, Neuilly, Atlande, 2005, p. 210-216.

110 Cyrano, *op. cit.*, p. 265.

111 Sur la riche tradition littéraire mettant souvent l'oiseau, emblème de l'éloquence comme de la poésie, au service du discours satirique, voir Michel Jourde, *La voix des oiseaux et l'éloquence des hommes. Sens et fonctions des manifestations sonores de l'oiseau dans la littérature*

Parliament of Fowles de Chaucer (1314) – probablement inconnu de Cyrano en l'absence de traduction, alors que la notion de « Parlement des Oiseaux[112] » ou le pouvoir absolu accordé par le poète anglais à l'allégorie de Nature pourraient laisser penser à une influence sur le *Soleil* –, l'« Isle sonnante » du *Cinquième livre* mettait déjà en scène un monde pseudo-utopique d'oiseaux faisant tout « comme hommes[113] », ou plutôt comme religieux, sous le signe de la négativité satirique. Par ailleurs, deux passages philosophiques ont pu inspirer à Cyrano l'idée d'un monde ornithocentrique : d'une part, le passage du *Politique* de Platon (263b), où le personnage de l'Étranger met en garde le Jeune Socrate contre les pièges du langage en prenant l'exemple des grues, qui honoreraient leur propre espèce si elles confondaient toutes les autres sous le nom de bêtes ; d'autre part, la fameuse prosopopée de l'« oison » de Montaigne, qui se flatte de s'imaginer le « mignon de la Nature » en voyant tous les êtres le servir, y compris le fermier, suivie de l'idée que les grues aussi pourraient se penser au-dessus de toutes les autres créatures étant donné la majesté de leur vol[114]. Mais on trouve encore chez Pline l'anecdote d'un corbeau, grand orateur, qui saluait les empereurs et le peuple romain, dont l'assassinat par un simple cordonnier, suivi de funérailles en grande pompe, occasionna la condamnation à mort du meurtrier[115]. Et on imagine Cyrano en lecteur passionné de Belon, qui découvre ses fameuses planches comparant de manière spectaculaire l'anatomie d'un homme et d'un volatile[116].

Le plus remarquable est toutefois l'usage abondant du vocabulaire politique pour dénoncer, sur le mode de l'antiphrase, « cet empire si naturel de l'homme sur les animaux », cette « principauté ridicule », ou encore le « droit imaginaire » à « cet empire dont ils se flattent », pour citer le phénix accusateur[117]. Ce vocabulaire politique, on le sait, figure dans la méditation de Montaigne sur cette « miserable créature »

---

française des XVIIe et XVIIIe siècles, thèse de doctorat, U. Bordeaux III, 1998, qui se conclut par une analyse de la fiction aviaire de Cyrano, p. 770-802.

112 Cyrano, *op. cit.*, p. 263.

113 François Rabelais, *Le Cinquième Livre*, chap. II, dans *Les Cinq livres*, éd. G. Defaux, Paris, Le Livre de Poche, 1994, p. 1315.

114 Montaigne, *op. cit.* p. 532-533.

115 Voir Pline, *Histoires naturelles*, X, 40. Rappelons que le motif d'accusation à l'encontre de Dyrcona est le meurtre de la perdrix Guillemette la Charnue.

116 Pierre Belon, *L'Histoire de la nature des oiseaux*, Paris, G. Cavellat, 1555, p. 40-41.

117 Cyrano, *op. cit.*, p. 266.

qui se déclare « emperière », en violation des « loix communes[118] » de la Nature, lesquelles établissent une « équalité et correspondance de nous aux bestes[119] ». Mais il irrigue de manière encore plus frappante toute la polémique des philosophes thériophiles contre ceux qui faisaient valoir l'indignité animale. La question du « droit » de l'homme dans la nature ouvre le *Traité de la connaissance des animaux* de Marin Cureau de la Chambre, répondant aux cartésiens qui veulent justifier « l'empire » de l'humanité, « faisant voir que ce n'est pas une tyrannie comme on luy reproche, mais une domination iuste & légitime[120] » ; elle se trouve au cœur du chapitre de la *Sagesse* de Charron dédié à l'animalité[121] ; plus encore dans le *Theophrastus redivivus*, ce manuscrit philosophique clandestin marquant un jalon capital dans l'essor de la pensée athée, qui consacre un traité à la question « De la vie selon la nature[122] ». Nicole Gengoux a bien montré comment ce compendium de thèses hétérodoxes, rédigé dans les années 1650, éclaire la fiction de Cyrano, et vice-versa[123]. Posant que « la plus fondamentale loi pour la manutention d'une république, c'est l'égalité[124] », le phénix-Cyrano – car cet animal est bien le truchement du romancier – fait écho au thème primitiviste du *Theophrastus redivivus* : après avoir établi une égalité ontologique fondamentale entre les espèces du point de vue de la nature dans le premier chapitre et récapitulé les arguments plaidant pour l'intelligence animale dans le second, l'auteur du traité balaie l'idée d'une prééminence ou d'un « pouvoir » particulier accordé à l'homme. Il invalide même la tendance à appliquer à la nature le vocabulaire juridique associé à la croyance en la

118 Montaigne, *op. cit.*, p. 483.

119 *Ibid.*, *op. cit.*, p. 481.

120 Cureau de la Chambre, *op. cit.*, « Avant propos », p. 7.

121 Pierre Charron, *De la Sagesse*, Paris, Fayard, « Corpus philosophique des œuvres de Philosophie de langue française », 1986, p. 215 : « Un autre advantage que l'homme pretend [...] est une seigneurerie et puissance de commander, qu'il pense avoir sur les bestes ». Charron reconnaît une « prééminence » de l'homme due à sa sagesse, mais il se situe pour le reste dans la lignée de Montaigne et critique particulièrement l'inégalité et la « servitude » en vigueur dans les sociétés humaines.

122 Une traduction française du sixième traité du *Theophratus redivivus*, par Hélène Ostrowiecki-Bah, est incluse dans *Libertins du XVIIe siècle*, éd. J. Prévot, Paris, Gallimard, « Bibliothèque de la Pléiade », 2004, p. 217-404.

123 Nicole Gengoux, « L'animal supérieur à l'homme, de la fiction à la réalité. Cyrano de Bergerac et l'auteur anonyme du *Theophrastus redivivus* », article publié en ligne sur le site de l'ENS Lyon : http://ecole-thema.ens-lyon.fr/IMG/pdf/Article_Gengoux-2.pdf.

124 Cyrano, *op. cit.*, p. 265.

souveraineté humaine, particulièrement en régime chrétien : la mouche n'a ni plus, ni moins de « droit » dans la nature que l'homme[125]. Mais la notion de loi de nature est immédiatement réintroduite pour être opposée aux lois positives[126]. Le chapitre suivant est consacré à montrer que la nature prescrit « égale et condition commune à toutes choses[127] », contre le penchant des hommes pour la tyrannie monarchique, signe de leur dénaturation. De même, tout se passe chez Cyrano comme si les thèses monarchomaques et les thèses « anthropomaques », si l'on peut dire, s'étaient nourries les unes des autres. La Boétie, dans un passage singulier, n'avait-il pas fait monter les « bestes brutes en chaire » afin qu'elles crient aux hommes dénaturés : « Vive liberté[128] » ?

Car après l'utopie de pacotille de la Lune, qui laissait croire que le seul vrai lieu pour Cyrano serait celui de la sociabilité amicale, le discours politique réapparaît dans le *Soleil.* La tentation allégorique revient constamment : le combat de l'aigle et du rossignol n'est-il pas une image des relations entre le prince et le poète-amant[129] ? Dyrcona veut s'agenouiller devant l'aigle, mais le roi est ici une colombe gouvernant un régime parlementaire qui n'a de monarchique que le nom, puisque le souverain y est élu tous les six mois : « notre politique est bien autre[130] », dit ce « roi » faible et doux. La critique de l'être humain, écornant dans une liste burlesque le portrait d'un être sot, laid et superstitieux, débouche dans le procès des oiseaux sur une critique de l'inégalité parmi les hommes, seuls capables d'aliéner leur liberté à d'autres membres de leur espèce, qui plus est volontairement, mus par une peur irrationnelle de « manquer de maîtres[131] ». Le thème monarchomaque de la critique de la servitude volontaire fusionne sous la plume de Cyrano avec la critique de la « fantastique monarchie » métaphysique que croit diriger l'être humain, son

125 *Theophrastus redivivus*, VI, 2, *op. cit.*, p. 288.

126 *Ibid.*, p. 290 : « De fait, la nature a accordé aux uns et aux autres l'égalité de condition et la jouissance commune de toutes choses, dont seuls les hommes se sont retranchés en ayant la stupidité d'instaurer des lois ».

127 *Ibid.*, VI, 3, p. 298.

128 Étienne de La Boétie, *De la Servitude volontaire, ou Le Contr'un*, éd. N. Gontarbert, Paris, Gallimard, « Tel », 1993, p. 91 : La Boétie donne en exemple la répugnance des bêtes à être tenues en captivité, sans aller jusqu'à contester qu'elles sont « faites pour le service de l'homme » (*ibid.*, p. 93).

129 Cyrano, *op. cit.*, p. 243-244.

130 *Ibid.*, p. 260.

131 *Ibid.*, p. 266.

« prétendu empire[132] ». Mais Cyrano est-il vraiment sérieux lorsque sa pie déclare que l'homme est « une peste dont on devrait purger tout état bien policé[133] », et lorsqu'il promeut la « République des vivants[134] » en modèle politique alternatif, ou bien se laisse-t-il entraîner dans l'un de ses paradoxes outranciers, par pur plaisir de recourber le bois tordu ? Ce qui rend violents les hommes envers eux-mêmes, c'est aussi ce qui les rend violents envers les animaux, insiste le texte dans une réécriture apparente de Plutarque et de Porphyre sur la rage meurtrière déployée par les hommes à la chasse, qui fait le prix de la noblesse[135]. Il y aurait donc une racine commune de l'oppression politique et de l'« ambition de commander à tous les animaux », de les encager, « de les exterminer[136] ».

La comparaison avec le *Theophratus redivivus* est particulièrement éclairante. L'ambiguïté de la fiction, dans cette manière d'hésiter entre la répudiation du vocabulaire de la souveraineté inadéquat à la nature et la tentation de le rappeler pour destituer l'être humain ou pour dégager des principes régissant le comportement réglé et harmonieux du vivant[137], n'est autre que celle du *Theophrastus redivivus* et des philosophes ayant voulu établir que le véritable lieu de la souveraineté, c'est la nature. La sagesse, selon ce traité, consiste à ne pas « errer hors des chemins de la nature, et d'être façonné selon son exemple et sa loi[138] ». Le vieil exemple du pourceau de Pyrrhon aide à comprendre pourquoi les animaux vivent « sans aucun doute beaucoup plus heureux que les hommes », lesquels s'aliènent volontiers à cause d'une « fiction mensongère » sur leur statut dans l'univers[139]. Ce qu'il y a de commun à la fiction cyranienne et au traité philosophique contemporain, c'est donc l'idée que l'ordre social ne peut être refondé qu'à partir d'une philosophie correcte qui ferait du « vivre selon la nature » le « modèle du sage[140] ». Cyrano privilégie

132 *Ibid.*, p. 266-268.

133 *Ibid.*, p. 260.

134 *Ibid.*, p. 264.

135 *Ibid.*, p. 266.

136 *Ibid.*, p. 255.

137 Voir par exemple l'épisode du pseudo-rossignol, pour qui l'amant, un véritable rossignol, est prêt à se sacrifier, l'occasion de constater « qu'entre les animaux de semblable espèce aider au malheureux [est] une loi » (*ibid.*, p. 243).

138 *Theophrastus redivivus*, *op. cit.*, p. 345.

139 *Ibid.*, p. 370.

140 Nous citons ici le titre du chapitre 4 du livre VI du *Theophratus redividivus*, *op. cit.*, p. 343, qui développe amplement ce thème.

l'utopie animale (et végétale), car la nature était devenue l'*eu-topos*, le lieu du bien auquel toute sa culture philosophique commande urgemment de revenir.

Ce n'est pas sans conséquence politique (au sens restreint). Le roman libertin ne choisit pas entre l'animalité littérale et l'animalité métaphorique privilégiée dans la fable ou l'allégorie : l'affirmation radicale de l'égalité du vivant, la critique de la souveraineté imaginaire de l'homme sur l'univers, s'avèrent parfaitement solidaires d'une critique de l'ordre aristocratique et monarchique. La notion de « république » animale prend un sens qu'elle n'a ni chez Montpensier (chez qui l'éloge de la nature domestiquée s'insère dans une idéologie nobiliaire), ni même chez Frémont (plus audacieux sur le plan philosophique que sur le plan politique, hommage au souverain oblige) : la biopolitique utopique de Cyrano est un républicanisme universel qui découle de son relativisme philosophique, et tranche avec l'éloge de l'absolutisme entonné par d'autres libertins (de Naudé à La Mothe Le Vayer).

DES « CRÉATURES IRRAISONNABLES », MAIS LESQUELLES ?

On pourrait s'interroger, pour finir, sur l'insertion de ces mondes imaginaires dans les controverses sur l'animal et l'animalité de l'époque, qui comporte un double versant, puisqu'en sus des enjeux épistémologiques de la thèse cartésienne de l'animal machine[141], l'enjeu idéologique restait présent dans toutes les têtes. Accusé d'hétérodoxie pour d'autres raisons, Descartes, parfois peu assuré de ses propres thèses sur l'animal, entendait bien se racheter une conscience sur ce plan : la sensibilité, la pensée et le langage animal doivent être niés tout d'un bloc, car en toute logique accorder autant à la bête ce serait lui accorder l'immortalité de l'âme ; or, le croire de certains animaux, ce serait le croire de tous ; et on ne saurait le croire d'animaux « trop imparfaits » comme les huîtres ou

141 Renvoyons aux travaux de référence de Thierry Gontier, notamment *De l'homme à l'animal. Paradoxes sur la nature des animaux. Montaigne et Descartes*, Paris, Vrin, 1998 et *La Question de l'animal. Les origines du débat moderne*, Paris, Hermann, 2011.

les éponges[142]. La logique imparable de Descartes fait mieux ressortir son présupposé dogmatique. À l'inverse, s'aventurer plus loin que le gradualisme aristotélicien, qui marquait dans son interprétation scolastique une limite acceptable, pour reconnaître ce que Charron appelle à la suite de Montaigne le « grand voisinage et cousinage entre l'homme, et les *autres* animaux[143] » (nous soulignons l'adjectif « autres », dans lequel réside le scandale), c'était risquer l'accusation d'athéisme.

Or, tout ne se réduit pas à un match entre les partisans de Montaigne et ceux de Descartes, comme certaines simplifications tendent à le faire croire. L'irrésolution inscrite dans le texte de Mademoiselle de Montpensier était sans doute celle de bien des gentilhommes et des femmes du monde, spectateurs des controverses philosophiques, théologiques et scientifiques. D'une part, l'admiration suscitée par la contemplation de la nature dans la *Relation* est bien celle de l'observateur rationnel devant une multitude de « creatures irraisonnables » offertes à son regard, ce qui suggère une réflexion n'ayant rien d'antichrétienne concernant la théologie naturelle : « la nature est une chose bien admirable, encore plus celuy qui en est l'Autheur ». La fiction invite doucement à la méditation sur ce thèm[144]. D'autre part, la fréquentation de l'intelligence canine suggère que certaines « bêtes » n'en sont point[145], l'autrice jouant comme tant d'autres, Montaigne notamment[146], sur la syllepse : les distinguos aristotéliciens d'usage entre jugement estimatif et délibératif, en vigueur dans l'École, n'ont pas cours dans ce roman. L'imaginaire utopique vient ici contredire l'*a priori* de l'irrationalité animale : « asseurément les Chiens de cette Isle le font avec plus de reconnoissance & de Raison[147] » (au sujet de leur sociabilité). Sans être une humaniste, l'autrice était certainement assez cultivée pour avoir fréquenté chez les auteurs antiques ou modernes le

142 René Descartes, « Lettre au marquis de Newcastle » (23 nov. 1646), dans *Œuvres philosophiques. Tome III*, éd. F. Alquié, Paris, Classiques Garnier, 2018, p. 696.

143 Charron, *op. cit.*, p. 208.

144 Montpensier, *op. cit.*, p. 44 : « & cela tres-asseurément donne de beaux sujets de penser à soy, & de faire de bonnes & solides reflexions ».

145 *Ibid.* : « J'oubliois une espece de beste que l'on ne devroit point nommer ainsi, puis que hors la parole rien ne rapporte mieux à l'homme, non par la forme, mais par l'esprit, puis qu'ils en ont infiniment, qu'ils entendent, qu'ils sont fideles & intelligens : Personne ne doutera que ce ne soit des Chiens dont je veux parler ».

146 Montaigne, *op. cit.*, p. 453 : « par cette mesme raison, elles nous peuvent estimer bestes, comme nous les en estimons ».

147 Montpensier, *op. cit.*, p. 44.

trésor des anecdotes vantant l'intelligence des chiens, et suffisamment observatrice pour l'avoir vue à l'œuvre[148]. L'aimable utopie de l'*Isle imaginaire* ne fait que porter cette sensibilité à la limite, sans l'inciter à franchement passer outre.

De ce point de vue, la Grande Mademoiselle est en retrait par rapport au texte de Frémont d'Ablancourt, qui exprime beaucoup plus qu'un trouble : une véritable malice, dosant l'audace et la prudence. Les enjeux philosophiques sont apparemment discrets dans le *Supplément*, où l'on chercherait en vain des échos directs de la controverse sur l'âme animale. Pourtant, l'auteur semble parfaitement conscient du terrain sur lequel il s'avance, comme son narrateur prend de la hauteur par rapport au conflit entre des animaux révoltés et des hommes ensauvagés : « Pour moy, je montay sur un arbre pour voir la bataille tout à mon aise, ne voulant pas qu'on me pût reprocher à mon retour, d'avoir tenu le party des bestes contre les hommes[149] ». Difficile de ne pas voir dans ce « parti » thériophile celui des lecteurs de Montaigne, comme Gassendi[150], et dans le parti des « barbares » thériophobes celui de Descartes. Peut-être même l'organisation de la république animale du *Supplément* fait-elle écho à ces longues pages où Montaigne reprend l'éloge antique de la *sollertia animalium*, sur un mode plus plaisant que pédant : les singes y sont officiers et ministres ; les tigres et les lions soldats, les ours et les chiens gardes, les perroquets interprètes ; les cigognes médecins, etc. *In fine*, tous les motifs de revalorisation de l'intelligence animale sont évoqués : la vaillance et les autres qualités morales des animaux ; leur ardeur ou leur ruse guerrière ; leurs capacités de communication ; leur capacité à l'automédication… De même lorsque le narrateur de Frémont, « Lucien », décrit les palais bâtis à l'aide des hirondelles, les cultures opérées par les pourceaux et les taupes, les moissons par les fourmis : derrière Lucien, et derrière la parodie du programme utopique à la Thomas More, on

148 Notons que l'utopie civilisatrice esquissée dans les dernières pages ne serait pas complète, si en sus de faire venir des gens de tous les corps de métier pour subvenir à tous les besoins de la colonie, on n'y faisait venir des comédiens, « des Chiens dressez à sauter, & des Singes pour monstrer aux notres » (*ibid.*, p. 53).

149 Frémont d'Ablancourt, *op. cit.*, p. 645.

150 On sait que la querelle sur l'âme des bêtes débute par les objections à la Seconde méditation de Descartes dans Pierre Gassendi, *Disquisitio metaphysica* (1644), éd. bilingue B. Rochot, Paris, Vrin, 1962, II, Doute 6, p. 148-152 : « Si l'Âme est une chose qui sent, qui imagine, etc…, il semble nécessaire d'attribuer une âme aux Bêtes ».

retrouve Plutarque et Montaigne[151]. Particulièrement frappantes sont les mises en scène récurrentes des singes et des perroquets en animaux stratèges ou loquaces, trop nombreuses pour être détaillées.

Loin des rôles stéréotypés, la parade organisée par les animaux dans le *Supplément* traduit une intelligence suprême : l'intelligence esthétique et technique du spectacle. Ce n'est pas un carnaval des animaux, mais un *mundus inversus* de l'âge de la représentation, où les bêtes se moquent des hommes ! Pas de dresseurs ici, mais des animaux accomplissant des actes volontaires à toutes les étapes. Non contents d'illustrer les exemples traditionnels de comportements admirables des animaux[152], de jouer avec d'autres espèces (les singes bateleurs jouent à la boule avec les hérissons) ou de jouer à représenter d'autres espèces (les pies dansent un « balet » où elles se mettent à « imiter » le saut des grues !), les traditionnels animaux de foire s'en donnent à cœur joie pour imiter les postures humaines : les singes accoutrés en « Charlatans » multiplient les tours de passe-passe ; des chiens savants « contref[ont] les soldats, avec l'épée au costé, & la pique sur l'épaule », effectuant des sauts « pour l'amour des dames », avec « plusieurs galanteries semblable[153] ». Le matamorisme de la *dignitas hominis* est pareillement bafoué par les singes qui célèbrent plus loin la victoire militaire des armées animales en revêtant la peau des « sauvages » humains pour imiter leurs rituels coutumiers : « les autres dansoient un Balet de postures, où ils contrefaisoient les Sauvages dans leurs mariages, leurs assemblées, & leurs funerailles[154] ». Les animaux utopiques de Frémont d'Ablancourt ont pris le pouvoir absolu : le pouvoir de représenter.

Corollairement, l'irrationnalité de la créature humaine, thème cher à Cyrano, est bien suggérée chez Frémont par les comparaisons que l'on a vues plus haut et par l'attirance pour les figures liminaires (sauvages, pygmées, sorcières…), mais aussi par un détail piquant de la guerre entre les humains et les animaux. La supériorité humaine dans l'art de la destruction est d'abord manifeste au point que la lutte tourne à la battue, ne laissant guère d'espérance aux « pauvres animaux[155] » de réchapper aux dards et aux flèches des chasseurs. Mais de manière

151 Frémont d'Ablancourt, *op. cit.*, p. 626. *Cf.* Montaigne, *op. cit.*, p. 183-185.

152 Les manchettes attirent l'attention sur ce point : « On a veu cela autrefois à Rome », au sujet d'éléphants dansant sur une corde (Frémont d'Ablancourt, *op. cit.*, p. 635).

153 *Ibid.*, p. 630-631 pour les exemples précédents.

154 *Ibid.*, p. 648.

155 *Ibid.*, p. 647.

inopinée, la vue des serpents terrifie les hommes, qui se débandent aussitôt. L'absence d'explication n'empêche pas de penser à la première espèce mentionnée dans la Bible et associée à la Chute. C'est évidemment la Genèse, fondement anthropocentrique de la culture chrétienne[156], qui est tournée en dérision par cet auteur discrètement libertin, de même que la convention symbolique attribuant à tel animal une valeur *a priori*, en l'occurrence maléfique, par laquelle les hommes se fabriquent des épouvantails. Pareille mise en question des croyances irrationnelles sur l'animal annonce ce chef-d'œuvre d'ironie que sera la fable de « L'homme et la couleuvre » chez La Fontaine, interrogeant qui de l'homme ou du serpent est l'« animal pervers[157] ».

Quant à l'engagement de Cyrano dans la polémique sur l'âme animale, il ne laisse aucun doute : raison, instinct, langage, chacune des grandes notions de cette controverse est l'objet d'une thématisation détaillée dans un roman qui tourne à la machine démonstrative contre le cartésianisme (nonobstant l'influence des écrits de Descartes, patente mais largement relativisée depuis Madeleine Alcover[158]), contre le naturalisme aristotélicien, et contre l'orthodoxie chrétienne. La revalorisation de l'intelligence animale s'y accompagne d'un scepticisme obligé quant aux facultés rationnelles de l'être humain, captif de sens trop limités : largement développé par le Démon de Socrate à l'orée du séjour sur la Lune, le thème revient dans l'invective des oiseaux contre cet animal qui a « les sens les plus faibles, les plus tardifs et les plus faux d'entre toutes les créatures[159] ». Depuis l'« Apologie de Raymond Sebond », il s'agit du pivot de toutes les défenses de la rationalité animale. Comment ne pas penser au débat entre Descartes et Gassendi, entre Chanet et Cureau de la Chambre, lorsque les prêtres de la Lune font publier un arrêt défendant de croire que Dyrcona puisse posséder la raison, et ordonnant d' « imaginer » que seul l'instinct guide son comportement[160], tandis que que le Démon de Socrate se lance dans une défense du comportement

156 *Cf. Gen.* 1, 26 : « Dieu dit : "Faisons l'homme à notre image, comme notre ressemblance, et qu'ils dominent sur les poissons de la mer, les oiseaux du ciel, les bestiaux, toutes les bêtes sauvages et toutes les bestioles qui rampent sur la terre" » (*La Bible de Jérusalem*, trad. École biblique de Jérusalem, Mame-Cerf, 1999, p. 36).

157 La Fontaine, *Fables*, X, 1, v. 4.

158 Voir Isabelle Moreau, « Les héritages polémiques dans les *États et Empires de la Lune et du Soleil* », *Littératures classiques*, supplément au n° 53, 2004, p. 49-59.

159 Cyrano, *op. cit.*, p. 255.

160 *Ibid.*, p. 90.

instinctif (en feignant de croire à son irrationalité)[161] ? Ou quand les oiseaux frappent d'anathème l'idée qu'un animal aussi mal fichu que l'homme puisse être comme eux « capable de raison », alors que la pie favorable à Dyrcona leur a montré qu'il « approchait en quelque sorte de leur raisonnement[162] » ? Être « dégrad[é] de la raison », comme l'est *a priori* Dyrcona pour les oiseaux, c'est être dégradé de « l'immortalité[163] ». Cette équivalence touche au cœur de la thèse cartésienne. Dans celle-ci, il était facile de détecter ce dégoût que Cyrano attribue aux oiseaux… Si les partisans de l'âme animale disaient vrai, s'inquiétait Descartes, alors nous n'aurions « rien à craindre, ni à espérer, après cette vie, non plus que les mouches et les fourmis[164] ». Cyrano, lui, nous proposera comme sujet de consolation l'idée que l'être humain devrait se réjouir d'être mangé par des mouches après sa mort, ou mieux, de savoir qu'il contribuera ainsi à faire « raisonner » les mouches à sa place[165]… Difficile de ne pas voir dans cette pointe ironique une référence précise au célèbre texte du *Discours de la méthode.*

Inscrit dans une épistémologie posant les sens et l'imagination, lieu où la matière se fait image, comme la source de toute connaissance[166], la revalorisation de l'intelligence animale et végétale se veut un geste de justice. Dyrcona – redevenu la figure de Cyrano à cet endroit précis – lui devra la vie, le perroquet César le sauvant de la condamnation pour avoir « tant de fois soutenu que les oiseaux raisonnent[167] ». C'est aussi un exercice philosophique pointu, notamment lorsque le texte fait rouler le concept d'« instinct » dans un sens puis dans l'autre. Cureau de la Chambre, après avoir critiqué une notion qui ne rend pas compte des causes de la plupart des comportements animaux[168], concluait son traité en annonçant l'écriture d'un autre sur le sujet. Le *Theophrastus*

161 *Ibid.*, p. 99-100.
162 *Ibid.*, p. 255.
163 *Ibid.*, p. 264.
164 Descartes, *Œuvres complètes. Tome I*, éd. F. Alquié, Paris, Classiques Garnier, 2018, p. 632.
165 Cyrano, *op. cit.*, p. 271.
166 Sur la proximité épicurienne et anticartésienne du romancier avec Gassendi, voir Jean-Charles Darmon, *Philosophie épicurienne et littérature au XVIIe siècle*, Paris, PUF, 1998, p. 211-262.
167 Cyrano, *op. cit.*, p. 273.
168 Cureau de la Chambre, *op. cit.*, p. 2 : « Car quand on les voudroit rapporter à l'Instinct, la nature en est si cachée, qu'il n'y a pas d'apparence qu'on peût destruire de si claires & de si fortes conjectures par une chose si obscure & si mal establie. Et qui peut-estre, si elle estoit bien connuë, ne se trouveroit pas differente ou esloignée de la Raison ».

redivivus propose le paradoxe suivant : « De fait qu'est l'instinct, sinon la raison ? Et qu'est la raison, si ce n'est l'instinct[169] ? » Les mises en scène cyraniennes, de part et d'autre des *États et Empires*, battent en brèche la conception traditionnelle de l'instinct comme automatisme : de même qu'un animal humain, faisant violence à sa nature, peut supporter une luminosité extrême[170], un rossignol, qui ressent les plus vives affections pour un congénère (ou ce qu'il croit être tel), peut agir contre son instinct, par amour[171]. La notion d'instinct, pourtant, n'est pas rejetée, elle est plutôt redéfinie : n'est-elle pas « langue matrice », cette « voix de la Nature » qui « se fait entendre à tous les animaux » ? « [S]i vous en aviez l'intelligence », ajoute le petit homme de la macule, « vous pourriez communiquer et discourir de toutes vos pensées aux bêtes, et les bêtes à vous de toutes les leurs[172] ». Détournant l'exégèse traditionnelle des fameux versets de la *Genèse* fondant la domination de l'homme sur les vivants, ce personnage suggère qu'ils ont été rendus caducs par la Chute. Celle-ci aurait signifié la perte de la « langue matrice », « parfait idiome » qui n'est autre que celui de l'instinct, dont la supériorité sur une raison ne fonctionnant qu'à « tâtons » ne fait pas de doute, en tant qu'intuition du vrai (« quoique sa raison ne l'entende pas, [votre âme] a chez soi Nature qui ne saurait manquer de l'entendre »). L'émotion, la langue, sont l'effet de cet instinct fera comprendre le phénix mu par « l'instinct » de se présenter à Dyrcona[173]. Mieux, la fiction cyranienne, à l'unisson avec le *Theophrastus redivivus*, semble promouvoir l'instinct comme norme du vrai, comme remède au scepticisme[174]. L'utopie se situerait donc en dehors du logocentrisme humaniste.

De manière non contradictoire, *L'Autre monde* promeut la thèse de l'existence de langages animaux, thème clé de la controverse et objet

169 *Theophrastus redivivus*, VI, 2, *op. cit.*, p. 273.

170 Cyrano, *op. cit.*, p. 234 : « [...] mon instinct malgré moi devenu maître de ma pensée, l'entraînait au plus creux d'une lumière sans fond. Ma raison pourtant peu à peu désabusa mon instinct [...] »

171 *Ibid.*, p. 243 : « L'instinct pourtant de sa timide nature le devait faire balancer ; et toutefois il ne balança point ».

172 *Ibid.*, p. 218-219.

173 *Ibid.*, p. 250-252.

174 L'Histoire des oiseaux se conclut sur une révélation positive à laquelle Dyrcona doit son salut selon le roi phénix : « [...] le Sénat te donne vie. Il peut bien accompagner de cette reconnaissance les lumières dont Nature éclaira ton instinct, quand elle te fit pressentir en nous la raison que tu n'étais pas capable de connaître » (*Soleil*, p. 274).

d'un déni radical de la part de Descartes. Cyrano recourt à la stratégie favorite des argumentations thériophiles, selon laquelle on ne saurait inférer de notre incapacité à comprendre le langage de certaines espèces son inexistence. L'erreur est faite par les Sélénites : « ils me prenaient pour un animal des mieux enracinés dans la catégorie des brutes[175] ». La mise en scène romanesque implique même une certaine prudence épistémologique : nulle part dans l'*Autre monde* la parole n'est directement attribuée à un animal réel, tandis qu'une faculté comparable à celle d'Apollonius de Tyane, d'Anaximandre ou d'Ésope, qui communiquaient avec d'autres espèces, est résolument située dans l'ordre du fabuleux[176]. Le rossignol admiré par Dyrcona à son arrivée sur le Soleil ne parlera pas – le discours de l'âme solaire supplée –, et quant au phénix, animal fabuleux s'il en est, il n'apparaît qu'après l'assoupissement du narrateur, comme en songe[177]. L'« Histoire des oiseaux » est bien cette fiction dans la fiction, cette utopie absolue, qui place à bonne distance de la réalité non l'existence de langages animaux, mais notre capacité à les entendre[178]. Malgré l'abondance des travaux critiques sur Cyrano, ses sources les plus directes ne semblent guère avoir été dégagées, alors que les allusions ne sont jamais gratuites dans l'*Autre monde*, qui contient en désordre la bibliographie intégrale des lectures de l'auteur. Dyrcona mentionne « un certain philosophe », qui « [lui] avait donné quelques principes généraux pour entendre [le langage] des brutes[179] ». De qui s'agit-il ? Peut-être les candidats sont-ils trop nombreux parmi les penseurs français ou italiens du libertinage thériophile, ne serait-ce que dans la liste des incarnations du Démon de Socrate[180], auxquels on pourra aisément joindre Montaigne et Charron. L'allusion pourrait renvoyer à un contemporain, et pourquoi pas, plus qu'à ce « libertin chrétien » qu'était Gassendi[181], à l'auteur anonyme du *Theophrastus redivivus* rédigé en parallèle – la recherche actuelle penche pour Guy Patin –, qui récapitule longuement les arguments et les exemples incitant à penser

175 *Ibid.*, p. 65.
176 *Ibid.*, p. 251.
177 *Ibid.*, p. 259.
178 Voir Aude Volpilhac, art. cité.
179 Cyrano, *op. cit.*, p. 239.
180 *Ibid.*, p. 54-61, évoquant nombre de philosophes attirés par le thème de l'intelligence animale (Vanini, Cardan, Gassendi, La Mothe Le Vayer).
181 Voir Sylvia Murr, « L'âme des bêtes chez Gassendi », *Corpus*, n°16-17, 1991, p. 37-63.

que les « discours extérieurs » des animaux sont autant de langages[182]. Avançons trois autres candidats potentiels qui manquent à l'appel dans les études existantes sur Cyrano.

Le premier est le célèbre médecin padovan Girolamo Fabrizi d'Acquapendente, auteur d'un bref traité consacré à part entière à la question du langage chez l'animal, le *De brutorum loquela*[183]. Faisant suite à ses travaux anatomiques sur les organes phonatoires (*De Larynge*, 1600) et l'élocution (*De elocutione*, 1601), Fabrizi revisitait les catégories aristotéliciennes de *psophos* (cri), de *phonè* (voix) et de *dialektos* (parole articulée) pour tendre à l'assimilation de ces deux dernières, dans la lignée du livre III du *Traité de l'abstinence* de Porphyre, mais sur des bases entièrement naturalistes et même matérialistes. La profération intentionnelle, liée aux circonstances où l'animal doit avertir, repousser, attirer, etc. sert toujours une signification modulée de manière certes moins complexe que chez l'homme, mais tout de même très complexe, à distinguer de la répétition machinale des espèces apprenant à imiter les paroles humaines. Malgré l'absence d'organes phonatoires aussi développés que ceux du corps humain, les animaux expriment leurs affects et il n'en va pas différemment des hommes, même si la variété des langues humaines et la nature conventionnelle de l'association entre son et sens – l'« arbitraire du signe », fondement de la « double articulation » dirait-on en bonne doctrine saussurienne – distinguent l'espèce humaine selon Fabrizi. On reste dans le cadre d'un gradualisme d'inspiration aristotélicienne, mais avec une inflexion majeure. L'existence de langages animaux est posée comme un fait : la poule, qui fait « KIK » pour faire fuir ses poussins ou « GLO GLO » pour les appeler, manifeste incontestablement qu'elle est douée de *loquela*, d'une voix articulée et signifiante[184]. Autant d'espèces, autant de langages, que nous ne comprenons pas plus que les langues étrangères[185], mais que nous *pourrions* comprendre. Dans son avant-dernier chapitre, Acquapendente esquissait en conséquence un programme d'interprétation fondé sur

---

182 *Theophrastus redivivus*, *op. cit.*, p. 274-283.

183 Girolamo Fabrizi d'Acquapendente, *De brutorum loquela*, Padoue, Pasquati, 1603. Voir Stefano Gensini, « Il "*De brutorum loquela*" de Giovanni Fabrizi d'Acquapendente », *Bruniana & Campanelliana*, vol. 17, n° 1, 2011, p. 163-174.

184 Acquapendente, *op. cit.*, p. 23-24.

185 *Ibid.*, p. 9.

l'observation systématique de l'association entre les sons émis et les affects, selon les espèces. Tel est peut-être ce « philosophe » ayant donné « quelques principes généraux » pour entendre le langage des bêtes, que le milieu de ceux que Pintard a nommés les « libertins érudits » devait bien connaître, ne serait-ce qu'à travers Fabri du Peiresc, qui avait suivi ses cours à Padoue.

On pourrait aussi penser à Girolamo Rorario, dont le *Quod animalia bruta ratione utantur melius quam homine*, composé en 1544, aura attendu la main de Gabriel Naudé pour être édité dans les années de la rédaction de l'*Autre monde*[186]. Si l'œuvre sera surtout débattue à partir de l'entrée « Rorarius » du *Dictionnaire* de Bayle, sa connaissance par Cyrano est plus que probable : sa publication constituait une pièce maîtresse de la réaction anticartésienne des penseurs associés au libertinage érudit, alors que l'ouvrage était resté manuscrit à son époque en raison de son hétérodoxie évidente. Dénonçant la *feritas* des comportements humains, l'humaniste italien, nonce papal de son état, y déployait une argumentation néo-plutarquéenne radicalisée en faveur de la thèse de la rationalité animale. Dans la batterie des arguments passés en revue, qui n'a rien à envier à l' « Apologie de Raymond Sebond » par son ampleur, Rorario aborde la question du langage animal à travers l'exemple de nombreuses espèces, tout particulièrement aviaires : le vol des hirondelles, caractérisé par des mouvements collectifs brusques et variés accompagnés de cris, suppose une communication fine et instantanée qui ne peut être réduite à la notion d'« instinct », pas plus que l'attitude des hirondelles parentes éduquant leur progéniture par des signes manifestes[187]. Le texte rappelle de grandes anecdotes antiques : celle du corbeau éloquent honoré par des funérailles dignes d'un empereur ; celle d'Apollonius de Tyane traduisant la conversation de moineaux[188], etc. Il abonde aussi en souvenirs personnels, tel celui d'un concert de chants d'oiseaux dans le jardin de l'auteur en hiver, qui suscite une comparaison avec un orchestre. De même, les anecdotes contemporaines ne manquent pas, par exemple concernant le perroquet du pronotaire Giovanni Bannisio,

186 La première édition est celle de Paris, J. Cramoisy, 1648.

187 Nous nous référons ci-dessous à la réédition de Girolamo Rorario, *Quod animali bruta ratione saepe utantur*, Amsterdam, Ravenstein, 1654, précédée, comme l'édition de 1648, de la lettre de Naudé aux frères Dupuy, p. 79-80.

188 Philostrate, *Vie d'Apollonios*, IV, 3.

capable de réciter des prières de manière non machinale : « si les animaux s'avèrent ainsi capables de comprendre les paroles d'un langage qui leur est étranger, ne devrions-nous pas croire qu'ils sont capables de se comprendre entre eux, en utilisant leur langage ? », demande Rorario[189]. Comme Montaigne, l'auteur italien compare notre incompréhension à celle que provoque une langue étrangère, et comme lui, il ne cesse de renverser la charge de la preuve : « Si donc les animaux sont dotés de rationalité et de mémoire, s'ils manifestent un désir d'apprendre et même d'imiter notre langage, pourquoi devrions nous douter de leur capacité de se comprendre entre eux[190] ? ». Texte paradoxal, provocant, dont les brusques réorientations ne cessent d'interpeler le lecteur – l'éloge du rossignol fier de son chant, et refusant d'imiter les autres oiseaux, suscite un blâme des contemporains qui préfèrent le latin à la langue vulgaire ! –, ce dialogue avait tout pour séduire et inspirer Cyrano.

Mais revenons une dernière fois à cet autre oublié de l'histoire des idées qu'est Marin Cureau de la Chambre : établissant dans son grand *Traité de la connoissance des animaux* le siège des facultés de connaissance dans l'imagination et en faisant dériver le raisonnement, faculté partagée par tous les animaux, le futur académicien ruinait la distinction aristotélicienne classique entre jugements estimatif et jugement délibératif (censé être l'apanage de l'homme). Les « Responces aux objections contre la Raison des bestes », rédigées en réaction aux objections de Chanet et annexées à la seconde édition en guise de quatrième partie, constituent un document passionnant pour comprendre la sophistication atteinte par les arguments des partisans de la thèse de la raison et du langage animal vers 1650. Un animal peut parvenir à une fin qu'*il lui plaît* d'atteindre, par des moyens inventés : l'« instinct » ne saurait expliquer le comportement de linottes qu'on a vu manger et boire dans de petits seaux qu'elles font ingénieusement monter à elles[191]. Au terme de réflexions serrées sur les notions de raisonnement et d'intention, qui déplacent singulièrement les *a priori*, Cureau de la Chambre aborde dans le chapitre 3 l'objection majeure de Chanet contre le langage animal,

189 Rorario, *op. cit.*, p. 76-77 : « *[...] quod si aliena [verba], & quae ad se minime spectant, intelligunt ; cur non eorum quae sua sunt, mutuam quandam habere intelligentiam credere possumus ?* »

190 *Ibid.*, p. 79 : « *Quod si belluae ingenio pollent, memoria vigent, discendi desiderio acceduntur, & nostras in primis voces imitandi ; cur non credere debemus, habere etiam quo se mutuo intelligant ?* »

191 M. Cureau de la Chambre, *op. cit.*, p. 312-315.

résumée ainsi : « *Si les Bestes raisonnoient, elles Raisonneroient non seulement ensemble, mais encore avec les Hommes ; elles parleroient les unes aux autres*[192] ». Le lien entre raison et langage, souvent rappelé par les cartésiens, est bien le nœud de la question : non seulement les animaux parlent et non seulement ils raisonnent, mais en parlant ils « raisonnent ensemble[193] ». Les évidences sont innombrables : quand un moineau signale à d'autres la présence de grains dans les champs, il module son pépiement selon qu'il s'agit de grains de blé, d'orge ou de millet[194]. Et seules des catégories scolastiques artificieuses peuvent faire croire que dire, vouloir dire et savoir que l'on dit sont des choses indépendantes (affect, expression et compréhension de la situation de communication ne font qu'un dans les faits, chez les bêtes comme chez les hommes).

Le profil intellectuel de Cureau de la Chambre, penseur particulièrement patient et logique, académicien et chrétien – il ne s'agit ici nullement chez lui de « libertinage » –, est très distinct de celui de Cyrano. Pourtant, ils font cause commune, et il y a lieu de penser que la mise en scène fictionnelle du second a été inspirée de manière spécifique par la structure dialogique du *Traité de la connoissance des animaux*. En effet, le philosophe anticartésien ne cesse de prendre à partie Pierre Chanet en manifestant une ironie mordante. Abordant l'objection de l'absence de communication entre humains et animaux (« *ces Oyseaux qui apprennent le langage s'en devroient servir pour Raisonner avec nous & pour nous demander leurs necessitez* »), Cureau de la Chambre convoque, comme tous ses prédécesseurs, les exemples classiques d'Apollonios, de Mélampos et de Tirésias ; comme Rorario, Montaigne ou Gassendi (l'optimisme épistémologique d'Acquapendente le distinguant par contre du scepticisme dominant parmi ces partisans de l'intelligence animale), il argue de la faiblesse de la connaissance humaine, incapable de comprendre les phénomènes de communication animale. Mais au-delà de l'argumentation proprement dite, il ironise franchement. L'objection de Chanet est une absurdité – pourquoi les animaux parleraient-ils le même langage que le cartésien ? –, ce qui appelle une question imaginaire que les animaux retourneraient s'ils parlaient une langue commune avec les hommes :

192 *Ibid.*, p. 323.
193 *Ibid.*, p. 327.
194 *Ibid.*, p. 324-325.

> [...] il n'y auroit qu'une seule response à luy faire là-dessus, qui est que les Animaux luy ont souvent dit qu'ils ont de la raison ; & s'il ne les a pas entendus, c'est sa faute & non pas la leur [...]
>
> Et M C. ne se doit-il pas imaginer qu'ils peuvent dire de luy la mesme chose qu'il dit d'eux, & qu'ils ont droit de douter qu'il Raisonne iusqu'à ce qu'il ait appris leur langage, & qu'il les en ait asseurez aux mesmes termes dont ils se servent entr'eux[195].

Il ne manquait qu'un peu d'imagination, effectivement, pour passer de la réfutation magistrale du *Traité de la connoissance des animaux* à une fiction dont ces quelques lignes dessinent tout le programme. Cyrano ne manque ni d'imagination, ni de procédés littéraires tels que la prosopopée pour faire dire à des quadrupèdes sélénites ou à des oiseaux vengeurs que les « creatures irraisonnables » sont bien les cartésiens, pédants et autres thériophobes, qui *n'entendent* pas[196]... Roman des idées, l'*Autre monde* donne voix à l'une d'elles tout particulièrement, celle de la réalité du langage animal, en écho à « certain[s] philosophe[s] ». On ne travestira peut-être pas tout à fait la pensée de l'auteur par cette mise au pluriel, puisque les partisans de la thèse de la rationalité et de la réalité de la communication animale étaient moins rares qu'on le croit au milieu du XVIIe siècle. Seul le mythe d'un « siècle cartésien » pourrait nous le cacher. Mais si la mise en scène du langage animal conserve une allure utopique, c'est d'une part parce que la preuve fait et fera toujours défaut – et de ce point de vue la fiction cyranienne réalise bien cette « expérience de pensée » esquissée par le « et si » de ces philosophes thériophiles (s'il pouvait nous parler, l'animal nous dirait...), auquel elle répond immédiatement par son « Pourquoi non ? ». Mais aussi, d'autre part, parce que cette idée, poussée trop loin, était passible d'hérésie. La mauvaise réputation de Cyrano, accusé par quelque ami scélérat de se ranger au nombre des athées capables de soutenir par bravade qu'il n'existe « aucune différence entre leur âme et celle d'un cheval », « bien qu'il n'y ait point d'homme si vil ni si sot qui ne se croit au-dessus

195 *Ibid.*, p. 333-334.

196 Cyrano, *op. cit.*, p. 250-251 : « [Le Phénix :] Je vois votre esprit tendu à comprendre comment il est possible que je m'explique à vous d'un discours suivi, vu qu'encore que les oiseaux contrefassent votre parole, ils ne la conçoivent pas : mais aussi quand vous contrefaites l'aboi d'un chien ou le chant d'un rossignol, vous ne concevez pas non plus que le chien ou le rossignol ont voulu dire. Tirez donc conséquence de là que ni les oiseaux ni les hommes ne sont pas pour cela moins raisonnables ».

du plus parfait des chevaux[197] », de même que sa mort en 1655 dans des circonstances douteuses, nous permettent de mieux comprendre la timidité de Montpensier et la prudence du neveu d'Ablancourt, au-delà des différences patentes d'esthétiques romanesques et d'envergure intellectuelle.

CONCLUSION
Les zootopies du XVIIe siècle

La notion moderne d'utopie, autour de laquelle s'est construite l'étude critique du genre des voyages imaginaires – notion probablement plus adéquate, quoique tout aussi rétrospective –, a longtemps occulté l'existence de « zootopies » en plein cœur de l'âge classique. Sans doute le retour à Lucien, marqué par le *Supplément* de Frémont d'Ablancourt, libérait-il, dans l'indifférence la plus complète aux normes de la vraisemblance, de nouvelles possibilités imaginaires dans une décennie où la créativité romanesque cherchait ses voies : tout aussi éloignées des longueurs et des idéaux héroïques du roman baroque que des tendances rigoureuses du « tournant » de la prose française des années 1660, ces espaces alternatifs permettaient d'accueillir des êtres voisins qui d'ordinaire n'ont guère droit de cité dans cette terre des hommes qu'est le roman. Cela justifie à notre sens le rapprochement entre les trois auteurs. Comparer directement la Grande Mademoiselle à Cyrano serait vouloir marier la carpe et le lapin, mais tous les deux ont en commun une inspiration animalisante partagée avec l'utopie prodigue de Frémont, laquelle aura aussi un écho à l'étranger, dans le *Blazing World* de la francophile Margaret Cavendish (1666), plus tard chez Swift ou encore dans le défilé des peuples animaux de l'*Iter subterraneum* de Ludvig Holberg (1741).

Cette réorientation du genre est l'effet d'une riche « culture animale » des écrivains du Grand siècle, une culture en réalité très diverse : la culture cynophile de Mademoiselle de Montpensier, sa tentation littéraire de la pastorale ou son goût pour les curiosités exotiques, sans doute entretenu

197 Ces formules sont celles des « Pensées de Monsieur Dassoucy dans le S. Office de Rome » (1676), dans l'édition de Cyrano de Bergerac, *ibid.*, p. 528.

par quelques promenades dans les ménageries, n'est pas tout à fait la culture humaniste de Frémont, imitateur des anciens et de Montaigne, encore moins celle de Cyrano, poète-philosophe d'exception, nouveau Lucrèce fait romancier, qui dans sa prose métamorphique brasse toutes les idées anciennes et surtout les plus nouvelles et les plus radicales en faveur de l'égalité, de la réversibilité et au finale de l'identité entre l'humain et l'animal. Les allégorisations politiques divergent profondément par leur sens et par leur mode, mais elles renvoient toute à un problème « politique » plus général, celui de la souveraineté que s'attribue l'homme au sein de la nature, qu'il érige en droit. Dans tous les cas, la présence animale fait spectacle, elle fait sens, et peut faire polémique, dans la mesure où les fictions thériophiles se positionnent dans les grandes controverses sur l'animalité.

Cyrano n'a fait que mener plus loin, plus fort, ce principe de l'écriture zootopique. La puissance de décentrement du voyage imaginaire est toujours une puissance de renversement, qui peut aller jusqu'à faire de l'animal un *eu-topos*, un lieu du bien, mais qui du moins renvoie toujours l'anthropocentrisme ordinaire à l'*ou-topos*, au lieu impossible. Textes-limites en ce qu'ils flirtent avec la transgression ou s'y installent, les voyages imaginaires sont aussi des textes sans limite sur le plan de la liberté imaginaire et intellectuelle, qui esquissent des voies nouvelles et inattendues. Ils ne déplacent pas la frontière traditionnelle entre l'humanité et l'animalité : ils découvrent qu'il n'y en a pas, qu'il n'y a *pas de limite*, sinon… imaginaire.

Nicolas CORRÉARD
Université de Nantes L'AMo –
EA 4276

RIRE ET PROCESSUS D'INDIVIDUALISATION DANS *LE ROMAN COMIQUE* DE PAUL SCARRON

Dans *Le Roman comique*, Paul Scarron invente une fiction réaliste qui vise à tourner en dérision, sur un ton satirique et burlesque, les romans héroïques et sentimentaux, à rabaisser plus généralement tout ce qui est indûment élevé, guindé, supérieur. Il narre, à la manière des auteurs picaresques, les aventures d'une troupe de théâtre dans la région du Mans. On a donc bien un « antiroman » avec des antihéros et des situations le plus souvent triviales. *Le Roman comique* comporte à coup sûr une dimension dénigrante qu'on peut analyser sous plusieurs angles : besoin de se détendre de l'idéalisme et de l'irréalisme des romans nobles ; plaisir carnavalesque de l'anarchie et du *monde renversé* ; contestation des valeurs aristocratiques sous la pression de la montée en puissance de la classe bourgeoise ; expression d'un libertinage de mœurs et de pensée en rupture avec la toute-puissance de la religion chrétienne ; plaisir enfantin de démolir, de casser, de régresser, de faire des farces comme en témoignent l'omniprésence des bagarres et de la scatologie… Il n'est pas sûr cependant que *Le Roman comique* conteste en profondeur l'esthétique et les valeurs portées par les romans nobles dont il se moque. Il comporte en effet quatre nouvelles, dites « espagnoles », qui, abandonnant le style bas et comique, prouvent la prégnance et la fascination de l'auteur pour les enchantements du romanesque. Le comique y laisse momentanément la place à la noblesse et à la valorisation des valeurs morales et sociales qui définissent alors l'*honnêteté*. Le Destin et mademoiselle de l'Étoile font écho dans le reste du roman à la geste des personnages dont les aventures nous sont contées dans ces quatre nouvelles. Il en va de même pour Léandre et Angélique. Ces couples d'amoureux se répondent et s'inscrivent dans le même paradigme sentimental. Leurs amours nobles sont l'une des matrices de la progression du récit. Ce mélange du burlesque et du romanesque fait toute la saveur de l'œuvre.

Mais la vraie originalité du *Roman comique* réside peut-être dans la manière avec laquelle Scarron fait du rire et de l'amour des facteurs d'émancipation individuelle. *Le Roman comique* n'est pas seulement dérision, parodie burlesque et négation, il est aussi affirmation. Scarron fait du rire, de la gaieté et de l'amour des valeurs en soi, des valeurs transgressives qui supposent une perception de l'existence fondée sur l'acceptation du réel et de sa condition de simple mortel. Cet hédonisme foncier corrobore une volonté de jouissance personnelle et de libération. Il relaie le combat des libertins qui n'admettent aucune autorité supérieure à celle de leur conscience et qui s'affranchissent des sources traditionnelles d'autorité : la religion, la famille, l'État féodal et la tradition.

Le Roman comique traduit ainsi le puissant courant individualiste qui s'exprime à travers le succès grandissant de la forme romanesque à l'âge baroque. Il s'inscrit dans une histoire à long terme de l'émancipation du sujet en général, et plus spécifiquement du sujet féminin.

On peut analyser ce processus d'individualisation à partir de quelques éléments essentiels : la quête d'identité, l'affirmation du désir féminin, la satire anticléricale et l'individualisation du narrateur.

LA QUÊTE D'IDENTITÉ

Le rire est à la fois négation et affirmation, satire de ce qui entrave et jouissance individuelle. Il sert un processus d'individualisation de nature montaignienne et libertine. D'individu conditionné par les institutions et par la tradition, le héros scarronien aspire à devenir un sujet libre, lucide, rieur et jouisseur. L'humour, l'ironie et la bouffonnerie ne fournissent pas seulement un spectacle réjouissant, ils aident les individus à se forger une identité nouvelle.

Qu'il s'agisse des passages burlesques ou romanesques, *Le Roman comique* ne cesse de traiter de la question de l'identité, de l'accès à l'identité, voire de sa restauration, et donc de la manipulation des identités grâce au jeu des masques. Conjugué à l'amour, le rire est un moteur et un médiateur. Il permet aux personnages principaux d'affirmer leur singularité et d'espérer connaître *in fine* l'harmonie et le bonheur. Deux dynamiques sont à l'œuvre : – une dynamique romanesque qui privilégie le rôle du hasard et de la Fortune, au détriment de la transcendance religieuse et sociale, – une dynamique de déconstruction burlesque qui met à distance les sources traditionnelles d'autorité. Le roman opère un brassage et une redistribution des cartes, une reconfiguration des relations sociales et de la psyché individuelle.

L'identité apparente est fixée d'emblée par la religion, la famille, l'État, la tradition, en sorte qu'un état, une essence, un destin sont attribués à chacun. Or le roman démontre que ce que l'on représente d'un point de vue social n'est pas forcément écrit de toute éternité. Le hasard et la Fortune, la surprise et l'inopiné se substituent à la Providence divine. L'invention romanesque fait concurrence à l'ordre naturel et social voulu par Dieu. Elle promeut l'invention de soi.

Elle nourrit d'abord le plaisir fantasmatique de penser qu'on n'est peut-être pas celui qu'on est, qu'on ne coïncide pas mécaniquement avec ses définitions, avec le déterminisme familial et social qui assigne à chacun une place dans le monde. Le plaisir de la fiction et de l'imaginaire, que symbolise pleinement la vie au jour le jour d'une troupe de théâtre, n'est-il pas de réaliser son fantasme, de se vivre autre que l'on est, de porter un masque ? « Le masque, nous dit Mikhaïl Bakhtine, traduit la joie des alternances et des réincarnations, la joyeuse relativité, la joyeuse négation de l'identité et du sens unique, la négation de la coïncidence stupide avec soi-même[1] ». Il préside à la métamorphose et à la violation des frontières.

Le Destin, personnage devenu comique à cause de ses errances et de sa vie de comédien ambulant, est un marginal. Par définition à l'époque, les gens de théâtre n'ont pas de place fixe dans la société. Ils incarnent l'instabilité et le jeu mouvant des apparences. Le Destin s'individualise au fil du roman. Il est sans le savoir le bâtard d'un conte écossais, mais il a fait l'objet, au début de sa vie, d'une substitution en sorte qu'il se croit le fils d'un villageois grossier, appelé Garigues. La fiction peut dès lors prendre son essor avec ses rêves à l'irréel du présent. On n'est pas forcément celui que l'on croit. *Je* est peut-être *un autre* ou du moins peut

1 *L'Œuvre de François Rabelais et la culture populaire au Moyen Âge et sous la Renaissance*, Paris, Gallimard, 1970, p. 49.

se rêver *autre*. On ne coïncide pas forcément avec le déterminisme qui nous impose une destinée : « Pour moi, nous dit le Destin, je paraissais être ce que je n'étais pas[2] ». Destin-Garigues a vécu un Oedipe contrarié : une mauvaise figure paternelle s'est substituée à la bonne. Il s'agit pour lui de retrouver son vrai père, de rétablir l'harmonie et la vérité de sa filiation. Il lui faudra l'aide de la Fortune pour que, à la suite d'une série de hasards, il comprenne l'imposture dont il a été victime et retrouve sa filiation véritable. Tel aurait sans doute été le dénouement de sa destinée dans la *Troisième partie* non écrite du roman. Le Destin aurait vu s'accomplir réellement ce qui n'est qu'un fantasme dans le *roman familial* au sens freudien, l'élimination de son père apparent (Garigues) et l'instauration d'une paternité en conformité avec son rêve de promotion sociale, autrement dit le dévoilement de sa filiation avec un père idéal, le conte de Glaris, que le baron d'Arques fait pressentir au moment où il prend le jeune homme sous sa protection[3]. Le déroulement de la narration lui fera réaliser le rêve de tout enfant à un moment donné de sa vie : changer « les liens du sang[4] ». La fiction romanesque représente et accomplit le fantasme. Elle réalise « le récit fabuleux dont l'enfant berçait jadis sa désillusion[5] ». Sous la forme d'un rêve éveillé, le Destin formule ce qui est l'une des matrices inconscientes de son comportement : « Je suis né dans un village auprès de Paris. Je vous ferais bien croire, si je voulais, que je suis d'une maison très illustre, comme il est fort aisé à ceux que l'on ne connaît point ; mais j'ai trop de générosité pour nier la bassesse de ma naissance ». Quand il fait la connaissance de Léonore / L'Étoile, il s'exclame : « Je souhaitai d'être riche ; je m'affligeai de ma basse naissance ; je me forgeai cent belles aventures avantageuses à ma fortune et à mon amour[6] ».

À l'instar du théâtre de Molière, *Le Roman comique* ne cesse de mettre en évidence le pouvoir émancipateur et révélateur de l'illusion comique. Dans la narration-cadre comme dans les nouvelles espagnoles, le double, le masque, le dévoilement, le quiproquo nourrissent les péripéties. L'illusion et le jeu sur les apparences ne sont pas seulement les marques

2 *Le Roman comique*, I, 13, éd. Jean Serroy, Paris, Gallimard, 1985, p. 97.
3 Marthe Robert, *Roman des origines et origines du roman*, Paris, Gallimard, 1997, p. 53.
4 *Ibid.*, p. 58.
5 *Ibid.*, p. 63 et 65.
6 *Le Roman comique*, I, 13, p. 91-92 et 103.

de la tromperie et du mensonge. Ils sont aussi les moyens dont usent les jeunes gens pour faire triompher leur amour et la vérité. Dans « Les deux frères rivaux », Dorothée dit à dom Juan qu'elle prend pour dom Sanche : « tu sais bien qu'il y a des choses fausses qui ont quelquefois plus d'apparence de vérité que la vérité même et qu'elle se découvre toujours avec le temps[7] ». L'illusion comique est source de véridiction. Elle favorise le triomphe de l'amour et l'affirmation de soi. Les scènes de rendez-vous secrets au début de cette nouvelle, puis de quiproquos dans la maison de dom Manuel, le père de Dorothée, relèvent pleinement du théâtre comique, lequel, plus encore que le roman, est propice aux jeux de rôles, de dissimulation et de reconnaissance spectaculaires. L'amour triomphant s'accompagne d'un éloge, qui n'est ni moral ni chrétien, de la ruse et de la dissimulation, du mensonge nécessaire, de l'audace à jouer des apparences pour affirmer son désir.

Comme la plupart des romans modernes, *Le Roman comique* est une « épopée de l'homme sans dieux[8] ». L'émergence d'un sujet souverain au détriment de la transcendance divine a pour effet une remise en question implicite de l'ordre établi, des autorités qui décident *a priori* de ce que nous sommes. Et si un autre ordre social était possible ? Celui qui prévaut actuellement n'est pas forcément une fatalité, il peut être renversé, inversé, reconfiguré. *Le Roman comique* est un creuset qui rebat les cartes. Il figure des renversements de destinée. Il imagine une autre disposition des relations sociales. Il prépare, en développant l'esprit critique et en inventant un nouvel imaginaire, la philosophie émancipatrice des Lumières.

Né d'une friction entre la norme et une transgression, le rire crée une béance. Il joue un rôle critique et démystificateur. Il affirme un désir de liberté qui desserre l'étau des contraintes sociales, esthétiques et religieuses. Il opère un mélange à tous les niveaux : il télescope le haut et le bas, représente un monde à l'envers, *fait tomber*, au sens physique et moral, les individus et les valeurs, à l'image de Ragotin qui multiplie les chutes et les culbutes du début à la fin du roman. Le rire élargit un espace poétique, où dominent la fantaisie, l'absurde, la transgression, l'imprévu, le bon mot… Tous ces éléments favorisent l'individualisation et le désir de liberté personnelle.

---

7 *Ibid.*, II, 19, p. 332.

8 Georg Lukacs, *La Théorie du roman*, Paris, Gonthier, 1971, p. 84.

On comprend pourquoi les femmes sont très vite devenues les plus grandes lectrices de romans, d'un côté parce qu'elles peuvent s'évader d'un quotidien dominé par l'idéologie patriarcale, de l'autre parce que la fiction ouvre un espace d'émancipation individuelle qui leur permet de s'imaginer autres qu'elles ne sont.

L'AFFIRMATION DU DÉSIR FÉMININ

Le brassage comique auquel se livre joyeusement Scarron bénéficie aux femmes qui, le plus souvent, prennent leur destin en main. Le désir féminin s'affirme au détriment de la puissance phallique.

Scarron a pu se montrer, comme beaucoup de poètes du début du siècle, un misogyne très violent, comme en témoignent son recueil de *Poésies diverses* en 1643[9] et sa manière de décrire la reine Didon dans *Le Virgile travesti* qu'il qualifie de « grosse dondon[10] ». Le burlesque se traduit de manière privilégiée par un dénigrement féroce des femmes dans le sillage de la poésie obscène du temps d'Henri IV et de Marie de Médicis. *Le Roman comique* porte la trace de cette misogynie violente qui nie la liberté et le désir des femmes tout en produisant chez les hommes un rire de complicité et de supériorité rassurantes. Ragotin, Saldagne ou les admirateurs des comédiennes ont des comportements brutaux que le narrateur détaille avec humour. Ragotin est une brute en amour : « s'approchant des comédiennes, [il] leur prit les mains sans leur consentement, voulut un peu patiner, galanterie provinciale qui tient plus du Satyre que de l'honnête homme[11] ». La sérénade qu'il fait donner à l'Étoile se transforme en scène de rut animal avec des chiens poursuivant « une chienne de mauvaise vie[12] ».

L'épisode grotesque de la Bouvillon est un conte à rire dans le style obscène de Sigogne et de Mathurin Régnier. Après avoir manigancé un tête-à-tête avec le Destin, elle affirme bestialement ses intentions :

9 Voir notamment le sonnet « Vous faites voir des os quand vous riez, Hélène » (*Poésies diverses*, éd. M. Cauchie, Paris, Didier, 1960-1961, t. II, p. 134).

10 *Le Virgile travesti*, liv. I, v. 2734.

11 *Op. cit.*, I, 10, p. 77.

12 *Ibid.*, I, 15, p. 139.

> [...] La grosse sensuelle ôta son mouchoir de cou et étala aux yeux du Destin, qui n'y prenait pas grand plaisir, dix livres de tétons pour le moins, c'est-à-dire la troisième partie de son sein, le reste étant distribué à poids égal sous ses deux aisselles. Sa mauvaise intention la [faisait] rougir (car elles rougissent aussi, les dévergondées)... [...] Le Destin rougissait aussi, mais de pudeur, au lieu que la Bouvillon, qui n'en avait plus, rougissait je vous laisse à penser de quoi. Elle s'écria qu'elle avait quelque petite bête dans le dos et, se remuant en son harnais comme quand on y sent quelque démangeaison, elle pria le Destin d'y fourrer la main. (II, 10, p. 242-243)

Cette scène d'un comique lourd et graveleux illustre la dimension misogyne du burlesque que Scarron cultive encore. Elle est cependant contrebalancée dans le roman par le raffinement du romanesque et un usage plus critique de l'humour et de l'ironie.

Le Destin, Léandre et les héros des nouvelles espagnoles sont, contrairement à Ragotin, Saldagne ou la Bouvillon, des amoureux délicats et respectueux qui savent se contrôler et respecter les désirs de celles qu'ils aiment. Les héroïnes quant à elles ne se contentent pas d'un rôle passif. Elles ne sont pas à la remorque des événements ou les objets inertes de la violence masculine, elles se défendent, elles intriguent, elles s'efforcent, elles aussi, d'être les maîtresses de leur vie. L'Étoile, Angélique, la Caverne et les deux sœurs de Saldagne résistent à la pression sociale et elles s'efforcent de réaliser leur désir amoureux. C'est encore plus vrai pour les femmes dans les quatre nouvelles espagnoles : la princesse Portia, Victoria, Sophie, Dorothée ou Féliciane. Elles prennent leurs amours en main avec une détermination sans faille. Elles n'hésitent pas à jouer la comédie, à prendre des masques, à se travestir, à « trouver des expédients » dans les situations difficiles, comme Féliciane et sa sœur Dorothée[13]. Les ruses dont elles doivent faire preuve les poussent à déplorer ouvertement l'inégalité entre les sexes face à l'amour et au mariage. Dans le sillage des précieuses, elles revendiquent dans ce domaine la même liberté que les hommes :

> Les deux belles sœurs moralisèrent longtemps sur les privilèges avantageux qu'avaient les hommes par-dessus les femmes, qui n'étaient presque jamais mariées qu'aux choix de leurs parents qui n'étaient pas toujours à leur gré, au lieu que les hommes se pouvaient choisir des femmes aimables. Pour moi, disait Dorothée à sa sœur, je suis bien assurée que l'amour ne me fera jamais

13 *Ibid.*, II, 19, p. 315.

> rien faire contre mon devoir, mais je suis aussi bien résolue de ne me marier jamais avec un homme qui ne possédera pas lui seul tout ce que j'aurais à chercher en plusieurs autres et j'aime bien mieux passer ma vie dans un couvent qu'avec un mari que je ne pourrais pas aimer. (II, 19, p. 314)

Tandis que la religion chrétienne et la société patriarcale imposent aux jeunes filles et aux femmes la soumission, le narrateur-auteur se plaît à narrer des histoires plaisantes où elles affirment leur désir d'aimer en liberté et d'être heureuses à parts égales avec les hommes. Elles se rebellent contre l'ordre établi et l'aliénation du mariage forcé. Scarron nous les montre particulièrement audacieuses pour organiser des rendez-vous secrets, se masquer, se déguiser en hommes et même se couvrir de gloire à la guerre.

Dans les nouvelles espagnoles, les femmes ont le beau rôle. Souvent ce sont elles qui relatent les événements. Elles deviennent les maîtresses du temps, du discours et de l'intrigue : elles orientent l'action dans le sens du triomphe de leur amour. Dans le récit-cadre, le narrateur délègue même par deux fois la parole à une conteuse, Inézilla. En présence des autres personnages du roman, elle narre deux nouvelles : « À trompeur, trompeur et demi » (I, 22) et « Les deux frères rivaux » (II, 19). Non seulement elle raconte des nouvelles, mais elle en écrit aussi. Elle se déclare fièrement auteure :

> Je pense en savoir autant que personne du monde et, comme quelques femmes de notre nation se mêlent d'en faire et des vers aussi, j'ai voulu l'essayer comme les autres et je vous en puis montrer quelques-unes de ma façon. (I, 21, p. 167)

Scarron s'est d'ailleurs beaucoup inspiré d'une auteure espagnole de l'époque, Maria de Zayas[14]. L'histoire intitulée « Le Juge de sa propre cause » (II, 14) est l'adaptation de l'une de ses nouvelles.

Si l'on peut décrire l'histoire du roman moderne comme celle de l'émergence de l'individu singulier et souverain qui décide lui-même du sens de la vie et des valeurs, c'est encore plus vrai et plus exemplaire quand il s'agit du sujet féminin qui doit non seulement surmonter les obstacles auxquels sont confrontés les hommes – famille, religion, État féodal, tradition –, mais aussi se libérer de la tutelle masculine et de la phallocratie.

---

14 Maria de Zayas (1590-1661) est l'auteure de deux recueils : *Novelas amorosas y ejemplares* (1637) et *Desengaños amorosos* (1647).

La volonté opiniâtre des femmes d'être maîtresses d'elles-mêmes confirme la pente libertine de l'inspiration scarronienne.

RIRE LIBERTIN ET SATIRE ANTICLÉRICALE

Le rire dans *Le Roman comique* est très largement un rire libertin. Il témoigne d'un libertinage de mœurs et de pensée en rupture avec la toute-puissance de la religion chrétienne. L'idéologie comique de Scarron repose sur un épicurisme et un hédonisme fonciers. Elle relaie le combat des libertins qui ne veulent admettre aucune autorité supérieure à celle de leur conscience et de leur jugement. Elle témoigne en outre d'un tempérament frondeur qui rappelle que Scarron est l'auteur d'une mazarinade très violente.

L'œuvre manifeste à cet égard un savoureux comique anticlérical, qui, dans le sillage rabelaisien, va dans le sens d'une mise à distance du sérieux et du tragique que fait alors peser la religion chrétienne, notamment sous sa forme la plus radicale avec le jansénisme. La vision romanesque et burlesque que véhicule *Le Roman comique* a pour contrepoint constant des plaisanteries dirigées contre le clergé catholique et son rigorisme.

Les prêtres apparaissent fréquemment dans le récit. Ils sont toujours présentés comme des personnages comiques. Le chapitre consacré à l'enlèvement du curé de Domfront est un conte à rire où le burlesque et l'ironie tournent en dérision l'idéologie catholique avec ses rites et sa phraséologie. Alors qu'il pense qu'on va le tuer, le curé s'écrie : « Monsieur de Laune, si vous me tuez, je vous cite devant Dieu ; je suis sacré prêtre indigne et vous serez excommunié comme un loup-garou ». Il jure sans vergogne : « On a voulu dire qu'il jura Dieu, mais je ne puis croire cela d'un curé du bas Maine ». Comme les personnages bouffons du roman, il fait l'objet d'un rabaissement scatologique : « Le pot de chambre du curé, qui était de cuivre jaune reluisant comme de l'or, parce qu'il avait été écuré dans l'hôtellerie, était attaché au côté droit du brancard, ce qui le rendait bien plus recommandable que le gauche[15] ». Tout au long de

15 *Op. cit.* I, 14, p. 112, 111 et 110.

l'œuvre, les curés participent aux bagarres et aux moments d'hilarité où ils ne manquent pas de perdre leur « gravité[16] ».

Le rire libertin célèbre les corps et l'amour. Il résiste aux discours de honte et de culpabilisation de la religion. Les églises, perdant leur caractère sacré, servent de lieux de rendez-vous galants, ce que le narrateur fait mine de dénoncer ironiquement :

> On profane les églises en ce pays-là aussi bien qu'au nôtre, et le temple de Dieu sert de rendez-vous aux godelureaux et aux coquettes, à la honte de ceux qui ont la maudite ambition d'achalander leurs églises et de s'ôter la pratique les uns aux autres ; on y devrait donner ordre et établir des chasse-godelureaux et des chasse-coquettes dans les églises, comme des chasse-chiens et des chasse-chiennes. (I, 9, p. 61)

L'hypocrisie religieuse à propos de l'amour humain fait l'objet d'une caricature féroce que Molière amplifiera dans *Le Tartuffe* :

> Quelques dames tristes, de celles qui sont toujours en peine de la conduite des autres et fort en repos de la leur, qui se font elles-mêmes arbitres du mal et du bien, quoiqu'on puisse faire des gageures sur leur vertu comme sur tout ce qui n'est pas bien avéré, et qui croient qu'avec un peu de rudesse brutale et de grimace dévote elles ont de l'honneur à revendre, quoique l'enjouement de leur jeunesse ait été plus scandaleux que le chagrin de leurs rides n'a été de bon exemple. (II, 19, p. 313)

L'un des passages les plus drôles du roman confronte le corps nu de Ragotin à des religieuses :

> [Ragotin tout nu] attrapa un chemin creux revêtu de haies et plein d'eau et ce chemin allait au gué d'une petite rivière. Il s'en réjouit, faisant état de se laver le corps qu'il avait plein de boue, mais, en approchant du gué, il vit un carrosse versé d'où le cocher et un paysan tiraient, par les exhortations d'un vénérable homme d'Église, cinq ou six religieuses fort mouillées. C'était la vieille abbesse d'Estival qui revenait du Mans où une affaire importante l'avait fait aller et qui, par la faute de son cocher, avait fait naufrage. L'abbesse et les religieuses tirées du carrosse aperçurent de loin la figure nue de Ragotin qui venait droit à elles, dont elles furent fort scandalisées, et encore plus qu'elles père Giflot, le directeur discret de l'Abbaye. (II, 16, p. 299)

Les caractéristiques du libertin se précisent au fil des facéties et des traits d'esprit : l'amour du théâtre (« la maîtresse du tripot [...] aimait

16 *Ibid.*, II, 7, p. 231.

la comédie plus que sermon ni vêpres ») ; la critique de l'obscurantisme pastoral (« Un prêtre du bas Maine, un peu fou mélancolique [...] voulut faire imprimer quelques pensées creuses qu'il avait eues sur l'Apocalypse ») ; la haine des jésuites renforçant de façon blasphématoire le plaisir amoureux (« Les pères Jésuites me voulurent remettre dans mon devoir ; mais je ne voulus plus obéir à de si malplaisants maîtres après avoir choisi la plus charmante maîtresse du monde »)[17]. L'attaque la plus grave porte cependant sur le dogme de la résurrection qui fonde la foi chrétienne. Alors même qu'il est en train de rendre l'âme, un hôtelier avare veut continuer à faire des économies :

> [...] il ordonna [...] à sa femme de l'ensevelir dans un certain vieux drap de sa connaissance qui avait plus de cent trous. Sa femme lui représenta qu'il y serait fort mal enseveli ; il s'opiniâtra à n'en vouloir point d'autre. [...] Elle lui demanda enfin comment il pourrait paraître dans la vallée de Josaphat[18], un méchant drap tout troué sur les épaules, et en quel équipage il pensait ressusciter. Le malade s'en mit en colère et, jurant comme il avait accoutumé en sa santé : « Eh ! morbleu, vilaine ! s'écria-t-il, je ne veux point ressusciter ». (II, 6, p. 222-223)

Ce rire libertin et déjà voltairien, ce *rire contre Dieu*, qui privilégie la vie présente et le plaisir au détriment du salut et du respect des rites de la vie chrétienne, est neutralisé et rendu inoffensif grâce à l'énonciation bouffonne. Il n'en contribue pas moins à l'émergence et à l'affirmation d'un sujet tout humain, rivé à la terre et en quête de plaisirs immédiats liés à l'amour, à la bonne chère et au théâtre. Il transfère la transcendance de nature religieuse vers « ce moi », « ille ego », que Montaigne et Descartes ont circonscrit quelques années plus tôt.

Ce rire émane principalement du narrateur, qui prend la place de Dieu.

17 *Ibid.*, I, 1, p. 39 ; II, 16, p. 297 ; II, 5, p. 216.

18 Selon le prophète Joël dans la Bible, c'est dans la vallée de Josaphat qu'aura lieu le Jugement dernier (Joël, 3, 2).

L'INDIVIDUALISATION DU NARRATEUR

L'une des originalités du *Roman comique* est l'importance, à l'intérieur du récit, de la figure du narrateur. L'histoire racontée est sans cesse interrompue par des interventions de l'auteur-narrateur, par des *métalepses narratives*, qui amplifient le désir d'émancipation individuelle et de liberté. *Le Roman comique*, objet littéraire improbable, voire monstrueux par rapport aux normes romanesques de l'époque, met en scène une *persona* de narrateur-auteur omniprésente jusqu'à même s'intégrer à l'intrigue : « cependant que ses bêtes mangèrent, l'auteur se reposa quelque temps et se mit à songer à ce qu'il dirait dans le second chapitre[19] ». L'objet de la narration-cadre est mince : les tribulations d'une troupe de théâtre itinérante qui échoue dans la ville du Mans. L'essentiel ne réside pas là. Il est dans le regard porté sur les événements et plus généralement sur l'existence. Le narrateur impose son *ego*, au long du récit par ses commentaires, ses traits d'esprit, sa forte conscience métalittéraire. Il se veut à la fois un « Rieur[20] » et un enchanteur, un homme de bonne compagnie qui aime la gaudriole et un conteur fasciné par les belles histoires.

Ce narrateur est pour ainsi dire produit par la tension entre le burlesque et le romanesque, entre la prise en compte matérialiste du réel et l'aspiration aux sentiments nobles et aux aventures merveilleuses. Plusieurs des personnages de la narration-cadre sont de vrais héros de roman héroïco-sentimental cependant que les nobles Espagnols des nouvelles intercalaires vivent de belles aventures, mais toujours avec vraisemblance, voire avec un certain réalisme comique. Le narrateur impose ainsi, chemin faisant, sa vision moyenne de la vie, un burlesque tempéré par une certaine dose d'idéalisme. Il ne veut pas être dupe de la comédie des apparences, mais il maintient l'horizon de la grandeur et de l'exaltation sentimentale.

En exhibant le montage des différentes parties qui constituent le dispositif romanesque, en nous associant au processus de sa création, le narrateur ne se contente pas de démystifier les illusions de la fiction, il

---

19 *Op. cit.*, I, 1, p. 39.
20 *Ibid.*, I, 2, p. 39.

nous présente son œuvre comme un laboratoire. Il cherche, il tâtonne, il explore de nouveaux possibles, capables de nous aider à façonner notre identité, de lui donner une orientation nouvelle. Il dévoile le caractère aléatoire de la vie et des circonstances. Les récits de la Bible et ceux des ancêtres, qui traitent de nos origines et qui décident de nos destinées, ne sont peut-être que des mythes, voire des mystifications, en sorte que nous avons plus de prises que nous pensons sur les événements, de manière à les orienter dans le sens de nos désirs.

Par ses interventions et sa présence, Scarron invente un nouvel espace romanesque, qui apparaît surtout comme un lieu d'ouverture et d'affranchissement. Il s'affiche en artiste souverain qui suit son caprice, en épicurien qu'émerveillent les surprises facétieuses du quotidien. La bigarrure et le désordre de son récit sont à l'image d'un esprit insoumis, toujours en mouvement, maître de sa création et ravi d'exercer pleinement son libre arbitre. L'individualisme qu'il promeut illustre l'idéologie libertine, telle qu'elle a pu se développer à partir de l'égotisme montaignien. La présence d'un narrateur très conscient de ses effets et de sa technique contribue à promouvoir l'individu singularisé, délesté en partie du poids des contraintes extérieures. Ce narrateur est un libre-penseur *déniaisé*, comme Cyrano de Bergerac, mais aussi déjà un philosophe des Lumières. Il offre une représentation de la vie *à hauteur d'homme*, même dans les nouvelles espagnoles. Il donne sa chance au désir personnel et à la possibilité d'un bonheur exclusivement terrestre.

Dans l'*incipit* du roman, l'auteur-narrateur anticipe une critique éventuelle concernant la pertinence d'une comparaison qu'il établit entre un homme avec une viole dans le dos et une tortue qui marche debout : « Quelque critique murmurera[21] de la comparaison, à cause du peu de proportion qu'il y a d'une tortue à un homme ». Scarron définit ici son esthétique du burlesque : la mise en relation d'éléments de la réalité qui ont entre eux « peu de proportion », la recherche non de l'harmonie et de la convenance, mais celle de la *disproportion* et de la disconvenance avec pour objectif la reconfiguration de notre rapport au monde. Par cette intervention métapoétique, il conforte son statut de créateur tout-puissant. Fier de sa trouvaille, il la commente pour mettre en valeur l'originalité de son inspiration comique. C'est pourquoi il coupe court

21 *Murmurer de*, au XVIIe siècle, signifie *critiquer*.

à un début de justification en invoquant *ex abrupto* son bon plaisir de créateur omnipotent : « et, de plus, je m'en sers de ma seule autorité[22] ».

La question est bien celle de l'*autorité*. La confusion constante dans *Le Roman comique* entre le narrateur du récit et l'auteur montre que le conteur se veut un *auteur* au sens plein du terme. L'*auctor* en latin, terme composé à partir du verbe *augere* qui signifie augmenter, est celui qui accroît et qui fonde, *celui qui augmente*, et par voie de conséquence *celui qui garantit, fournit une base normative, autorise*. L'*auctoritas* découle de la qualité d'*auctor*. Elle suggère une puissance capable de transcender le domaine de la vie courante et de l'amplifier. « On le dit par excellence, écrit Furetière dans son *Dictionnaire*, de la première Cause qui est Dieu. L'*Auteur* de toute la nature. Le Souverain *Auteur* du monde ».

Loin de se disperser dans *Le Roman comique*, Scarron étend sa puissance. Il érige son autorité de créateur en source d'invention nouvelle qui échappe aux conventions et aux clichés littéraires. Sa représentation comique d'un homme chargé d'une basse de viole en tortue géante marchant sur les pattes de derrière n'est pas destinée à devenir un cliché, comme *l'aurore aux doigts de rose* ou *le char du Soleil*. Scarron, à travers son narrateur, affirme son originalité et sa toute-puissance créatrices. Autrement dit, il donne consistance à une instance nouvelle d'autorité qui fait concurrence aux anciennes. Sa fantaisie poétique et son désir de surprendre s'arrogent le statut de prérogatives souveraines, tout comme l'impératif d'ordre « Retournons à notre caravane », qui clôt la digression et sert de transition avec la suite du récit. Scarron étale son *bon plaisir* auctorial, son *fiat lux* non prédictif. Il se dépeint en Dieu rieur surplombant sa création.

Il n'admet qu'une seule transcendance, celle de son *moi*. Il prend la place de Dieu. Ses interventions constantes, ses commentaires, son ironie mettent en abyme le roman et figurent sa toute-puissance. Il veut nous montrer qu'il surplombe son œuvre, qu'il la considère comme un *theatrum mundi*. Ce mouvement de balancier entre la narration et la source d'énonciation, entre le récit et les métalepses narratives, exhibe un processus qui va « du spectaculaire au spéculaire[23] », de la *représentation* du monde à son intériorisation par la conscience de l'individu. Scarron

---

22 I, 1, p. 38.

23 Andrew Wallis, « Le Roman comique, récit spéc(tac)ulaire », in *Cahiers du dix-septième : An Interdisciplinary Journal*, vol. 7, n° 1, 1997, p. 197.

domine sa création comme un metteur en scène. Il accomplit un geste profondément subversif et moderne. Comme Dieu, il est absolument libre et cause première, cause de lui-même, *causa sui*.

CONCLUSION

Le rire conjugué à l'amour tout humain est un puissant facteur d'individualisation. Il rompt avec les conventions et les traditions, les rituels de soumission qui refusent à l'individu la possibilité de se forger un destin personnel. Deux formes de raidissement idéologique vont cependant à l'encontre du vent de liberté et de gaieté qui souffle dans *Le Roman comique* : l'affirmation du pouvoir absolu au temps de Louis XIII, puis de Louis XIV, ainsi que l'augustinisme étouffant qui prévaut dans la religion chrétienne aboutissant au radicalisme janséniste et à l'intransigeance d'un Bossuet, qui reprochera précisément à Molière de détourner les fidèles de Dieu en faisant l'éloge de l'amour humain et d'user à l'extrême de la jouissance du rire.

La forme en apparence dépenaillée du roman, la multiplication d'intrigues centrifuges qui font éclater la diégèse et promeuvent la diversité imprévisible des existences individuelles soulignent le poids du hasard plutôt que de la Providence, mais tout aussi bien la possibilité d'inventer son destin en dehors des schémas préexistants, de s'arracher aux processus d'essentialisation. Le hasard plutôt que Dieu mène le monde, mais nous avons une marge de manœuvre et nous pouvons goûter des moments de joie purement humaine dont le rire et l'amour sont les manifestations les plus intenses.

Pascal DEBAILLY
Université Paris Diderot-Paris 7

MISE EN ROMAN, MISE EN MOUVEMENT

La suture viatique dans *Les Voyageurs inconnus* et *La Relation de l'Isle imaginaire*

C'est dans une perspective exploratoire que s'engage cette étude comparée de deux textes parus à peu d'années d'intervalle au cours de la décennie 1650-1660, deux œuvres qui, si on s'en tient à leur contenu, n'ont pas à première vue beaucoup d'éléments en commun. La première, peu fréquentée par la critique, s'intitule *Les Voyageurs inconnus et autres œuvres curieuses du même autheur, Tant vers que prose, Dédiées à Mrs de l'Academie Françoise* et parut sans nom d'auteur à Paris chez Charles de Sercy en 1655 ; les catalogues des bibliothèques l'attribuent aujourd'hui dans leur grande majorité à Louis Le Laboureur (1615-1679), qui fut bailli de Montmorency et aussi auteur : le catalogue de la Bibliothèque Nationale de France lui prête une douzaine de titres parus de 1643 à 1669. Parmi eux, trois textes sans lieu ni date, si bien qu'avant la parution des *Voyageurs inconnus*, il semble que seules deux de ses œuvres poétiques aient été publiées, *La Magdeleine pénitente* (1643) et *Les Victoires de Monseigneur le duc d'Anguyen* (1648). Un peu plus connue, mais plus tardive, est *La Promenade de Saint-Germain* qu'il adresse à Mlle de Scudéry en 1669, ce qui indique une prise en compte progressive dans sa production du développement de la littérature galante. La seconde œuvre, *La Relation de l'isle imaginaire*, bien qu'elle ne porte pas non plus de nom d'auteur, jouit de plus de célébrité car elle fut écrite par Mlle de Montpensier : même si l'ouvrage a pu être attribué à son secrétaire Segrais, Mademoiselle fait état dans ses mémoires[1] de sa rédaction ainsi que de celle de l'*Histoire de la princesse de Paphlagonie* parue dans le même volume en 1659, la même année que les fameux *Divers Portraits* qui furent rassemblés sous son égide.

1 Sur les circonstances de sa rédaction, voir *Mémoires de Mademoiselle de Montpensier*, t. IV, Paris, Lebreton, 1728, p. 142-144.

Malgré l'écart de notoriété et de milieu entre les deux auteurs, un double terrain commun peut être proposé entre ces deux textes, celui d'une écriture galante d'une part, celui du voyage d'autre part puisque les deux titres mettent ce dernier en avant avec le substantif « voyageurs » pour le premier et, pour le second, avec le mot « Relation » : pour pouvoir rédiger une telle relation, il faut bien que quelqu'un se soit rendu dans cette « Isle imaginaire ». Ce point commun du voyage ne nous place pas nécessairement dans un contexte romanesque évident, mais dans ce que Jacques Chupeau appelait les « lisières du roman » quand il envisagea dans un article fondateur[2] de la *Revue d'Histoire littéraire de la France* les liens qu'entretenaient romans et récits de voyage. Les deux textes choisis sont cependant assez différents du corpus examiné par J. Chupeau : ils ne nous entraînent pas en effet dans le même éloignement géographique qui fera le succès, à partir de 1663, des œuvres d'un Thévenot. L'ouvrage de Louis Le Laboureur nous conduit dans un périmètre moins ambitieux, de Paris à Lyon, tandis que Mlle de Montpensier franchit le cap du réel pour gagner une zone imaginée beaucoup plus difficile à cerner[3].

On se demandera quelles sont les raisons qui amènent ces deux auteurs à miser, entre description et narration, sur le voyage pour rendre leurs œuvres attractives et nous proposer de les lire sinon en tant que roman (mais la question du genre et de ses lisières sera à poser), du moins *comme un roman*, c'est-à-dire selon un principe de continuité de lecture qui caractérise l'appréhension d'un roman. Après avoir regardé quels usages du voyage, du motif au réseau, ils nous proposent, on se demandera ensuite si le voyage constitue une suture suffisante pour donner à ces textes une unité comparable à celle que l'on attend du roman, ce qui amènera à tenter d'identifier quelle pensée du lecteur un tel recours traduit.

2 Chupeau, Jacques, « Les récits de voyage aux lisières du roman », *Revue d'Histoire littéraire de la France*, 77e année, n° 3-4, mai-août 1977, p. 536-553.

3 Sur la porosité générique de cette œuvre, voir Bosquet Marie-Françoise, « Géographie utopique chez une conteuse : La relation de l'isle imaginaire de Mlle de Montpensier (1659) », *Geographia imaginariae. Dresser le cadastre des mondes inconnus dans la fiction narrative de l'Ancien Régime*, M.-C. Pioffet (dir.), Paris, Hermann, 2014, p. 263-278.

LE VOYAGE
Du motif au réseau

Le voyage peut être appréhendé sous différents angles dans *Les Voyageurs inconnus*. Publié en 1655, un an avant que n'ait lieu le *Voyage* vers Encausse et la Provence rapporté par Chapelle et Bachaumont qui ne sera publié qu'en 1661 et bien avant aussi le *Voyage en Limousin* de La Fontaine (1663), le texte pourrait être considéré du point de vue du genre comme un récit de voyage galant et développe logiquement le thème géographique du voyage. Mais il convient de nuancer car fait office de titre global pour l'ouvrage l'intitulé de ce qui est en fait le premier texte d'une série : celui-ci évoque le déplacement entrepris par le narrateur afin d'accompagner son ami Stradelle chargé d'une mission de conciliation entre deux illustres familles. Trois amis, Saintarmin, le gros d'Ouvreterre et Défontaine, se sont joints à eux. L'adjectif « inconnus » suggère l'usage de pseudonymes dont la clé nous échappe pour ces compagnons : en outre, à la première ligne de sa dédicace aux illustres académiciens, l'auteur se désignait par rapport à ces derniers comme « vn Inconnu ». Un itinéraire précis apparaît à travers les haltes liées notamment au repas et à l'hébergement des voyageurs : de nombreux noms de lieux se succèdent en direction de Lyon, Corbeil, Melun, Moret, la forêt de Fontainebleau, Pont sur Yonne, Villeneuve le Roy, Joigny… Outre les informations contrastées sur les bons ou mauvais lieux de séjour qui ne manquent pas de mettre les compagnons dans des situations cocasses ou peu glorieuses, le récit enchaîne, selon des registres variés, accidents, *ekphraseis* de beaux bâtiments et de belles vues, ou encore récits légendaires auxquels les lieux servent de prétexte.

Mais le voyage peut aussi être entendu au sens métaphorique et métanarratif car le récit, qui nous fait suivre les voyageurs inconnus, s'arrête à la p. 45, l'ouvrage en comprenant 177. Au-delà, une collection de textes s'offre à la lecture et c'est du coup dans un second temps à un voyage dans le livre que le lecteur se trouve convié. Viennent en effet à la suite du premier texte un panégyrique en vers, « Calliope a Monseigneur de Bellievre Sur sa promotion à la Dignité de Premier President » (p. 48-62), une série de *Poésies morales* (p. 63-121), un poème strophique intitulé « Le Melancolique » (p. 126-133) précédé d'une longue introduction (p. 122-125) et enfin une Épître en prose, la « Lettre de Tharbis fille du Roy d'Ethiopie A Moyse » (p. 140-177) précédée d'un *Avis servant d'Argument* (p. 134-139). Un tel ensemble nous place *a priori* moins du côté du roman que du recueil composite : mais à la différence des *Poésies choisies* que recueille Charles de Sercy à plusieurs reprises dans cette même décennie 1650-1660, ou du *Recueil de pièces en prose, les plus agréables de ce temps*, composées par divers auteurs que publie pour la première fois le même Sercy à partir de 1659, *Les Voyageurs inconnus* regroupe des pièces qui, selon les termes du titre, sont « du mesme autheur ». Recueil composite donc, mais non recueil collectif, au sein duquel il sera possible pour le lecteur de pister une même plume. Le voyage n'est donc pas seulement un motif, il peut aussi devenir action d'un lecteur amené à circuler à travers un réseau de textes, ce que l'auteur appelle une « tissure » (*VI*, *Av Lecteur*). La possibilité en semble plus forte dans ce volume de 1655 que dans sa réédition chez le même Charles de Sercy l'année suivante dans un livre plus ample mais plus hétérogène sous le titre de *Nouveau recueil de diverses poésies françaises composées par plusieurs autheurs* : sans y ajouter le moindre commentaire, Sercy a réuni dans ce volume deux ouvrages qu'il avait publiés l'année précédente, celui-ci, qu'on attribue à Louis Le Laboureur, et les *Ouvrages poétiques de Mr Le Vasseur*, secrétaire du maréchal de Gramont. Les deux textes, peut-être en raison d'invendus, y ont été accolés l'un à l'autre.

La *Relation* composée par Mlle de Montpensier, même si elle est, elle aussi, publiée en même temps qu'un autre texte, l'*Histoire de la princesse de Paphlagonie*, semble moins marquée par la discontinuité. Elle a été conçue par Mademoiselle après le temps de l'exil que lui avait valu sa participation à la Fronde, à un moment où elle peut donner libre cours à son activité mondaine tout en administrant les nombreuses terres qu'elle possédait. Parmi celles-ci se trouve la principauté des Dombes sur laquelle elle exerce sa souveraineté et c'est à l'occasion d'un voyage vers celle-ci et d'un séjour à Trévoux que le texte naît[4]. Mademoiselle y a rencontré M. de Bussillet, nobliau de province dont les prétentions l'ont poussée à se divertir à ses dépens en lui faisant miroiter le gouvernement d'une île qu'elle prétend avoir achetée. Le texte est donc,

4 Voir Jean Garapon, « La grande Mademoiselle en visite à Trévoux : souveraineté rêvée, rêve romanesque », *XVIIe siècle*, n° 228, 2005-3, p. 489-497.

selon ses propres termes, une « bagatelle » rédigée certes à l'occasion d'un voyage réel mais qui va en envisager un tout autre, bien moins concret que celui que dépeint Louis Le Laboureur : comme l'indique le titre, l'île promise n'est, de toute façon, qu'« imaginaire ». Selon la fiction développée par l'ouvrage, elle aurait été néanmoins atteinte par le narrateur de la *Relation* : grâce au « je » qui apparaît dès la première ligne, la focalisation dessine une commode unité du voyage[5]. Au terme d'un ample périple dont l'origine était Paris et qui le mena ensuite à Orléans, Gergeau (Jargeau dans le Loiret), pour glisser ensuite vers un itinéraire bien moins vraisemblable. À Roanne, entendant parler de la montagne de Tarare, il se remémore la lettre de la Berne qui figure dans les *Œuvres poétiques* de Voiture publiées en 1650[6] où le lieu était mentionné : faute d'avoir su distraire la jeune Mlle de Bourbon lors de sa maladie, Voiture, l'âme du rond, avait en effet été « berné[7] » dans une couverture par quatre robustes gaillards à l'Hôtel de Rambouillet. Ce souvenir livresque suffit à le faire élever dans les airs et transporter à Marseille d'où un vaisseau l'entraîne vers de multiples aventures, et notamment la rencontre avec la fille du Roy de Madagascar en route pour épouser le Roy d'Ethiopie auquel elle a été promise. Quant à l'île elle-même, elle ne bénéficiera pas de situation précise puisque le narrateur-voyageur y a été jeté par le vent ; l'*incipit* en signalait bien à qui voulait l'entendre la nature de non-lieu : « L'Isle dont je veux vous parler n'est ny au Nord, ny au Midy[8] ».

Entre le point de départ parisien et le point d'arrivée insituable, la relation aura été l'occasion de renforcer la densité imaginaire, notamment lors de l'épisode pastoral qui amène le narrateur d'abord à se projeter dans les sentiments dignes des héros d'Urfé, puis à décider de quitter Livry, à quatre lieues de Paris, avec la bergère qu'il y a rencontrée, pour se rendre sur les bords mêmes du Lignon.

---

5 Voir Jean Garapon, *La Culture d'une princesse. Écriture et autoportrait dans l'œuvre de la Grande Mademoiselle (1627-1693)*, Paris, H. Champion, coll. « Lumière classique », 2003, p. 223.

6 *Les Œuvres de Monsieur de Voiture*, Seconde édition, revue, corrigée & augmentée, Paris, A. Courbé, 1650, Lettre IX, p. 28.

7 « Faire sauter quelqu'un en l'air avec une couverture, par jeu, ou par derision. » *Dictionnaire de l'Académie française* (1694).

8 *La Relation de l'Isle imaginaire et L'Histoire de la princesse de Paphlagonie*, s. l., 1659, p. 1 (désormais abrégé en *RII*).

À cet ample voyage développé tout au long de l'œuvre, il convient aussi d'ajouter le voyage futur dont cette *Relation* est censée être le support, celui qu'est supposé entreprendre la victime de cette farce, M. de Bussillet. L'on peut même dire que ce voyage projeté est démultiplié à l'infini car l'île pourtant magnifique qui est dépeinte est une île dépourvue d'êtres humains. Toute la fin de l'ouvrage sera donc consacrée à l'énoncé en liste de tous les êtres qu'il faudrait amener dans cette île déserte afin d'en organiser le peuplement. L'impératif « Amenez » (*RII*, p. 48 *sqq.*) constitue le leitmotiv de cette fin où sont espérés en vrac « toute sorte d'ouvriers » (*Ibid.*), des « honnestes gens », des « Bourgeois, des Gentils-hommes & des gens d'Eglise » (*RII*, p. 49) « des Religieux et des Religieuses » (*Ibid.*), « des Jesuites » (*Ibid.*) et « des Jansenistes » (*Ibid.*), « des gens de Guerre, de Police, & de Justice » (*RII*, p. 50), sans oublier tous les gens du spectacle et même « Quelque Bouffon » (*RII*, p. 55).

Derrière le paradoxe de cette île extraordinaire mais déserte, peut enfin se profiler, comme l'ont noté Marie-Josée Louison-Lassablière[9] et Marie-Françoise Bosquet[10], un autre voyage, bien réel cette fois, celui qu'avait entrepris, dans le cadre d'un projet de colonisation, Étienne de Flacourt au service du Roi vers les Mascareignes. Chef de la colonie à Madagascar, il entreprend le peuplement jusqu'ici avorté de l'île Bourbon dont l'île imaginaire de Mlle de Montpensier garde des traces. Elle a pu en particulier se nourrir de l'ouvrage publié en 1658 par Flacourt sur ces îles de l'Océan Indien et que l'action qu'il y conduisit, l'*Histoire de la Grande île de Madagascar*. Mais l'intrusion de la littérature à tous moments réduit la perception de ces renvois à une entreprise coloniale contemporaine : la relation de Mlle de Montpensier est plus nettement un voyage dans des textes littéraires dont elle livre à traits rapides pastiches et échos[11].

9 Marie-Joëlle, Louison-Lassablière, *Mademoiselle de Montpensier dans l'archipel du merveilleux*, « La relation de l'isle imaginaire », « La Dedicace à Madame de Pontac », « L'epistre à Monseigneur de Bussillet », Thèse de doctorat dactylographiée soutenue à l'Université de Saint-Étienne en 1993.

10 Marie-Françoise Bosquet, « Un projet féminin de peuplement : *La Relation de l'île imaginaire* de Mlle de Montpensier (1659) », N. Dodille et F. Moureau (dir.), *Idées et représentation coloniales dans l'océan Indien* XVIIe-XXe *siècles*, Paris, PUPS, 2009, p. 299-312 et, du même auteur, « Imaginaire, île » dans *Dictionnaire analytique des toponymes imaginaires dans la littérature narrative de langue française (1605-1711)*, Marie-Christine Pioffet (dir.), Paris, Hermann, 2013, p. 271-277.

11 Jean Garapon, Jean, *op. cit.*, p. 223-225.

Au-delà d'un voyage linéaire et unifiant, c'est donc à une superposition de voyages réels et fictifs, passés, présents et futurs ainsi mis en réseau que procède la narration de Mlle de Montpensier.

DIFFICULTÉS DE LA SUTURE VIATIQUE

Une telle mise en réseau, qui s'exerce différemment dans les deux textes, est néanmoins le corollaire d'un manque dans l'usage qui aurait pu être fait du voyage : habituellement dans le genre du récit de voyage, le risque est celui du trop-plein descriptif dû à l'accumulation des lieux visités et à l'expansion descriptive qui peut en résulter. Le suivi d'un itinéraire permet en général d'introduire dans sa rédaction un ordre, celui de la découverte successive des lieux. Dans la *Relation de l'Isle imaginaire*, cette suture fait souvent défaut et le lecteur peut largement s'égarer du fait d'un plan assez sinueux : la première page s'ouvre bien sur une description de l'île, mais celle-ci joue sur deux terrains, celui de l'hyperbole (« La douceur de l'air y est grande, & le plaisir qu'il y a à le respirer est inconcevable », *RII*, p. 1) et celui de la négation (« Cette Isle n'a point de nom & elle est inhabitée », *Ibid.*) ; elle est en outre assez rapidement interrompue (p. 6) par le récit du narrateur sur les raisons qui l'ont conduit dans un tel endroit. Celui-ci prend tout son temps pour cette narration puisque son arrivée sur l'île n'intervient qu'à la p. 34 (sur 59 pages en tout) : le propos reste d'ailleurs encore concentré sur les conditions de son arrivée avant que la description reprenne enfin ses droits à la p. 37. Sur près d'une vingtaine de pages s'enchaîneront alors de nombreuses listes, d'abord celles des richesses considérables que l'île détient et pourrait offrir à ses habitants s'il y en avait, puis celles de ces habitants attendus. La *Relation* s'achève en outre sur un morceau légèrement différent : il s'agit du portrait de celui qui pourrait devenir le beau-père du narrateur. Ce dernier n'oublie pas *in fine* de songer ironiquement à son propre établissement. Négligeant la beauté de l'épouse potentielle, le narrateur-personnage se concentre sur l'intérêt que pourrait surtout présenter pour lui la condition du père de cette jeune fille : le résultat, c'est non le portrait d'une belle, mais celui du gouverneur potentiel de l'île, portrait peu flatté où il est facile de deviner celui de M. de Bussillet. Dans la veine de ses *Divers portraits*, Mlle de Montpensier a trouvé moyen sur un mode parodique de glisser un morceau descriptif un peu inattendu qui renforce l'hétérogénéité de son œuvre.

Outre la dissémination de la matière descriptive qui devait porter sur un même objet, c'est la crédibilité même du descripteur qui paraît discutable : le narrateur parle en effet d'abord « Sur le rapport de ceux que nous avons enuoyez pour en faire le tour » (*RII*, p. 2). La découverte est ainsi longtemps déléguée à d'autres qu'à lui : « Mes Esclaves se promenans dans l'Isle, y descouurirent des raretés si grandes, qu'ils m'en racontoient tous les iours quelque chose de nouueau » (RII, p. 35-36).

En retrait du fait de son accablement, comme le page de Tristan L'Hermite, le narrateur introduit ainsi de la distance face aux prétendues merveilles de l'île et face aussi à son propre statut que le voyage aurait pu élever à celui de personnage de roman : « nostre voyage se passa sans aucune avanture » (*RII*, p. 24). Quelques péripéties cependant, connues par le narrateur-personnage, peuvent, elles aussi, dérouter le lecteur. Au cours de son périple, celui-ci évoque deux rencontres féminines, celle d'une bergère et celle de la fille d'un roi, ce qui l'amène à la peinture de deux idylles. Il ne s'agit cependant pas d'une narration linéaire, mais d'un emboîtement : c'est la rencontre avec la fille du roi de Madagascar l'obligeant à raconter son passé qui pousse le narrateur-personnage à s'inventer non seulement une condition exorbitante (il ne serait pas moins que le fils du roi de France), mais aussi une idylle avec une jeune bergère à la condition moins reluisante. Cette prétendue idylle du passé apparaît donc dans le texte par analepse après le début de l'histoire sentimentale qui se noue avec la fille du roi. Le dispositif énonciatif qui donne alors la parole au narrateur-personnage au discours direct n'est pas dépourvu d'ambiguïté tant le *je* narratif égare entre le plan de la narration extradiégétique et celui de la narration intradiégétique destinée à la fille du roi. On ne sait plus très bien alors quel portrait retenir de ce narrateur-personnage qui s'est forgé auprès des deux jeunes filles des identités qu'il peine à rendre cohérentes. Cette confusion est entretenue par le caractère stéréotypé de ces deux idylles, l'une pastorale, l'autre plutôt héroïque par sa dimension hyperbolique. C'est en effet avec la même intensité qu'il semble aimer les deux jeunes filles et c'est aussi avec la même brutalité qu'il voit la mort les lui arracher l'une et l'autre. Pour la bergère, peu après leur arrivée aux bords du Lignon, le bonheur tourne court :

> mais mon mal-heur voulut qu'estant allé à vne feste à un Village prochain, la foule, ou la chaleur causa à ma Bergere une maladie dont elle mourut. Vous pouvez juger de ma douleur dans une si funeste avanture. (*RII*, p. 25)

Étrange incertitude sur les causes de cette mort. La désinvolture de la formule apparaît sans doute mieux à la lumière de la mort de la seconde amante quelques pages plus loin :

> Nous fusmes attaquez et victorieux plusieurs fois : à la fin nous fusmes vaincus, & par mal-heur dans un fort rude combat la Princesse fut tuée d'un coup de mousquet qu'elle reçeut dans le cœur : pour la punir je crois d'avoir aymé un aussi grand imposteur que moy. (*RII*, p. 33)

Entre les deux, le narrateur-personnage, s'adressant à la princesse, se montrait plus que rassurant sur sa capacité de consolation puisqu'il termine ainsi le récit de sa première idylle qu'il adressait à la princesse : « le ressouvenir de tous mes maux passez est bien effacé maintenant par la joye que j'ay d'avoir l'honneur de vous voir. » (RII, p. 27)

Avec de tels raccourcis, le plus unifié de nos deux ouvrages révèle une composition assez sommaire. Un principe de légèreté préside à la convocation alternée des genres narratifs : parodié, le romanesque sentimental refuse le tragique en dépassant la mise en abyme pour épouser le rythme soutenu de l'avancée narrative propre au viatique.

Mais la question de la suture apparaît de façon plus criante dans *Les Voyageurs inconnus*, livre pour lequel on peut se demander s'il ne s'agit pas simplement d'une suture matérielle uniquement due à la collection de textes rassemblés à l'intérieur du même objet-livre ou si l'on peut vraiment parler de suture viatique. Par l'hétérogénéité de ses textes, le volume rappelle en effet les structures que l'on trouvait dans les recueils de lieux communs dont Anne Moss[12] a exploré la pratique récurrente au XVIe siècle mais aussi encore au XVIIe siècle. On peut aussi penser à un autre type de recueils rassemblant non des citations et pensées mais

12 Ann Moss, *Les Recueils de lieux communs. Apprendre à penser à la Renaissance*, trad. P. Eichel-Lojkine, Genève, Droz, 2002 [1re éd. en anglais 1996].

des œuvres poétiques, ces recueils collectifs dont plusieurs libraires ont l'initiative depuis la première moitié du XVIIe siècle. Pour évoquer ce travail de collection, une image revient souvent, celle du florilège, le volume cueillant puis rassemblant ces fleurs que constituent les morceaux sélectionnés. En même temps qu'elle dit la liaison, l'image, dans un geste double, rappelle d'abord l'origine, dont l'extrait se trouve ainsi avoir été coupé, et le nouveau lien qui le reconfigure : les sutures du livre demeurent assez visibles alors que la suture viatique, par la continuité narrative, devrait quant à elle tendre à les dissimuler. Dans le cas des *Voyageurs inconnus*, le travail de suture en reste à un stade hésitant et les métaphores des recueils de lieux communs sont encore présentes. L'épître *Au Lecteur* indique ainsi :

> En effet on peut dire en faveur de cette petite Histoire, que c'est le bouquet le plus diversifié qui soit jamais sorty de la main de ces Nymfes ; & que s'il n'est pas compozé des plus belles fleurs de leur montagne, toùjours y en voit-on de toutes les especes qui y naissent[13]…

Le jeu métaphorique s'enrichit ensuite et s'engage dans une assimilation à la peinture : « c'est un assemblage de toutes leurs curiozitez, & une peinture qui est faite de toutes leurs couleurs. » (*VI*, *Av Lecteur.*)

Plus loin, après le premier texte, l'auteur reprend la parole pour légitimer l'ajout de pièces supplémentaires ; il parle alors de « doux Enfant de ma rèverie » (*VI*, p. 46) :

> Comme il n'étoit que trop enjoué pour luy chercher encore des compagnons de méme humeur, je luy en ay donné de serieux & de graves, qui pussent non seulement luy faire cortège mais soutenir méme & fortifier ses pas & ses demarches. (*Ibid.*)

Ce détour par l'image de l'enfant enjoué pour justifier une esthétique de la *varietas* ne l'empêche pas, dans le même développement, de revenir à une image plus attendue en évoquant à nouveau « cette petite poignée de fleurs » (*VI*, p. 49). Plus originale apparaîtra ailleurs la comparaison du livre à la rencontre d'atomes (*VI*, p. 134).

---

13 *Les Voyageurs inconnus et autres œuvres curieuses du mesme autheur, tant vers que prose, Dediées à Mrs de l'Académie française*, Paris, Ch. De Sercy, 1655, *Au Lecteur* (désormais abrégé en *VI*).

À ce faisceau métaphorique diversifié vient tout de même s'ajouter l'image du voyage. Revendiquant dans l'avis *Au lecteur* la variété du style « tantôt… sérieux », « tantôt… enjoué », l'auteur développe :

> Cette diversité sied bien en ce genre d'ouvrage, & je pourrois dire qu'elle est un de ses principaux ornemens ; parce que de méme qu'un Voyageur qui marcheroit long-temps dans un païs plat qui ne luy fourniroit toûjours qu'une méme veuë, ne manqueroit pas à la fin de s'en lasser ; ainsi il ne faut point doûter qu'on ne s'ennuyât de lire un Voyage dont le discours n'auroit par tout aussi qu'un même stile. (*VI*, *Au lecteur*)

Inscrit dans la continuité des autres métaphores justifiant la diversité par le plaisir qu'elle procure, le voyage peut cependant apparaître comme un moyen d'en renouveler la teneur. C'est dans ce désir de renouvellement, qui introduit une linéarité viatique là où le florilège ou le bouquet ne disaient que la collection, que peut se mesurer un certain souci du lecteur. À une époque où les enjeux de vraisemblance ont été largement débattus sur un plan théorique, la question latente de la mise en ordre, voire en intrigue, de chacun de ces deux livres, si différents soient-ils, peut s'entendre dans la place qu'ils présupposent pour leurs lecteurs.

LA PENSÉE DU LECTEUR

La pensée du lecteur est particulièrement visible dans *Les Voyageurs inconnus* du fait de la multiplication des péritextes : l'ouvrage s'ouvre sur une Épître de dix pages *A Messieurs de l'Académie françoise* et est suivie, assez traditionnellement, d'un texte de huit pages adressé cette fois *Au Lecteur*. Mais ce qui est plus original, c'est que, pour les différents textes qui composent finalement le recueil, l'auteur reprenne la parole pour commenter non seulement les pièces elles-mêmes, mais surtout l'acte de leur addition. Ainsi le lecteur trouvera-t-il cette première justification :

> Je passe les bornes que je m'étois prescrittes, & donne plus que je n'avois promis. Je croyois que la fin de nostre Voyage seroit celle de cette impression ; & qu'après avoir marié le Rhône je prendrois congé de mes lecteurs : Mais

> quand toute cette relation m'a été apportée au sortir de la presse, & que je l'ay veu renfermée dans si peu de feüilles, il m'a semblé que le prezent que j'en faizois à ces illustres Meßieurs, seroit de trop petite étenduë, si je ne l'accompagnois encore de quelques autres pièces. (*VI*, p. 46)

À défaut d'un roman d'une seule tenue, c'est ainsi le roman du livre qui s'écrit ici en donnant l'initiative à l'auteur. Plus loin, afin d'introduire la dernière pièce rajoutée au volume (la lettre de Tharbis à Moyse), un « Avis servant d'Argument » poursuit ce roman du livre :

> Je pourrois repeter en cet endroit ce que j'ay dit au commencement du petit discours qui est au devant de mes Poëzies Morales, & protester encore de bonne foy que ma premiere intention n'étoit point de faire imprimer icy cette Lettre. Il est de la compozition de ce petit volume, comme de la fabrique du Monde, selon l'opinion de Democrite, qui avoit rèvé que tout s'étoit fait par la rencontre des atomes. Ce Recueil s'est fait tout de mème ; la plûpart des pieces qui le grossissent, n'y sont entrées que par hazard, & les premieres ont attiré les autres. Comme je pensois estre à la fin de l'impression, le Libraire m'est venu demander encor un supplèment, & m'a prié de luy donner une pièce en proze, pour faire en sorte, dizoit-il, que la fin de mon livre fut semblable à son commencement, & que de mème que j'avois debuté par une Poëzie meslée de proze, ainsi je prisse congé de mes Lecteurs par une proze qui eut quelque air de Poëzie. (*VI*, p. 134-135)

Après les justifications de l'auteur, les efforts du libraire prennent le relais dans une recherche plus manifeste de cadre. À y regarder de près, le compte n'y est pas exactement en matière de cadre. En effet le premier texte intitulé « Les Voyageurs inconnus » était certes bien « une Poëzie meslée de proze » : marqué par l'héritage d'une double pratique, celle de la pastorale française du XVIe siècle et celle des récits de voyage[14], le prosimètre s'y déploie en alternant à près d'une centaine de reprises prose et vers. Mais la Lettre de Tarbis qui prend la dernière place du volume ne répond que de façon très floue à l'idée d'« une prose qui eut quelque air de Poésie ». Les critères qu'il serait possible de repérer en sorte d'identifier « quelque air de Poëzie » paraissent assez difficiles à cerner de façon certaine dans cette lettre qui est bien en prose. En ce milieu

---

14 On le retrouve peu après *dans Le Voyage de Chapelle et Bachaumont*. Voir Yves Giraud, « L'Hybridation formelle dans le *Voyage de Chapelle et Bachaumont* et les modalités de l'alternance prose-vers », *Fiction narrative et Hybridation générique dans la littérature française*, H. Baby (dir.), Paris, L'Harmattan, 2006, p. 111-124.

du XVIIe siècle, il serait sans doute possible de voir dans cette volonté d'un cadre fondé sur un écho formel prêtée au libraire une trace des échanges contemporains sur la prose et les vers : la double question de leur mélange par le prosimètre ou de leur distinction avait été exposée dans un texte de Pellisson[15] rédigé en 1652-1653 en deux temps « Vers en prose » puis, « Prose en vers ». Dans une décennie où l'esthétique galante n'exclut pas le développement d'une esthétique du burlesque, la question de la perception des écarts entre forme et sujet se traduit ici dans l'usage prolongé du prosimètre :

> On n'y trouve pas seulement de la proze meslée avecque des vers de toutes les fasons & de toutes les mezures, mais encore sur toutes sortes de sujets ; & cette varieté y fait une nüance si douce et si naturelle, qu'il faut estre de mauvaize humeur pour n'y prendre pas au moins quelque plaizir. (*VI*, *Au Lecteur*)

Donnant lieu à des morceaux en vers ou en prose tantôt longs et tantôt courts, le propos ne cesse d'expérimenter et commenter la variation ou l'adaptation des tons, mais sait aussi parfois taire l'écart et étonner le lecteur par la prosification de la poésie et la poétisation de la prose. Ici ou là, ce sont aussi des vers et citations italiens qui s'immiscent : empruntés à des auteurs italiens de la fin du XVIe et du début du XVIIe siècle, tels que Francesco Berni, auteur de *Rimes burlesqu*es, ou Cesare Caporali, qui publia des *Piacevole Rime*, ils confirment le désir de faire goûter au lecteur les plaisirs de la variation, de l'écart et du mélange, y compris celui des langues.

Le souci du lecteur se manifeste aussi dans le soin que prend l'auteur dans son avis de s'expliquer sur ses choix orthographiques motivés par son souhait d'éviter de « heurter d'abord les Lecteurs » (*Au Lecteur*) en sorte de penser les graphies en termes de prononciation afin d'éviter à ces mêmes lecteurs les équivoques. L'équivoque est pourtant loin d'être exclue du propos lorsque l'épître aux académiciens vante les pouvoirs de l'œuvre littéraire pour celui qui s'y applique car, « dans un petit voyage de Paris à Lyon » (*A Messieurs de l'Academie françoise.*), elle lui fait « voir ce que mille autres qui auront fait vingt fois ce chemin n'ont

15 Voir *L'Esthétique galante. Paul Pellisson. Discours sur les Œuvres de Monsieur Sarasin et autres textes*, éd. A. Viala, E. Mortgat, C. Nédelec et M. Jean, Toulouse, Société de Littératures classiques, 1989, p. 75-77, d'après le manuscrit 5131-f° 379-385 (Recueil Conrart) de la Bibliothèque de l'Arsenal.

point apperceû, des Nymphes, des Satyres : & des chozes invizibles passant aux impossibles » (*Ibid.*) : la remarque, qui réfère à la diversité des registres, a de quoi, dans sa formulation équivoque, perturber le lecteur du livre, tout certain qu'il était d'avoir affaire, pour ce trajet de Paris à Lyon, à un récit de voyage authentique. Pensé pour des lecteurs, le livre se charge de les mobiliser pour créer un effet littéral d'emportement : « Promenez hardiment vos beaux yeux sur cette relation », prescrit le narrateur-voyageur à Amarante, préfiguration de ses lecteurs.

C'est donc une relation privilégiée, faite d'ironie malicieuse, mais aussi de connivence que s'efforce de tisser l'auteur avec ses lecteurs, n'hésitant pas, pour créer ce lien, à minorer ses propres prétentions littéraires :

> Cette Relation tout de méme n'a rien que de commun & de fort ordinaire dans son sujet ; le Voyage dont elle parle n'est qu'une Promenade, non pas de ces Promenades que faizoient les anciens Romains d'une partie du Monde à une autre, mais d'une Ville de France à une autre Ville de France, & qui n'est pas encore des plus éloignées… (*VI*, *A Messieurs de l'Academie françoise*)

La modestie affichée s'inscrit dans une posture galante que l'on retrouve avec une ironie plus marquée dans la *Relation de l'Isle imaginaire.*

Caractéristiques de cette ironie sont en effet les dispositifs énonciatifs des deux œuvres : *Les Voyageurs inconnus*, après une dédicace aux académiciens et une épître au lecteur, feint d'adresser son œuvre, selon un code galant, à Amarante qui n'est en réalité, selon les termes de l'épître, que l'objet d'une « amour mentalle » (*A Messieurs de l'Academie françoise*), l'auteur en étant plutôt « le Père » métaphorique que « l'Amant » (*Ibid.*). Double destination donc, tout comme celle qui ouvre la *Relation de l'Isle Imaginaire*, avec une première dédicace à la spirituelle Mme de Pontac qui surplombe la seconde dédicace à M. de Bussillet. Contrairement à l'Amarante des *Voyageurs inconnus*, ce dédicataire de *la Relation de l'Isle imaginaire* n'est pas un être de fiction ; en revanche, et sans qu'il le sache, c'est bien la destination du voyage qui en est une : impossible à l'inverse pour un lecteur ou une lectrice aussi informée que Mme de Pontac de ne pas mesurer l'énormité du divertissement forgé par Mademoiselle : l'ouvrage offre une leçon de lecture et déploie son ironie à travers un usage désinvolte de la transition et des digressions. Y sont soulignées les maladresses du plan « mais revenons à notre sujet » (*RII*, p. 5), « comme j'ay desja dit » (*RII*, p. 37) « J'ay parlé de la maniere dont… » (*Ibid.*), et s'y trouve accéléré le rythme des émotions et des réactions pour les caricaturer. À l'inverse, le narrateur-voyageur exhibe aussi les refus d'offrir tel récit que le propos appelle pourtant à ce moment-là. Cherchant à se faire passer pour un soldat ayant connu quelque mystérieux accident à l'armée, il raconte comment il a su s'approprier le prestige d'un duel par la simple suggestion :

> Mais comme ie me serois fort mal desmelé d'un tel recit, n'ayant jamais ni veu ni fait de combat de ma vie, je me tiray honnestement de celuy-cy sans coup ferir, & j'esviteay d'entrer en matiere. Ces Messieurs jugerent que j'estois vn joly garçon, & conceurent une grande opinion de moy, & lus que je meritois à mon âge, car je n'avois que seize ans, & je n'avois rien vû. (*RII*, p. 9)

Ce qui se dessine dans cette façon de forger une histoire sur soi-même, c'est la part de construction qui revient au lecteur : point besoin pour l'auteur de trop s'appliquer, l'adhésion du lecteur dépend moins du travail rigoureux pour créer la vraisemblance que d'un art d'entraîner le lecteur. Cette qualité narrative est plus amplement illustrée à l'occasion de la rencontre avec la fille du Roi de Madagascar qui souhaite en apprendre plus sur lui : « Ie me deffendis autant que je peus, mais de façon que je luy donnois encore plus de curiosité » (RII, p. 15).

Plus loin, son efficacité est confirmée par l'heureuse réception que la jeune fille accorde aux vantardises du narrateur-personnage :

> Quand ie fus retiré, j'admiray mon bon-heur de m'estre si bien tiré d'affaire : & ie me remerciay moy-mesme de m'estre fait si grand Seigneur : mais quand il faut feindre, il ne faut point que ce soit à moitié : & il ne couste pas plus de se faire fils d'un Roy que le dernier de son Royaume. Je connus à la mine de la Princesse que mon récit luy avoit plû, et je me flattay de belles espérances. (*RII*, p. 27-28)

L'art de la narration est un outil dans le jeu de la séduction. Aux exigences d'informations de celle-ci, le narrateur, apparemment empêtré dans un premier mensonge, feint de se prêter à la confidence avec la sincérité que commande l'Amour :

> Ie la suppliois tres-humblement de ne me point commander de luy en dire davantage : Elle eust peu d'égard à ma supplication, & elle me commanda absolument de luy dire mon avanture. Le mesme Amour qui m'avoit fait celer ce que je voulois taire, m'obligea à parler. (*RII*, p. 16)

Rien de véridique néanmoins dans cette prétendue concession, puisque c'est à ce moment que le narrateur déploie en abyme sa fiction la plus outrée du côté de la pastorale. Ainsi le succès d'une histoire tient-il moins à la rationalité de sa construction qu'à des atouts moins évidents, l'énormité d'une invention qui verse dans le merveilleux pour Mlle de Montpensier, le goût pour la diversité qui se retrouve aux différents étages du livre chez Louis Le Laboureur.

Dans ces deux œuvres qui empruntent à la fois au réel et à la fiction, la proportion et la répartition de l'un et de l'autre ne sont certes pas identiques, mais la relation qu'elles entretiennent, chacune à leur manière, avec le genre de la relation de voyage vient introduire en elles une certaine rationalisation, alors même qu'elles sont désignées par leurs auteurs comme une bagatelle pour l'une et comme une galanterie pour l'autre. Puisant aussi dans le magasin du roman, ces œuvres s'emparent à travers le voyage d'un élément doté d'un ancrage spatio-temporel susceptible de leur procurer un ancrage, une incarnation et, par suite, un guidage important le parcours de l'espace vers celui de la lecture. Force est de constater cependant, en cette fin des années 1650, que la suture viatique, bien qu'elle existe, ne joue pas forcément comme un outil facilitant l'adhésion à l'intrigue. Assez fortement visible, elle maintient ces œuvres dans un entre-deux générique et se plaît à s'exhiber. Elle y devient ainsi un ornement qu'il s'agit de faire remarquer au lecteur en l'invitant à participer : le principal voyage, au-delà de la découverte des lieux fictifs ou réels abordés, se situe pour ces deux œuvres dans l'aventure de la lecture.

Isabelle TRIVISANI-MOREAU
Université d'Angers 3L.
AM EA 4335 – SFR Confluences

ANNEXE

Fictions narratives en prose. Liste chronologique (1643-1661)

Il nous a paru utile de donner un état des lieux sur nos connaissances bibliographiques concernant les fictions narratives en prose parues de 1643 à 1661 dans leurs éditions originales[1]. Une simple liste, malgré son inévitable sécheresse, a du moins cette vertu de rendre manifeste les dimensions d'un champ de recherche restant encore largement à explorer.

Au classement chronologique nous avons joint une esquisse de typologie par les genres, forcément sommaire et réductrice, mais à notre sens suffisante pour isoler des phénomènes massifs et des grands courants d'évolution.

Dans la catégorie des romans d'amour nous avons placé les œuvres où l'intrigue sentimentale et l'analyse psychologique forment des éléments prédominants ; dans celle des romans d'amour et d'aventures, les œuvres où la dimension aventureuse est prépondérante. En nous fondant sur une classification ancienne de M. Magendie[2], nous avons signalé leur lien avec l'épopée pour certains d'entre eux.

Bien qu'ils forment comme un sous-genre du roman d'amour nous avons placé à part les romans pastoraux du fait de leur coloration spécifique.

Sous les étiquettes de roman moral et religieux, d'histoires édifiantes, d'histoires religieuses nous avons placé une multitude d'ouvrages où la fiction narrative se combine avec l'inspiration chrétienne. Les histoires tragiques, par l'intention explicite de leurs auteurs, s'inscrivent aussi dans la veine de cette littérature moralisante.

Notons enfin que nous avons fait précéder d'un astérisque les titres des traductions.

1 Notre liste a été établie à partir de la bibliographie de M. Lever, in *La Fiction narrative en prose au* XVII*e* *siècle*, Paris, éd. du CNRS, 1976.

2 *Le Roman Français au* XVII*e* *siècle. De l'Astrée au Grand Cyrus*, Genève, Stakline Reprints, Genève, [1932] 1978.

1643

1. [ANONYME], *Le Facetieux Resveil matin des esprits melancoliques*	Leyde, D. Lopez de Haro	facéties et récits comiques
2. [ANONYME], *L'Illustre Rosimante*	Paris, T. Quinet	Roman d'amour et d'aventures
3. BAUDOUIN, (Jean), **La Crétidée*, traduction de l'Italien Manzini	Lyon, A. de Sommaville et A. Courbé	Roman d'amour et d'aventures
4. CAMUS (Jean-Pierre), *Mémoriaux historiques*	Paris, J. Villery	Histoires édifiantes
5. CAMUS (Jean-Pierre), *Spéculations historiques*	Paris, G. Alliot et J. Villery	Histoires édifiantes
6. DU BAIL (Louis Moreau, sieur), *Les filles enlevées*	Paris, J. de Brequegny	Roman et histoires d'amour et d'aventures
7. DU VERDIER (Gilbert-Saulnier, sieur), *La Fuite de Rozalinde*	Paris, N. de Sercy	Roman d'amour et d'aventures
8. GONON (le père Benoît) *La Chasteté récompensée*	Bourg-en-Bresse, J. Tainturier	Histoires édifiantes
9. GRENAILLE (François de), *Belisaire ou le conquérant*	Paris, C. Besongne	Roman historique
10. DU VERDIER (Gilbert Saulnier de), *La Parténice de la cour*	Paris, A. de Sommaville	Roman d'amour et d'aventures
11. GUILLAUME (Jacquette), *La Femme généreuse*	Paris	Ouvrage réputé disparu

12. SORBIERE (Samuel), **L'Utopie* traduction de Thomas More.	Amsterdam, J. Blaeu	Récit utopique
13. [SOREL (Charles)], *Relation extraordinaire venue tout fraîchement du royaume de Cypre*	Paris	Récit allégorique
14. TRISTAN L'HERMITE, *Plaidoyers historiques ou discours de controverse*	Paris, A. de Sommaville	Plaidoyers sur des causes imaginaires

1644

15. [ANONYME], **Le Courrier desvalisé*, traduction du roman de Ferrante Pallavicino.	Villefranche, J. Guibaud	Fiction satirique
16. [ANONYME], *La Gibeciere de Mome ou le thrésor du ridicule*	Paris, Paris, J. Gesselin	Recueil d'histoires comiques et facétieuses
17. [ANONYME], *Les Illustres Mal-heureux*	Paris, C. Chenault	Roman dévot
18. CAMUS (Jean-Pierre), *Les Rencontres funestes*	Paris, Paris, J. Villery	Histoires tragiques
19. CAMUS (Jean-Pierre), *Les Tapisseries historiques*	Paris, Veuve M. Durand	Histoires édifiantes
20. CAMUS (Jean-Pierre), *Le Verger historique*	Paris, L. Sevestre	Histoires édifiantes

21. CHEVREAU (Urbain), *Scanderberg*	Paris, T. Quinet et N. de Sercy : 2 vol.	Roman épique
22. DESFONTAINES (Nicolas-Marc) trad. du roman de R. Frianoro, **Le Vagabond ou l'histoire et le charactère de la malice et des fourberies de ceux qui courent le monde aux despens d'autruy*	Paris, J. Villery	Anecdotes sur le monde de la marginalité
23. DU BAIL (Louis Moreau, sieur), *Les Galanteries de la Cour*	Paris, R. Denain	Roman d'intrigues amoureuses
24. GONON (le Père Benoît) *Histoires véritables et curieuses*	Lyon, C. de la Rivière	Recueils d'histoires exemplaires
25. GRENAILLE (François de), **Les Caprices héroïques*, traduction d'une œuvre de Loredano	Paris, A. Robinot	Suite de discours prêtés à des figures historiques ou mythiques
26. GUERIN DE BOUSCAL (Guyon), *L'Antiope*	Paris, A. de Sommaville : 4 volumes	Roman épique
27. [MEAT] *La Fille héroïque, ou sainte Reine martyre*	Paris, T. Blaise	Histoire édifiante
28. MORISOT (Claude-Barthélémy), *Peruviana*	Dijon, Guyot	Roman alchimique et politique
29. OUVILLE, (Antoine Le Métel, sieur d'), *Les Contes aux heures perdue*	Paris, T. Quinet, 1644	Recueil d'histoires comiques et facétieuses

30. RAMPALLE, traduction d'un recueil de Montalbán : **Les nouvelles de Montalvan*	Paris, P. Rocolet	Recueil de nouvelles mêlant amour et aventures
31. SAHID (Davis) et GAULMIN (Gilbert), traduction de l'Indien Bidpai ou Pilpai, **Livre des lumières*	Paris, S. Piget	Recueil de fables
32. SOREL (Charles), *Nouveau Recueil des pièces les plus agreables de ce temps*	Paris, N. de Sercy	Divers discours et récits comiques, parodiques, facétieux

1645

33. [ANONYME], *Le Roman veritable*	Paris, T. Quinet	« Histoires et adventures amoureuses[3] »
34. BONNET (Pierre), *Bérenger comte de La Marck*	Paris, T. Quinet et N. de Sercy	Roman épique
35. CERIZIERS (Abbé René de), *L'Illustre Amalazonthe*	Paris, A. Robinot, 1645	Roman d'amour et d'aventures à couleurs historiques
36. DU BROQUART (G.), *La Fidélité trahie*	Paris, E. Mirault	Roman d'amour et d'aventures
37. JUVENEL (Félix de), *Dom Pelage ou l'entrée des Maures en Espagne*	Paris, G. Macé	Roman épique

3 Indication donnée par le sous-titre.

38. LA GENESTE, Traduction de Quevedo, **Les Œuvres de Don Francisco de Quevedo Villegas*	Rouen, J. Besongne	Textes divers d'inspiration comique, satirique, picaresque
39. L'HERMITE DE SOLIERS (Jean-Baptiste), *La Princesse heroïque ou la vie de la Comtesse mathilde*	Paris, C. Besongne	Biographie romancée
40. NERVEZE (Suzanne de), *La Nouvelle Armide*	Paris, J. Paslé	Roman d'amour et d'aventures
41. PIQUE (J.), *Florinie ou l'Illustre veuve persécutée*	Paris, J. Roger	Roman d'amour et d'aventures

1646

42. [ANONYME], *Le Polémire ou l'illustre Polonois*	Paris, P. David	Roman d'amour et d'aventures
43. AUDIGUIER (Pierre d'), dit Audiguier le jeune, et Claude de MALLEVILLE), Traduction de Luca Asserino. **L'Almerinde*	Paris, A. Courbé	Roman d'amour et d'aventures
44. BELIN (Dom Albert), *Les Aventures du philosophe inconnu*	Paris, E. Danguy	Roman alchimique
45. BONTEMPS (Gérard), *La Gallerie des curieux*	Paris, Besongne	Histoires comiques et facétieuses
46. DU BAIL (Louis Moreau, sieur), *Le Prince ennemy du tyran*	Paris, N. Gobert	Roman d'amour et d'aventures

47. DU BRETON (Antoine), traduction d'un texte de Giovanni-Francesco Loredano, **L'Amour en son throsne*	Paris, A. Robinot	« Nouvelles amoureuses[4] »
48. GRENAILLE (François de), traduction d'un texte de Francesco Pona, **Les Tableaux ou les amours heroyques des dames illustres*	Paris, G. Clousier	Recueil d'histoires amoureuses et morales
49. LA CALPRENÈDE (Gautier de Coste, sieur de), *Cléopâtre*	Paris, A. Courbé [L. Billaine, G. de Luynes], 1646-1658 : 12 volumes	Roman épique
50. LAUGIER DE PORCHERES (Honoré), *Cent Lettres d'amour écrites d'Érandre à Cléanthe*	Paris, A. Courbé	Lettres d'amour, roman épistolaire
51. [SENNECTERRE (Mademoiselle de)], *Orasie*	Paris, T. Quinet : 4 volumes	Roman d'amour et d'aventures

1647

52. [ANONYME], *Axiane*	Paris, A. Courbé	Roman épique

4 Indication donnée par le sous-titre.

53. [ANONYME], *Le Courrier facétieux*	Lyon, Claude La Rivière	Recueil d'anecdotes comiques et de facéties
54. ASTORGUE (Sieur d'), *L'Alcide*	Paris, C. Besongne : 2 vol.	Roman d'amour et d'aventures
55. DU BROQUART (G.), *Florigenie ou l'illustre victorieuse*	Paris, J. Paslé	Roman d'amour et d'aventures. Roman à clés
56. [LA CALPRENEDE (Gautier de Coste, sieur de)], *Le Tolédan*	Paris, T. Quinet, 5 volumes : 1647-1655	Roman épique
57. LANSIRE, *La Diane desguisée*	Paris, R. de Nain	Roman pastoral
58. LE MOYNE (le Père Pierre), *La Gallerie des femmes fortes*	Paris, A. de Sommaville	Portraits de femmes exemplaires. Inspiration morale

1648

59. [ANONYME], *L'Amant obstiné dans ses recherches et la fille constante en ses refus, histoire véritable de ce temps*	s. l. n. d.	Relation d'un fait divers. Inspiration morale
60. BALZAC (JEAN-LOUIS GUEZ DE), *Le Barbon*	Paris, A. Courbé	Récit et portrait satiriques

61. BAUDOIN (Jean), trad. d'un texte de Francis Godwin, **L'Homme dans la lune*	Paris, F. Piot et J. Guignard	Roman utopique et scientifique
62. CHEVREAU (Urbain), *Hermiogène*	Paris, Vve de Sercy : 2 vol.	Roman héroïque et galant, inspiration épique
63. DESMARETS DE SAINT-SORLIN (Jean), *La Vérité des fables*	Paris, H. Le Gras	Recueil d'histoires à sujet mythologique
64. LE VAYER DE BOUTIGNY, *Mitridate*	Paris, T. Quinet 1648-1651 : 4 volumes	Roman épique
65. [SEGRAIS (Jean Regnault de)], *Bérénice*	Paris, T. Quinet 1648-1649 : 4 volumes	Roman épique
66. [SENECTERRE, Mademoiselle de] *La Suite et conclusion d'Orasie*	Paris, T. Quinet : 2 volumes	Roman d'amour et d'aventures
67. SOREL (Charles) *Polyandre*	Paris, A. Courbé : 2 volumes	Roman satirique

1649

68. [ANONYME], *Le Roman des esprits revenus à S. Germain*	Paris, s. n. d'éditeur	Texte satirique visant Mazarin

69. SCUDERY (Madeleine de), *Artamène*	Paris, A. Courbé, 1649-1653 : 10 volumes	Roman épique

1650

70. [ANONYME], *Les Divertissements curieux,*	Lyon, J. Huguetan	Recueil d'anecdotes curieuses et de facéties
71. [ANONYME], Traduction d'un texte de Arlotto Mainordo : **Le Patron de l'honneste raillerie*	Paris, G. Clouzier, 1650	Recueil d'anecdotes comiques et de facéties
72. BAUGION, *L'Entretien de Fanchon, Toinon et Nichon*	S. l.	Récit satirique et moral
73. CHAPPUZEAU (Samuel) *Ladice ou les victoires du grand Tamerlan*	Paris, T. Quinet : 2 volumes	Roman épique
74. DES ROZIERS (Claude Dupuis, Sieur) *Le Rozier de la langue italienne.* Contient la traduction de la **Cleopatra humiliata* de Manzini	Paris, s. n.	Ouvrage didactique contenant une fiction traduite de l'italien
75. [LA MOTHE LE VAYER (Abbé François de)] *Le Parasite Mormon*	S. l.	Roman satirique

1651

76. [CONTI, Louise-Marguerite de Lorraine, princesse de], *Histoire des amours du Grand Alcandre*	Paris, Vve J. Guillemot	Roman d'amour. Roman à clés
77. GOMBERVILLE (Marin Le Roy, sieur de), *La Jeune Alcidiane*	Paris, A. Courbé	Roman d'aventures
78. GONON (Le Père Benoît), *Les La Genereuse Appolinaire*	Lyon, J. Canier	Roman religieux
79. [PREFONTAINE (César François Oudin, seigneur de], *Amours véritables d'Alisperans et Raginte*	Jouxte la copie imprimée à Liège, l'an 1651	Roman d'amour
80. SCARRON (Paul), *Le Romant comique*	Paris, T. Quinet	Roman comique
81. SOMEIRE (de), *L'Amour innocent*	Paris, T. Billaine	Roman religieux

1652 ET 1653

Aucune édition de roman

1654

82. [ANONYME], *Les Agreables Divertissements françois*	Paris, J. Le Gras	Recueil d'anecdotes comiques
83. [ANONYME], *Clorinde*	Paris, A. Courbé : 2 volumes	Roman épique
84. [ANONYME], *Le Convoy celeste de Martin*	Paris, A. Courbé	Récit comique d'inspiration burlesque. Récit à clé
85. [AUBIGNAC (François Hédelin, abbé d')], *Histoire du temps, ou Relation du royaume de Coqueterie*	Paris, C. de Sercy	Fiction allégorique, inspiration satirique
86. [SCUDERY (Madeleine de)], *Clélie, histoire romaine*	Paris, A. Courbé, 1654-1660 : 10 vol.	Roman épique

1655

87. LE LABOUREUR (Louis), *Les Voyageurs inconnus et autres œuvres curieuses*	Paris, C. de Sercy	Récit de voyage en prosimètre et autres textes en prose et en vers

88. OUVILLE (Antoine le Metel, sieur d'), trad. de textes de Maria de Zayas y Sotomayor, **Les Nouvelles amoureuses et exemplaires*	Paris, G. de Luynes 1655-1656 : 6 tomes	Nouvelles amoureuses
89. PRIEZAC (Salomon de), *Olynthie*	Paris, P. Darbisse	Roman d'aventures
90. SCARRON (Paul), *Les Hypocrites*	Paris, A. de Sommaville	Nouvelle à thématique amoureuse. Inspiration satirique
91. SCARRON (Paul), *La Précaution inutile*, in *Les Nouvelles tragi-comiques*	Paris, A. de Sommaville	Nouvelle à thématique amoureuse. Inspiration satirique

1656

92. ARANDA (Emmanuel d'), *Relation de la captivité du Sieur Emanuel d'Aranda*	Bruxelles	Récit de captivité
93. PARIVAL (Jean-Nicolas de), *Histoires tragiques de nostre temps arrivées en Hollande*	Leyde, N. Hercules	Histoires tragiques
94. PURE (Abbé Michel de), *La Pretieuse ou le Mystère des ruelles*	Paris, P. Lamy et G. de Luyne 1656-1658 : 4 volumes	Roman à clés

95. SCARRON (Paul), *L'Adultère innocent* in *Les Nouvelles tragi-comiques*	Paris, A. de Sommaville	Nouvelle à thématique amoureuse
96. VAUMORIERE (Pierre d'Ortigue, Sieur de), *Le Grand Scipion*	Paris, A. Courbé, T. Jolly, L. Billaine, 1656-1662 : 4 volumes	Roman épique

1657

97. BOISROBERT, (François Le Metel de), *Les Nouvelles héroïques et amoureuses*	Paris, P. Lamy	Recueil de nouvelles à thématique amoureuse
98. CYRANO DE BERGERAC (Savinien), *Histoire comique des états et empires de la Lune*	Paris, C. de Sercy	Roman scientifique. Histoire comique
99. [ANONYME], *Rozemire ou l'Europe délivrée*	Paris, D. Thierry	Roman épique
100. PASCAL (Blaise), *Lettres écrites par Louis de Montalte à un provincial de ses amis*	Cologne, Pierre de la Vallée, 1657	Lettres, satire religieuse
101. SCARRON (Paul), *Plus d'effets que de parolles*	Paris, A. de Sommaville	Nouvelle à thématique amoureuse
102. SEGRAIS (Jean Regnault de), *Les Nouvelles françoises*	Paris, A. de Sommaville 2 volumes	Nouvelles à thématique amoureuse

1658

103. [ANONYME], *Le Rival encore après la mort*	Paris, A. Courbé et G. de Luynes	Nouvelle à thématique amoureuse
104. ANCELIN (A.), *L'Amant ressuscité*	Paris, A. de Sommaville	Nouvelle à thématique amoureuse
105. FURETIERE (Antoine), *Nouvelle allégorique, ou histoire des derniers troubles arrivez au royaume d'éloquence*	Paris, P. Lamy	Nouvelle allégorique
106. [LE PAYS (René)], *Le Violon marquis*	Saint Jean d'Angély, Henry Boisset, Paul d'Angycourt	Nouvelles à thématique amoureuse, inspiration comique
107. [MARCE, (baronne de], *Cléobuline ou la vefve inconnuë*	Paris, P. Lamy	Roman d'amour
108. PELLISSERI (Jean de), *Lettres galantes, heroïques et amoureuses*	Paris, C. Besongne	Roman épistolaire
109. VOITURE (Vincent), *Histoire d'Alcidalis et de Zélide*, dans *Nouvelles œuvres de Monsieur de Voiture*	Paris, A. Courbé, 1658	Roman d'aventures
110. ZACHARIE DE LISIEUX (Le Père), *Gyges Gallus* Texte latin. Trad. fr. : 1663	Paris, D. Thierry, 1658	Fiction d'inspiration satirique et morale.

111. ZACHARIE DE LISIEUX (Le Père), *Somnia Sapientis*, édition conjointe à la précédente. Trad. fr : 1664	*Ibid.*	Récits de songe d'inspiration satirique et morale

1659

112. [ANONYME], *Les Amours de Vénus*, dans *Recueil des pieces en prose les plus agreables de ce temps*, première partie.	Paris, C. de Sercy	Récit mythologique, inspiration comique
113. [ANONYME], *L'Origine et le progrès des rubans*, dans *Recueil des pieces en prose les plus agreables de ce temps*, première partie.	Paris, C. de Sercy,	Récit d'inspiration comique
114. [ANONYME], *Relation grotesque, burlesque, comique et macaronique des amours et transformations de Vertumne*, dans *Recueil des pieces en prose les plus agreables de ce temps*, première partie.	Paris, C. de Sercy	Récit mythologique, inspiration comique
115. MONTPENSIER (duchesse de), *La Relation de l'Isle imaginaire et l'histoire de la Princesse de Paphlagonie*	S. l.	Récit de voyage imaginaire, utopie, roman à clés, satire

116. [PURE, (Abbé Michel de Pure)], *Epigone, histoire du siecle futur. Premiere partie*	Paris, P. Lamy	Roman d'anticipation. Parodie, allégorie
117. [SOREL (Charles)], *La Description de l'isle de Portraiture*	Paris, C. de Sercy	Fiction allégorique. Satire
118. [TRISTAN L'HERMITE], *La Carte du Royaume d'Amour*, dans *Recueil des pieces en prose les plus agreables de ce temps.* Troisième partie	Paris, C. de Sercy	Fiction allégorique. Satire

1660

119. [ANONYME], *Commentaire sur la lézine ou l'histoire véritable du capitaine de la Sablonnière*, dans *Recueil des pieces en prose les plus agreables de ce temps.* Troisième partie	Paris, C. de Sercy	Récit satirique
120. [ANONYME], *Le Siècle d'or de Cupidon*	Cologne, Pierre de Marteau, [vers 1660][5]	Recueil de nouvelles érotiques

5 Date donnée par Lenglet-Dufresnoy et reprise par Lever.

121. [ANONYME], *Le Voyage d'Alcippe ou les divertissemens agréable*, dans *Recueil des pieces en prose les plus agreables de ce temps*. Troisième partie	Paris, C. de Sercy	Roman d'amour
122. [ANONYME], *Xylanire*	Bruxelles, F. Foppens	Roman d'aventures
123. [AUBIGNAC (Abbé d')], *Les Portraits égarez*	Paris, P. Bienfait	Suite de portraits dont certains prennent la forme de petits récits
124. ISARN (Samuel), *La Pistole parlante, ou la métamorphose du louis d'or*	Paris, Ch. de Sercy	Conte fantastique. Éloge
125. PELLISSERI (Jean de), *Laodice*	Paris, Ch. de Sercy, G. de Luynes 2 volumes	Roman épique
126. PRÉFONTAINE (César-François Oudin, sieur de), *L'Orphelin infortuné, ou le portrait du bon frère*	Paris, C. Besongne	Histoire comique
127. RAYOT (Pierre), *Apophtegmes ou la récréation de la jeunesse*	Wittenberg, A. Hartmann	Recueil de facéties
128. SCUDÉRY (Georges de), *Almahide ou l'esclave reine*	Paris, A. Courbé [T. Jolly, L. Billaine] 1660-1663, 8 volumes	Roman épique

129. [Somaize (Antoine Baudeau, sieur de)], *La Politique des coquettes*	Paris, J. Ribou	Fiction satirique
130. Villedieu (Madame de), *Récit en proze et en vers de la farce des prétieuses*	Paris, Cl. Barbin	Fiction satirique
131. [Zacharie de Lisieux (Le Père)], *Relation du pays de Jansénie*	Paris, Veuve et D. Thierry, Cl. Barbin	Voyage imaginaire. Pamphlet contre le jansénisme

1661

132. [Anonyme], *La Loterie d'Amour ou la métamorphose de Philis en Amour*	Paris, J. Ribou	Nouvelle amoureuse
133. [Anonyme], *Nouvelle de Rome, ou l'Histoire de Julie et de Léandre dans Recueil des pieces en prose les plus agreables de ce temps.* Quatrième partie	Paris, C. de Sercy	Nouvelle amoureuse
134. [Anonyme], *Le Procès de la jalousie*	Paris, N. Pepingué	Dialogue. Défense de la cause féminine
135. [Anonyme], *La Révolte des passemens*, dans le *Recueil de pièces en prose les plus agreables de ce temps.* Quatrième partie	Paris, C. de Sercy	Nouvelle allégorique. Satire

136. ANCELIN, *Le Portrait funeste. Nouvelle*	Paris, P. Bienfait	Récit d'aventures
137. BOUCHER (Pierre), *Roman des oiseaux. Histoire allégorique*	Paris, A. Lesselin	Récit à clés, allégorie
138. LA CALPRENEDE (Gautier de Coste, sieur de), *Faramond ou l'histoire de France*	Paris, A. de Sommaville	Roman épique
139. LA CALPRENEDE (Madeleine de Lycée, dame de), *Les Nouvelles ou les divertissemens de la princesse Alcidiane*	Paris, Ch. de Sercy	Recueil de nouvelles à thématique amoureuse
140. LE FEVRE (Tanneguy), trad. de Belfagor (1549) de N. Machiavel, **Le Mariage de Belfégor. Nouvelle italienne*	S. l.	Nouvelle satirique écrite contre les femmes
141. OUVILLE (Antoine Le Metel, sieur d'), trad. de **La Garduña de Sevilla* de Castillo Solorzano, *La Fouine de Séville ou l'hameçon des bourses*	Paris, L. Billaine ou A. Courbé	Roman picaresque
142. PERRAULT (Charles), *Le Miroir, ou la métamorphose d'Orante*	Paris, C. de Sercy	Nouvelle galante inspirée des *Métamorphoses* d'Ovide
143. SCUDERY (Madeleine de), *Célinte, nouvelle première*	Paris, A. Courbé	Nouvelle à thématique amoureuse

144. SOMAIZE (Antoine Baudeau, sieur de), *Alcippe ou le choix des galands*	Paris, J. Ribou	Dialogue galant
145. VILLEDIEU (Madame de), *Alcidamie*	Paris, C. de Sercy	Roman d'aventures

BIBLIOGRAPHIE

SOURCES PRIMAIRES
Textes antérieurs à 1800

ANONYME, *Batrachomyomachie*, in : *Opuscules d'Homère*, éd. Salomon Certon, Paris, N. Hameau, 1615.

ANONYME, *La Vida del Lazarillo de Tormes, y de sus fortunas y adversidades. La Vie de Lazarille de Tormes : et de ses fortunes & adversitez. Nouvelle traduction, rapportee & conferée avec l'Espagnol*, Par M.P.B.P., A Paris, Chez Adrian Tiffaine, 1616, 239 p., in-12.

ANONYME, *La Vie de Lazarille de Tormes, ses fortunes, et ses adversitez. Traduite en vers francois par le Sieur de B****, A Paris, chez Louis Chamhoudry, au Palais, vis à vis la Sainte Chappelle, à l'Image Saint Louis. Achevé d'imprimer 25 Septembre 1653.

ANONYME, *Lazarillo de Tormes*, edición de Francisco Rico con un apéndice bibliográfico por Bienvenido C. Morros. Madrid, Cátedra, 1987, 334 p.

ANONYME, *Le Roman Véritable, où sont des noms et des pays empruntez, dans un enchaînement agréable, sont comprises les histoires et adventures de plusieurs personnes de condition, tant dedans que dehors le royaume*, Paris, Toussainct Quinet, 1645.

ANONYME, *Le Siècle d'or de Cupidon ou les heureuses aventures d'Amour*, P. Marteau, Cologne, s. d. [vers 1660].

ANONYME, *Theophratus redivivus*, trad. partielle de H. Ostrowiecki-Bah, dans *Libertins du XVIIe siècle*, éd. J. Prévot, Paris, Gallimard, « Bibliothèque de la Pléiade », 2004.

ALEMÁN, Mateo, *Guzmán de Alfarache*, Luis Gómez Canseco (éd.), Biblioteca clásica de la Real Academia Española, Madrid, 2012.

BAUDIER, Michel, *Inventaire de l'histoire generale des Turcs*, Paris, S. Chappelet, 1617.

BELLEFOREST, François de, *Histoires tragiques extraictes des œuvres italiennes de Bandel et mise en nostre langue françoise par Pierre Boaistuau*, Paris, G. Robinot, 1559.

BELON, Pierre, Pierre Belon, *L'Histoire de la nature des oiseaux*, Paris, G. Cavellat, 1555.

Bible de Jérusalem, trad. École biblique de Jérusalem, Mame-Cerf, 1999.

Bibliothèque générale des écrivains de l'ordre de saint Benoît, Bouillon, aux dépens de la Société typographique, 1778.

BOILEAU Nicolas, *Les héros de romans. Dialogue à la manière de Lucien*, dans *Œuvres*, Sylvain Menant (éd.), Paris, GF, 1969, t. II, p. 189-219.

BOISSAT, Pierre, (publié sous le nom de son ami Jean Baudoin), *Histoire negrepontique*, Paris, Toussaint du Bray, 1631.

BOUNIN, Gabriel, *La Soltane*, Paris, Guillaume Morel, 1561.

BOUTIGNY, Roland le Vayer de, *Le grand Selim, ou Le couronnement tragique*, Paris, Nicolas de Sercy, 1645.

BRUNO, Giordano, *Œuvres complètes VI. Cabale du cheval pégaséen*, trad. T. Dagron, Paris, Les Belles Lettres, 1994.

CAMPANELLA, Tommaso, *La Cité du Soleil*, trad. L. Colet, Paris, Ressouvenances, 1998.

CAMPION, (Henri de), *Mémoires*, Mercure de France, coll. Le Temps retrouvé, Paris, 1990.

CAMUS, Jean-Pierre, *Petronille. Accident pitoyable de nos jours, cause d'une vocation religieuse*, Paris, Fiacre, 1632 [1626].

CASTILLO SOLORZANO, Alonso de, *Las Harpías en Madrid*, Barcelona, Sebastián de Cormellas, 1631.

CASTILLO SOLORZANO, Alonso de, *La Garduña de Sevilla, y anzuelo de las bolsas*, Madrid, Imprenta del Reino, 1642.

CASTILLO SOLORZANO, Alonso de, *La Fouyne de Seville ou l'hameçon des bourses. Traduit de l'espagnol de D. Alonso de Castillo Solórzano*, Antoine Le Méthel D'ouville (trad.), Paris, Augustin Courbé (Louis Billaine), 1661.

CHAPPUZEAU, Samuel, *Ladice ou les victoires du grand Tamerlan*, Paris, Toussainct Quinet, 1650.

CHARRON, Pierre, *De la Sagesse*, Paris, Fayard, « Corpus philosophique des œuvres de Philosophie de langue française », 1986.

CHEVREAU, Urbain, *Scanderberg*, Paris, Toussainct Quinet, 1644.

CHEVREAU, Urbain, *Histoire du monde*, Paris, Chez la Veuve d'Edme Martin et Jean Boudot, 1686.

CUREAU DE LA CHAMBRE, Marin, *Traité de la connoissance des animaux, où tout ce qui a esté dict Pour, & Contre le Raisonnement des bêtes est examiné*, Paris, P. Rocolet, 1648.

CYRANO DE BERGERAC, Savinien de, *États et empires de la Lune et du Soleil*, éd. M. Alcover, Paris, Champion, 2004.

DESCARTES, René, *Œuvres philosophiques*, éd. F. Alquié, Paris, Classiques Garnier, 2018.

DINET, François, *Théâtre françois des seigneurs et des dames illustres*, M. et J. de La Coste, 1642.

DU BOSC, Jacques, *La Femme héroïque*, Sommaville, Paris, 1645.

ESMEIN, Camille, *Poétiques du roman. Scudéry, Huet, Du Plaisir et autres textes théoriques et critiques du XVII*[e] *siècle sur le genre romanesque*, Paris, Honoré Champion, 2004.

ÉSOPE, *Les Fables d'Esope Phrygien*, trad. J. Baudouin, Rouen, J. et D. Berthein, 1640.

FABRIZI, Girolamo (d'Acquapendete), *De brutorum loquela*, Padoue, Pasquati, 1603.

FOIGNY, Gabriel, *La Terre australe connue (1676)*, éd. P. Ronzeaud, Paris, STFM, 1990.

FRÉMONT D'ABLANCOURT, Jean-Jacobé, *Supplément de l'Histoire véritable*, dans *Lucien de la traduction de N. Perrot S*[r] *d'Ablancourt*, Paris, A. Courbé, 1654, t. II, p. 623-678.

FURETIÈRE, Antoine, *Dictionnaire universel, contenant généralement tous les mots françois tant vieux que modernes, et les termes de toutes les sciences et des arts...*, La Haye, A. et R. Leers, 1690.

GASSENDI, Pierre, *Disquisitio metaphysica*, éd. bilingue B. Rochot, Paris, Vrin, 1962.

GONON Benoît, *Vitae et sententiae Patruum Occidentis*, Sumptibus L. Durand, Lyon, 1625.

GONON Benoît, *La Chasteté récompensée ou l'Histoire de sept pucelles doctes, et sçavantes*, Jean Tainturier, Bourg en Bresse, Lyon, 1643.

GONON Benoît, *Histoires veritables, et curieuses où sont representées les étranges avantures des personnes illustres*, chez Jacques du Creux, Lyon, 1644.

GONON Benoît, *Histoires admirables, où les étranges avantures, vertus, vices et misères de plusieurs empereurs, roys, princes, grands seigneurs et autres personnes considérables sont amplement représentées... recueillies de plusieurs célèbres autheurs*, chez Claude La Rivière, Lyon, 1653.

GOMBERVILLE, Marin Le Roy de, *La Jeune Alcidiane*, Paris, Augustin Courbé, 1651.

GOMBERVILLE, Marin Le Roy de, *Polexandre*, Paris, Toussaint du Bray, 1619-1637.

GOULAS, Nicolas, *Mémoires et autres inédits*, éd. N. Hepp, Honoré Champion, Paris, 1995.

KANT, Emmanuel, *Logique*, trad. L. Guillermit, Paris, Vrin, 1970.

LA BOÉTIE, Étienne de, *De la Servitude volontaire, ou Le Contr'un*, éd. N. Gontarbert, Paris, Gallimard, « Tel », 1993.

[LA CALPRENÈDE, Gautier de Coste, sieur de], *Le Tolédan*, Paris, Gabriel de Luyne, 1646-1655.

LAFAYETTE, Marie-Madeleine de, *Correspondance*, éd. A. Beaunier, 2 vol., Paris, Gallimard, 1942.

LA FONTAINE, Jean de, *Fables*, éd. J.-Ch. Darmon et S. Gruffat, Paris, Le Livre de Poche, 2010.

[LE LABOUREUR, Louis,] *Les Voyageurs inconnus et autres œuvres curieuses du même autheur, Tant vers que prose*, Dédiées à Mrs de l'Academie Françoise, Paris, Ch. de Sercy, 1655.

LANSIRE, *La Diane desguisée*, Paris, R. de Nain, 1647.

LE MOYNE, Pierre, *La Gallerie des femmes fortes*, Quinet, P.-F Bottier, Paris, 1653 [1647].

LOUBAYSSIN DE LA MARCA, Francisco, *Engaños de este siglo e historia sucedida en nuestros tiempos dividida en seis partes*, Paris, J. Orry, 1615.

LOUBAYSSIN DE LA MARCA, Francisco, *Les Tromperies de ce siècle, histoire véritable arrivée de notre temps*, Sieur Deganes (trad.), Rouen, G. de La haye, 1645, 1654.

LUCIEN DE SAMOSATE, *Histoires vraies*, dans *Voyages extraordinaires*, trad. J. Bompaire, éd. A.-M. Ozanam, Paris, Les Belles Lettres, 2009.

LAVARDIN, Jacques de, *Histoire de Georges Castriot surnommé Scanderbeg, roy d'Albanie : contenant ses illustres faicts d'armes & memorables victoires à l'encontre des Turcs, pour la Foy de Jesus-Christ. Le tout en douze livres*, Paris, Guillaume Chaudiete, 1576 – réédition à Paris, Toussaint du Bray, 1621.

MAGNON, Jean, *Le Grand Tamerlan et Bajazet*, Paris, Toussainct Quinet, 1648.

MAINFRAY, Pierre, *La Rhodienne, ou la cruauté de Solyman*, Rouen, D. Du Petit Val, 1621.

MARGUERITE DE VALOIS, *Discours sur l'excellence des femmes*, Paris, Pierre Passy, 1614.

MANCINI, Hortense, *Mémoires*, Mercure de France, Paris, 1987.

MÉNESTRIER, Claude-François, *Des Ballets anciens & modernes*, Paris, R. Guignard, 1682.

MOFFAN, Nicolas de, *Le meurtre exécrable et inhumain, commis par Sultan Solyman, grand Seigneur des Turcs, en la personne de son fils aisné Sultan Mustaphe*, Paris, Jean Caveiller, 1556.

MONTAIGNE, Michel de, *Essais*, éd. P. Villey, Paris, PUF, « Quadrige », 2004.

MONTPENSIER, Anne-Marie-Louise D'ORLEANS, dite Mademoiselle de, *La Relation de l'Isle imaginaire et l'Histoire de la princesse de Paphlagonie*, s. l. [Bordeaux], s. n., 1659.

MONTPENSIER, Anne-Marie-Louise d'Orléans, dite Mademoiselle de, *La Relation de l'isle imaginaire et l'Histoire de la Princesse de Paphlagonie*, s. l., 1659.

MONTPENSIER, Anne-Marie-Louise d'Orléans, dite Mademoiselle de, *Mémoires de Mademoiselle de Montpensier*, t. IV, Paris, Lebreton, 1728.

MORE, Thomas, *L'Utopie*, éd. G. Navaud, trad. J. Le Blond et B. Aneau, Paris, Gallimard, « Folio classique », 2012.

MOSCHOS, Jean, *Le Pré spirituel*, Le Cerf, Paris, 1946.

OLIVIER, Jacques, *Alphabet de l'imperfection et de la malice des femmes*, Paris, Jean Petit-Pas 1617.

PELLISSERI, *Laodice, dédiée à la Reyne, par Mr de Pellisseri*, Paris, Ch. de Sercy, et G. de Luyne, 1660-1661.

PELLISSON, Paul, *L'Esthétique galante. Paul Pellisson. Discours sur les Œuvres de Monsieur Sarasin et autres textes*, éd. A. Viala, E. Mortgat, C. Nédelec et M. Jean, Toulouse, Société de Littératures classiques, 1989.

PEREZ DE MONTALBAN, Juan, Les Nouvelles de Montalvan. Traduites d'Espagnol, par le Sieur de Rampalle, Paris, 1644.

PEREZ DE MONTALBAN, Juan, *Les Succez prodigieux de l'amour, ou la Relation veritable de huict nouuelles arrivées à Madrid, cour du roy d'Espagne*, Sieur de Rampalle (trad.), Paris, Pierre Rocolet, 1645.

PEREZ DE MONTALBAN, Juan, *Sucesos y prodigios de amor*, Luigi Giuliani (éd.), Barcelona, Montesinos, 1992.

PRÉFONTAINE (Oudin de), César-François, *L'Orphelin infortuné ou le portrait du bon frère*, Société de littérature classique, Toulouse, 1991.

QUEVEDO, Francisco de, *Los Sueños*, Ignacio Arellano (éd.), Madrid, Cátedra, [1991], 2017.

QUEVEDO, Francisco de, *Les Visions de Quevedo, traduites par le Sieur de La Geneste*, Marie Roig Miranda (éd.), Paris, Honoré Champion, 2004.

RABELAIS, François, *Le Cinquième Livre*, dans *Les Cinq livres*, éd. G. Defaux, Paris, Le Livre de Poche, 1994.

RATHERY et BOUTRON, *Mademoiselle de Scudéry, sa vie et sa correspondance, avec un choix de ses poésies* [Paris, 1873], Genève, Slatkine Reprints, 1971, p. 296.

RETZ, Cardinal de, *Mémoires*, Classiques Garnier, Paris, 1987.

RICHELIEU, Armand-Jean du Plessis, *Testament politique*, Amsterdam, Henry Desbordes, 1688.

RORARIO, Girolamo, *Quod animali bruta ratione saepe utantur*, éd. G. Naudé, Amsterdam, Ravenstein, 1654.

ROSSET, François de, *Histoires tragiques*, éd. A. de Vaucher-Gravili, Paris, Livre de Poche, 1994.

SAINT-SIMON, Louis de Rouvroy, duc de, *Mémoires, Additions au Journal de Dangeau*, Édition Y. Coirault, Paris, Gallimard, « La Pléiade », 1983-1988.

TAVANNES, Jean de, *Mémoires de Gaspard de Saulx*, coll. Petitot et Monmerqué, Paris, 1820-1829.

SANTOS, Francisco, *Día y noche de Madrid*, Madrid, Pablo de Val, 1663.

SANTOS, Francisco, *Día y noche de Madrid*, Enrique García Santo-Tomás (éd.), Madrid, Cátedra, 2017.

SCARRON, Paul, *Le Roman comique*, éd. Jean Serroy, Paris, Gallimard, 1985.

SCUDÉRY, Georges de, *Ibrahim ou l'Illustre Bassa, tragi-comédie*, Paris, Nicolas de Sercy, 1643.

SCUDÉRY, Georges et Madeleine de, *Les Femmes Illustres ou les harangues héroïques*, Sommaville, Paris, 1642.

SCUDÉRY, Georges et Madeleine de, Ibrahim ou l'illustre Bassa [1641-1644], Préface (éd. de 1665), dans Camille Esmein (éd.), *Poétiques du roman. Scudéry, Huet, Du Plaisir et autres textes théoriques et critiques du XVIIe siècle sur le genre romanesque*, Paris, H. Champion, 2004.

SCUDÉRY, Madeleine de, *Ibrahim ou l'Illustre Bassa*, Paris, A. de Sommaville, 1641.

SCUDÉRY, Madeleine de, *Artamène ou le Grand Cyrus*, 10 vol., Paris, A. Courbé, 1649-1653.

SCUDÉRY Madeleine de, Pellisson Paul et leurs amis, *Chroniques du Samedi*, A. Niderst, D. Denis et M. Dufour-Maître (éd.), Paris, H. Champion, 2002.

SCUDÉRY, Madeleine de, *Clélie, histoire romaine*, dix volumes, Paris, Augustin Courbé, 1654-1660.

SCUDÉRY, Madeleine de, *Clélie, histoire romaine*, édition de Delphine Denis, Paris, éditions Gallimard, collection Folio classique, 2006.

SCUDÉRY, Madeleine de, Pellisson Paul, et leurs amis, *Chroniques du samedi suivies de pièces diverses* (1653-1654), édition établie et commentée par Delphine Denis, Myriam Maître et Alain Niderst, Paris, éditions Honoré Champion, 2002.

SCUDÉRY, Georges de, *Almahide, ou l'esclave reine*, Paris, Augustin Courbé, 1660-1663.

SOREL, Charles, *Histoire comique de Francion*, Antoine Adam (éd.), *Romanciers du XVIIe siècle*, Paris, Gallimard, 1958.

SOREL, Charles, *Histoire comique de Francion*, Fausta Garavini (éd.), Paris, Gallimard, 1996.

SOREL, Charles, *La Bibliothèque française* (1667), éd. F. d'Angello et alii, Paris, Champion, 2015.

SOREL, Charles, *De La Connoissance des bons livres* [Paris, 1671], éd. L. Moretti Cenerini, Rome, Bulzoni Editore, 1974.

TALLEMANT des Réaux, Gédéon, *Historiettes*, 2 vol., éd. A. Adam, Paris, Gallimard, « La Pléiade », 1960-1961.

TAVANNES, Jean de, *Mémoires de Gaspard de Saulx*, In *Collection complète des mémoires relatifs à l'histoire de France*, éd. Petitot, Paris, Foucault, t. XXIII 1822.

TRISTAN, François L'Hermite sieur du Solier dit, *Le Page disgracié*, éd. J. Prévot, Paris, Gallimard, « Folio classique », 1994.

VOITURE, Vincent, *Les Œuvres de Monsieur de Voiture*, Seconde édition, revue, corrigée & augmentée, Paris, A. Courbé, 1650.

ZAYAS Y SOTOMAYOR, Maria de, *Les Nouvelles amoureuses et exemplaires, composées en espagnol par cette merveille de son sexe*, Anthoine Le Méthel, Sieur Douville (trad.), Paris, Guillaume de Luyne, 1656.

SOURCES SECONDAIRES

ADAM, A., LERMINIER, G. et MOROT-Sir, É. (dir.), *Littérature française, des origines à la fin du XVIIIe siècle*, Paris, Larousse, 1972.

AFFERGAN, Francis, *Exotisme et altérité. Essai sur les fondements d'une critique de l'anthropologie*, Paris, PUF, 1987.

ALBERT, Jean-Pierre, *Du martyr à la star : Les métamorphoses des héros nationaux* In : *La fabrique des héros* [en ligne]. Paris : Éditions de la Maison des sciences de l'homme, 1999 (généré le 14 juillet 2020). Disponible sur Internet : <http://books.openedition.org/editionsmsh/4002>. ISBN : 9782735119202. DOI : https://doi.org/10.4000/books.editionsmsh.4002.

ALDOMÀ, Mireia, « Los engaños del medrar. A propósito de *Las Harpías en Madrid.* », *Criticón*, 136, Toulouse, Presse universitaires du Mirail, 2019, p. 105-120.

ALGUL, Cem, « L'altérité ottomane dans la littérature française de voyage du XVIe siècle » dans *Quaestiones Romanicae* VII : Communication and Culture in Romance Europe (Seventh Edition), Szeged, Jate Press, 2019.

ANDRÉ, L., *Sources de l'histoire de France au XVIIe siècle*, tome V, Paris, Picard, 1926.

ARZOUMANOV, Anna, *Pour lire les clefs de l'Ancien Régime*, Paris, Classiques Garnier, 2013.

ASSAF, Francis « Le Picaresque dans *Le Page Disgracié* de Tristan L'Hermite », XVIIe Siècle, n° 125, Octobre-Décembre 1979, p. 339-347.

BAKHTINE, Mikhaïl, *L'Œuvre de François Rabelais et la culture populaire au Moyen Âge et sous la Renaissance*, Paris, Gallimard, 1970.

BARTHES, Roland, « L'effet de réel » dans *Communications*, 11, 1968.

BAUDIÈRE, Marie, « La fortune gravée et imprimée du carrousel de 1612 », *Chroniques de l'éphémère. Le livre de fête dans la collection Jacques Doucet* [en ligne], Paris, Publications de l'Institut national d'histoire de l'art, 2010.

BAULANT Micheline, « Le salaire des ouvriers du bâtiment à Paris, de 1400 à 1726. » In *Annales. Économies, Sociétés, Civilisations.* 26e année, n°2, 1971.

BEAUSSANT, Philippe, *Le Ballet des singes et des autruches*, Paris, Gallimard, coll. « Le Promeneur », 2010.

BIET, Christian, *Henri IV*, Paris, Larousse, 2000.

BENNASSAR, Lucile et Bartolomé, *Les chrétiens d'Allah*, Paris, Perrin, 2006.

BEUGNOT, Bernard, « L'ermitage parmi les livres : images de la bibliothèque classique », *Revue Française d'Histoire du Livre*, nº 24, juillet-août-septembre 1979, p. 687-707.

BEUGNOT, Bernard, « Œdipe et le Sphinx : essai de mise au point sur le problème des clefs au XVIIe siècle », [1982], repris sous le titre « Œdipe et le Sphinx des clés » dans *La Mémoire du texte*, Paris, H. Champion, 1994, p. 227-242.

BOEGLIN, Michel, « Discours anticlérical et littérature au milieu du XVIe siècle. Le cas du *Lazarillo de Tormes* », *Sociocriticism*, vol. XXII 1-2, 2019.

BOSQUET, Marie-Françoise, « Un projet utopique féminin de peuplement : *La Relation de l'île imaginaire* de Mlle de Montpensier (1659) » dans N. Dodille (dir.), *Idées et représentations coloniales dans l'océan Indien, Paris*, Paris, Presses Universitaires de la Sorbonne, 2009, p. 299-312.

BOSQUET, Marie-Françoise, « Imaginaire, île » dans *Dictionnaire analytique des toponymes imaginaires dans la littérature narrative de langue française (1605-1711)*, Marie-Christine Pioffet (dir.), Paris, Hermann, 2013, p. 271-277.

BOSQUET, Marie-Françoise, « Géographie utopique chez une conteuse : La relation de l'isle imaginaire de Mlle de Montpensier (1659) », *Geographia imaginariae. Dresser le cadastre des mondes inconnus dans la fiction narrative de l'Ancien Régime*, M.-Chr. Pioffet (dir.), Paris, Hermann, 2014, p. 263-278.

BOURDÉ, Guy. et MARTIN, Hervé, *Les écoles historiques*, Paris, Seuil, 1983, [coll. « Points », 1997].

BOURGEOIS, Émile et ANDRÉ, Louis, *Sources de l'histoire de France au XVIIe siècle*, tome III, Paris, Picard, 1923.

BOURGEOIS Muriel, « Histoire et fiction. Un débat théorique à l'âge classique », dans Alexandre Gefen et René Audet (dir.), *Frontières de la fiction*, Québec/Bordeaux, Éditions Nota Bene / Presses universitaires de Bordeaux, 2001, p. 225-243.

BRAY, René, *La Formation de la Doctrine classique en France*, Paris, Hachette, 1927.

BREMOND, Henri, *Histoire littéraire du sentiment religieux en france depuis la fin des guerres de religion jusqu'à nos jours*, tome 1, Paris, Bloud et Gay, 1923.

BURY, Emmanuel, *Littérature et politesse : l'invention de l'honnête homme, 1580-1750*, Paris, PUF, 1996.

BURY, Emmanuel, « À la recherche d'un genre perdu : le roman et les poéticiens du XVIIe siècle », Giorgetto Giorgi (éd.), *Perspectives de la recherche sur le genre narratif français du XVIIIe siècle*, Pise-Genève, ETS/Slatkine, 2000, p. 9-31.

BURY, Emmanuel et MORA, Francine, *Du roman courtois au roman baroque. Actes du colloque des 2-5 juillet 2002*, Paris, Société d'édition Les Belles Lettres, 2004.

CAMPANINI, Magda, « Actualité et fabrication du tragique chez François de Rosset. Les variantes des deux premières éditions des *Histoires tragiques* », *Réforme, Humanisme*, Renaissance, 73, 2011, p. 143-161.

CAMPANINI, Magda, « Les premières éditions des *Histoires tragiques* de Rosset : un bilan bibliographique », in *Les Histoires tragiques de François de Rosset*, Bologna, I libri di Emil, 2014, p. 281-313.

CASSAGNES-BROUQUET Sophie et Dubesset Mathilde, « La fabrique des héroïnes », *Clio. Histoire, femmes et sociétés [En ligne], 30 | 2009*, 30 | 2009, 7-18.

CASSIN Barbara, « Du faux ou du mensonge à la fiction [de pseudos à plasma] », dans *Le plaisir de parler. Études de sophistique comparée*, Paris, Minuit, 1986, p. 3-29.

CASTELLUCCIO, Stéphane, Les Carrousels en France, du XVIe au XVIIIe siècle, Paris, Les Éditions de l'Amateur, 2002.

CARNOY, Dominique, *Représentations de l'Islam dans la France du XVIIe siècle*, Paris, L'Harmattan, 1998.

CAYUELA, Anne, *Le Paratexte au Siècle d'Or*, Genève, Droz, 1996.

CHATELAIN, Jean-Marc, « La tradition iconographique comme imagination poétique : François Chauveau illustrateur des Fables de La Fontaine », *Le Fablier. Revue des Amis de Jean de La Fontaine*, n° 25, 2014, p. 11-22.

CHEVREL, Yves, COINTRE, Annie, TRAN-GERVAT, Yen Maï (éd.), *Histoire des traductions en langue française*, Lagrasse, Verdier, 2014.

CHUPEAU, Jacques, « Les récits de voyage aux lisières du roman », *Revue d'Histoire littéraire de la France*, 77e année, no 3-4, mai-août 1977, p. 536-553.

CIORANESCU, Alexandre, *Bibliografía francoespañola (1600-1715)*, Madrid, *Anejos del Boletín de la Real Academia Española*, 1977.

CIORANESCU, Alexandre, *Le masque et le visage, du baroque espagnol au classicisme français*, Genève, Droz, 1983.

La conscience européenne au XVe et au XVIe siècle. Actes du colloque international organisé à l'École Normale Supérieure de Jeunes Filles (30 septembre – 3 octobre 1980), Paris, E.N.S.J.F., 1982.

CORRÉARD, Nicolas, « Grandes découvertes, plaisanterie géographique et créativité fictionnelle : l'exemple de la *psittacorum regio* », dans L. Dehondt, A. Duprat, I. Gayraud, C. Grall et Ch. Michel (dir.), *Nouveaux mondes, nouveaux romans ?*, 2018, « Bibliothèque comparatiste », en ligne sur le site de la SFLGC, p. 40-56.

CORRÉARD, Nicolas, « Yahoo ! L'homme-singe comme topique philosophico-satirique », dans Ph. Postel et I. Trivisiani (dir.), *Natura in Fabula. Topiques romanesques de l'environnement*, Leyde-Boston, Brill-Rodopi, 2018, p. 249-265.

CORRÉARD, Nicolas, « Le *Supplément de l'Histoire véritable* de Frémont d'Ablancourt : gratuité ludique ou sens allégorique ? », *Dix-septième siècle*, n° 286, 2020/1, p. 101-119.

COUSIN Victor, *La Société française au* XVIIe *siècle d'après* Le Grand Cyrus *de Mademoiselle de Scudéry*, Paris, Didier, 1858.

CREMONA, Nicolas, *Poétique des histoires tragiques (1559-1644). « Pleines de chair et de sang »*, Paris, Classiques Garnier, 2019.

CUPERS, Jean-Louis, « Narration et interprétation : les traductions du roman picaresque espagnol », Gothot-Mersch, C., Célis, R., & Jongen, R. (eds.), *Narration et interprétation*, Presses de l'Université Saint-Louis, 1984, p. 75-86.

DARMON, Jean-Charles, « Cyrano de Bergerac et les images de la Nature », *Littératures classiques*, n° 17, 1992, p. 153-175.

DARMON, Jean-Charles, *Philosophie épicurienne et littérature au* XVIIe *siècle*, Paris, PUF, 1998.

DARMON, Jean-Charles, *Le Songe libertin. Cyrano de Bergerac d'un monde à l'autre*, Paris, Klincksieck, 2004.

DELUMEAU Jean, *La Peur en Occident*, Paris, Fayard, 1978.

DÉMORIS, René, *Le Roman à la première personne. Du Classicisme aux Lumières*, Genève, Droz, 2002.

DENIS Delphine, *Le Parnasse galant. Institution d'une catégorie littéraire au 17e siècle*, Paris, H. Champion, 2001.

DENIS, Delphine, « Le roman, genre polygraphique ? », *Littératures classiques*, n° 49, automne 2003, p. 339-366.

DEPÉRY, *Biographie des hommes célèbres du départment de l'Ain*, tome 1, Bourg, 1835.

GILBERT DUBOIS, Claude, *Le Baroque en Europe et en France*, Paris, PUF, 1998.

DUPRAT, Anne et PICHEROT, Émilie (éd.), *Récits d'Orient dans les littératures d'Europe,* XVIe-XVIIIe *siècles*, Paris, PUPS, 2008.

DULONG, Anne, *Anne d'Autriche*, Paris, Hachette, 1980.

DUVAL, Suzanne, *La Prose poétique du roman baroque (1571-1670)*, Paris, Classiques Garnier, 2017.

EHRLICHER, Hanno, « El intento de desocultar al autor del *Lazarillo* y la productividad de su ocultamiento : Sobre los valores de un anonimato histórico », *El autor oculto en la literatura española : Siglos XIV a XVIII*, Madrid, Casa de Velázquez, 2014, p. 63-75.

ELIAS Norbert, *La Civilisation des mœurs*, Paris, Calmann-Lévy, 1973.

ELIAS Norbert, *La Société de Cour*, Paris, Flammarion, 1985.

ESCOLA Marc et Bombart Mathilde [dir.], *Lectures à clefs, Littératures classiques* n°54, printemps 2005.

ESMEIN-SARRAZIN, Camille : « L'avènement d'une poétique romanesque au XVIIe siècle. Discours théorique et constitution d'un genre littéraire (1641-1683) », *L'information littéraire*, vol. 57, no 1, 2005, p. 56-60.

ESMEIN-SARRAZIN, Camille, *L'Essor du roman. Discours théoriques et. Constitution d'un genre littéraire au XVIIe siècle*, Paris, Honoré Champion, 2008.

FERREYROLLES, Gérard (dir.), *La représentation de l'histoire au XVIIe siècle*, Dijon, Éditions universitaires de Dijon, 1999.

FUMAROLI, Marc, « Apprends ma confidente, apprends à me connaître, *Les Mémoires* de Retz et le traité du sublime », *Versants* n°1 (automne 1981).

GARAPON, Jean, « *La Relation de l'Île imaginaire* de Mademoiselle de Montpensier (1659) : jeu de culture, miroir d'une sensibilité », *Amadis*, n° 1, 1997, p. 51-67.

GARAPON, Jean, *Écriture et autoportrait dans l'œuvre de la Grande Mademoiselle (1627-1693)*, Paris, Champion, 2003.

GARAPON, Jean, « La Grande Mademoiselle en visite à Trévoux : souveraineté rêvée, rêve romanesque », *Dix-septième siècle*, n° 228, 2005/3, p. 489-497.

GENGOUX, Nicole, « L'animal supérieur à l'homme, de la fiction à la réalité. Cyrano de Bergerac et l'auteur anonyme du *Theophrastus redivivus* », article publié en ligne sur le site de l'ENS Lyon : http://ecole-thema.ens-lyon.fr/IMG/pdf/Article_Gengoux-2.pdf

GENSINI, Stefano, « Il "*De brutorum loquela*" de Giovanni Fabrizi d'Acquapendente », *Bruniana & Campanelliana*, vol. 17, n° 1, 2011, p. 163-174.

GIRAUD, Yves, « L'Hybridation formelle dans le *Voyage de Chapelle et Bachaumont* et les modalités de l'alternance prose-vers », *Fiction narrative et Hybridation générique dans la littérature française*, H. Baby (dir.), Paris, L'Harmattan, 2006, p. 111-124.

GODENNE, René, *Les romans de Mademoiselle de Scudéry*, Genève, Droz, 1983.

GODENNE, René, « Pour une seconde remise en cause des clés supposées des romans de Mademoiselle de Scudéry », dans *Lectures à clefs*, *Littératures classiques* n°54, printemps 2005, p. 245-255.

GONTIER, Thierry, *De l'homme à l'animal. Paradoxes sur la nature des animaux. Montaigne et Descartes*, Paris, Vrin, 1998.

GONTIER, Thierry, *La Question de l'animal. Les origines du débat moderne*, Paris, Hermann, 2011.

GOURARIER, Zeev (dir.), *Amour – Une histoire des manières d'aimer*, sous la direction de Paris-Lens, Éditions Lienart / Musée du Louvre-Lens, 2018.

GRANDE, Nathalie, « Du long au court : réduction de la longueur et invention des formes narratives, l'exemple de Madeleine de Scudéry », *XVIIe siècle*, n° 215, 2002, p. 263-271.

GRANDE, Nathalie, *Le Rire galant. Usage du comique dans les fictions narratives de la seconde moitié du XVIIe siècle*, Paris, H. Champion, 2011.

GREINER, Frank, STERNBERG, Véronique, L'Histoire comique de Francion *de Charles Sorel*, Paris, SEDES, 2000.

GREINER, Frank (dir.), *Fictions narratives en prose de l'âge baroque. Répertoire *analytique. Première partie (1585-1610)*, Paris, Classiques Garnier, 2007, deuxième partie (1611-1623) 2014, la troisième partie est à paraître.

GREINER, Frank, *Les Amours romanesques de la fin des guerres de religion au temps de* L'Astrée, Paris, H. Champion, 2008 et Classiques Garnier 2017, p. 95-118.

GREINER, Frank, « Le roman converti : fictions narratives et religion dans la littérature française du XVIIe siècle », in *Métamorphoses du roman français. Avatars d'un genre dévorateur* (actes du congrés de l'Université de Complutense (Madrid) des 21-23 avril 2008, éd. José Manuel Losada Goya). Louvain, Paris, Walpole, MA : Ed. Peeters, 2010, p. 63-76.

GREINER, Frank, *Roman et religion de J.-P. Camus à Fénelon* (dir. F. Greiner), *Littératures classiques*, n°79, 2012.

GREINER, Frank, « Les voyages de Francion », in *Quaestiones Romanicae*, VII, 1 (Actes de la VIIe édition du colloque international Communication et culture dans la Romania européenne (CICCRE) : « Voyageurs et voyages. Incursions culturelles et linguistiques » (dir. Valy Ceia), Université de l'Ouest de Timişoara et Université de Szeged, Jate Press, 2019, p. 343-352.

Guion, Béatrice, *Du bon usage de l'Histoire –Histoire, morale et politique à l'âge classique*, Paris, éditions Honoré Champion, collection Lumière classique, n°79, 2008.

HACKING, Ian, *L'Émergence de la probabilité* [1975], Paris, éd. du Seuil, 2002.

HARTOG, François, *Régimes d'historicité. Présentisme et expériences du temps*, Paris, Seuil, « Points Histoire », 2012.

HAINSWORTH, G., « François de Rosset and his *Histoires tragiques* », *The french quarterly*, XII, p. 124-141.

HAINSWORTH, G., « Additional notes on François de Rosset », *Modern langage notes*, XXXIII, 1938, p. 15-21.

HEPP, Noémie, Hennequin, Jacques, *Les Valeurs chez les mémorialistes français du XVIIe siècle avant la Fronde*, Éditions Klincksieck, Paris, 1979.

HEYBERGER, Bernard, « L'Orient et l'islam dans l'érudition européenne du XVIIe siècle » dans la revue *Dix-septième siècle*, Paris, PUF, 2015, n°268.

JEANROY, Alfred, « Boccace et Christine de Pisan : le *De claris mulieribus*, principale source du *Livre de la Cité des Dames* » In : *Romania*, tome 48 n°189, 1922. p. 93-105.

HUIZINGA, Johan, *L'automne du Moyen-Âge*, Paris, éditions Payot, 1975.

JAURÈS, Jean, *Discours et conférences*, choix de textes et introduction par Thomas Hirsch, collection Champs classiques, Paris, éditions Flammarion, 2011.

JOURDE, Michel, *La voix des oiseaux et l'éloquence des hommes. Sens et fonctions des manifestations sonores de l'oiseau dans la littérature française des XVIIe et XVIIIe siècles*, thèse de doctorat, U. Bordeaux III, 1998.

LALLEMAND, Marie-Gabrielle, *Les longs romans du XVIIe siècle : Urfé, Desmarets, La Calprenède, Gomberville, Scudéry*, Paris, Classiques Garnier, 2013.

LALLEMAND, Marie-Gabrielle, *Les Longs romans du XVIIe siècle – Urfé, Desmarest, Gomberville, La Calprenède, Scudéry*, collection Lire le XVIIe siècle n° 21, Paris, éditions Classiques Garnier, 2013.

LAMBERT Monique, « Filiation des éditions françaises du *Lazarille de Tormès* (1560-1820) », *RSH*, 120, 1965, p. 587-603.

LANSON, Gustave, *Histoire de la littérature française*, Paris, Hachette, [1894] 1912.

LAPOUJADE, David, *Les existences moindres*, collection Paradoxe, Paris, éditions de Minuit, 2017.

LAUVERGNAT-Gagnière, Christiane, « Un divertissement littéraire : la suite de l'*Histoire vraie* de Lucien », dans J. Jehasse, Cl. Martin, P. Rétat et alii, *Mélanges offerts à Georges Couton*, Lyon, Presses Universitaires de Lyon, 1981, p. 35-41.

LAVOCAT, Françoise, *Fait et fiction. Pour une frontière*, Paris, Seuil, 2016.

LESTRINGANT, Frank, « La monarchie française au miroir ottoman : le portrait de Soliman le Magnifique, de Charles IX à Henri III » dans *Soliman le Magnifique et son temps : Actes du colloque de Paris, Galeries Nationales du Grand Palais*, 7-10 mars 1990, publié par Gilles Veinstein, Paris, La Documentation Française, 1992.

LEVER, Maurice, *La Fiction narrative en prose au XVIIe siècle*, Paris, éditions du CNRS, 1976.

LEVER, Maurice, *La fiction narrative en prose au XVIIe siècle. Répertoire bibliographique du genre romanesque en France (1600-1700)*, Paris, C.N.R.S., 1976.

LEVER, Maurice, « De l'information à la nouvelle : les "canards" et les "histoires tragiques" de François de Rosset », *Revue d'histoire littéraire de la France*, 79, 1979, p. 577-593.

LONGINO, Michèle, *Orientalism in French Classical Drama*, Cambridge, Cambridge University Press, 2002.

LOSADA GOYA, José Manuel, *Bibliographie critique de la littérature espagnole en France au XVIIe siècle*, Genève, Droz, 1999.

LOUISON-LASSABLIÈRE, Marie-Joëlle, *Mademoiselle de Montpensier dans l'archipel du merveilleux*, « La relation de l'isle imaginaire », « La Dedicace à Madame de Pontac », « L'epistre à Monseigneur de Bussillet », Thèse de doctorat dactylographiée soutenue à l'Université de Saint-Étienne en 1993.

LUKACS, Georg, *La Théorie du roman*, Paris, Gonthier, 1971.

MAGENDIE, Maurice, *La Politesse mondaine et les théories de l'honnêteté en France au XVIIe siècle, de 1600 à 1660*, Genève, Slatkine Reprints, [1925] 1993.

MAGENDIE, Maurice, *Le Roman Français au XVIIe siècle. De l'Astrée au Grand Cyrus*, Genève, Stakline Reprints, Genève, [1932] 1978.

MARIN, Louis, *Études sémiologiques – Écritures, peintures*, Paris, Éditions Klincksieck, 1971.

MARTIN, Henri-Jean, *Livre, pouvoirs et société à Paris au XVIIe siècle*, tome I, Genève, Droz, coll. « Titre courant », [1969] 1999.

MARTIN, H.-J. et LECOCQ, M., avec la collaboration de H. CARRIER et A. SAUVY *Les registres du libraire Nicolas (1645-1668)*, Genève, Droz, 1977.

MAS, Albert, *Les Turcs dans la littérature espagnole du siècle d'or : recherches sur l'évolution d'un thème littéraire*, Paris, Centre de recherches hispaniques, 1967.

MASSON, Paul, *Histoire du commerce français dans le Levant au XVIIe siècle*, Paris, Hachette, 1896.

MELLOT, Jean-Dominique, *Répertoire d'imprimeurs/libraires XVIe-XVIIIe siècle*, Paris, Bibliothèque nationale de France, 1995.

MELLOT, Jean-Dominique, *L'Édition rouennaise et ses marchés (vers 1600-vers 1730)*, Paris, École des chartes, 1998.

MESNARD, Jean, « Mademoiselle de Scudéry et la société du Marais », dans *Mélanges offerts à Georges Couton*, Paris, PUF, 1981, p. 169-188.

MESNARD, Jean, « Pour une clef de *Clélie* », dans *Les Trois Scudéry*, Alain Niderst (éd.), Paris, Klinksieck, 1993, p. 371-408.

MOLHO, Maurice, *Introduction aux Romans picaresques espagnols*, *La Vie de Lazarille de Tormes*, Paris, Bibl. de la Pléiade, 1968.

MOLINIÉ, Georges, *Du roman grec au roman baroque*, Toulouse, Publications de l'Université du Mirail, 1995.

MONTAIGNE, Michel de, *Essais*, éd. P. Villey, Paris, PUF, « Quadrige », 2004.

MOREAU, Isabelle, « Les héritages polémiques dans les *États et Empires de la Lune et du Soleil* », *Littératures classiques*, supplément au n° 53, 2004, p. 49-59.

MOREAU, Isabelle, « Cyrano de Bergerac : théories du vivant de la Lune au Soleil – ce monstre appelé homme », dans A. McKenna, P.-F. Moreau, F. Tinguely (dir.), *Les Libertins et la science. Libertinage et philosophie au XVIIe siècle*, n° 9, 2005, p. 85-103.

MORIN, Edgar « Pour une crisologie ». In *Communications*, 25, 1976, p. 149-163.

MORLET-Chantalat, Chantal, *La* Clélie *de Mademoiselle de Scudéry : de l'épopée à la gazette, un discours féminin de la gloire*, Paris, H. Champion, 1994.

MORNET, Daniel, *Histoire générale de la littérature française*, Paris, Larousse, 1925.

MOSS, Ann, *Les Recueils de lieux communs. Apprendre à penser à la Renaissance*, trad. P. Eichel-Lojkine, Genève, Droz, [1re éd. en anglais 1996] 2002.

MOTHU, Alain, « Un "duel ésotérique" ? La Pyrhydromachie des *Empires du Soleil* », *Le Doute philosophique : philosophie classique et littérature clandestine – La Lettre clandestine*, n° 10, 2001, p. 303-326.

MOTHU, Alain, « Éléments d'anthropologie sélénite », *La Lettre clandestine*, n° 11, 2002.

MOUSNIER, Roland (dir.), *Richelieu et la culture*, Colloque international, Sorbonne (Novembre 1985), Paris, Éditions du C.N.R.S., 1987.

MURAT, Michel, *Le Romanesque des lettres*, Paris, Corti, 2018.

MURR, Sylvia « L'âme des bêtes chez Gassendi », *Corpus*, n° 16-17, 1991, p. 37-63.

NÉDELEC, Claudine, « L'homme, ce drôle d'oiseau (et inversement) dans *L'Autre monde* de Cyrano de Bergerac », *L'Entre-deux*, 3, n°1, 2018 (en ligne).

NIDERST, Alain, *Mademoiselle de Scudéry. Paul Pellisson et leur monde*, Paris, PUF / Publications de l'Université de Rouen, 1976.

NIDERST, Alain, « L'Histoire dans les romans de Madeleine de Scudéry », in : *Le Roman historique*, *PFSCL*, Tübingen, Narr, 1983, p. 11-23.

NIDERST, Alain, « Madeleine de Scudéry, construction et dépassement du portrait romanesque », dans *Le Portrait littéraire*, K. Kupisz, G.-A. Pérouse et J.-Y. Debreuille (éd.), Presses universitaires de Lyon, 1988, p. 107-119.

NIDERST, Alain, « Sur les clefs de *Clélie* », *PFSCL*, XXI, n° 41, 1994, p. 471-483.

NOILLE, Christine, « "De tant d'objets divers le bizarre assemblage…". *Rhétorique des dispositifs décousus », Vices de style et défauts esthétiques (XVI*^e^*-XVIII*^e^ *siècles)*, Carine Barbafieri et Jean-Yves Vialleton (éd.), Paris, Classiques Garnier, 2017, p. 511-526.

ODDO, Nancy, *Un chemin de velours vers Dieu. Fiction et dévotion au temps de la Réforme catholique*, thèse de doctorat, dir. M.-M. Fragonard. Université de Paris III, 2000.

ORWAT, Florence, « La Folie du Page », *Sur* Le Page disgracié, *Vingt-quatre études des* Cahiers Tristan L'Hermite, dir V. Adam et S. Berrégard, Paris, Classiques Garnier, 2013.

PASCAL, Catherine, « Les recueils de femmes illustres au XVIIe siècle » In : *Connaître les femmes de l'Ancien Régime. La question des recueils et dictionnaires*, Paris, 2003.

PAVEL, Thomas, *L'art de l'éloignement*, Paris, Gallimard, 1996.

PAVEL, Thomas, « Comment définir la fiction ? », dans *Frontières de la fiction*, Alexandre Gefen et René Audet (dir.), Québec/Bordeaux, Éditions Nota Bene / Presses universitaires de Bordeaux, 2001, p. 3-11.

PÉLIGRY, christian, « L'accueil réservé au livre espagnol par les traducteurs parisiens dans la première moitié du XVIIe s. (1598-1661) », *Mélanges de la Casa de Velázquez*, 11, 1975, p. 163-176.

PICCIOLA, Liliane (éd.), *Baroque ou bizarre ? Avatars de la bizarrerie aux XVI*^e^ *et XVII*^e^ *siècles, France, Espagne, Italie*, Nanterre, Presses universitaires de Paris Ouest, 2016.

POLI, Sergio, « Su alcune edizioni dimenticate delle "Histoires tragiques" di François de Rosset », *Studi francesi*, 69, 1979, p. 488-495.

RACAULT, Jean-Michel, *L'Utopie narrative en France et en Angleterre 1675-1761*, Oxford, Voltaire Foundation, 1991.

RACAULT, Jean-Michel, *Nulle part et ses environs. Voyages aux confins de l'utopie littéraire classique (1657-1802)*, Paris, PUPS, 2003.

REVAH, I. S., *Antonio Enríquez Gómez, un écrivain marrane (v. 1600-1663)*, Carsten L. Wilke (éd.), Paris, Chandeigne, 2003.

RIBARD, Dinah, « Politique de la littérature : les romans à clef du XVIIe siècle selon Victor Cousin », *Lectures à clefs*, M. Escola et M. Bombart (dir.), *Littératures classiques* n°54, printemps 2005, p. 257-268.

RICHARD, Claire, *Les chemins de désir*, collection Fiction & Cie, Paris, éditions du Seuil, 2019.

ROBERT, Marthe, *Roman des origines et origines du roman*, Paris, Gallimard, 1997.

ROHOU, Jean, *Le XVIIe siècle, une révolution de la condition humaine*, Paris, éd. du Seuil, 2002.

ROIG MIRANDA, Marie (éd.), *Les* Visions *de Quevedo, traduites par le Sieur de La Geneste*, Paris, Honoré Champion, 2004.

ROMAGNINO, Roberto, *Décrire dans le roman de l'âge baroque (1585-1660) : formes et enjeux de l'ecphrasis*, Paris, Classiques Garnier, 2019.

RONZEAUD, Pierre, *L'Utopie hermaphrodite, « La Terre Australe connue » de Gabriel de Foigny (1676)*, Marseille, Publications du C.M.R. 17, 1982.

ROSELLINI, Michèle, *Cyrano de Bergerac, Les États et Empires de la Lune et du Soleil*, Neuilly-sur-Seine, Atlande, 2005.

ROSELLINI, Michèle, « La poétique de la métamorphose chez Cyrano : jeux de l'illusion sensible ou fiction matérialiste ? », dans Hervé Bargy (dir.), *Cyrano de Bergerac, Cyrano de Sannois*, Turnhout, Brepols, 2005, p. 103-117.

ROUILLARD, Clarence Dana, *The Turk in french history, thought and literature (1520-1660)*, Paris, Boivin, 1938.

ROUSSET, Jean, *La Littérature de l'âge baroque en France (Circé et le paon)*, Paris, éd. J. Corti, 1953.

ROYÉ, Jocelyn, *La Figure du pédant de Montaigne à Molière*, Genève, Droz, 2008.

RYOKO, Sekiguchi, *Nagori : la nostalgie de la saison qui vient de nous quitter*, Paris, éditions P.O.L., 2018.

SAGE, Pierre, *Histoire de la littérature française* publiée sous la direction de J. Calvet, *Le Préclassicisme*, Paris, éd. Del Duca, 1962.

SAHLINS, Peter, *1668. The Year of the Animal in France*, New York, Zone Books, 2017.

SCHAUB, Jean-Frédéric, *La France espagnole, les racines hispaniques de l'absolutisme français*, Paris, Seuil, 2003.

SCHWEITZER, Jerome W, *Georges de Scudery's* Almahide, *authorship, analysis, sources and structure*, Baltimore, the Johns Hopkins press, 1939.

SERROY, Jean, *Roman et réalité, Les Histoires comiques au XVIIe siècle*, Paris, Minard, 1981.

SOUILLER, Didier, *La Littérature baroque en Europe*, PUF, 1988.

SPICA, Anne-Élisabeth, *Savoir peindre en littérature. La description dans le roman au XVIIe siècle : Georges et Madeleine de Scudéry*, Paris, H. Champion, 2002.

TALON-HUGON, Carole, *Classicisme et Lumières. Une histoire personnelle et philosophique des arts*, Paris, PUF, 2015.

TIMMERMANS, Linda, *L'Accès des femmes à la culture sous l'Ancien Régime*, Paris, Champion Classiques, 2005.

TINLAND, Franck, *L'Homme sauvage.* Homo ferus *et* Homo sylvestris *de l'animal à l'homme*, Paris, Payot, 1968.

TONGA, Gérard, *Les relations de la France avec l'Empire Ottoman durant la première moitié du* XVIIe *siècle et l'Ambassade à Constantinople de Philippe de Harlay, Comte de Césy (1619-1640)*, Toulouse, F. Boisseau, 1942.

TODOROV, Tzvetan, *Nous et les autres. La réflexion française sur la diversité humaine*, Paris, Éditions du Seuil, 1989.

TOURNEUR, Alain, « Las dos primeras traducciones francesas del *Guzmán de Alfarache* : enigmas y revelaciones de una investigación editorial », *Filología*, N°49 (2017), p. 9-29.

TROUSSON, Rémond, *Voyages aux pays de nulle part*, Bruxelles, Éditions de l'Université de Bruxelles, 1998.

VIALA, Alain, *Naissance de l'écrivain. Sociologie de la littérature à l'âge classique.* Paris, éditions de Minuit, 1985.

VIENNOT, Éliane, « Une intellectuelle, auteure et mécène parmi d'autres : Marguerite de Valois (1553-1615) », *Clio. Histoire, femmes et sociétés* [En ligne], 13 | 2001, 13 | 2001, 125-134.

VOLPILHAC, Aude, « "Le rossignol trouvera bon de parler lui-même de soi-même". Discours animal et subversion libertine dans les *États et Empire du Soleil* de Cyrano de Bergerac », *Itinéraires*, n° 2, 2020 (en ligne).

WARTHESEN, Amy, « The War against Animals. The Culture of the Hunt in Early Modern France », dans Matthew Senior (éd.), *A Cultural History of Animals in the Age of Enlightenment*, Oxford-New York, Berg, 2007, p. 47-72.

ZOTOS, Alexandre, « Gomberville, ou l'ambition du roman total », *Littératures classiques*, n°15, octobre 199, p. 99-109.

ZUBER, Roger, *Les Belles infidèles et la formation du goût classique*, Armand Colin, 1968 ; Albin Michel, 1995.

INDEX RERUM

Absolutisme : 173, 175, 185, 211, 221, 306
Adynata : 125
Allégories : 125, 157, 210-211, 215, 221, 306
Allégorisations animales : 215
Anamorphose : 212
Animal machine : 221
antihéros : 237
Antiroman : 237
Apocryphes : 41-44, 47-51
Athéisme : 222
Auteur : 250
Autobiographie : 67, 77, 145, 166, 168

Bizarre : 125, 127
Burlesque : 33, 35, 59-60, 70, 80, 122, 176, 209, 219, 237-239, 242-243, 245, 248-249, 265

Concetto : 121, 125, 128
Crise : 8-9, 11-14, 18-21, 35-36, 55, 315

Début in medias res : 120
Dialogues : 91, 149, 178, 208, 231

Ecphrasis : 119, 126, 136
Énigmes : 148, 150, 152, 159-160, 162, 214
Épopée : 27, 114, 118, 128, 130-131 ? 156, 201, 241
Équivoques : 265
Esthétique de la varietas : 262
Esthétique galante : 254, 265-266
Extravagant : 127

Fable : 119, 127, 189-190, 210, 221

Fronde : 8, 20-21, 28, 31, 44, 48, 110, 160, 167, 173-175, 185, 198, 202, 211, 215, 245, 256

Grotesque : 72-73, 176, 200, 242

Héraldique : 214
Histoires comiques : 13, 27, 29, 31, 33, 121- 122, 165-166, 170-171, 173-175, 177-178, 182, 271, 272
Historia magistra vitae : 186, 189

Incipit : 62, 249, 257

Littérature galante : 26, 34-35, 115, 121-122, 149, 156, 180, 253-254, 265

Mémoires : 13, 42, 45, 48, 50, 115, 165-178, 202, 213, 253
Métalepses narratives : 149, 155, 158, 250
Métaphores : 57, 125, 208, 263
Monarchie : 11, 55, 63, 102, 160, 185, 205, 211, 214, 219
Monarchomaque : 219

Narrateur : 13, 57, 59, 67, 74-77, 80, 94-95, 123, 155, 166, 168, 170, 183, 184, 186, 190, 192, 198-200, 203-207, 211-213, 223, 228, 242, 244, 247-250, 255-257, 259-261, 266-268

Ordo artificialis : 120
Oxymore : 125, 128, 215

Pacte de vérité : 177
Panégyriques : 190, 255

Parodie : 28, 31, 125, 203, 204, 223, 238, 261
Picaro : 165-166, 170-171, 203
Processus d'individualisation : 237-238
Prosimètre : 264-265, 280
Prosopopée animale : 208, 217

Raison d'État : 211
Réalisme : 9, 29, 31, 66, 176, 237, 248
Roman à clé : 12, 129, 147-162, 167
Roman familial : 248
Romans d'amour et d'aventures : 31, 274
Romans épiques : 28, 31, 272-273, 275-278, 280, 282, 286, 288
Romans picaresques : 10, 29, 60, 67-68, 71, 75, 80, 165, 170, 175, 237

Style précieux : 60, 90, 111, 127, 168, 196, 203, 237, 242, 263

Tissure : 256

Utile dulci : 179-184, 189
Utopie : 139, 143, 195, 199, 204-206, 213, 219, 221, 223, 227-228, 234, 284

Voyages : 139, 141, 165, 254-260, 263-266, 268
Voyages imaginaires : 202

INDEX TITULORUM

Abra-Mulé, ou l'histoire du déthronement de Mahomet : 116
Les Agréables Divertissements françois : 280
L'Algouasil burlesque : 59
L'Algouazil Demoniaque : 58
Almahide : 11, 22, 117-127, 129
Alphabet de l'imperfection et de la malice des femmes : 83
Amadis de Gaule : 54, 203
Les Amours de Soliman Musta Feraga : 115
L'Antiope : 23, 272
Apologie de Raymond Sebond : 22
Apollinaire, autrement Dorothée : 8
Les Apophtegmes ou la récréation de la jeunesse : 29, 286
Artamène, ou Le Grand Cyrus : 2-3, 14-15
L'Art poétique : 179
Astérie ou Tamerlan : 11
L'Astrée : 6, 24, 28, 33, 87, 122, 126, 149, 171, 269
L'Autre monde : 13-14
Aventures de la Cour de Perse : 185
L'Aventurier Buscon : 54, 58, 71, 79

Bajazet : prince othoman : 116
Ballet de la nuit : 202
Le Ballet des singes et des autruches : 202
Le Barbon : 29, 276
La Belle Turc : 115
Batrachomyomachie : 201
Bérénice : 23
Berger extravagant : 28, 122
Bibliotheque françoise : 32
Blazing World : 234

Cara Mustapha : grand vizir : 116
Cassandre : 22-23, 25
Cent Nouvelles nouvelles : 29
La Chasteté récompensée : 10, 83-98, 270
Cinq-Mars : 44
Cinquième livre : 217
Clélie, histoire romaine : 12, 22, 32, 133, 137-139, 145, 147, 149, 152, 156, 158
Cléopâtre : 22-23, 28, 32
Commentaires de César : 166
Commentaires de Monluc : 167
Les Contes aux heures perdues : 22
Le Courrier facétieux : 29, 276
La Crétidée : 23, 270

De Brutorum loquela : 229
Décaméron : 29
De Claris mulieribus : 86
Décrotteur de Tendre : 141
De Elocutione : 229
De La Connoissance des bons livres : 33
De Larynge : 229
De La Sagesse : 218
Desengaños amorosos : 244
La Diana de Montemayor : 54
La Diane desguisée : 27, 276
Día y noche de Madrid : 66
Discours géographique pour l'utilité de ceux qui veulent apprendre la Carte : 142
Discours sur l'excellence des femmes : 83
Disquisitio metaphysica : 223
Divers Portraits : 253
Don Quichotte : 50, 54, 120

El Siglo pitagórico : 60
États et Empires de la Lune : 205
États et Empires du Soleil : 197, 205-207

Fables d'Ésope : 200
Fables de La Fontaine : 124, 196, 200-201, 225
Faramond : 23, 28
La Fausse Clélie : 28
La Femme heroïque : 85
Les Femmes Illustres ou les harangues héroïques : 85
La Finta pazza : 202
La Fouyne de Séville : 10, 61, 65
Fragments d'une histoire comique : 165

Les Galanteries grenadines : 118
La Gallerie des curieux : 29, 274
La Gallerie des femmes fortes : 85, 98, 276
La Garduña de Sevilla : 65, 288
Gazette de Tendre : 141
La Gibeciere de Mome : 28, 271
Le Grand exemple : 129
Le Grand Selim : 105
Le Grand Tamerlan et Bajazet : 106, 108
Guzmán de Alfarache : 53-54, 68, 70, 79-80
Gyges Gallus : 30

Las Harpías en Madrid : 55
Hattigé ou les amours du roy de Tamaran : 115
Histoire comique de Francion : 29, 53-54, 165, 188
Histoire comique des États et empires de la Lune : 25, 197, 205-206, 208-209, 215-216, 219, 225
Histoire de deux turcs et d'un juif : 115
Histoire de Georges Castriot : 105
Histoire de la décadence de l'Empire grec : 103
Histoire de la Grande île de Madagascar : 215, 257-260, 267
Histoire de la nature des oiseaux : 217
Histoire de Youssuf-Bey et de Gul-Beyaz : 115
Histoire des amours du Grand Alcandre : 25
Histoire des grands vizirs : 11, 115
Histoire des guerres civiles de Grenade : 118
Histoire du monde : 105
Histoire du prince Osman : 116
Histoire du révérend père Dominique : 115
Histoire du temps : 24
Histoire et miracles de Notre-Dame de Bonnes-Nouvelles : 84
Histoire generale des Turcs : 106
Histoire negre-pontique : 104-105
Histoires admirables : 84
Histoires mémorables et tragiques : 9
Histoires tragiques de nostre temps : 40-43, 45-46, 50, 52, 281
Histoires véritables : 199-200, 202
Histoires veritables et curieuses : 84
L'Horrible et espouvantable sorcelerie de Louis Gaufridy : 50

Ibrahim ou l'Illustre Bassa : 8, 11, 27, 103-104, 108, 111-113, 120-122, 153-154, 180
Ibrahim ou l'Illustre Bassa, tragi-comédie : 104
Ibrahim, bacha de Bude, nouvelle galante : 115
Irène, princesse de Constantinople : 115
Iter subterraneum : 234

La Jeune Alcidiane : 22, 104, 107-108, 111, 279

Ladice, ou les victoires du Grand Tamerlan : 23, 106, 113, 278
Le Langage muet, ou l'art de faire l'amour sans parler : 115
Laodice : 28, 286
Lettres écrites par Louis de Montalte à un provincial : 30, 282
Le Libraire du Pont-neuf : 54

La Magdeleine pénitente : 253
Maps : 135
Le Mariage de Belfégor : 29, 288
Mazarin artisané ou l'artisan mazariné : 59
Mémoires de Mademoiselle de Montpensier : 253

Mémoires de Marguerite de Valois : 167
Mémoires du Sérail sous Amurat second : 115
Mercure françois : 42-43
Le Meurtre exécrable et inhumain : commis par Sultan Solyman : 103
Le Miroir ou la métamorphose d'Orante : 24, 288
Mitridate : 23, 277

Nouveau recueil de diverses poésies françaises : 256
Nouveau Recueil des pièces les plus agréables de ce temps : 28
Les Nouvelles amoureuses et exemplaires : 10, 61, 65
Nouvelles de Montalvan : 10, 61-62
Les Nouvelles françoises : 28, 282
Nouvelles héroïques et amoureuses : 24
Nouvelles tragi-comiques : 10, 28, 65
Novelas amorosas y ejemplares : 244

Œuvres de Dom Francisco de Quevedo Villegas : 29
Orasie : 23
L'Orphelin infortuné : 13, 165-177, 288
Ouvrages poétiques de Mr Le Vasseur : 256

Le Page disgracié : 13, 117, 165-168, 170-173, 176-179, 182-184, 186-189, 192-193
Parliament of Fowles : 217
Particularitez remarquées en la mort de Messieurs de Cinq-Mars : et de Thou : 44
Le Patron de l'honneste raillerie : 29, 278
Pétronille : 54
Piacevole Rime : 265
Poésies choisies : 256
Poésies diverses de Scarron : 242
Polexandre : 104, 108, 119, 120, 122, 125, 203
Polyandre : 29
Portrait du Roy de la Grande Bretagne : 45
Le Pré spirituel : 90
Le Prince déguisé : 119
Le Prince esclave, nouvelle historique : 116
La Princesse de Paphlagonie : 197, 202, 215, 253, 256-257, 284
La Promenade de Saint-Germain : 202, 253

Quod animalia bruta ratione utantur melius quam homine : 230

Ravissement de l'Hélène d'Amsterdam : 115
Recit veritable de tout ce qui s'est passé depuis que le Sieur de Saint Preüil fut arresté : 45
Recueil de quelques vers burlesques : 10
Recueil des pièces en prose les plus agreables de ce temps : 28
Recusatio : 127
La Relation de l'Isle imaginaire : 197, 202, 215, 253, 256-257, 284
Relation du pays de Jansénie : 30
Relation veritable de tout ce qui s'est passé en la prison de Monseigneur le Duc de Montmorency : 43
Les Rencontres funestes : 9, 30, 41, 271
Le Roman bourgeois : 125
Le Roman comique : 22, 29, 237-251, 279
Le Roman véritable : 105

Salomon instruisant le roi : 119
Scanderberg : 22, 104-105, 107-108, 111-113, 272
Le Secrétaire turc : 115
Sentimens sur l'Histoire : 36
Le Siècle d'or de Cupidon : 29, 34-35, 285
Somnia Sapientis : 30, 284
Les Songes du Sage : 30
Sucesos y prodigios de amor : 61-64
Sueños de Quevedo : 58-59
Suite et conclusion d'Orasie : 23
Supplément de l'Histoire véritable de Lucien : 13, 197, 199, 202, 206-207, 210-213, 216, 223-224, 234

Les Tableaux ou les amours heroyques des dames illustres : 98, 275

Les Tapisseries historiques : 30, 271
La Terre Australe connue : 196
Théâtre françois des seigneurs et des dames illustres : 85
Theophrastus redivivus : 218, 220
Le Tolédan : 23, 105, 107-112, 122, 276
Traité de l'abstinence : 229
Traité de la connoissance des animaux : 233

L'Utopie de T. More : 27, 35, 195-196, 199, 223, 271

Le Verger historique : 30, 271
Les Victoires de Monseigneur le duc d'Anguyen : 253
La Vie d'Henriette Sylvie de Molière : 178
La Vida de Lazarillo de Tormes : 67-70
La Vie de Lazarille de Tormes : 10, 54, 70-81
La Vie du Sultan Gemes : 116
Le Virgile travesti : 33, 72, 242
Les Visions de Quevedo : 58-60
Vitae et sententiae Patruum Occidentis : 84
Vous êtes ici : 135
Voyage en Limousin : 255
Les Voyageurs inconnus : 14, 253, 256, 261-264, 266, 280
Le Vray Théâtre d'honneur et de chevalerie : 125

Zizimi, prince ottoman : 115

INDEX NOMINUM

ABLANCOURT, Nicolas d' : 13, 197-202, 205-207, 210-212, 223-224, 234
ADAM, Antoine : 17, 54, 155
ADAM, Véronique : 186
AÏT-TOUATI, Frédérique : 139
ALBERT, Jean-Pierre : 92
ALCOVER, Madeleine : 197, 206, 225
ALDOMÀ, Mireia : 55
ALEMÁN, Mateo : 53, 55, 68, 79
ALEXANDRE LE GRAND : 105
ALGUL, Cem : 11
ALQUIÉ, Ferdinand : 222
AMAULRY, Thomas : 115
AMSTUTZ, Delphine : 11
ANAXIMANDRE : 228
ANCELIN, A. : 23, 288
ANDRÉ, L. : 44-45
ANEAU, Barthélémy : 195
ANNE D'AUTRICHE : 18, 53, 55-56, 58, 61, 63, 66, 83, 104, 107, 214
APOLLONIUS DE TYANE : 228, 230
ARCHARD ROUSSEAU, Michel : 116
ARÈNES, Alexandra : 139
ARISTOPHANE : 216
ARISTOTE : 128, 213, 229, 231
ARROULET, Simon : 41, 43
ARZOUMANOV, Anna : 147
ARUDJ REÏS : 105
ASSAF, Francis : 165
AUBIGNAC, François Hédélin, abbé d' : 24, 143, 280, 286
AUBIGNÉ, Agrippa d' : 144

BABY, Hélène : 264
BACHAUMONT, François Le Coigneux de : 255, 264
BADOR, Damien : 142
BAJAZET Ier : 106
BAJAZET II : 105-106
BAKHTINE, Mikhaïl : 239
BALZAC, Guez de : 29, 156, 276
BANDELLO, Matteo : 103
BANNISIO, Giovanni : 230
BARBAFIERI, Carine : 127
BARBERINI : 214
BARBIN, Claude : 115-116, 287
BARGY, Hervé : 208
BARTHES, Roland : 147
BARONIUS : 88
BAUDIER, Michel : 103, 106, 110
BAUDIÈRE, Marie : 124
BAUDOIN, Jean : 104, 200
BAULANT, Micheline : 32
BAYLE, Pierre : 230
BEAUSSANT, Philippe : 202
BEAUVISAGE, Yann : 9, 21
BEHOURT, Jean-Baptiste : 42
BEHOURT, Veuve : 44-45
BELLARMIN, Robert : 84
BELLEFOREST, François de : 51, 103
BELON, Pierre : 217
BENNASSAR, Lucile et Bartolomé : 108
BERNI, Francesco : 70, 265
BERRÉGARD, S. : 186
BERTHELIN : 45
BERTIÈRE, Simone : 166
BESOGNE ou BESONGNE, Cardin : 22-23, 26, 270, 274, 276, 283, 286
BESSE, Jean-Marc : 139
BEUGNOT, Bernard : 127, 147
BÉZIAT, Julien : 139
BIET, Christian : 185

BILLAINE, Louis : 22-23, 65, 275, 282, 286, 288
BILLAINE, Pierre : 58
BILLAINE, T. : 279
BLAGEART, C. : 116
BOAISTUAU, Pierre : 103
BOCCACE, Jean : 86
BOILEAU, Nicolas : 150, 154-157
BOISROBERT, François Le Metel de : 24, 282
BOISSAT, Pierre : 104
BONTEMPS, G. : 28
BORDES, Philippe : 41, 44
BOSQUET, Marie-Françoise : 215, 254, 258
BOUCHER, Pierre : 288
BOUNIN, Gabriel : 103
BOURDÉ, G. : 49
BOURGEOIS, E. : 45
BOURGEOIS, Muriel : 151
BOURNEUF, sieur de : 10, 59
BOUTRON : 150
BRAUNSCHWEIG-LÜNEBOURG, duc de : 150
BRAY, René : 17
BRÉMOND, Henri : 86
BRÉMOND, S. : 115
BRIOT, Frédéric : 12
BRUNO, Giordano : 208
BURY, Emmanuel : 118, 181
BUSSILLET, M. de : 256
BUSSY-RABUTIN, Roger de : 28

CAILLOUË, Jacques : 42
CALDERON, Rodrigo : 45
CALVET, Jean : 17
CAMPANELLA, Tommaso : 195, 206, 208, 210
CAMPANINI, Magda : 39
CAMPION, Henri de : 174
CAMUS, Jean-Pierre : 9, 25-26, 29, 54
CAPORALI, Cesare : 265
CARDAN, Jérôme : 207, 228
CARNOY, Dominique : 102
CARRIER, Hubert : 32
CARTERON, Jacques : 41, 44
CASSAGNES-BROUQUET, Sophie : 93
CASTELLUCCIO, Stéphane : 124
CASTIGLIONE, Balthasar : 187
CASTILLO SOLÓRZANO, Alonso de : 10, 55, 61, 65
CAUCHIE, M. : 242
CAVENDISH, Margaret : 234
CAYUELA, Anne : 54, 58
CÉLIS, C. : 68
CERTON, Salomon : 201
CERVANTÈS : 50
CHANET, Pierre : 232
CHAPELAIN, Jean : 53, 58
CHAPELLE, Claude-Emmanuel Luillier : 255, 264
CHAPPUYS, Gabriel : 53
CHAPPUZEAU, Samuel : 25, 106, 108-109
CHARLES Ier D'ANGLETERRE : 45
CHARLES QUINT : 103
CHARRON, Pierre : 218, 222, 228
CHARVET, Jean : 41
CHASSEPOL, Sieur de : 115
CHATELAIN, Jean-Marc : 124
CHAUCER : 217
CHAUVEAU, François : 117, 122-124
CHEVREAU, Urbain : 27, 104-105, 109, 111
CHEVREL : Yves : 53
CHIRON, Pascale : 128
CHOMÉTY, Philippe : 128
CHUPEAU, Jacques : 254
CIORANESCU, Alexandre : 54, 58-59, 105
COINTRE, Annie : 53
COLBERT : 124, 204
COLET, L. : 195
COLLET, Claude : 41, 43-44, 49
CONDÉ, prince de : 149, 153, 156, 202
CONDOM, Monsieur de : 150
CONTI, Louise-Marguerite de Lorraine, princesse de : 25, 279
CORCUT : 105
CORNEILLE, Pierre : 23
CORRÉARD, Nicolas : 13

COULET, Henri : 26
COURBÉ, Augustin : 22-23, 26, 65, 104, 112-113, 117, 120, 125, 138, 154, 188, 197, 220, 257, 283, 286, 288
COUSIN : Victor : 160-162
CREMONA, Nicolas : 103
CROMWELL : 45
CUPERS, Jean-Louis : 68
CUREAU DE LA CHAMBRE, Marin : 198, 199, 218, 225-226, 231
CUSSON : J. : 116
CYRANO DE BERGERAC : 13, 24-25, 29, 35, 165, 167, 197-198, 205, 208-209, 215-216, 218-219, 221, 224-226, 233-235, 249, 282

DANDREY, Patrick : 128
DARMON, Jean-Charles : 216, 226
DEBAILLY, Pascal : 14, 251
DEGANES : 56-57
DEHONDT, Louise : 196
DEL CANTO, Mateo et Francisco : 67
DELAULNE, Nicolas : 24
DELUMEAU, Jean : 101
DÉMORIS, René : 165, 174
DENIS, Delphine : 125-126, 133, 141, 147, 151-152, 156-157
DEPÉRY : 83
DES BARRES, Antoine : 115
DES CHAMPS : 115
DESCARTES, René : 221, 223, 225-226, 228
DESMARES, Joseph : 113
DIACRE, Paul : 88
DODILLE, Norbert : 258
DU BAIL, Louis Moreau, sieur : 27, 270, 272, 274
DU BELLAY, les frères : 167
DUBESSET, Mathilde : 93
DUBOIS, Claude-Gilbert : 17
DU BOSC, Jacques : 85
DU BRAY, Toussaint : 104-105
DUBUISSON-AUBENAY : 174
DUCROZET, Pierre : 135
DU FOSSÉ, Thomas : 166
DUFOUR-MAÎTRE, Myriam : 12
DULONG, Anne : 61-62
DUMO, E. R. : 115
DU PETIT VAL : D. : 113
DU PLAISIR, le sieur : 36
DU PLESSIS, Madame : 152
DUPLESSIS GUÉNÉGAUD, Henri : 174
DUPRAT, Anne : 118, 196
DU RYER, Pierre : 23
DU VERDIER, Gilbert Saulnier : 27
DU VIGNAU, Sieur des Joanots : 115

EHRLICHER, Hanno : 67
EICHEL-LOJKINE : P. : 261
ELIAS, Norbert : 181
ELZEVIER, Daniel : 33
ENRÍQUEZ GÓMEZ, Antonio : 53, 60
ÉPICTÈTE : 204
ESMEIN-SARRAZIN, Camille : 17, 36, 113-114, 153, 181
ÉSOPE : 228
ESTRÉES, Maréchal d' : 166

FABRIZI D'ACQUAPENDENTE, Giovanni : 229, 232
FLACOURT, Étienne de : 258
FOIGNY, Gabriel : 196
FOPPENS : 116
FOUILLOUX, Jacques du : 213
FRAGONARD, Marie-Madeleine : 86
FRANÇOIS DE SALES, saint : 30, 86
FRANÇOIS Ier : 102
FREEMAN, John : 135
FRÉMONT D'ABLANCOURT, Jean Jacobé : 13, 197-202, 205-207, 210-212, 223-224, 234
FUMAROLI, Marc : 169
FURETIÈRE, Antoine : 72, 121, 125, 134, 150, 161, 250, 283

GARAPON, Jean : 98, 202, 256-258
GARAVINI, Fausta : 54
GARCÍA, Losada : 66

GASSENDI, Pierre : 223, 232, 225-226, 228
GASTON D'ORLÉANS : 22
GAY, Nicolas : 41, 43-44
GAYRAUD, Irène : 196
GEFEN, Alexandre : 151
GELLI : 208
GELUCK, Philippe : 135
GENGOUX, Nicole : 218
GIORGI, Giorgetto : 118
GIRAUD, Yves : 264
GODEAU : 158
GODENNE, René : 116-117, 120, 150-151
GODWIN, Francis : 207
GOMBERVILLE, Marin Le Roy de : 25-26, 117, 119, 125, 144, 149, 279
GÓMEZ CANSECO, Luis : 53
GÓMEZ, Antonio Enríquez : 9
GONON, le Père Benoît : 10, 83-98, 270, 272, 279
GONTIER, Thierry : 221
GOTHOT-MERSCH, C. : 68
GOULAS, Nicolas : 174, 178
GOURARIER, Zeev : 139
GRALL, Christine : 196
GRAMONT, maréchal de : 167, 256
GRANDE, Nathalie : 118
GRÉGOIRE, Axelle : 139
GREINER, Frank : 53-54, 70, 104
GRENAILLE, François de : 30, 270, 272, 275
GROSPERRIN, Jean-Philippe : 128
GUÉRIN, François Daniel, sieur de Bouscal : 23, 25, 27, 272
GUILLAIN, T. : 116
GUILLAUME, Jacquette : 25
GUILLERMIT, L. : 197
GUION, Béatrice : 133

HABSBOURG : 214
HACKING, Ian : 18
HAINSWORTH, George : 39
HARLAY, Philippe de : 106
HARTOG, F. : 186
HAUTCŒUR, Guiomar : 122
HENRI IV : 27, 184-186, 188, 190, 242
HÉRODOTE : 153, 200, 212
HEYBERGER, Bernard : 112
HIRSCH, Thomas : 133
HOLBERG, Ludwig : 234
HOMÈRE : 160, 200-201, 212
HOORN, T. : 115
HORACE : 179
HORATIUS COCLÈS : 136
HOROZCO, Sebastián de : 67
HUBY, François : 40-43, 47
HUET, Pierre-Daniel : 126
HUIZINGA, Johann : 144
HURTADO DE MENDOZA, Diego : 67
HYPATIA : 88-89, 91, 97-98

JANT, Jacques de : 115
JAURÈS, Jean : 133
JEAN, M. : 265
JEANROY, Alfred : 86
JEHASSE, Jean : 197
JÉSUS-CHRIST : 102
JOLLY, Thomas : 28, 282, 286
JOLY, Guy : 174
JONGEN, R. : 68
JOURDE, Michel : 216
JOUVENEL : 116
JUNTA, Juan de : 67

KANT, Emmanuel : 197
KHAYR AD-DÎN dit BARBEROUSSE : 105
KLOCZKO, Edouard : 142
KUPISZ, K. : 150

LA BOTTIÈRE, François : 44
LA CALPRENEDE, Gautier de Coste, sieur de : 9, 11, 22-28, 32-33, 35, 105, 118, 144, 149-150, 154, 275-276, 288
LA CALPRENEDE, Madeleine de Lycée, dame de : 24, 288
LA FAYETTE, Marie-Madeleine Pioche de La Vergne, comtesse de : 118, 144, 150, 152-153, 156
LA FONTAINE, Jean de : 200, 225, 255

La Geneste : 58-59
Lallemand, Marie-Gabrielle : 117, 119, 122, 144, 149
La Marche, Jean de : 167
La Mothe Le Vayer, François : 221, 228
La Noue, François de : 167
Lansire : 27
Lanson, Gustave : 17
Lapoujade, David : 143
Larcena, Dominique : 124
Larivière, Claude : 41
La Rivière, Claude : 41, 44, 276
La Rochefoucauld : 166, 174
La Roche-Guilhen, Anne de : 116
Lauvergnat-Gagnière, Christiane : 202
Lavardin, Jacques de : 105
Le Blond, J. : 195
Le Goff, Jacques : 144
Le Laboureur, Louis : 253-254, 256-257, 268, 280
Lecocq, M. : 32
Lembré, Amandine : 10
Le Méthel d'Ouville, Antoine : 22, 28-29, 65, 272, 281, 288
Le Moyne, Pierre : 10, 85, 98, 276
Le Noble, Eustache : 11, 116
Lerminier, G. : 17
Lestringant, Frank : 102
Le Vayer de Boutigny, René Roland : 23, 27, 105, 277
Lever, Maurice : 19, 26, 33, 48, 115
Lhéritier de Villandon, Marie-Jeanne : 150
L'Hermite, François, sieur du Solier, dit Tristan : 13, 28, 143, 165-172, 177, 179, 182-187, 190-191, 193, 260, 271, 285
Littré, Émile : 134
Longino, Michèle : 109
López de Úbeda, Francisco : 68
Losada Goya, José Manuel : 30, 56-57, 65-66
Loubayssin de La Marque, François : 56-57
Louis XIII : 170, 184, 190, 193, 251
Louis XIV : 17-18, 23, 27-28, 66, 106, 202, 214-215, 251
Louison-Lassablière, Marie-José : 258
Lucien : 199, 203, 210, 212, 223
Lucrèce : 143-144, 235
Lukacs, Georg : 241
Luynes, Guillaume de : 22, 28, 65

Machiavel, Nicolas : 29
Magendie, Maurice : 87, 185, 269
Magnon, Jean : 106, 108
Mahomet : 102, 111
Mainfray, Pierre : 113
Mainordo, Arlotto : 29
Malingre, Claude : 43-44
Mancini, Hortense : 169, 178
Manzini, Giovanni : 23
Marcé, baronne de : 25
Marguerite de Valois : 83
Marie de Médicis : 124, 242
Marie-Thérèse d'Espagne : 214
Marin, Louis : 140
Marteau, Pierre : 34, 285
Martin, Claude : 197
Martin, Henri-Jean : 8, 20, 32, 46
Mas, Albert : 108
Maulévrier, Monsieur de : 152
Mazarin : 18, 27, 59, 104, 107, 215, 277
McKenna, Anthony : 197
Mehmet Ier : 105
Mélampos : 232
Mellot, Jean-Dominique : 24, 46
Mergey, Jean de : 167
Michallet, E. : 115
Michel, Christian : 196
Milner, Jean-Claude : 142
Miranda, Marie Roig : 58-59
Moffan, Nicolas de : 103
Molho, Maurice : 67
Monluc : 167
Montaigne : 167, 188, 212, 216-218, 2212-24, 228, 231-232, 235, 247
Montausier, Monsieur de : 150
Montmorency, Duc de : 43-44, 253
Montpensier, Anne-Marie-Louise

d'Orléans, duchesse de : 13-14, 25, 197-198, 202-205, 213, 215, 222, 234, 253-254, 256, 258-260, 268
MONTRÉSOR : 174
MORE, Thomas : 35, 195-196, 199, 210, 223
MOREAU TRIVISANI, Isabelle : 14, 225
MOREAU, Pierre-François : 197
MORIN, Edgar : 35
MORLET-CHANTALAT, Chantal : 118
MORNET, Daniel : 17
MOROT-SIR, É. : 17
MORTGAT, Emmanuelle : 265
MOSCHOS, Jean : 90
MOSS, Anne : 261
MOTHU, Alain : 206, 209
MOTTEVILLE, Madame de : 167, 174
MOUKEE, J. : 116
MUNARI, Simona : 118
MURAT, Michel : 147, 149, 151, 160
MURR, Sylvia : 228
MUSSET, Alain : 142
MUTEBA, Nina : 10

NAUDÉ, Gabriel : 221, 230
NAVAUD, G. : 195
NÉDELEC, Claudine : 197, 207, 265
NERVÈZE, Suzanne de : 25
NICOLAS, J. : 115
NIDERST, Alain : 150
NOILLE, Christine : 127
NUCIO, Martín : 67
NÚÑEZ, Hernan : 67

OLDENBARNEVELT : 44, 50
OLIVIER, Jacques : 83
ORLÉANS, Philippe duc d' : 214
ORTEGA, Juan de : 67
ORWATT, Florence : 187
OSTROWIECKI-BAH, Hélène : 218
OUDIN, César : 50
OUVILLE : voir *Antoine Le Métel*

PASCAL, Catherine : 83, 85, 92
PASSY, Pierre : 83
PATIN, Guy : 228
PAVEL, Thomas : 109, 153
PEIRESC, Fabri du : 230
PÉLIGRY, Christian : 55
PELLISSÉRI, Jean de : 28, 283, 286
PELLISSON, Paul : 141, 158-159, 265
PÉREZ DE HITA : 118
PÉREZ DE MONTALBÁN, Juan : 55, 61-64
PERNAUER, Ferdinand Adam von : 129
PÉROUSE, A. : 150
PERRAULT, Charles : 24, 26
PERROT D'ABLANCOURT, Nicolas : 197
PETIT-PAS, Jean : 83
PHILIPPS, John : 129
PHILOSTRATE : 230
PICCIOLA, Liliane : 125
PICHEROT, Émilie : 118
PINTARD, René : 230
PIOFFET, Marie-Christine : 258
PISAN OU PIZAN, Christine de : 86
PITRESSON, Corneille : 42
PLATON : 217
PLINE L'ANCIEN : 212, 217
PLUTARQUE : 220, 224
POLI, Sergio : 39
PONTAC, Madame de : 266
PONTIS : 166
PORPHYRE : 220, 229
PORRÉE : Jonas : 45
POSTEL, Ph. : 196
POULET, Françoise : 127
PRÉCHAC, Jean de : 116
PRÉFONTAINE : 13, 169
PRÉVOT, Jacques : 183
PURE, abbé Michel de : 9, 35, 147, 281, 285
PYRRHON : 220

QUAGLIA, Claire : 13
QUEVEDO, Francisco de : 29, 55, 58-60, 71, 79, 274
QUINET, Toussaint : 22-23, 33, 65, 85, 104-106, 270, 272-273, 275-279

RABELAIS, François : 217, 245

RACAULT, Jean-Michel : 195
RAMPALLE, Daniel de : 61
RATHERY : 150
RAYOT, P. : 28
RÉTAT, Pierre : 197
RETZ, Cardinal de : 167-169, 174, 178
RÉVAH, I. S. : 53
RIBARD, Dinah : 160-161
RICHARD, Claire : 145
RICHELIEU : 42, 45, 62, 102, 104, 106, 119, 129
RICHER : 43
ROBERT, Marthe : 240
ROBIC, Sylvie : 87
ROBINOT, A. : 22, 115, 272-273, 275
ROCHOT, B. : 223
ROCOLES, Jean-Baptiste de : 116
ROHAN, Duc de : 166
ROHOU, Jean : 17
ROMAGNINO, Roberto : 119
RONZEAUD, Pierre : 196
RORARIO, Girolamo : 230
ROSELLINI, Michèle : 208, 216
ROSSET, François de : 9, 21, 39-52, 56, 124
ROTROU, Jean de : 23
ROUILLARD, Clarence Dana : 101
ROUSSET, Jean : 17
ROY, Pierre-Charles : 143
ROYÉ, Jocelyn : 188
RÚA, Pedro de : 67
RUEDA, Lope de : 67

SAGE, Pierre : 17
SAHLINS, Peter : 196, 204
SAINT-PONS : 152
SAINT-SIMON : 167
SALAS BARBADILLO, Alonso de : 55
SALZEDO : 67
SAMBIX, J. : 33
SARTRE, Jean-Paul : 143-152
SAUVY, A. : 32
SCANDERBEG, Georges Castriot : 105
SCARRON, Paul : 10, 14, 22-23, 25-26, 28-29, 31, 33, 65, 237-251, 279, 281-282
SCHWEITZER, Jérôme-W. : 117-119
SCUDÉRY, Georges de : 11, 26, 104, 117-131, 154, 286
SCUDÉRY, Georges et Madeleine de : 22, 25-27, 35, 85, 111, 148, 154
SCUDÉRY, Madeleine de : 26, 28, 32, 118, 133, 135, 138, 141, 143-144, 145, 148, 150-151, 154, 156-157, 160-161, 180-181, 253, 278, 280, 288
SEBOND, Raymond : 212
SEGRAIS, Jean Regnault de : 23, 28, 116, 253, 277, 282
SÉGUIER : 199
SEKIGUCHI, Ryoko : 144
SELIM LE TERRIBLE : 105
SENECTERRE, Mademoiselle de : 23
SERCY, Charles de : 22-23, 28, 35, 141, 205, 253, 256, 262, 280, 282, 284-289
SERCY, Nicolas de : 22-24, 104-105, 270, 272-273
SERCY, Veuve de : 22, 277
SERROY, Jean : 165, 186, 240
SÉVIGNÉ, Marie de Rabutin-Chantal, marquise de : 152-153, 169
SOCRATE : 217
SOLIMAN Ier, dit le Magnifique : 102-103, 105
SOLORZANO, C. : 10, 29, 55, 61, 65, 288
SOMMAVILLE, Antoine de : 22-23, 26, 28, 33, 60, 113, 270-272, 276, 281-283, 288
SORBIÈRE, Samuel : 25, 35
SOREL, Charles : 25-26, 28-29, 32-33, 53-54, 150, 165, 271, 273, 285
SOUILLER, Didier : 17
SPICA, Anne-Elisabeth : 117
STERNBERG, Véronique : 53
SUBLIGNY, Adrien Thomas Perdou : 28
SULLY : 166
SWIFT : 234

TALLEMANT DES RÉAUX : 155, 161-162
TALON, Omer : 61
TALON-HUGON, C. : 179

TAMERLAN : 106
TARQUIN LE SUPERBE : 133, 143
TAVANNES, Jean de : 167
THÉVENOT, Melchisédek : 254
THOU, Jean-Auguste de : 166
TIBERGHIEN, Gilles A. : 139
TINGUELYN, Frédéric : 197
TINLAND, Frank : 212
TIRÉSIAS : 232
TODOROV, Tzvetan : 103
TOLKIEN : 142
TONGA, Gérard : 106
TOURNEUR, Alain : 9, 53
TRAN-GERVAT, Yen-Maï : 53
TRISTAN : voir *L'Hermite*
TRIVISIANI, Isabelle : 196
TROUSSON, Raymond : 195

URBAIN VIII : 214
URFÉ, Honoré d' : 30, 118, 122, 144-145, 149, 257

VADINGUE, le Père : 88
VALDÉS, Alfonso de : 67
VALDÉS, Juan de : 67
VAN ELSLANDE, Jean-Pierre : 13
VANINI, Lucilio : 207, 209, 228
VAUCHER-GRAVILI, Anne de : 40
VAUMORIÈRE, Pierre d'Ortigue de : 23, 25, 27, 35
VEINSTEIN, Gilles : 102
VERNEUIL, Duc de : 169
VIALA, Alain : 25, 265
VIALLETON, Jean-Yves : 127
VIAU, Théophile de : 165
VILLALÓN, Cristóbal de : 67
VILLEDIEU, Marie-Catherine-Hortense Desjardins, dite Mme de : 25-27, 118, 178, 287, 289
VILLERY, J. : 22
VOLPILHAC, Aude : 197
VOLTAIRE : 17, 113
VULSON DE LA COLOMBIÈRE, Marc : 124

WALLIS, Andrew : 250
WARTHESEN, Amy : 213
WILKE, Carsten L. : 53

ZACHARIE DE LISIEUX : 30, 283-284, 287
ZAYAS, Maria de : 10, 28, 61, 65, 244, 281
ZOTOS, Alexandre : 119

RÉSUMÉS

Frank Greiner, « Le roman français entre deux règnes. 1643-1661 »

À bien des égards l'économie du livre et la littérature connaissent une période de crise, mais aussi de profondes transformations dans les années 1640 et 1650. Il s'agit dans cette étude synthétique de faire le point sur la place particulière du roman dans cette époque troublée en envisageant non seulement les auteurs, les formes et les contenus de leurs textes, mais aussi les questions de leur production et de leur diffusion éditoriale ou encore de leurs publics et de leurs lectures.

Yann Beauvisage, « L'évolution du recueil d'histoires tragiques de François de Rosset de 1639 à 1654 »

Durant la Fronde sont publiées à Rouen et Lyon deux collections différentes des *Histoires tragiques de nostre temps* de François de Rosset. Le recueil évolue en s'adaptant au goût des nouvelles générations de lecteurs pour l'historiographie. Il parvient ainsi à connaître durant dix années un notable regain de succès, à trente ans de distance de sa première édition.

Alain Tourneur, « La fortune éditoriale du roman espagnol en France sous la régence d'Anne d'Autriche »

Depuis l'aube du Grand Siècle, les Français goûtent au plaisir du roman satirique espagnol. Très productive jusque dans les années 1630, la créativité romanesque fléchit néanmoins en Espagne, dès 1640. Des traducteurs et des éditeurs tentent alors de suppléer cet épuisement créatif en prolongeant, dans la France d'Anne d'Autriche, la fortune éditoriale de textes espagnols bien antérieurs. C'est ce phénomène croisant la littérature et sa matérialité que cet article contribue à éclairer ici.

AMANDINE LEMBRÉ, « La traduction française de 1653 de *La Vida de Lazarillo de Tormes, y de sus fortunas y adversidades* »

La traduction française de 1653 du *Lazarillo de Tormes* (1554) opère une profonde transformation de l'œuvre espagnole considérée comme le prototype de la *novela picaresca*. Ainsi son auteur, resté anonyme, choisit de transcrire le texte original dans une forme versifiée et insiste sur ses aspects les plus grossiers, sans doute sous l'influence de l'esthétique burlesque qui fleurit en France au temps de la Fronde.

NINA MUTEBA, « *La Chasteté récompensée* de Benoît Gonon »

Illustres, fortes, vertueuses, sont les qualités que l'on accorde volontiers aux femmes dans la littérature des années 1640. Les sept pucelles « doctes et savantes » que représente Benoît Gonon dans *La Chasteté récompensée* ne font pas exception à cette règle générale, mais elles nous dévoilent la version religieuse de l'héroïsme féminin rivalisant avec celui d'une Lucrèce ou d'une Penthésilée, tout en contournant les représentations traditionnelles de la bonne chrétienne.

CEM ALGUL, « Le sujet turc au crépuscule du roman baroque »

La figure du Turc, fréquente dans la littérature romanesque du XVIIe siècle, connaît une nette évolution au cours des années 1640 et 1650. L'étude de ses diverses représentations permet de mettre en évidence un certain nombre de choix significatifs de la part des romanciers engageant leur relation à l'actualité politique et diplomatique de leur temps, mais aussi à la poétique du roman.

DELPHINE AMSTUTZ, « Tentative d'épuisement des topiques romanesques. *Almahide ou l'esclave reine* de Georges de Scudéry (1660-1663) »

Dernier long roman publié par Georges de Scudéry, et laissé inachevé à sa mort, *Almahide ou l'esclave reine* (1660-1663) a longtemps été considéré par l'histoire littéraire comme un échec et la preuve d'un tarissement de la veine héroïque au tournant des années 1660. Il apparaît, à l'aune de ses continuations anglaise et allemande, qu'il s'apparente à un carrousel romanesque, illustrant une « poétique du bizarre » et interrogeant les fondements de l'éthique et de la sociabilité galantes.

Frédéric Briot, « La Route pour Tendre ? Circulez ! »

La Carte de Tendre, à laquelle on réduit trop souvent par paresse les dix volumes de *Clélie, histoire romaine* (1654-1660) de Madeleine de Scudéry, vaut bien moins pour sa signification (cachée et exhibée selon la même critique zélée) que pour l'usage individualisé, éthique donc littéraire, littéraire donc éthique, que tout un chacun est invité à en faire. La route pour Tendre infiniment s'invente.

Myriam Dufour-Maître, « Dans quel sens tourne la clef des romans scudériens ? Histoire et fiction dans *Cyrus* et *Clélie* »

À la lumière de travaux récents sur la fiction et la lecture à clefs, l'article revient sur les manières, multiples au fond, de lire les clefs des romans scudériens. Réunissant de façon peut-être unique en leur temps une double référentialité des personnages, un usage exclusivement élogieux des clefs et des effets de quasi métalepse, *Cyrus* et *Clélie* invitent à lire « comme un roman » la vie littéraire dans laquelle ils s'inscrivent et qu'ils suscitent.

Claire Quaglia, « Mémoires et fictions de soi. La première personne dans *Le Page disgracié* (Tristan L'Hermite), et *L'Orphelin infortuné ou le portrait du bon frère* (Préfontaine) »

Cet article analyse les conditions d'émergence de la première personne dans le roman comique, conjointement au « je » qui pointe dans les Mémoires contemporains : s'affirme un « je » fuyant le romanesque en face d'un monde tendu, plus incertain et dont il interroge les failles, un « je » proche de celui qu'emprunte la « génération Retz », qui sonne le glas de l'héroïsme.

Jean-Pierre van Elslande, « Plaire ou instruire, il faut choisir. Apprentissage et civilité dans *Le Page disgracié* de Tristan L'Hermite »

Cet article analyse la mise en œuvre du principe horatien de l'*utile dulci* dans *Le Page disgracié* de Tristan L'Hermite. L'articulation du plaisir et de l'instruction que le récit dispense à son destinataire est saisie à partir de ce qui l'oppose au traitement que lui réservent les romans héroïques dont la vogue s'épanouit à partir des années 1640, de manière à mettre en évidence le régime d'exemplarité particulier qu'implique le recours au registre comique dans son rapport à l'histoire de la civilité.

NICOLAS CORRÉARD, « L'utopie animale de la décennie 1650. Mise en question de la "souveraineté" humaine »

Les voyages imaginaires de la décennie 1650 mettent en scène des mondes animaux qui sont plus que de simples allégories satiriques. Frémont d'Ablancourt, Mademoiselle de Montpensier ou Cyrano de Bergerac mobilisent un lexique politique pour questionner ou délégitimer la souveraineté de l'être humain sur le vivant. Dans le contexte de la controverse sur les animaux-machines, leurs zootopies érigent la nature en lieu du bien, en *eu-topos*, renvoyant l'anthropocentrisme à l'*ou-topos*, au non-lieu.

PASCAL DEBAILLY, « Rire et processus d'individualisation dans *Le Roman comique* de Paul Scarron »

L'originalité du *Roman comique* réside dans la manière avec laquelle Scarron fait du rire, de l'amour et de la gaieté des facteurs d'émancipation individuelle au service d'un hédonisme foncier. Ceux-ci relaient le combat des libertins qui s'affranchissent des sources traditionnelles d'autorité. L'œuvre traduit l'individualisme qui inspire le roman à l'âge baroque et s'inscrit dans une histoire à long terme de l'affirmation du sujet.

ISABELLE TRIVISANI-MOREAU, « Mise en roman, mise en mouvement. La suture viatique dans *Les Voyageurs inconnus* et *La Relation de l'isle imaginaire* »

S'installant entre relation de voyage et roman, *Les Voyageurs inconnus* (1655), attribué à Louis Le Laboureur, et *La Relation de l'isle imaginaire* (1659), de Mlle de Montpensier, recourent à quelques années près à la même dimension du voyage. Si le parcours viatique semble assurer une suture narrative, plusieurs limites apparaissent pour la continuité de la lecture. Mais les marques de ces sutures manifestent, au-delà des lieux traversés ou découverts, une véritable prise en compte du lecteur.

TABLE DES MATIÈRES

Frank Greiner
Préface 7

Frank Greiner
Le roman français entre deux règnes. 1643-1661 17

PREMIÈRE PARTIE

LE DIALOGUE DE L'ANCIEN ET DU NOUVEAU

Yann Beauvisage
L'évolution du recueil d'histoires tragiques
de François de Rosset de 1639 à 1654 39

Alain Tourneur
La fortune éditoriale du roman espagnol en France
sous la régence d'Anne d'Autriche 53

Amandine Lembré
La traduction française de 1653 de *La Vida de Lazarillo de Tormes, y de sus fortunas y adversidades* 67

Nina Muteba
La Chasteté récompensée de Benoît Gonon 83

DEUXIÈME PARTIE

MÉTAMORPHOSES DU ROMAN

Cem ALGUL
Le sujet turc au crépuscule du roman baroque 101

Delphine AMSTUTZ
Tentative d'épuisement des topiques romanesques.
Almahide ou l'esclave reine de Georges de Scudéry (1660-1663) . . . 117

Frédéric BRIOT
La Route pour Tendre ? Circulez ! 133

Myriam DUFOUR-MAÎTRE
Dans quel sens tourne la clef des romans scudériens ?
Histoire et fiction dans *Cyrus* et *Clélie* 147

TROISIÈME PARTIE

POINTS DE VUE CRITIQUES

Claire QUAGLIA
Mémoires et fiction de soi.
La première personne dans *Le Page disgracié* (Tristan L'Hermite),
et *L'Orphelin infortuné ou le portrait du bon frère* (Préfontaine) 165

Jean-Pierre VAN ELSLANDE
Plaire ou instruire, il faut choisir. Apprentissage et civilité
dans *Le Page disgracié* de Tristan L'Hermite 179

Nicolas CORRÉARD
L'utopie animale de la décennie 1650.
Mise en question de la « souveraineté » humaine 195

Pascal DEBAILLY
Rire et processus d'individualisation
dans *Le Roman comique* de Paul Scarron 237

Isabelle TRIVISANI-MOREAU
Mise en roman, mise en mouvement.
La suture viatique dans *Les Voyageurs inconnus*
et *La Relation de l'Isle imaginaire* 253

Annexe.
Fictions narratives en prose. Liste chronologique (1643-1661) . . . 269

Bibliographie 291

Index rerum 309

Index titulorum 311

Index nominum 315

Résumés 323

IMPRIM'VERT®

Achevé d'imprimer par Corlet,
Condé-en-Normandie (Calvados), en novembre 2021
N° d'impression : 173950 - dépôt légal : novembre 2021
Imprimé en France